高等院校经济学管理学系列教材

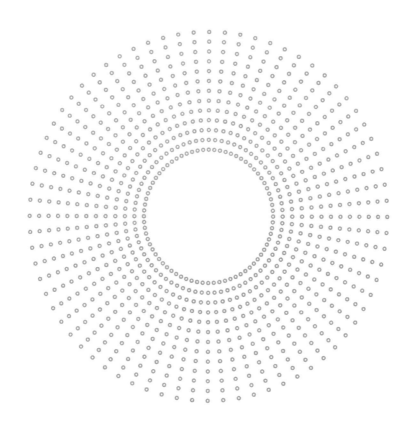

现代保险营销理论与实践

唐金成 史亚政 编著

图书在版编目(CIP)数据

现代保险营销理论与实践/唐金成,史亚政编著. —北京:北京大学出版社,2021.5
高等院校经济学管理学系列教材
ISBN 978-7-301-32099-0

Ⅰ. ①现… Ⅱ. ①唐… ②史… Ⅲ. ①保险业—市场营销学—高等学校—教材 Ⅳ. ①F840.41

中国版本图书馆 CIP 数据核字(2021)第 055328 号

书　　　名	现代保险营销理论与实践
	XIANDAI BAOXIAN YINGXIAO LILUN YU SHIJIAN
著作责任者	唐金成　史亚政　编著
责 任 编 辑	吕　正
标 准 书 号	ISBN 978-7-301-32099-0
出 版 发 行	北京大学出版社
地　　　址	北京市海淀区成府路 205 号　100871
网　　　址	http://www.pup.cn　新浪微博:@北京大学出版社
电 子 信 箱	sdyy_2005@126.com
电　　　话	邮购部 010-62752015　发行部 010-62750672　编辑部 021-62071998
印 刷 者	北京圣夫亚美印刷有限公司
经 销 者	新华书店
	787 毫米×1092 毫米　16 开本　23.25 印张　509 千字
	2021 年 5 月第 1 版　2021 年 5 月第 1 次印刷
定　　　价	68.00 元

未经许可,不得以任何方式复制或抄袭本书之部分或全部内容。
版权所有,侵权必究
举报电话:010-62752024　电子信箱:fd@pup.pku.edu.cn
图书如有印装质量问题,请与出版部联系,电话:010-62756370

前　言

自20世纪中期以来，市场营销作为现代企业的一种促销策略和经营管理方法，被广泛运用到保险企业的经营管理中，并极大地推动了世界保险事业的快速发展。

我国的市场营销研究起步较晚，直至20世纪80年代初期才开始在学术界展开研讨，尔后渐被一些企业界重视和运用。我国保险行业研究和运用市场营销理论，还不到30年时间。1992年年末，美国友邦保险公司获准在上海开业后，即成功地将个人保险营销制及其现代管理方法引入我国保险市场。随后，中国人寿保险公司、中国人民保险公司、中国平安保险公司、中国太平洋保险公司、新华人寿保险公司、泰康人寿保险公司及华泰财产保险公司等中资保险公司群起效仿，掀起了一股由东向西、自南而北的全国性保险营销热。它既推动了我国保险业特别是个人保险业务的高速发展，使现代保险观念深入人心，同时也引发不少问题，亟待学术界和业界研究解决。

我国关于保险市场营销的研究起步晚，迄今尚未形成系统而完整的科学理论体系，无法满足保险市场营销实践与高校保险教学发展的需要。基于此，笔者在长期从事保险教研和业务实践的基础上，从我国保险市场的实际情况出发，以最新保险法规、保险业务管理条例为指导，在广泛学习和吸收国内外市场营销理论及其新成果的基础上，密切联系中国保险市场营销的实践，不断发展创新，历经三载完成了这本《现代保险营销理论与实践》。

本书共分为十三章，系统全面地论述了保险市场营销理论、保险营销组织运作、保险销售技巧及迈向成功的捷径。本书务求融理论性、实用性、操作性和趣味性于一体，具有广泛的推广价值和实用意义。本书的出版，旨在抛砖引玉，力争早日完善我国的保险市场营销理论，更好地为保险市场营销实践发展服务，为发展强大中华民族保险事业服务。

本书在写作过程中，得到了北京大学出版社、广西大学商学院及各保险公司的大力支持；中国太平人寿保险公司广西分公司易筠副总经理、中国太平洋财产保险公司黄焕胜副总经理、中国人寿保险公司百色分公司蔡依明副总经理、北部湾财产保险总公司唐凯高级经理、泰康人寿保险公司广西分公司黄晨宇同志对本书提出了重要建议；书中也借鉴和引用了他人的一些销售经验及研究成果，在此谨表衷心感谢和美好祝福！

由于客观条件及本人学识水平限制，加之时间仓促、资料欠足，书中疏漏和错误在所难免，恳望各位学者、保险同仁批评指正。

唐金成　史亚政

2020年3月18日

目录 CONTENTS

第一章 保险市场营销概论 ………………………………………………… 1
  第一节 市场营销概论 ………………………………………………… 1
  第二节 保险营销概念与研究对象 …………………………………… 9
  第三节 保险营销特性和原则 ………………………………………… 12
  第四节 保险营销职能、任务与作用 ………………………………… 14
  复习思考题 ……………………………………………………………… 16

第二章 保险营销主体与营销体制 ………………………………………… 17
  第一节 保险营销主体 ………………………………………………… 17
  第二节 保险推销主体 ………………………………………………… 20
  第三节 保险营销体制 ………………………………………………… 29
  第四节 发达国家的保险营销体制 …………………………………… 36
  复习思考题 ……………………………………………………………… 44

第三章 保险市场营销管理 ………………………………………………… 45
  第一节 保险市场营销管理概论 ……………………………………… 45
  第二节 保险市场营销环境 …………………………………………… 48
  第三节 营销调研与市场预测 ………………………………………… 54
  第四节 保险市场细分与目标市场选择 ……………………………… 62
  第五节 保险营销计划与控制 ………………………………………… 70
  复习思考题 ……………………………………………………………… 75

第四章　保险需求与投保行为分析 …… 76
第一节　保险需求分析 …… 76
第二节　投保行为与投保心理 …… 84
第三节　投保决策分析 …… 86
复习思考题 …… 91

第五章　保险营销战略与策略 …… 92
第一节　保险营销战略 …… 92
第二节　保险市场营销组合 …… 98
第三节　保险销售渠道策略 …… 100
第四节　保险促销策略 …… 102
第五节　保险营销价格策略 …… 113
复习思考题 …… 116

第六章　保险产品组合与优质服务策略 …… 117
第一节　保险产品概论 …… 117
第二节　保险产品开发与改造 …… 127
第三节　保险产品组合策略 …… 132
第四节　保险优质服务策略 …… 135
复习思考题 …… 139

第七章　保险营销组织及设计 …… 140
第一节　保险营销组织概论 …… 140
第二节　保险营销组织效果与效率 …… 142
第三节　保险营销组织类型 …… 143
第四节　保险营销组织设计与发展 …… 148
复习思考题 …… 153

第八章　保险营销经理与营销会议 …… 154
第一节　营销经理的素质与职责 …… 154
第二节　保险营销经理工作方法 …… 165
第三节　营销经理的领导艺术 …… 170
第四节　保险营销会议及其经营 …… 177
复习思考题 …… 190

第九章　保险营销团队建设与管理 …… 191
第一节　保险营销团队建设概论 …… 191
第二节　保险营销员招聘与解聘 …… 197
第三节　保险营销员培训 …… 201
第四节　保险营销报酬制度与收入管理 …… 212
第五节　保险营销激励制度 …… 216
复习思考题 …… 228

第十章　保险销售准备 …… 229
第一节　保险销售准备概论 …… 229
第二节　知识储备与心态准备 …… 230
第三节　熟悉社交礼仪与技巧 …… 234
第四节　销售语言表达艺术 …… 243
第五节　职业规划与奋斗目标 …… 252
第六节　保险销售临阵准备 …… 257
复习思考题 …… 258

第十一章　保险销售技巧 …… 259
第一节　保险销售技巧概论 …… 259
第二节　寻找准保户技巧 …… 261
第三节　销售接洽技巧 …… 271
第四节　销售面谈艺术 …… 275
第五节　销售障碍的排除 …… 290
第六节　适时成交的诀窍 …… 304
复习思考题 …… 312

第十二章　保后服务艺术 …… 313
第一节　保后服务概论 …… 313
第二节　保后服务特点与要求 …… 317
第三节　保后服务范围与方法 …… 319
第四节　在保后服务中扩大销售业绩 …… 325
复习思考题 …… 327

第十三章　保险营销明星之路 ·········· 328
  一、"推销之神"的成功秘诀 ·········· 328
  二、从小报童到保险巨头 ·········· 330
  三、世界首席推销员的成功之路 ·········· 332
  四、无敌推销王柴田和子 ·········· 333
  五、保险巨星在小镇升起 ·········· 337
  六、推销超人及其制胜法宝 ·········· 337
  七、保险营销顶级大师 ·········· 340
  八、保险令她见证生命奇迹 ·········· 342
  九、屡创辉煌的营销总监 ·········· 345
  十、亿元保险团队"姐妹花" ·········· 346
  十一、公交车上的展业高手 ·········· 350
  十二、年收入百万元的营销达人 ·········· 351
  十三、"三高"主席的谦卑营销 ·········· 353
  十四、打造共同致富的"钢铁团队" ·········· 354
  十五、"千人三高团队"是如何育成的 ·········· 356
  十六、"四高"团队　厚积薄发 ·········· 358
  十七、用心做保险　成功自然来 ·········· 360

主要参考文献 ·········· 363

第一章

保险市场营销概论

本章摘要 本章包括市场营销概论，保险营销的概念与研究对象，保险营销的特性和原则，保险营销的职能、任务与作用四节内容。应掌握保险营销与保险推销的含义及其联系，保险营销的职能、特性和原则；理解保险营销的必要性、任务与作用，市场营销的概念、内容与职能；熟悉保险营销的内容，市场营销的基本观念。

关键词 市场营销；保险营销；保险推销；保险营销职能

第一节 市场营销概论

一、市场与市场营销的概念

（一）市场的概念与要素

市场是商品经济的基本范畴，也是商品经济发展的必然产物。凡是有商品生产和商品交换的地方，就必然有各种市场。因为市场是联系商品生产者与消费者的桥梁和纽带，其功能就是最大限度地方便交易，满足供求双方的不同需求，促进经济社会的可持续发展。同时，市场也是一个随着商品经济不断发展而日趋发展和完善的动态概念。

学者们对市场概念的表述，由于角度、所处历史时期不同而有所不同，主要有以下三种观点：

（1）交换场所论。即认为市场是商品买卖的场所，也就是买卖双方出售和选购商品，进行交易谈判及成交的地方。这是商品经济发展初期人们对市场所作的狭义的、不完善的一种解释。

（2）交易组织论。即认为市场是对某种商品或劳务具有需求、支付能力及希望进行某种交易的组织或群体。这也是生产者和供应商所期望的市场。它具备了人口、购买力和购买欲望三个要素，且三者缺一不可。用公式可以表示为：

$$市场 = 人口 + 购买力 + 购买欲望$$

人口是构成市场的基本因素，哪里有人及消费者群体，哪里就有市场。一个国家或地区人口的多少，直接决定其市场的大小。购买力则是指人们以货币购买商品或劳务的能力。购买力和人们的收入水平成正比,也与市场需求正相关。购买欲望是指人们购买商品的动机、愿望和要求。它是消费者把潜在的购买愿望变为现实购买行为的重要条件。如果有人口和购买力,但无购买欲望,或是有人口和购买欲望而无购买力,对卖方来说,都无法形成现实有效的市场,而只能是潜在的、待开发的市场。其相互关系见表 1-1 所示。

表 1-1 市场要素关系

人口	收入	购买欲望	现实市场
多	高	强	大
少	低	弱	小
少	高	强	有限
多	低	强	不大,潜在市场大

(3) 交换关系论。即认为市场是所有商品交换关系的总和。这是从商品交换过程中人与人之间的经济关系角度来表述的。它主要指买卖双方、买方之间、卖方之间、买卖双方各自与中间商之间、中间商相互之间在流通交换时发生的关系,乃至包括商品流通中起促进或辅助作用的一切机构、部门(如海关、运输、银行、保险公司等)与买卖双方之间的关系。这是一种广义的市场概念,突破了前两种概念的局限性,适应了信息经济时代现代市场发展的状况。

上述三种概念是专家在不同时期、从不同角度进行归纳和论述的,相互之间并不矛盾,只是各自强调的角度不同。全面理解市场的概念和含义,对现代企业的生产经营和市场营销活动具有重要意义。

(二)市场营销的概念

市场营销译自英文 Marketing。目前,学术界对市场营销的理解尚未有统一定论,比较权威的解释有以下三种:

(1) 美国市场营销协会的定义:"市场营销是指引导产品及劳务从生产者流向消费者或用户的一种企业活动。"它强调了市场营销在沟通生产者与消费者方面的重要作用,但忽视了企业的产前活动及售后服务。

(2) 美国一些经济学家的市场营销定义:"市场营销是通过交易过程满足需求和欲望的人类活动。"这一定义的特点是强调了市场营销的作用是履行商品的交换过程,着眼点和目标是消费的需求和欲望。这一定义虽有进步,但仍较为狭隘,没有涉及企业的产前活动。

(3) 美国著名市场营销学家菲利浦·科特勒的定义:"市场营销是与市场有关的人类活动。"其基本作用是:"识别目前未满足的需求及欲望,估量与确定需要量的大小,选择本企业能提供最佳服务的目标市场,并确定适当的产品、服务和计划,以便服务于市场。"这一定义赋予了市场营销较全面、完整的内涵,比较科学地反映了市场营销的基本职能,因而已被大多数人接受。其不足之处是叙述不精练,重点不够突出。

综上所述，结合我国市场营销的实践，笔者认为："市场营销是企业为了满足顾客需求并实现既定经营目标而进行的、一切与国内外市场有关的经营销售活动。"具体来说，市场营销是从企业立场出发，以顾客需求为中心，在不断变化的市场环境中，通过产前调研并结合自身条件，确定产品的开发、价格、分销渠道、宣传广告、推销策略等一系列活动，从而推动企业增长、实现既定经营目标的一种经营管理方法。

二、市场营销的产生和发展

市场营销是 19 世纪末在美国产生和发展起来的一门新的管理学科。市场营销从其产生、发展至今，可以看到其理论体系不断创新发展，基本上每 10 年都有巨大变化。总体而言大致经历了以下五个阶段：

（一）萌芽阶段

19 世纪末，世界主要资本主义国家相继完成工业革命，并逐步过渡到垄断资本主义时期。由于科技进步和生产的社会化，导致生产规模急剧膨胀，产品供大于求，市场竞争日趋激烈。为了扩大商品销售，一些美国企业开始注意商品推销术和广告术的研究运用，并设立了销售学校，培养专业销售人才。自 1902 年开始，美国的一些大学也开设了市场营销学课程，1911 年又诞生了第一家从事市场调研的专业机构。

1912 年，美国哈佛大学的赫杰特奇教授深入企业进行调研后，出版了第一本以"市场营销"命名的教科书，这被视为市场营销学科出现的里程碑。在 1915 年和 1917 年出版的《论分配问题》及《市场经营职能与商业机构》两本书中，他也对市场营销理论作了进一步的探讨。但总体来说，上述研究内容比较狭隘，仅限于广告促销方面，并且局限在高校内部，未能引起工商界的足够重视。

（二）初步发展阶段

1929—1933 年，资本主义世界爆发了空前的经济危机。由于生产能力严重过剩，产品大量积压，企业大批倒闭。为了帮助企业打开销路，刺激市场需求，一些市场专家提出了"创造需求"的理论，并开始进行市场调查、预测和分析，受到社会的重视和企业的欢迎，也为市场营销理论的发展提供了客观条件。

此后，市场营销方面的研究成果不断深化，相关著作不断涌现，仅《市场营销原理》一书就先后有数人出版发行，从而丰富和发展了市场营销理论。

在研究组织方面，美国在 1926 年就建立了全国市场营销学会和广告学教师协会；1931 年成立了美国市场营销协会，专门研究和讲授市场营销学，帮助企业解决销售问题，促进了市场营销理论与实践的发展。但是，这一时期的市场营销理论研究仍未超出商品流通领域，仅局限于商品销售技巧、销售方法及销售渠道等方面。

（三）进一步发展阶段

第二次世界大战结束之后，许多学者对市场营销理论及其应用进行了广泛深入的探讨，推动了市场营销理论的进一步发展，并使市场营销学成为一门独立的动态管理科学。

1947年，E. A. 选迪与 D. A. 雷博赞合著了《市场营销体系的形成》一书，首次研究了产品、价格及管理等各部分之间的变动关系，使其成为一门动态学科。1950年，纽约大学出版的《市场营销概论》一书，也是一部很有影响的市场营销代表作。该书的显著特点：一是全面研究了消费者心理和购买行为，为以后市场需求导向的发展奠定了基础；二是系统研究了生产者怎样才能把产品销售出去的问题。

（四）丰富和完善阶段

自 20 世纪 50 年代后期开始，随着欧美经济的迅速复兴与发展，市场营销的原理、概念、技巧和方法等也发生了重大变化，市场营销理论日趋丰富和完善，最终形成了较完善的现代市场营销学科。

在这一时期，由于科技的进步和大量军工技术转向民用，使社会商品供给数量急剧增加，供求矛盾日益加剧，市场竞争更加激烈。面对新的市场形势，市场营销理论的研究也必须跟上社会经济发展的步伐，并进行必要的革新和发展。如 20 世纪 50 年代后期，哈瓦德提出了市场营销组合理论，他从综合的市场营销管理角度出发，把以前的产品、价格、流通渠道、促销等个别的市场经营策略加以系统化，统一为"市场营销组合"。

20 世纪 60 年代以后，市场营销理论体系有了突破性的发展，出现了许多新的理论和新概念。如产品生命周期理论、市场细分、营销审计、营销近视、买方行为理论、定位理论、低营销理论、社会营销理论、营销模型等。20 世纪 70 年代，又出现了市场营销战略理论，学者们相继提出战略营销、营销战、全球营销等市场营销新概念。另外，市场营销理论在发展过程中，还吸收了其他学科发展的精华，与社会学、公共关系学、组织行为学、心理学、消费经济学、数学等紧密结合，构筑了有别于一般管理学的学科，并逐步形成多学科交叉的，集实用性、综合性于一体的经营管理学科。

（五）创新发展阶段

进入 20 世纪 80 年代，市场营销理论与实践不断开拓创新，新的营销理论和新概念层出不穷。例如，大营销理论、政府营销理论、权力营销、关系营销、伦理营销、绿色营销、服务营销、信息营销、直复营销等理论的相继出现，使市场营销研究进入创新发展阶段。

21 世纪以来，随着现代科技和互联网的飞速发展，互联网营销、数字营销、品牌营销、精准营销、体验营销等随之发展起来。

总之，市场营销理论虽产生于美国，但却因世界市场的形成和经济一体化的发展迅速扩展至全世界，为世界各国广泛运用，成为人类共同的财富。可以说，现代市场营销已成为一门以市场经营策略为主，涉及多学科并具有世界意义的、拥有完整体系的实用经营管理科学。

三、市场营销的框架、内容与职能

(一) 市场营销的框架

1. 5C 框架

5C 框架就是我们通常所说的 5C 原则,是指顾客 (customers)、公司 (company)、合作伙伴 (collaborators)、竞争对手 (competitors) 以及环境 (contexts) 这五个方面。制订每一个市场营销的框架或者计划时,都要考虑 5C 原则。

2. 4P 框架

4P 框架就是通常所说的 4P,是指产品 (products)、价格 (pricing)、渠道 (place) 和促销 (promotion)。在市场营销计划中,4P 只是起点,我们也可以加入另外一个 P,叫作包装 (packaging),比如,一家香水公司,比香水更重要的就是其外包装,还有对于这个产品如何进行营销定位。当然,我们可以加入 S (selling 或 service),需要什么就添加到 4P 框架当中即可。这就是 4P 的扩展版,包括产品、服务、品牌、价格、激励、沟通、交付等。

(二) 市场营销的内容

企业市场营销的内容是随着经济社会的不断发展而逐步扩大的。现代企业规模越来越大,市场结构也日趋复杂多变,市场营销的内容也在不断发展完善。其主要内容包括八个方面:(1) 市场调研与营销环境分析;(2) 市场细分、市场定位与目标市场营销;(3) 顾客需求及购买行为分析;(4) 市场营销要素及其组合技巧;(5) 市场营销的计划、组织与控制;(6) 市场营销战略与竞争策略;(7) 互联网市场营销;(8) 国际市场营销决策等。

(三) 市场营销的基本职能

市场营销的基本职能是由其内容所制约的社会功能与使命。它可以归结为以下五个方面:

(1) 收集市场信息,研究市场特点。即收集有关市场营销的信息资料,分析研究市场环境和顾客需求、欲望及购买行为等,以便为营销决策提供信息依据。

(2) 确定营销目标与方针。即根据企业经营目标和内外部市场环境的分析,确定科学的市场营销目标和营销方针。

(3) 制定市场营销策略。主要包括:① 细分市场,选择目标市场;② 制定产品策略;③ 制定价格策略;④ 制定销售渠道策略;⑤ 制定销售促进策略;⑥ 组织售前、售中及售后服务,方便顾客消费;⑦ 制定市场营销组合策略及市场竞争策略;⑧ 制定企业市场发展战略。

(4) 制订及执行市场营销计划,并科学地控制。

(5) 企业销售事务与管理。即建立与调整企业营销组织,制定销售及一般交易的程序和手续,对销售合同以及营销人员的培训、激励、分配等进行管理。

四、市场营销的基本观念

市场营销观念是指企业制定的从事市场营销活动的指导思想和方针。其核心问题是：企业以何种态度、以什么为中心，来正确处理其市场营销活动中涉及的企业、顾客及社会三方面的利益关系。市场营销观念是在一定的社会经济环境中形成和发展起来的，并与社会生产力的发展及市场环境的变化密切相关。迄今为止，企业市场营销观念大致分为传统营销观念和现代营销观念两类；经历了生产观念、产品观念、推销观念、市场营销观念和社会市场营销观念五个阶段。

（一）传统营销观念

传统营销观念皆以企业及其自身利益为中心，企业生产什么产品就销售什么产品，基本不考虑顾客期望、市场需求与公共利益。它具体包括生产观念、产品观念和销售观念三种。

1. 生产观念

生产观念也称为生产导向，是指企业从自身利益出发，以生产为中心，企业生产什么就销售什么。生产观念产生于19世纪80年代，是和当时落后的社会生产力及科技水平、供不应求的市场环境相适应的。企业经营管理的主要任务是提高生产效率、提高产量、降低成本、获取最大利润。我国企业在计划经济时代即普遍奉行生产观念，流行"皇帝的女儿不愁嫁"。

2. 产品观念

产品观念也称为产品导向，是指企业认为顾客最喜欢高质量、性能好的特色产品，并愿意多花钱购买这些产品。企业的中心任务是不断改进产品，多生产优质产品，顾客就会上门购买，企业也就有利可图。产品观念的实质是生产观念的一种变形。特别是发明了一项新产品、畅销产品时，企业更易产生产品观念，迷恋自己的产品，从而忽视市场需求的动态变化，致使企业产品的销量下降，乃至陷入经营困境。"好酒不怕巷子深"就是这种观念的真实写照。

3. 推销观念

推销观念也称为销售观念或销售导向，企业通常认为市场需要刺激和引导，只有刺激企业的产品销售活动，顾客才会购买。企业要销售其产品，不断提高盈利水平，就必须大力开展推销活动，千方百计使顾客感兴趣而购买。因此，企业既要重视产品的质量，也要加强销售工作，重视销售引导。

早在20世纪20年代，推销观念就已为一些资本主义企业所奉行。那时，由于科技的发展，垄断程度的不断提高，使生产能力急剧膨胀，产品产量大幅度增加，市场开始供过于求，销售出现困难。于是，一些大企业纷纷设立销售部门，重视运用推销和广告来刺激或诱导顾客消费，从而促进销售业绩，增加企业利润。当然，随着买方市场的逐步形成，对那些需求已饱和的产品，或质次价高、不适销对路的商品而言，即使企业大力推销也无济于事。

推销观念虽不同于"守株待兔"式的生产观念及产品观念，但它仍是建立在产品已生产出来，企业如何将其卖出去这一理念之上，故同属于以产定销性质的旧式商业经营观念，局限性很大。

(二) 现代营销观念

现代营销观念与传统营销观念完全不同，它是以顾客为中心，以社会利益为己任，企业在满足顾客期望与市场需求的基础上兼顾社会利益，实行以销定产，谋求多方共赢、科学发展。它包括市场营销观念和社会市场营销观念。

1. 市场营销观念

市场营销观念也称为市场导向，是指企业以顾客为中心，采取整体营销活动，在满足顾客需求和利益的基础上获取利润，谋求企业的可持续发展。其基本观念包括六方面：

(1) 需求是市场营销的基础，顾客是营销活动的中心，企业的一切生产经营活动都应该基于上述前提，进而确定生产方向。

(2) 研究顾客的购买行为和心理是十分重要的，为此应注重市场调查和预测。

(3) 企业的宗旨应是最大限度地满足目标顾客的需求。企业的口号是"以需定产""顾客至上""用户第一"。

(4) 产品的实用性及服务的实效性是交换的必要条件，反之就无资格进行市场交换。

(5) 市场营销是一个动态的管理过程，而非独立或静止的活动。企业中各部门与营销部门的管理活动应协调一致，进行综合整体性营销。

(6) 企业营销部门是企业经营管理的重要组成部分，应参与企业经营管理的全过程，而非单纯地进行销售事务。

市场营销观念流行于 20 世纪 50 年代至 20 世纪 70 年代的西方资本主义企业。当时，各参战国经济迅速恢复和发展，加之第三次技术革命的推动，使得市场形势急剧变化，供求矛盾尖锐，顾客地位显著提高。同时，人们已不满足于产品的数量和质量，而要求企业提供的产品种类日新月异，以满足其不断变化的心理需求。这种外在压力和内在动力，均促使企业从过去的"以产定销"，逐步向以顾客需求为中心的"以销定产式"的市场营销观念转化。这种较先进的营销观念，引起了企业组织、管理方法及程序上的一系列变革，至今仍被社会广泛运用。

2. 社会市场营销观念

社会市场营销观念是指以顾客需求和社会利益为重点，通过采取整体营销活动，在满足顾客需求的同时兼顾社会长远利益，进而实现企业经营利润。它是在市场营销观念的基础上，综合考虑顾客、企业和社会三者利益的协调统一。

社会市场营销观念起源于 20 世纪 70 年代，实际上是对市场营销观念的进一步修正和发展。由于市场营销观念的中心是满足顾客需求、实现企业利润，因而在实际执行中经常会损害社会利益或公共环境。例如，汽车的大量使用会污染环境、造成大量交通事故，大量使用氟利昂会破坏臭氧层，危害人类健康等。同时，随着环境保护运动的兴起，迫使企业逐步修正市场营销观念，重视社会公共利益，从而催生兼顾顾客、企业和社会三者利益的新营销观念。

社会市场营销观念是对市场营销观念的进一步完善，因而同属于以销定产性质，但它对市场环境的认识却更全面、更深刻。可以说，两者都是比较先进的现代市场营销观念。但到目前为止，社会市场营销观念仍基本停留在理论上，自觉应用的企业很少。因此，只有在强大的社会政策推动、新闻舆论及法制压力下，才可能迫使某些企业接受并执行这一先进的市场营销观念。现将上述营销观念列表比较如下：

表1-2 市场营销观念的比较

营销观念	生产观念	产品观念	推销观念	市场营销	社会市场营销观念
营销重点	产品	产品	产品	顾客	顾客与社会
营销观念	生产观念	产品观念	推销观念	市场营销观念	社会市场营销观念
待客态度	等客上门	等客上门	诱导购买	以顾客为中心	以顾客为中心，尽社会责任
市场营销背景	供<求；科技及生产力水平低下，买方间竞争	供≤求；进一步发展，卖方间已有竞争	供≥求；有较大发展，卖方间进行竞争	供>求；迅速发展，卖方间竞争激烈	供>求；高度发展，卖方间竞争激烈
规划顺序	产品→市场	产品→市场	产品→市场	市场→产品	市场→产品
经营方法	提高劳动生产率、增加产量	改进、提高产品质量，提高生产率	广泛应用推销术、广告术	市场营销组合活动	市场营销组合活动
经营目标	增加产量，获取企业利润	增加产量，获取企业利润	增加销量，获取企业利润	满足顾客需求，获取企业利润	满足顾客需求，增进社会利益，获取企业利润

五、市场营销的创新转变

进入21世纪以来，现代企业所面临的市场营销环境日益复杂，需要尽快实现以下五种创新转变：

第一种转变，从创造营销战略转变为驱动业务增长。目前，大多数企业的首席营销官（CMO）们不仅要制定市场营销战略，还要确保所在公司的业务稳定增长。

第二种转变，从控制信息转变为激活价值网络。在互联网时代，各种信息已经无法控制，企业的控制力变得越来越小。消费者对相关产品不管是好评还是差评，企业都无法控制，但是，我们需要激活价值网络，让市场营销信息传达得更好。

第三种转变，从持续改善转变为普遍创新。日本有很多公司如本田，有75%的员工，包括工厂的工人，都能够提出把汽车做得更好的想法，你可以想象一下这样的文化让每个人把工作做得更好，做得更有意义。日本公司对产品质量的要求特别高，中国也需要这种转型，应该从生产低端廉价产品转型为生产更加复杂的高新技术产品。

第四种转变，从管理营销投资转变为不断激发企业的卓越营销活力。

第五种转变，从关注企业运营转变为切实以客户为中心的现代市场营销。

第二节 保险营销概念与研究对象

一、保险营销的概念

（一）保险营销的定义

保险营销是保险市场营销的简称。它是市场营销的基本理论和方法在保险企业经营管理中运用的结果，也是市场营销的一个重要领域和分支。那么，什么是保险营销？

根据市场营销理论，结合保险经营管理的特殊性，笔者给保险营销作了以下定义：

保险营销是指保险企业为了充分满足顾客的经济保障需求、实现自身既定经营目标，依法组织进行与市场有关的一系列经营销售活动。

（二）保险营销的科学内涵

保险营销的定义具有丰富的科学内涵，应该从以下五方面予以全面理解和掌握：

其一，保险营销的主体是保险企业，包括各种保险公司、合作保险机构、相互保险机构、保险中介机构等。它们是保险营销活动的组织策划者、管理者和最终受益者。

其二，保险营销的中心是顾客及其经济保障需求，一切市场营销活动都应围绕这一中心开展。因此，保险营销的基本任务就是以优质服务来引导和满足市场需求，让顾客主动消费保险。

其三，保险营销是一个动态的系统管理过程，由市场调研、环境分析、市场细分、目标市场选择、险种的构思与设计、费率厘定、促销活动、组合销售及保后服务等一系列活动构成。

其四，保险营销是依法开展的，其最终目的是实现企业的各项经营目标，取得合理的利润，实现保险企业的可持续发展。因此，保险营销并非个别部门的工作，而是整个公司的事情。

其五，保险营销是保险企业最基本的经营管理方法和手段，也是一项最基本的业务活动，是企业经营的火车头，事关保险企业经营管理的成败及未来的可持续发展。

二、保险营销与保险推销

（一）什么是推销

我们处在一个推销的世界中，推销无时不在、无处不有。

推销也称为销售，其内涵十分丰富且不断扩充。它是人类的一种基本行为，人们无时无刻不在推销着自己的产品、服务、思想、主张、成就、情感，等等。正如日本寿险推销大王齐滕竹之助所言："人们无论干什么工作，实际上都是在进行自我推销。不管你是什么人，从事何种工作，无论你的愿望是什么，若要达到你的目的，就必须具备向别人进行自我推销的能力,只有通过显示自己,也就是通过自我推销,才能达到你的目的。实际上每个人都是推销员。"法国前总统希拉克也曾直言:"我出去访问的任务并不复杂,就是为了推销本国产品。"

那么,什么是推销?简单地说,推销就是指通过人际沟通交流发现需求并满足顾客需求,或者将物品与劳务销售出去的人类行为。

推销的这一概念包含以下六项内容:

(1) 推销是人类的一种基本行为。推销无时不在、无处不有。

(2) 推销是一种人际沟通和信息交流。推销员就是信息的传播者和反馈者。

(3) 推销就是推销员用自己的思想观念和行为去影响顾客的思想观念和行为,最终促成其接受或购买。

(4) 推销的基本内容就是发现(掘)需求,进而满足需求,解决顾客面临的问题。

(5) 推销的目的就是将物品或服务等销售出去,换回货币,实现既定的经济利益。

(6) 推销的实质就是推销员推销自己。

(二) 产品推销与保险推销

(1) 产品推销。产品推销是销售的一个重要方面,也是销售行为产生之源。我们通常所说的推销就是指产品或物品的销售。产品推销是指企业推销人员设法寻找顾客需求,说服并引导其购买产品的行为过程。也就是推销员将生产商(制造商)生产的产品,通过向顾客解释、说明、介绍,从而销售给顾客,完成商品所有权在时间和空间上的转移。

产品推销由推销员、产品和顾客三大要素构成,三要素之间相互影响、互相牵制、缺一不可。要研究并做好推销工作,就必须从这三个要素开始着手。

(2) 保险推销。保险险种是一种无形的劳务商品,是保险企业的劳动产品。所以,保险推销也属于产品推销的范畴,是产品推销的重要方面。产品推销的一些基本技巧和原理,同样适用于保险推销活动。

什么是保险推销?保险推销也称为保险销售,是指保险推销员设法寻找顾客的经济保障需求,说服并引导其购买保险商品的行为。简言之,保险推销就是指保险商品(或保险单)的售卖过程。保险推销也是由保险推销员、保险商品及顾客三个要素构成的,且三者相互制约、缺一不可。

(三) 保险营销与保险推销的关系

综上分析,保险营销与保险推销是两个既紧密联系、相互制约,又有区别的重要概念。其联系与区别主要表现在以下六个方面:

(1) 保险市场营销包含并制约保险推销。即保险营销是由包括保险推销在内的一系列经营管理活动所构成的企业整体行为,保险推销只是其中的一个环节。保险营销制约着保险推销,但保险推销也对保险营销有着很大的反作用。

(2) 主体不同。保险营销的主体是各种保险企业,但保险推销的主体则是符合条件的保险推销组织及推销员。

(3) 工作重心不同。保险营销活动是围绕顾客的经济保障需求展开的,满足顾客需求是其工作重心；而保险推销的重点在于保险产品，一切工作均围绕产品的销售开展。

（4）着眼点不同。保险营销活动着眼于树立良好的企业形象、谋求长远发展并获取长远利益；保险推销则着眼于短期利益，是为取得眼前的销售利益而采取的行动。

（5）时空范围及方法不同。保险营销采用的是整体营销方法，即由寻找需求一直到险种设计、促销、保后服务等一系列活动构成，时空范围非常广泛；保险推销则采用险种促销等方法来实施，仅是保险营销的一部分活动，时空范围比较狭窄。

（6）客观效果不同。保险营销和推销虽然都以盈利为目的，但营销是通过社会各方面及顾客的满意度获得经营利润，实现企业的可持续发展，社会效果很好；而推销则以直接售卖获得利润，往往追求眼前利益，忽视社会及顾客利益，难以可持续发展。

三、保险营销的对象

（一）保险营销对象的含义

每一门学科都有自己独特的研究对象，保险营销也不例外。学科的研究对象是指学科所研究的特殊现象在某一特定领域的特殊矛盾。由于学科的研究对象贯穿学科始终，决定了科研的基本内容和发展方向，因而成为科研的首要问题。只有明确了学科的研究对象，才能做到方向明、路子正，才能把握好研究方向和基本内容，尽快实现预期的结果。

保险营销对象就是指保险市场营销的研究对象。保险营销作为一门独立学科，其研究对象就是保险市场营销领域的特殊矛盾。

（二）保险营销的研究对象

根据市场营销的基本理论、保险市场营销的概念及上述分析，保险营销的研究对象就是保险市场上供给与需求的变化规律及其均衡程度。具体来说，就是随时研究保险产品的供给与需求的变动关系，想方设法使保险产品在范围、保险责任、保险费率及时空上同市场需求相适应，并研究顾客能以何种方式接受与购买保险新产品的客观规律。

四、保险营销的基本内容

保险营销的基本内容是由其研究对象决定的保险市场营销活动的主要内容。保险营销的内容虽然会随着营销实践的发展不断发展与完善，但其基本内容相对比较稳定，主要包括以下几个方面，本书将在以后章节分别加以论述。

（1）保险营销的相关概念与基本知识；

（2）保险营销主体与营销体制；

（3）保险市场营销管理；

（4）保险市场调研与供求关系分析；

（5）保险市场营销战略与策略；

（6）保险产品及其开发与推广；
（7）保险市场开拓与服务策略；
（8）保险营销组织设计与运作；
（9）保险营销会议及其策划；
（10）保险营销营销团队建设与管理；
（11）保险产品销售的技巧；
（12）国际保险市场营销。

第三节　保险营销特性和原则

一、保险营销的特征

保险市场营销与其他市场营销相比，具有显著特征。主要表现在保险市场营销的特征以及保险推销的特点上。

（一）保险市场营销的特征

保险市场营销主要有营销环境的特定性、营销产品的特殊性及营销主体的专业性三个特征。

1. 保险营销环境的特定性

保险营销环境的特定性，一是指保险营销活动仅限定在特定的保险市场领域；二是指一个国家或地区的国民保险消费意识，往往取决于其风险意识，而国民风险意识又受传统文化、政治和经济等客观特定环境的制约。例如，美国、日本、韩国的国民风险意识就很高，接受保险观念快，而我国的国民保险意识则较淡薄，不易接受保险观念。

2. 保险营销产品的特殊性

保险营销产品即保险险种，不同于其他物质产品或服务商品。它是一种无形且抽象的劳务型商品，是对消费者提供风险保障的一种赔付责任与信用承诺。由于这种承诺只有在约定的事件发生或约定期限届满时才履行，因而不像一般商品或服务那样，使消费者有现实的实质性感受，多数人只能在保险有效期内获得心理上的安全感。

3. 保险营销主体的专业性

保险是一个对国民经济有着巨大影响的行业，保险企业经营管理的好坏事关国民经济的发展及千家万户的经济利益。因此，世界各国对保险营销主体，即市场营销活动的组织实施者——保险企业的审批和监管都非常严格，要求按照法定程序设立，具备一定的经营条件，并实行专业化经营。其他组织和单位均不得经营和兼营保险业务。我国保险法规中对保险企业也作了类似规定，以确保其业务经营的专业化。

（二）保险推销的基本特点

保险推销具有不同于其他销售活动的特点，其基本特点主要是：专业性、挑战性、服务性和竞争性。

1. 专业性

保险是一门边缘学科,内容非常丰富,涉及社会的方方面面,因而对保险推销员的专业素质要求很高。同时,对顾客而言,购买保险并非纯粹消费,而是一项重要的风险管理计划、财务保障计划和投资计划。推销员若无丰富的专业知识和相关知识,便无法根据市场需求行情及顾客的心理特征,帮助其认识自身风险,解决面临的问题,也无法为其设计科学合理的财务保障方案,更无法售出保单。因此,在保险销售活动中,不仅要求推销员要有较丰富的专业知识和实践经验,而且必须经常更新知识、不断充实自己。

2. 挑战性

保险推销并非易事,顾客也对这项商业服务活动比较陌生,风险意识较差,因此,保险推销工作极富挑战性。劝说顾客购买保险商品就是一种艺术。保险推销员如何当好保险宣传员、保险顾问及谈判专家,是推销成败的关键。当然,保险推销工作也给推销员提供了良好的机遇及广阔的发展空间。

3. 服务性

服务性可以从两个方面理解:其一,保险属于服务行业,为社会及顾客服务是保险人的天职。其二,保险推销员推销的是一种无形的服务商品,服务的优劣对推销成败至关重要。因此,好的服务应贯穿于保险推销的始终,以及保险消费的全过程,否则必将难成大业。

4. 竞争性

随着保险事业的飞速发展,保险市场的完全开放,保险营销主体及推销员的不断增加,同业竞争非常激烈。要在市场竞争中生存和发展,唯有秉持良好的职业道德、自身素质以及优质的服务质量、勇敢拼搏的竞争精神。

二、保险营销的必要性

市场营销是一种先进的企业经营管理方法,被现代保险企业广泛运用,并逐步形成保险市场营销学。纵观我国保险市场,其营销的必要性主要有以下六个方面:

(1) 保险商品的特殊性要求全方位实施保险营销。
(2) 保险市场竞争的日益加剧需要落实保险营销。
(3) 保险营销是保险企业扩张业务、占领市场的手段。
(4) 保险营销是保险企业控制经营风险、稳定经营的基础。
(5) 保险营销是壮大保险责任准备金,降低经营费用,提高保险企业经济效益的基础。
(6) 保险营销是加快经济结构调整、向社会提供优质保险服务的前提。

三、保险营销原则

保险营销原则是指在保险市场营销活动中应该遵守的行为规范与准则。保险营销的基本原则主要有四个:

(一)遵纪守法、合规经营原则

遵纪守法、合规经营原则是指保险企业在组织和实施市场营销活动中,应以社会及公众利益为重,自觉遵守国家有关法律和政策,依法合规进行经营管理。遵纪守法、合规经营原则适用于一切企业,作为国家重要经济行业和部门的保险业更应如此。只有自觉按照国家法律和政策办事,才能确保企业经营的长久稳定,确保市场营销活动的顺利进行。

(二)开拓市场、扩张业务原则

开拓市场、扩张业务是保险营销活动的出发点和基本目的之一。它既是保险企业分散风险、分摊损失、稳定经营的客观需要,也是在市场竞争中立足和发展的根本途径。因此,作为保险企业的一种经营策略和管理方法,在其市场营销活动中必须贯彻"开拓市场、扩张业务"原则,不断开发新市场,努力扩大承保面,提高承保深度。为此,应事先做好市场调研,积极发掘顾客需求,及时推出适销对路的新险种,并有针对性地开展销售。

(三)顾客第一、服务至上原则

现代市场营销活动是以顾客及其需求为核心的,而保险行业及保险产品的服务性又决定了服务至上的重要性。因此,在组织与实施保险营销活动中,必须牢固树立"顾客第一、服务至上"观念,自始至终遵循这一原则,否则将会一事无成。

在保险营销过程中,"顾客第一、服务至上"原则不仅表现在帮助顾客选择合适的险种、提供宣传咨询服务上,还表现在续保、制订新的保险计划、防灾防损、索赔等保后服务上。只有为顾客提供优质的保险服务,才能使其产生信任感和依赖感,并长期吸引保户,守住既有业务阵地。

(四)诚实信用、公平公正原则

诚实信用、公平公正原则是市场经济的帝王法则,也是保险法规定的基本原则之一,它对保险双方当事人都具有约束力。《中华人民共和国保险法》(以下简称《保险法》)第5条规定:"保险活动当事人行使权利、履行义务应当遵循诚实信用原则。"作为保险营销主体的保险企业及其推销员,在进行保险营销活动时必须遵守这一原则。该原则的基本要求:一是应以诚相待,公平公正,无欺于顾客,决不损害顾客利益;二是应严守职业道德,严格按规章制度办事;三是应自觉维护保险信誉,诚心诚意、公平公正地为顾客服务。

第四节 保险营销职能、任务与作用

一、保险营销职能

(一)保险营销职能的含义

保险营销职能是指由保险营销本质所决定的市场营销活动的独特功能与社会使

命，也是区别于其他事物的基本标志。一般来说，保险营销职能反映了它的本质特征，相对比较稳定，不会随保险营销实践的发展、环境的变化而变化。

（二）保险营销职能的内容

根据保险营销活动的产生和发展历程，依据保险营销职能的含义，可将保险营销职能的基本内容概括如下：

保险营销的职能是：科学组织和指导保险企业积极开拓市场，最大限度地满足社会及顾客的经济保障需求，稳定经营管理，实现企业既定的经营目标。

在保险营销这一职能中，科学组织和指导保险企业积极开拓市场是前提，满足社会及顾客现实与潜在的经济保障需求是中心，稳定企业经营管理、实现预期利润和其他经营目标是最终的目的与结果。

二、保险营销的任务

保险营销的任务是其营销职能的详细分解及具体化，以便于市场营销活动中的具体操作和实施。保险市场营销的基本任务可归结为六方面：

（1）深入调查研究，广泛搜集与保险市场营销有关的各种信息资料，分析保险市场环境，研究顾客欲望、需求及购买行为等，为保险市场营销决策提供科学依据。

（2）根据保险企业经营目标及企业内外部环境分析，扬长避短，确定保险企业的营销方针、策略以及市场营销目标。

（3）制定保险市场营销决策。具体包括：① 细分市场、选择目标市场；② 制定险种及其费率策略；③ 制定销售渠道及销售促进策略；④ 组织实施保前、保中及保后服务策略；⑤ 制定市场竞争、营销组合及保险发展战略。

（4）系统组织保险企业营销计划的编制、执行和控制。

（5）系统组织保险企业营销会议的策划、实行和控制。

（6）保险销售实务、营销事务及团队管理。即建立与调整保险营销组织，制定销售程序及实务流程，保险业务及其档案管理，组织保险营销员的招聘、培训、激励、分配等的管理。

三、保险营销的作用

保险营销的作用是指保险企业在组织实施市场营销活动、履行营销职能、执行营销任务过程中所产生和实现的客观效果与社会效应。保险企业市场营销的作用与其市场营销活动的规模、质量等呈正比例关系。保险营销作用主要表现在对社会的宏观作用、对顾客的作用以及对保险企业的作用三个方面。

（一）对社会的宏观作用

保险营销对社会的宏观作用是指对全社会、对国民经济总体发展所发挥的影响与促进作用。它主要表现在以下四方面：

（1）有利于国民经济有计划、按比例地顺利发展。

（2）有利于加快经济结构调整，缓解社会矛盾，稳定社会秩序。

(3) 有利于提高全民风险意识，促进全社会的风险管理。
(4) 能够促使消费资金转化为积累资金，支援经济发展与社会建设。

（二）对顾客的作用

保险市场营销对顾客（保户）的作用，是指对保险消费者日常经济生活所产生的影响。它主要是对经济组织和单位在稳定经营、提高经济效益方面的影响，以及在稳定人们经济生活方面的作用。

(1) 可以保障投保企业生产和经营的顺利进行。
(2) 有利于投保企业加强经济核算，巩固财务成果。
(3) 能够促进投保企业单位及个人加强风险管理，减少其财富和利益损失。
(4) 有利于稳定投保者的家庭经济生活，增进社会福利。

（三）对保险企业的作用

保险营销对保险企业的作用是指对其组织实施者在市场竞争、稳定经营及提高自身经济效益方面所产生的影响与好处。主要表现在以下五个方面：

(1) 有利于巩固和开拓保险市场，提高保险企业竞争力。
(2) 有利于扩张业务、稳定经营，提高自身经济效益。
(3) 可以有效防止逆选择，确保承保业务的质量。
(4) 能够有效利用企业的各种资源，不断挖掘市场潜力，使其持续稳步发展。
(5) 有利于树立良好的保险企业形象，不断提高保险企业的社会知名度和美誉度。

复习思考题

1. 何谓保险营销和保险推销？其关系是什么？
2. 简述保险营销与推销的特点、保险营销的基本原则。
3. 保险营销的基本职能是什么？其任务有哪些？
4. 简述保险营销的作用。
5. 如何理解市场营销及其职能。
6. 什么是市场营销观念？如何理解五种市场营销观念？

第二章

保险营销主体与营销体制

本章摘要 本章包括保险营销主体、保险推销主体、保险营销体制、发达国家的保险营销体制四节内容。应掌握保险营销主体与保险推销主体的含义及类别,保险推销员的必备素质与行为准则,保险营销体制的内涵和种类;理解保险公司的含义、组织形式与条件、职能与作用,保险推销员的成功之道与心理分析;我国保险营销体制的发展现状、问题、改革与模式选择;了解发达国家的保险市场与营销体制。

关键词 保险营销主体;保险推销主体;保险公司;保险推销员;保险营销体制;保险营销制度;保险营销组织

第一节 保险营销主体

一、保险营销主体的有关概念

(一)保险营销主体的概念

保险营销主体是指保险市场营销活动的组织实施者,包括保险公司、相互保险组织、合作保险组织、保险经纪公司及保险代理公司等各种保险企业。它们既是市场营销活动的策划、组织人,也是营销活动的监督执行者和最终受益者。没有营销主体就不可能有保险市场以及各种营销活动。因此,有必要对保险营销主体专门进行探讨。在保险营销主体中,保险公司是最重要的主体,占据主导地位,故本节将重点介绍保险公司。

(二)保险公司的概念

1. 公司的概念

公司是指由众多投资者共同经营某项事业,依法组成的一种经济集合体。从法律角度来讲,公司是指依法登记成立,并以盈利为目的的经济实体。公司是国民经济的基础细胞,是企业的一种组织形式。其职能是组织进行生产经营或其他服务性活动,其目的是获得一定的经营利润。

2. 保险公司的概念

保险公司作为公司的一个种类,既具有公司的一般特性,也具有自身经营的独特个性。所谓保险公司，是指依法登记成立，按照保险制度经营风险，组织经济偿付，并以盈利为目的实行独立核算的经济实体。它是保险业务活动中的独立经营单位，也是一种提供保险保障服务的特殊信用企业，属于第三产业的范畴。截止到 2019 年 6 月，我国保险机构共有 237 家，分为 9 大类别：保险集团（控股）、出口信用保险、财险、寿险、健康险、养老保险、资产管理、再保险及其他保险公司。主体保险公司数量分别为：90 家寿险公司，88 家财险公司，22 家保险资管公司，12 家保险集团公司，11 家再保险公司。

二、保险公司的组织形式与条件

（一）保险公司的组织形式

在国际保险市场上，保险人的组织形式较多，主要有国有（营）保险公司、私营保险公司、合营保险公司、相互保险公司、专业自保公司、劳合社型组织等。

我国由于国情特殊，保险业及国民经济的发展比较落后，因此《保险法》第三章中，用 28 条内容对保险公司进行了规范。目前，我国保险人的组织形式有国有或国有控股保险公司、股份有限公司、自保公司和相互保险公司四种。

1. 国有独资或控股保险公司

根据我国《公司法》第 16 条规定，国有独资公司是指国家授权投资的机构或国家授权的部门单独投资设立的有限责任公司。国务院确定的生产特殊产品或属于特定行业的公司，应采取国有独资公司形式。由于它的股东只有一个，投资完全来源于国家，所以它是一种特殊形式的有限责任公司。

国有独资保险公司作为国有独资公司的一种，是指由国家授权投资的保险机构或部门投资设立的保险有限责任公司。其基本特点是：（1）投资主体单一（即股东仅有一个）；（2）公司不设股东大会，只设董事会和监事会；（3）公司的财产所有权归国家所有。

目前，我国的国有独资保险公司仅有中国出口信用保险公司一家。国有控股保险公司有中国人民保险集团公司、中国人寿保险集团公司、中国再保险集团公司、中国太平保险集团公司 4 家。我国的国有保险公司数量不多，但它们实力雄厚，控制了绝大部分保险市场，是保险市场的主导力量。

2. 保险股份有限公司

保险股份有限公司是世界保险业中广泛采用的组织形式，也是比较成熟的现代企业制度的一种组织形式。其法律特征是：（1）股份是其资本的标准单位；（2）具有典型的资合性，任何投资者都可成为股东；（3）股东不能少于法定人数（我国规定为 5 人）；（4）股东的权利取决于持股量的大小；（5）其组织机构分为股东大会、董事会、监事会及总经理领导下的行政管理人员四个层次。

目前，我国境内的保险公司绝大多数为股份有限公司的形式。目前，约有 220 余家保险股份有限公司，它们发展迅速，已成为行业发展的主要推动力。

3. 相互保险公司

相互保险公司是由所有参加保险的人员自己联合设立的保险法人组织，是保险业特有的公司组织形式。早期国际保险市场上的很多保险公司都属于相互保险公司，20世纪80年代的世界十大保险公司中，相互保险公司占了一半。近年来，全球相互保险市场规模增速是全球保险市场的两倍。2014年与1997年对比，相互保险市场规模增长了29.6%，而全球保险市场同期为13.6%。2014年，全球共有近5000家活跃的相互保险组织，其中，欧洲和北美洲占比最高，分别达到2700家和1900家。全球相互保险市场业务在2014年创造了历史高点，总保费收入达到12860亿美元，在全球保险市场的份额从2007年的23.7%增长到2014年的27.0%。

与股份保险公司相比，相互保险公司具有以下三个特点：(1)相互保险公司的投保人具有双重身份，既是保险人，又是消费者；(2)相互保险公司是一种非营利型保险公司；(3)相互保险公司组织机构类似于股份公司，经常聘用保险专业人士经营管理。

在我国保险市场上，目前有黑龙江阳光农业相互保险公司、众惠财产相互保险社、汇友建工财产相互保险社和信美人寿相互保险社等相互保险组织。

4. 专属保险公司

专属保险公司也称为自保公司，是指不面向社会营业、专门服务于某一行业或大型企业集团的保险公司。目前，全国仅有6家自保公司，包括中石油专属保险公司、中铁自保公司、中远海运自保公司，以及注册地在中国香港地区的中海油、中广核以及中石化自保公司。

(二) 设立保险公司的基本条件

保险公司是经营风险的特殊信用企业，其经营好坏事关广大被保险人的切身利益，乃至社会经济的稳定。因此，世界各国对设立保险公司都持审慎态度，并规定了许多具体条件。我国也是如此。

《保险法》第67条规定：设立保险公司，应当经国务院保险监督管理部门批准。国务院保险监督管理机构审查保险公司的设立申请时，应当考虑保险业的发展和公平竞争的需要。

第68条规定：设立保险公司应具备下列条件：(1)主要股东具有持续盈利的能力，信誉良好，最近三年无重大违法违规记录，净资产不低于人民币2亿元；(2)有符合《保险法》和《公司法》规定的章程；(3)有符合本法规定的注册资本；(4)有具备任职专业知识和业务工作经验的董事、监事和高级管理人员；(5)有健全的组织机构和管理制度；(6)有符合要求的营业场所和与经营业务有关的其他设施；(7)法律、行政法规和国务院保险监督管理机构规定的其他条件。

第70条规定：设立保险公司，应当向国务院保险监督管理机构提出书面申请，并提交下列材料：(1)设立申请书，申请书应当载明拟设立的保险公司的名称、注册资本、业务范围等；(2)可行性研究报告；(3)筹建方案；(4)投资人的营业执照或者其他背景资料，经会计师事务所审计的上一年度财务会计报告；(5)投资人认可的筹备组负责人和拟任董事长、经理名单及本人认可证明；(6) 国务院保险监督管理机构规定的其他材料。

三、保险公司的职能和任务

(一) 保险公司的职能

保险公司的职能是指保险公司在社会经济生活中所担负的社会功能与使命。纵观保险公司的发展历史和经营现状可以看到，保险公司的基本功能都是：承担风险分摊，筹集保险基金，并组织对因灾害事故所致的保险财物损失进行经济补偿，或者对被保险人因约定的保险事件发生而给付一定的保险金，以保障被保险人生产经营的持续进行，保障个人家庭经济生活的稳定。因此，保险公司的职能可简要概括为：集散风险，分摊损失；聚集资金，组织经济偿付。其中，集散风险，分摊损失，是其内在功能，是前提和手段；集聚资金，组织经济偿付，是其外在功能，是结果和目的。

(二) 保险公司的基本任务

不同经济社会制度下的保险公司，虽然其基本职能相同，但其基本任务却不相同。作为社会主义国家的保险公司，其基本任务主要是：

(1) 积极扩展业务，不断开发新险种，扩大保险服务领域；
(2) 加强防灾防损，减少国家及人民群众生命财产损失；
(3) 努力聚集保险基金，及时组织经济偿付；
(4) 积极助力改革开放，促进经济社会健康发展，安定群众经济生活。

第二节　保险推销主体

一、保险推销主体概述

(一) 保险推销主体的概念

保险推销主体是指保险业务销售活动的组织实施者，也就是组织与进行保单售卖活动的单位和个人。

从保险市场营销实践来看，推销是其非常重要的环节和内容。作为推销工作组织实施者的推销主体，也是营销计划的具体执行者之一。保险推销主体应依附或服务于营销主体，其工作的好坏也会直接影响营销计划的实现以及保险公司的声誉，因此，选择和管理好保险推销主体也是保险营销中一个很重要的问题。

(二) 保险推销主体的内涵和种类

1. 按推销主体的组织形式划分

从保险推销主体的组织形式来看，主要包括保险公司的各级营业机构，如保险分公司、营销部或中心、办事处、营业部等；保险代理机构，如保险代理公司、代理处、代办所等；保险经纪机构，如保险经纪公司、保险经纪事务所等。他们是保险销售活动的具体组织实施者与管理者。

2. 按推销活动的最终执行者划分

从保险销售的最终执行者来看，推销主体应包括保险公司的直销业务员、聘用的代办员、营销员、保险代理机构的代理人及保险经纪人等个人。从广泛意义上讲，他们都是销售活动的最终执行者，是积极的保单推销人，其目的是赚取薪金或佣金，因而可将其统称为广义的保险推销员。狭义的保险推销员，则是指保险公司雇用或聘用的专门推销其保险商品的个人。也就是通常所说的保险业务员、代办员及营销员，而不包括保险代理机构的代理人和经纪人。

（三）保险推销主体的资格

保险推销主体的资格是指成为保险推销主体应依法具备的条件。世界各国对从事保险推销的单位和个人都有一定的法律规定，只有符合条件者，方可推销保险产品。

关于保险推销主体资格的法律规范，我国已经有了一套基本的管理规定。例如，《保险专业代理机构管理规定》《保险兼业代理管理办法》《保险销售从业人员监管办法》（中国保监会令 2013 年第 2 号）、《保险经纪从业人员、保险公估从业人员监管办法》（中国保监会令 2013 年第 3 号）、《保险经纪机构管理规定》中，对专业代理人、兼业代理人、个人代理人及保险经纪人的资格都作了明确规定，故此处不再赘述。

（四）保险推销主体的职责和作用

1. 保险推销主体的职责

保险推销主体的主要职责是销售保险商品。此外，还应围绕这一中心，当好保险商品的宣传员、市场情报员及顾客的服务员等。具体来说，其基本职责有五方面：（1）搜集和掌握市场需求与供销信息，制订切实可行的销售计划；（2）招聘、培训并管理好保险推销员，不断壮大销售队伍；（3）积极寻找顾客，宣传公司产品；（4）努力推销产品，及时反馈信息；（5）提供保前、保中及保后优质服务，自觉维护保险信誉。

2. 保险推销主体的作用

保险推销主体的作用是指它在组织与实施保险销售活动中，对保险业、保险市场营销及顾客等所产生的影响。其主要作用表现在：（1）保险推销主体是保险市场营销活动的重要参与者和执行者，对营销成败影响极大；（2）它是联结保险公司与顾客的纽带和桥梁，是保险公司的"采蜜者"；（3）是培训和发展新人、传播保险观念、开拓保险市场的核心力量；（4）是树立行业形象、推动保险事业不断发展的主要推动力。

二、保险推销员的必备素质与行为准则

（一）保险推销员的概念

保险推销员是指具备一定资格并专门从事保险商品销售的个人。由于保险商品是一种货币形态的特殊性服务商品，事关国计民生，因而，由此决定的保险销售也是一种充满机遇和富有挑战性的工作。它不但要求推销员要具备法定条件及推销的必要素质，而且要有良好的职业道德，自觉遵守保险从业规则。

（二）保险推销员的必备素质

1. 高尚优良的思想品德素质

保险业是一种特殊的服务行业，对从业者的思想品德和职业道德水准要求很高、很严。既要求从业者爱岗敬业、无私奉献，文明礼貌、忠诚服务，也要求从业者重合同、守信用，勤奋学习、精通业务；还必须廉洁奉公、不谋私利。正如国外保险销售界所流传的："我们销售的不是保险商品，而是我们的时间、关怀和情感，是我们的知识、服务与同情心。"

在具体销售活动中，保险推销员应处理好以下三种关系：

（1）推销员与顾客之间的关系。推销员对顾客应有高度责任感，忠于自己的顾客，急顾客之所急，想顾客之所想，不辞劳苦地为顾客提供优质服务。要时刻牢记：顾客是上帝，是衣食父母，应全心全意为其服务。在保险销售过程中，对顾客应一视同仁，平等对待，不欺不诈，不搞误导、骗销或强行推销等违规行为。

（2）推销员与公司之间的关系。当保险推销员受聘于某保险公司时，则应忠于公司，以司为家。既要爱岗敬业、尽职尽责，也应任劳任怨、无私奉献，自觉维护公司声誉，不损害公司利益。做到依法推销、光明磊落，绝不私下交易。

（3）推销员与竞争对手之间的关系。在处理与竞争对手的关系时，原则上应公平推销、平等竞争，千万莫相互拆台、贬低对手，否则将损害整个保险业的声誉和利益，害人更害己。

2. 科学合理的知识结构素质

保险推销员肩负着推销保险商品、宣传保险知识、传播风险与保险观念等重任。不但要善于言辞、精于推销技巧，还应搜集市场信息、预测市场需求，熟悉自身和竞争对手以及顾客的基本情况。因此，推销员不仅要有较高的文化程度，还要不断学习和掌握有关知识，积极调整自己的知识结构。正如日本的"保险推销之神"原一平所指出的："保险推销员必须用相当多的时间来学习。当然，学习的时间多了，用于实际推销的时间必然缩短，但工作效率反而会提高。"原一平每天花在推销上的时间平均为3—4小时，其余5小时用在进修和推销研究上，其推销效率反而很高。因此，一个优秀的保险推销员必须学习相关知识，使自己的知识结构更加科学合理，才能适应推销需求、促进推销者自身的成功。

一般来说，保险推销员不但要精通保险专业知识，还应熟知相关的社会基础知识。专业知识是推销的基础，对推销业绩有直接影响。专业知识主要包括保险学与保险市场的基础知识，保险公司的概况与发展前景，保险产品的基本知识，保险法规条例，保险经营与代理实务，保险公关与市场营销知识，保险投资理财、财务会计等知识。社会基础知识是推销的必备条件，对提高推销业绩也有着重要影响。社会基础知识主要是指社会学、经济学、文学、美学、心理学、历史、地理、艺术，等等。总之，知识面越宽广，适应性就越强，保险销售也就更加顺利。

3. 娴熟过硬的业务技能素质

推销员的业务技能素质是指其已掌握的保险推销技巧和培养出的实际工作能力。

由于保险推销难度较大,因而对推销员的业务技能素质要求也较高。业务技能素质包括推销技巧和工作能力两个方面。

(1) 推销技巧。保险推销是一个寻找、选择及约见顾客,并与之接触、面谈、排除障碍、适时成交,直至保后服务的完整循环过程。它不但要求推销员必须具备与顾客交往的实际本领,还应站在顾客立场,为了顾客和保险公司的利益,娴熟运用各种技巧来说服顾客采取购买行动,并使顾客满意。

(2) 工作能力。保险市场和顾客都是复杂多变的,没有非凡工作能力的人,是无法胜任保险推销工作的。保险推销员的工作能力,主要是记忆力、说服力和创造力,也包括观察力、注意力、想象力、判断力、推理力及预见力。

① 记忆力。从事保险销售需要记忆很多事物,如新老顾客的姓名、职务、单位、电话号码、约见的时间、地点、谈话内容、推销进展及购买的险种情况等;保险公司及其险种、保险专业知识、保险法规及相关的社会知识等也需要熟记。试想一下,若记错顾客的姓名等,对方肯定不会信任你,并会设置各种推销障碍。实践也证明,凡是成功的推销员,都具有非凡的记忆力。当然,超群的记忆力虽与天赋有一定关系,但后天训练也很重要,每个保险推销员都应加强记忆力的训练。

② 说服力。保险推销过程实际上是推销员说服顾客的过程。保险推销能否成功,推销员的说服力至关重要。那么,什么是说服力?说服力是指推销员劝说及打动顾客投保的能力。一般来说,保险推销员说服力的高低取决于其知识面、记忆力、表达力及创造力等,是推销员自身整体素质的具体表现。说服力可以通过日常强化训练得到提高。

③ 观察力。观察力是指人们通过视觉器官捕捉事物中典型的、带有本质性外部特征的能力。据统计,人们掌握的信息中,80%—90%是通过视觉神经传送至大脑中枢的。同样,观察力对保险推销员也是如此。例如,"推销之神"原一平也有过这样的经历:一天,他在商场购物时,身后突然传来这样的对话:"这个是多少钱?""是十万日元。""噢,那就把这给我好了。"他回头望去,只见一位穿戴整齐的高个中年人正拿着购买的东西,从容不迫地向外走去。他意识到这是一位有身份的人,可能会成为一个好顾客。于是,他停止购物跟踪而去,并用巧妙的方法了解到这个人是一家著名公司的经理。经过努力,做成一笔巨额保险生意。当然,他也有过教训:有位朋友给他介绍了一位总经理顾客,他便兴冲冲地前去拜访,但每次都被一位老人以"总经理有事外出"为由而挡驾。原一平有时大清早拜访,也曾深夜前往,但一直未达到目的。他就这样历时四年访问了70次。当他第71次拜访时,终于发现那位老人就是总经理,并做成了比他最好业绩时还要多5倍的生意。由此可见,保险推销员必须具有高度的职业敏感及锐敏的观察力,否则会丧失许多成交机会。

④ 创造力。创造力是指保险推销员在推销过程中所表现出的创新能力。凡运用新思维、新方法对老问题和老办法作出有效的改革或发展,都可算作创造力的运用。例如,一种出人意料的见面技巧、一段别出心裁的销售话术、一种富有创意的推销手段等,都是创造力的表现。要在竞争激烈的保险市场上出奇制胜、创建奇功,推销员必

须具备较强的创造力。

4. 健康成熟的身心素质

身心素质是指保险推销员应具有的身体条件和心理素质。一名保险推销员,必须具有健康的身体、成熟的心理、坚强自信的个性、百折不挠的意志。因为保险推销是一项异常艰辛的工作。"走街串乡'跑断腿',劝众投保'磨烂嘴';冷语白眼寻常事,风霜雨雪永相随"便是真实写照。因此,要求保险推销员要有"身体结实能吃苦,心理健康能受气,君子大度不气馁,不达目的不罢休"的精神;也应有一套完整的适应环境、战胜困难与挫折的自我调节的有效方法,知道在什么情景下,用什么方法处理问题。同时,还应做到工作、生活目的明确,临危不惧、镇定自若,始终保持愉快的心情和必胜的信念。

(三)保险推销员的行为准则

常言道:国有国法,行有行规。作为保险推销员,也有自己的专业行为准则。根据保险职业道德及推销特点,每一个保险推销员都应遵守"诚实守信""遵纪守法""公正无私"及"竭诚服务"的基本准则。具体来说,在保险推销活动中,应遵循以下六项行为规则:

1. 自觉遵守保险法规、条例与规定

保险推销员在工作中应自觉遵守《保险法》《保险代理机构管理规定》《保险经纪机构管理规定》《保险营销员管理规定》等法规条例,遵守银保监会及服务的保险公司的各项管理规定,自觉执行党和国家的各项方针政策、金融财经制度和纪律,做到依法销售。

2. 凡事应以顾客利益为先,竭诚为其服务

在保险推销过程中,要时刻把顾客利益放在首位。推销的产品尽量切合保户经济利益上的需要,承保后应提醒其按时交付保费,并积极协助保户搞好防灾防损服务及出险后的索赔等工作。

3. 自觉维护保险公司的利益和保险业的社会形象

保险推销员在推销过程中,应严格按照保险公司的规定办事,不随意降低费率或提高手续费标准,应严格把好承保关,确保业务质量,以维护保险公司的利益。同时,还应随时注意仪态仪表,保持良好的精神面貌,有条不紊地进行推销,彬彬有礼地提供服务;不诋毁同行,不胡乱收费,不强行承保,以树立保险业的良好社会形象。

4. 业务资料应严格保密

在竞争激烈的保险市场上,每位推销员都有保守公司商业机密及投保人隐私的义务。既不能泄露公司的经营核算情况、费用及佣金标准、险种的市场占有率、重点保户的有关情况等商业机密,也不得泄露投保者的个人信息资料,以保证各方的经济利益不受损害。

5. 诚实守信,善待顾客

在推销宣传过程中,保险推销员应实事求是地向顾客宣传保险、介绍险种内容,绝不能夸大或更改条款内容，诱使其投保。在解释投保书时，应如实向投保人介绍重要事项，使其清楚了解所购险种的一切内容和细则，尤其是保险责任、责任免除、投保人的义务等内容，以减少日后的纠纷。在设计保险计划时，应依据顾客的财务需求及经济支付能力，设计经济实用、保障高的投保方案，使其既有交费能力，又能获得最大保障。顾客投保后也应"一往情深"，做好各项后续服务工作。

6. 爱岗敬业，忠于公司

作为一名合格的保险推销员，不仅要热爱自己的岗位和职业，全身心地投入推销事业，还应忠于自己服务的公司，不做损害公司利益的事。也就是说，推销员只可为所属公司推销保险，不可私下代售其他公司的保单，更不能接受其他公司的业务代理，或将其业务转让给其他保险公司。

三、保险推销员的成功之道

（一）保险推销员的社会地位和机遇

1. 保险推销员的社会地位

在西方发达国家，推销员尤其是保险推销员是一种令人非常羡慕的职业。其政治、经济地位很高，待遇同企业经理人相当，优秀者则与总经理待遇相差无几。以美国为例，推销员的政治地位同教师、医生等相提并论，经济收入也居社会前列。推销员的年平均收入为 30 万美元，优秀者则在 50 万美元以上。在日本，保险销售已成为大学生就业的首选目标，而优秀推销员则同影视、体育明星一样受人尊敬。尤其是许多世界闻名的大企业家如亚柯卡、哈默、李嘉诚、蔡万霖等均是推销员出身，他们也都认为自己的推销经历是企业经营成功的秘诀之一。

2. 保险推销大王眼中的推销

法兰克·贝吉尔是世界闻名的寿险推销大王，他对保险推销有着深厚的感情和体验。他说："在无数的职业群中，再也没有比推销更美好的职业了。因为自己的努力会日复一日、年复一年明确地呈现出成果，所以那是展现自我能力的最佳舞台。不仅如此，在接触各式各样客户的过程中，还可以一面工作一面学习各种知识。事实上，如将推销活动中所汲取的各项经验，视为将来晋升管理、经营职位的必备条件也不为过。换言之，精通保险推销的奥妙，成为一个成功而老练的推销员，则不管将来从事何种职业，都能够成功。推销这一行，可以说是成为万能选手之道。"

3. 保险推销员的机遇

保险推销员是一种奉献爱心、无本经营、实现自我价值的独特职业。在从事保险推销过程中，它会给推销员带来许多发展机遇，帮助其实现自我价值。

（1）免费培训和自我提高的机会。保险推销员只要一进入推销之门便会获得许多免费培训的机会，使个人综合素质得到提高。同时，推销过程也是锻炼自己、学习社会经验的过程，要成为什么样的人，完全取决于自己的努力。

（2）自我经营与发展的机遇。保险推销是无需投入的自我经营，可以按自己的意愿行事，充分发挥聪明才智。保险推销员的努力和奋斗目标有多大，其推销事业就有多大。

（3）学习经营和管理知识、积累领导经验。在保险推销中，不但能建立起庞大的顾客群，更重要的是要管理他们，从而积极培养更庞大的业务体系，成为一位有影响力的经营者。因此，保险推销会促使你积极学习经营和管理知识，不断积累领导经验。

（4）扩大人际关系、提高知名度的机会。保险推销是一项接触千家万户、各行各业的事业。你的推销时间越长、资历越深，则人际关系越广、社会关系网越大，知名度自然也就越高。

（5）获得高收入的机会。保险推销可使你有稳定的收入。尤其是人寿保险，由于保险期限长且多采用分期缴费的办法，因而当你卖出一张新保单后，可得到数年的服务报酬。这些报酬可使你获得稳定增长的高收入。例如，纽约寿险公司的林东茂先生从事寿险推销仅一月，销售额即突破100万美元，首年的佣金收入即达13万美元，如今他已荣升纽约人寿中国台湾分公司的总经理。另外，靠推销保险成为亿万富翁的人也并非个别。

（6）助人为乐、服务大众的机会。保险推销的实质是爱心、服务、诚信及自我的推销，是以专业知识及诚信的服务态度，帮助人们运用保险来妥善地规划未来，保障财产及人身安全，使人们更有安全感。因此，从事保险销售工作本身就是奉献爱心、助人为乐、服务社会的过程，是一项光荣而自豪的事业。

（二）吉姆（GEM）公式

在现实推销中，一个熟练掌握了推销知识和技巧的推销员未必能成功。但吉姆公式即可解决这一销售难题，使之走向成功。

1. 吉姆公式的含义和内容

吉姆公式是指产品（G）、企业（E）及推销员（M）之三角关系式，其示意图如下：

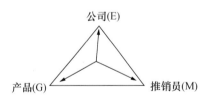

图 2-1 吉姆公式示意图

吉姆公式的内容是：推销员要把产品推销出去，就必须以工作为己任，并对其从事的推销工作充满必胜的信心，对所推销的产品价值充满自信。也就是说，每一项推销活动都是建立在下述三个要素基础上的：（1）推销员一定要相信他所代表的公司；（2）推销员一定要相信自己所推销的产品；（3）推销员一定要相信自己的能力。

2. 吉姆公式的作用

吉姆公式揭示了任何推销员都须处理好公司、产品及自我之间的关系，并对这三者高度信任。只有这样，才会产生工作积极性，进而促使推销获得成功。正如英国推销专家海因兹所言:"推销员对所代表的企业缺乏信任是非常危险的;对推销的产品缺乏信心是十分有害的;而缺乏自信心则是致命的。"所以,保险公司在评价推销员时,不仅要观察工作态度和其他内在因素,而且要观察其是否对公司、产品及自己有信心,是否热心于推销工作。另外,保险推销员本身也应经常反思三大要素的处理情况,及时找出推销业绩不佳的原因。

3. 吉姆公式的具体运用

吉姆公式说起来容易做起来难。应通过学习培训,使保险推销员相信并掌握吉姆公式,进而灵活运用,搞好保险推销工作。在具体运用中,应该从以下三方面着手:

(1) 使保险推销员相信所推销的产品。要做到这一点,就要积极组织好业务培训,尤其是新险种培训和讲解,并通过比较与说明,使每位推销员熟知每个险种的基本特点、详细内容、保险责任及适用对象等。同时,将保户反馈的产品信息及市场报道等,及时向推销员通报,以增强其对推销险种的信心。

(2) 使保险推销员相信自己的公司。要让推销员充分信任自己所代表的公司,就应经常进行爱司教育,经常向他们介绍公司的发展历史、现状及发展前景,公司的组织机构、规章制度、管理特色、社会责任与殊荣等内容,必要时可组织专门培训或专题讲座。另外,保险公司也应做好公共关系及产品开发、保后服务等工作,树立良好的公司形象和社会声誉,从而使推销员从中受益,增加对公司的信心。同时,保险公司也应从工作、生活、福利等方面关心推销员,使其感到公司的温暖,树立"公司就是我的家"的信念。

(3) 使保险推销员相信自己。核心是要让推销员树立自信心。首先,营销管理部门应让推销员相信他是合适的推销人选,完全能够胜任推销工作,并有能力将保险产品销售出去。其次,应让推销员知道,公司完全信任他,会协助解决推销中的困难,使其树立并保持高度的自信心。最后,当推销员取得成绩时,应及时给予表扬和奖励;当业绩不佳或遇到挫折时,应做好思想工作,使其尽快恢复自信心。

一旦做到以上三点,保险推销员的积极性与创造性就会应运而生,而真正发自内心的积极性和创造性,正是一个优秀推销员必备的条件。

(三) 推销明星的成功方程式

任何推销员的成功皆非一蹴而就,而是奋力拼搏、不懈努力的结果。纵观超级推销员的成功之路,可得出如下成功推销的方程式:

成功 = 行业认识 + 坚强的意志 + 正确的工作观 + 保险商品知识
　　　+ 计划性 + 推销技巧 + 业务能力 + 人际关系 + 顾客认同
　　　+ 身体 + 家庭

这个方程式右边的 11 项,是影响推销员推销成功的全部因素。其中,属于推销员自身的因素共 9 项。因而,影响成功的最大敌人便是自己。对照上述方程式,你不妨自查一下,看看哪些已具备,哪些还不足,以便立即行动、赶紧充电。你若想获得成功,就应该不断超越自己、战胜自我。

四、保险推销员心理分析

(一)保险推销员心理的概念

保险推销员心理是指保险推销员的职业动机与思想动态。它直接关系推销的成败以及销售业绩的好坏,也会对顾客产生一定的印象和看法,形成各自独特的心理态度。因此,有必要对推销员心理作必要的探讨,以确保推销员队伍稳定及作用的发挥,进而实现保险营销的各项目标。

(二)影响推销心理的基本因素

影响保险推销员心理的因素很多,可归纳为客观和主观两个方面。

1. 客观因素

从客观角度来观察,影响保险推销员心理的客观因素主要有职业传统、历史机缘、就业机会、推销环境、家庭、公司状况、保险商品、保险法规、市场监管、顾客等因素。

2. 主观因素

从推销员自身角度来看,影响其心理的主观因素主要有个人兴趣、谋生需要、自我奋斗需要、社会利益需要、个人气质、个人素养、知识、服务、个人努力、健康状况、推销技能、工作方法和销售观念等因素。

由此可见,保险推销心理是一个由多种因素影响制约的综合性问题。推销员心理的全面培养和锻炼,应从大处着眼、小处着手,在保险推销实践中不断学习和深化。

(三)保险推销员心理状态的类型

一般来说,保险推销员在推销保险过程中有两个基本目标:一是说服顾客购买保险产品,完成推销任务;二是使顾客满意,建立良好的人际关系。由于每个保险推销员对实现这两个目标的关心程度各有不同,从而形成了不同的心理状态。若用推销方格来表达,则保险推销员的心理状态可分为以下五种基本类型:

(1) 1.1型:事不关己型

凡具有此种推销心态者,既不关心推销业绩,也不关心顾客,工作没有明确目的性和积极性。这类人不宜做保险推销工作,否则,就会耽误公司发展。

(2) 9.1型:顾客导向型

这类推销员常把同顾客之间建立和保持良好的人际关系,看得比推销业绩更重要。他们在工作中常以顾客为中心,甚至迁就顾客。这类人对销售业绩不太关心,虽然有时业绩不错,但多数时期业绩平平或偏低。若对这类推销员及时加以引导,会有较好的销售业绩。

(3) 1.9型:强销导向型

此类推销员与9.1型相反,他们对自己的推销业绩最为关心,工作积极性和自觉性高,有相当高的成就感。但他们对顾客关心不够,难以建立长久关系,有时还会言过其实,强行推销保险产品。这类推销员急功近利式的做法,虽在最初销售业绩较好,但因同顾客的关系不牢固,不利于以后的推销。

(4) 5.5型:推销技巧导向型

推销技巧导向型推销员既关心顾客,又关心业绩,他们奉行的是既不丢掉生意,也不丢掉顾客。但要做到这些,就必须具备高超的推销技巧,且能随机应变、稳扎稳打。持有这类心态的人,是较理想的保险推销人选。

(5) 9.9型:解决问题导向型

解决问题导向型推销员既了解自己,也了解顾客;既关心推销业绩,也关心顾客需求。他们会尽可能使双方利益有机结合起来,善于解决保险推销中的各种问题,随时协调双方关系,是招聘保险推销员的最佳人选。

在图2-2中,不同方格代表了不同的推销心态。它可广泛应用于招聘及培训推销员中。

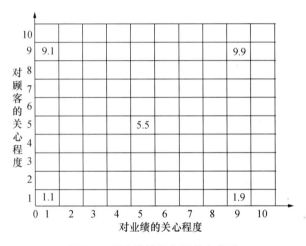

图 2-2 保险推销员心理状态类型

第三节 保险营销体制

一、保险营销体制概述

(一) 保险营销体制的概念

保险营销体制是保险市场营销制度及营销组织体系的总称,也就是在一个国家或地区长期的保险营销实践中形成的、被依法认可并广泛运用的保险销售制度与推销组织形式。

保险营销体制是保险市场营销理论的重要内容,对保险企业的市场营销活动有着重大而深远的影响。

(二) 保险营销制度

保险营销制度是指在长期的保险营销实践中形成的,并依法规范的保险推销方式。一般来说，世界各国因国情及保险业发展水平的不同，各自的保险营销制度也有差异。从保险商品推销角度来看，保险营销制度主要有以下三种类型：

1. 职业代理人制度

职业代理人也称为专用代理人，在此种制度下，代理人（行）只能为某一家公司提供产品销售和服务。代理人（行）依附于某一家保险公司，并从该公司提供的产品和服务组合中，灵活挑选满足顾客需求的产品和服务。

职业代理行通常包括两种：一是总代理型，保险公司仅对其进行日常工作指导，不为其设立固定的工作程序。保险公司为其提供的产品和服务也更复杂、更多样化。二是管理型，也称为分支型，保险公司对其管理和控制较多，并为其设立固定的工作程序。但它提供的产品和服务比较简单，代理行经理通常从公司领取工资。

职业代理行有很多优点，主要是：(1) 便于公司的控制和管理；(2) 有利于优化保险服务，密切与顾客的关系；(3) 便于推销复杂产品，加强原有保单的持续性；(4) 有利于市场信息的搜集和反馈；(5) 有助于提高保险公司的知名度。

2. 独立代理人制度

独立代理人制度也称为独立经纪人制度，是指不依附于任何保险公司的代理人或代理行。其独立性很强，可以自由售卖多家公司的产品和服务，并根据销售业绩提取佣金。同时，也可以根据顾客的要求以及公司支付佣金的高低，选择其提供服务的公司。

独立代理行的结构，可以从较为复杂和独立的组织到为了管理和支持的需要，松散地结合在一起的个人。这些组织只关心销售，往往忽视招收和培训新人。其优点是成本低，有较强的保单维持性，能够与顾客建立亲密的关系。缺点是保险公司对独立代理人无法控制，推销的险种较少，服务与保险公司脱离，欺诈风险较大。

3. 直接推销制度

直接推销制度是指保险公司直接利用其业务外勤或招聘的营销员向顾客推销各种产品和服务，而不通过中介机构。常见的直销形式有上门推销、电话推销、信函推销、广告促销、网络销售等。直销成功的基础是：(1) 聘用优秀的推销员，并进行较好的综合培训；(2) 设立工作业绩标准，并努力达到目标；(3) 努力为顾客提供优质服务。

直接销售制度的优点是：(1) 便于控制市场，业务成本低；(2) 维持系统费用低；(3) 有利于经常接触并服务于顾客；(4) 较好地限制了欺诈的可能性；(5) 有利于提高保险企业的知名度及市场竞争力。其缺点是：(1) 受人力资源限制，只能提供有限的服务；(2) 与顾客的亲密关系有限；(3) 业务及人员管理难度大。

在以上三种制度中，寿险公司常采用职业代理及直销制度，财产保险公司则多采用独立代理人制度。

（三）保险营销组织

保险营销组织是指保险企业为推销其保险产品而预先设计的组织机构形式。在保险业较发达的国家和地区，保险营销的组织形式一般有分公司制度、总代理人制度及直接报告制度三种。

1. 分公司制度

在分公司制度下,总公司通常掌握业务经营的方针政策,负责制订销售计划,控制管理销售机构,分公司则执行保险具体销售任务。

分公司的负责人称为经理或地区经理,下设的外勤主任、内勤主任等均为公司雇员。他们负责该地区内新业务的招揽,巩固已有的老业务关系,为保户提供服务,并负责外勤人员的教育、培训和管理。分公司的业务收入、赔付支出、各项费用等,均归总公司统一核算;总公司则相应拨给固定薪金及特勤津贴,金额与分公司的业绩挂钩。其优点是便于控制、人员凝聚力强、业务质量高;缺点是创办期的投入多、费用大。

2. 总代理人制度

在总代理人制度下,通常是总代理人接受保险公司的委托,在合同规定的区域指定分代理人并开展保险推销活动。其收入来自招揽业务的佣金以及收取保险费等的服务费。

总代理人制度的优点是,由于机构设立由总代理人及下属负责,且收支与销售业绩挂钩,故便于控制收支,避免费用失控。同时,因外勤人员由总代理人雇用,也能够减少公司内的矛盾纠纷。

缺点是保险公司无法直接指挥外勤人员以配合其营销策略;业务质量难以保证,解约率相对较高;一旦保险代理关系中断会对公司的业务发展产生较大影响。

3. 直接报告制度

在直接报告制度下,保险推销人员通常在本公司事先划定的业务区域推销保险单,为顾客提供保险服务。推销员个人收入的多少,取决于销售额的高低。

(四)保险营销体制的选择

综上所述,各种营销制度及组织形式各有利弊,还有许多因素会影响决策。如人口的分布,客户的年龄与性别分布、经济状况,有效接触市场的方式,保险产品的差异等。保险公司怎样选择营销体制,才能最有效地开拓与占领市场,并更好地服务顾客,最终实现经营目标?通常在确定保险营销体制时,管理者应根据外部环境和内部实际情况,综合考虑,灵活搭配,扬长避短,实现最佳组合。只有这样,才能适应保险目标市场,实现较好的销售业绩。

二、我国保险营销体制的发展现状与问题

(一)我国保险营销体制的发展演变

我国保险营销体制是随着国内保险业务的全面恢复和发展,逐步产生与发展起来的。它和我国保险市场的发展一样,尚处于成长阶段,体制还不是很完善。

在1988年以前,我国保险市场实行的是完全垄断模式,营销主体极少,保险产品也很简单,缺少市场竞争,保险业基本处于拓荒阶段。与此相适应,当时的保险营销体制主要采用直接销售和保险代理制。在城市区域,实行的是兼职代理制,即由基

层政府机构、基层银行、大企业等依靠自身权力代办保险业务。在农村区域，则由保险公司设立保险服务所、代办所等机构，实行专、兼职结合的保险代理制度，很快打开了城乡保险市场，促进了业务发展。截止到1988年，中国人民保险公司已构筑了一个除西藏及港澳台地区之外，遍布全国的专兼职结合的综合代理网络。当年的代理业务收入达42.6亿元，占保费总收入的37.1%。

1988年4月至1995年9月是我国保险市场由完全垄断型向寡头垄断模式过渡的时期。由于中国太平洋保险公司及中国平安保险公司的建立和迅速崛起，形成了与中国人民保险公司"三足鼎立"之势，并与其他区域性保险公司相互并存。保险市场营销主体的增加，加剧了市场竞争，也促进了营销体制的发展和健全。1992年，美国友邦保险公司引入个险代理人渠道，该模式不久迅速在国内保险行业普及。随后，保险经纪制度也在沿海城市产生，并逐步向中西部扩展，进一步充实了保险营销体制。但由于缺乏保险法规条例，监督管理不力，导致市场无序竞争，营销体制也比较混乱。总的来说，这一时期的保险营销体制，仍以直销制和代理制为主，其他方式为辅。其中，保险代理制得到了进一步发展和完善。仅以中国人保集团公司为例，到1994年年底时，就已在全国建立专职代理网点18754个，兼职代理网点86770个；拥有专职代理人41776个，兼职代理人143280人；形成了从城市企事业单位、街道社区到农村乡镇村落的多层次、全方位的保险代理网络，成为推动业务发展的主力军。

1995年10月以后，是我国保险业发展的又一个转折期。随着《保险法》《保险经纪人管理办法》《保险代理人管理规定》《保险管理暂行规定》等一批法规的相继颁布实施，我国保险市场进入法制建设与管理的时期。与此相适应，保险营销体制也被纳入法制轨道，并得到进一步确认和完善，为今后的改革和发展指明了方向。例如，《保险法》中对保险代理人和保险经纪人作了专门规定；《保险代理人管理规定》中指出：我国保险代理人包括专业代理人、兼业代理人和个人代理人。此后，我国保险营销的观念、机构及推销组织形式等均得到全面发展。特别是个人代理人制，也就是保险营销员制发展更快，迅速推广到全国。保险代理制日趋完善，保险经纪人制也在试点中得到进一步扩展。

2002年，中国太平人寿保险公司推动了银保渠道的发展，拓展了保险行业的市场空间，推动了人身保险业的快速发展，并逐步发展成为最重要的中介销售渠道。2005年4月，中国人保公司签售了国内第一张电子保单，出现了真正意义上的互联网保险，发展了直接销售渠道。2008年，中国平安保险公司的电话销售车险模式的产生，对财产保险市场的旧有销售格局产生了很大影响。

但就目前我国保险市场的总体情况而言，保险营销体制中仍然以个人代理和兼业代理制为主，传统的直销制已经成为辅助方式。据统计，2019年，我国城乡的专、兼职保险代理人已超过900万人，成为保险业务销售的绝对主渠道。

（二）我国保险营销体制存在的问题

我国保险业经过40多年的发展，虽然建立了自己的营销体制，促进了业务的发展和市场的拓展，但也存在不少问题，需要及时加以分析和解决。

1. 直接销售制

直接销售制也就是保险公司业务员直接发展客户、销售保单，它是在半事业化经营条件下形成的一种销售方式。该方式虽然优点不少，但也存在干多干少都一样的平均主义倾向，个人业绩与其收入关联不大，这会影响业务员的积极性。与内勤人员相比，推销人员工作更辛苦，而收入却无优势，从而导致推销人员与内勤人员比例失调，存在销售动力不足的局面。其直接后果是机构臃肿，人浮于事；效益低下，业务发展慢；市场竞争力和占有率下降，难以适应新的市场形势。

2. 保险代理制

我国目前的保险代理制销售方式，包括专业代理、兼业代理和个人营销三种。专业代理是指依法设立的保险代理公司；兼业代理主要是由银行、邮政部门、汽车销售商或物流企业等团体充当，且以兼营保险销售为主。最后，就是个人营销，即保险公司直接招募管理的保险营销员来销售。截至 2018 年年底，全国共有保险代理公司1795 家，保险兼业代理机构 3.2 万家，代理网点 22 万余家，保险营销员 871 万人，他们销售了保险行业大约 85% 的保费，详见图 2-3。

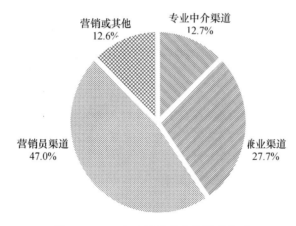

图 2-3　2018 年全国总保费的渠道构成

保险代理体制在保险业务恢复发展初期很有必要，发展成效显著，但其问题也日渐暴露出来。它们垄断了保险市场，导致保险公司经营成本居高不下，多数公司经营亏损；普遍存在销售误导、手续费违规支付等问题。尤其专业代理公司存在虚构中介业务、虚列费用，委托无证人员开展业务等问题。兼业代理则存在欺骗和误导消费者、未按规定提交报告报表、未按规定录音录像等问题。

保险营销员名为保险代理人，但却不是保险公司真正的员工，其面临的双重税收、社保缺失等问题，造成他们归属感、责任感不强，销售误导等短期利益行为严重。这种"人海战术"的粗放营销模式，始终摆脱不了"广增员、高脱落、低素质、低产能"的怪圈，这种掠夺性的人力资源开发模式阻碍了行业的可持续发展，并给保险业带来严重的负面影响。在可替代的、更为科学有效的机制及渠道形成之前，如何改革现有的保险营销员体制，实现既有益于保险企业，又有益于消费者的双赢机制，

图 2-4　2009—2018 年全国保险营销员数量变化图

就需要监管层、保险企业的战略智慧以及驾驭复杂局面的执行能力。

3. 保险经纪制

发达国家保险市场的实践证明，保险经纪人能够深化保险市场分工，降低保险交易成本，优化配置保险市场资源，推进保险市场的科学发展。此外，聘用保险经纪人还有利于维护保险消费者利益，解决保险市场信息不对称等问题，这是标志一国保险市场是否成熟的重要环节。

与保险市场发达的国家相比，我国保险经纪人销售制度起步晚、规模小，发挥的作用有限。截至 2018 年年底，我国共有保险经纪公司 505 家，实现保费收入仅占当年全国总保费收入的 2.5%。目前的保险经纪制销售方式，普遍存在股东单一，组织架构不完善；市场定位模糊，业务来源单一，经营规模不大；市场认可度不高，专业人才匮乏、培训教育缺失，技术服务能力不强，违规操作、恶性竞争，市场监管不到位等问题，亟待我们深入研究、及时解决。

三、我国保险营销体制的改革与模式选择

(一) 我国保险营销体制改革的必要性

综上分析，我国现行保险营销体制存在的问题较多，亟待改革完善。但总体而言，它与过去的经济体制、经营模式和业务性质等还是基本相符的。过去，我国曾先后实行计划经济、有计划的商品经济体制，保险消费者主要是企业单位、机关团体等，并以公款购买为主。由于个人收入水平低，职工的保障问题主要由单位或国家解决，因而个人保险需求不足，也无投保必要，即使投保，也多由企业、单位等统一购买。在这种情况下，依靠有限的保险业务员直销或由代理机构推销，尚能维持保险业务发展，但推销方式扭曲，出现了不少问题。特别是在我国现行的市场经济体制下，由于客观环境变化，保险市场发展及居民收入提高，个体保险需求急剧增长，且出现多样化趋势，分散性业务已成为主要增长点和竞争热点。如果不改革完善我国的保险

营销体制，继续抱残守缺，必将被市场淘汰，也将影响我国保险事业的持续健康发展。

（二）我国保险营销体制模式的选择

1. 保险营销体制总模式的选择

在保险业较发达的国家，保险营销体制大多通过立法规范，并允许存在几种推销的组织形式。保险公司可在考虑政府要求及顾客需要的前提下，结合自身情况进行选择和改进，以求取得最佳效益。由于我国目前仍处于经济结构调整和转轨时期，保险市场发育不完善，因此，政府对保险营销体制的引导很有必要。

在确定我国保险营销体制的总模式时，既要考虑国情、文化背景与经济环境，也要考虑保险市场的发展现状及保险的需求情况，还应学习和借鉴发达国家的先进经验。

笔者认为，我国现阶段保险营销体制的总模式应该是：不断完善直接推销制，充实提高专、兼职代理制，大力发展互联网保险及个人营销制，逐步推广保险经纪人制。其主要原因是，直接推销制与专、兼职代理制仍适合目前的国情，既能稳定业务员队伍，也有利于培养高素质的代理人。互联网保险、个人营销制和经纪人制则是发展方向，不但有利于拓展市场、扩张业务，也有利于加强管理，满足顾客的多样化保险保障需求。

2. 团体保险营销体制的选择

团体保险多年来一直是我国保险业务的主体，在旧的营销体制下，主要采用业务员直接推销及兼业代理销售方式。但随着市场形势的变化及营销主体的增加，旧营销体制的问题越来越多，因此也需要进一步改革。根据国内外经验，团体保险应采用"精英制"销售模式，无论是直销业务员还是代理人或经纪人，都应以精干高效、专业技术及社会关系为本。因为团体险业务对象是机关团体、企业及单位等法人，购买者的投保理性越来越强，一般需要帮助其分析保障需求，设计最佳投保方案，提供优质高效的险种和服务等，并借助有关社会关系方能成功。因此，团体保险的推销员贵在公关能力、自身业务素质及社会关系；唯有这样，才能在激烈的团体保险业务竞争中打开局面，稳步发展。

3. 个人保险营销体制的选择

个人保险因种种原因，在我国一直未能很好地发展，在保险业务中一直充当着配角。即使投保的顾客，也多为集体购买或代理人强行推销。

近年来，随着保险市场内外部环境的迅速变化，居民个人收入的不断增加，个人保险成为一个庞大且极富潜力的领域，这也是保险业未来发展的重要增长点。要开发这个巨大的潜在市场，必须改革过去的营销体制。根据国内外保险营销的经验及我国的实际情况，个人保险的营销体制应采用保险推销员制或个人营销员制为主导的模式。也就是由保险公司设立专门的营销机构系统，通过经常、大量招聘业务员或个人营销员来开拓市场、推销业务，实现既定经营目标。北京大学相关研究人员在2011年的一份研究报告就指出，"通过寿险公司业务员或营销员"购买寿险是目前中国家庭最为认可的方式。同时，也可辅之以保险代理机构、保险经纪人、电话销售、网上销售等方式，以共同拓展市场，推动保险业务可持续发展。

第四节　发达国家的保险营销体制

一、美国保险营销体制的特点

(一) 美国保险市场及营销体制简介

美国是老牌保险大国，20世纪初以来就一直称雄世界。美国的保险业十分发达，保险市场发育非常完善，消费者的保险意识高，保险中介机构比较健全。2007年年底，美国共有各类保险公司5160余家，从业人员430余万人，均居世界首位。该年美国的保险费总收入为12296.68亿美元，位居世界第一位，占世界市场份额的30.28%。其中，非寿险保费收入达6513.11亿美元，占全球市场的39.05%，寿险保费收入达5783.57亿美元，占世界市场的24.17%。美国的保险深度为8.9%，保险密度为4087美元，均居世界前列。近十年来，美国保险业的发展速度低于全球水平，市场地位及其影响力有所下降。2017年，美国的总保费收入13499.81亿美元，全球市场份额降为28.15%，保险密度（人均保费支出）为4216美元，其中，寿险为1674美元，非寿险为2542美元；保险深度（保费占GDP的比）为7.1%，其中，寿险为2.82%，非寿险为4.28%。

与高度成熟的保险市场相适应，美国的保险营销体制也很完备。它包括保险代理人、保险经纪人、保险公司职员以及各种直销组织渠道等，顾客投保十分方便。其中，保险代理人是美国保险市场的中心角色，保险公司在不同险种领域，可利用各种不同类型的代理人。因此，保险代理制度是美国营销体制的一大特色，它与其他营销组织形式，如直接销售、定点销售等相配合，构成了完备的保险营销体系。

(二) 美国的寿险营销体制

美国是世界第一大寿险市场，经营寿险业务的公司有2000余家。从1978年到2017年的39年里，保费以平均4.6%的速度稳定增长，寿险普及率高达80%，每人每年的平均保费约为3000美元。2017年，美国寿险业务收入达5783.57亿美元之巨。

美国的寿险营销体制早期主要采用以专用代理人为中心的代理系统，但独立代理人发展迅速，逐步占了主导地位，市场也有直销和经纪人推销系统。其中的代理系统最具特色，在美国已有150多年的历史。近几年来，代理人渠道正在逐步"去专属化"，独立代理人的保费占比已超过50%，占据主导地位。美国寿险行销协会（LIMRA）数据显示，2017年，美国寿险专属代理人、独立代理人、直销渠道、其他渠道的年化保费占比分别为38%、51%、6%和5%。

专属代理人只能为一家保险公司代理业务；独立代理人是独立经营单位，可同时代理多家保险公司的产品。通常，规模较大且实力雄厚的保险公司更倾向于选择专属代理人，因为公司对专属代理人的控制力相对较强，有利于实施其市场营销策略；同时，公司在培训和职场支持等方面更具优势，对专属代理人也更有吸引力。但由于美国寿险公司众多，市场集中度远小于中国，因此形成了"产销分离"和独立代理人的局面。据 LIMRA 统计，专属代理人制度下的营销成本低于公司员工制，独立代理人制度下的营销成本又低于专属代理制。2016 年，美国寿险公司代理人的数量（不含专业健康险公司）为 109.8 万人，2000—2016 年的年均复合增速为 2%，高于寿险保费 1.3% 的平均增速。寿险代理人占总人口的比例一直维持着上升趋势，从 1980 年的 0.2% 升至 2016 年的 0.34%，可见，个险代理人队伍拥有较强的发展后劲。

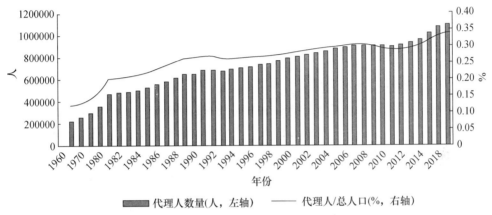

图 2-5 美国寿险行业代理人数量及占总人口的比例

美国的寿险代理系统分为有代理机构系统和非代理机构系统两种。

在有代理机构系统中，又包括总代理人制和分支机构制。总代理人通常由寿险公司委任，其地位与独立签约者相近。总代理人总管一个地区的业务，并负责招收、培训和提拔新的代理人，其收入来自于根据招揽业务所得的佣金。总代理人虽拥有独立的财务权，但在新的总代理人制度下，保险公司给予一定的财务资助。如给予一定的办公费及其他费用补贴，支付部分或全部招收及培训新代理人的费用，但公司对代理人的选择和培训也有一定的控制权。从理论上讲，总代理人制是寿险公司通过协议指定其办理特定地区的寿险业务，并按协议规定向总代理人支付佣金。在分支机构制（也叫分公司制）下，寿险公司常以设立分支机构来推销保单，并负责招收、培训和使用新代理人。分支公司的经理是寿险公司的雇员，执行公司指派的任务，在财务管理方面直接接受公司的监督。目前，美国许多大寿险公司已从总代理人制转为分支机构制，即在各地设立分支公司，由其经理指导该地区的代理人，为他们提供担保并帮助和激励他们成为合格的业务员。分支公司经理及后勤管理人员为公司职员，由公司支付工资。目前，代理机构系统销售的保单已占总业务的 57% 左右，其中绝大部分为分支机构所推销。

在非代理机构系统里，最常见的是保险经纪制和个人业务总代理人制。在经纪制中，寿险公司通过聘请的经纪监督人或独立的经纪总代理人与经纪人联系取得业务。在个人业务总代理人制中，寿险公司则是通过当地的个人业务总代理人主任或经营总代理人，与个人业务总代理人联系取得业务。目前，非代理机构推销的业务已占总业务的42%左右。

在直销系统即直接响应系统中，寿险公司并不通过中间人，而是直接通过邮寄、报纸、互联网、电话、多媒体、杂刊、广播电视等方式，与顾客联系推销各种保险商品。另外，还有定点销售方式，即保险公司在银行、宾馆、超市、连锁店等设立固定柜台销售保单。它可以是公司职员直销，也可以是代理销售，目的是为顾客提供保险咨询和购买保险的便利。这两种方式目前所占比重虽小，但经营效益不错，已成为保险代理制的一种重要补充。

（三）美国的财险营销体制

美国的财产保险业务一直为世界之最，经营公司超过3000家，年保费收入超过7000亿美元。在财产保险营销方面，美国实行的是以代理制和经纪制为中心，辅之以直销、定点推销等方式的营销体制。

在保险代理制中，包括独立代理制和专用代理制两种形式。独立代理制也称为美国代理制，其特点是：（1）代理人可代表多家保险公司开展业务，是独立职业者，凭招揽的业务数额取得佣金；（2）代理人有终止和续保的权力；（3）佣金是其全部报酬，根据不同险种可收取不同比例的佣金。其职责是销售保单、收取保费、提供防灾服务、理算小额索赔等。北美、环球等大型财产保险公司即使用独立代理制。专用代理制是指代理人只代表一家保险公司或集团开展业务，并不拥有终止保险和续保的权力，其续保佣金比例通常低于新业务。专用代理人的职责也与独立代理人略有不同。全美、州农、美国家庭等大型财产保险公司采用的是专用代理人制。

二、日本的保险营销体制

（一）日本保险市场及营销体制简况

1. 日本保险市场概况

日本的现代保险体制是自1879年开始从欧洲引进并发挥职能的。此后，日本保险业一直与国家的社会经济同步发展，成就斐然。140多年来，日本已建成世界上最完善、最普及的保险体制，并成为世界第三大保险市场。2007年，日本的保费总收入为4248.32亿美元，仅次于美国和英国，雄居世界第三，占世界总额的10.46%，其保险密度、保险深度、承保总额、寿险保费收入及非寿险保费收入均居世界前列。近十年来，日本保险业的发展徘徊不前，市场地位及其影响力有所下降。2017年，日本总保费收入为4220.50亿美元，保险密度为3312美元，全球市场份额下降为8.63%，仍居世界第三。

日本对保险机构的审批及市场监管非常严格。目前，日本的保险公司仅130余家，但规模庞大。各保险公司以前大多执行统一的保险条款和费率，价格竞争受到限制，但非价格竞争却很激烈。进入21世纪以来，日本已全面推行保险费率的市场化。

2. 保险市场营销体制简介

与欧美不同，日本的保险营销体制具有鲜明特色，主要依靠代理及公司外勤职员直接销售制度，经纪人的势力不大。这是因为日本市场上保险公司不多，由员工直销和代理人推销完全可满足市场需求，保障其业务的发展。另外，日本保险市场上传统习惯的力量大，许多人也乐于沿用之前的做法，擅长自我推销。因此，日本许多保险公司均拥有大量的外勤推销职员。

（二）日本的寿险营销体制

日本一直是保险大国，2016 年，寿险保费高达 3541 亿美元，高居世界第二；2016 年的寿险密度为 2803 美元，寿险深度为 7.15%。在营销渠道方面，近年来，日本寿险行业的营销体制呈现多元化的发展趋势，主要销售渠道包括寿险公司代理人、代理店渠道（银行、来店型店铺等）、直销渠道（邮购等）、电话销售、网销渠道。

20 世纪 90 年代以前，日本寿险营销渠道中的个险渠道占绝对统治地位，按照保单件数计算，占寿险业比重超过 90%。此后，1994—2012 年，个险渠道占比从 88% 降至 68%，邮购渠道从 0.7% 升至 8.8%，代理店渠道从 3% 升至 6.9%（来店型销售从 1% 升至 2%）。20 世纪 90 年代后，寿险公司的代理人数量逐渐减少，2016 年，日本全行业代理人数量仅为 23.2 万人，降至 1991 年人数的 52.3%。而代理店渠道（与保险公司签订代销合同的机构，类似保险代理公司）的销售代表人数则快速增长，在 2016 年已达到 100.4 万人。

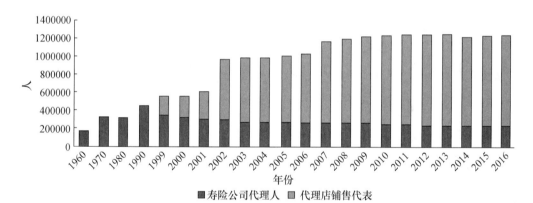

图 2-6　日本寿险公司代理人与代理店销售代表人数

日本早期的寿险营销，主要采用保险公司外勤业务员直接销售的体制。这种特有的推销员制度的建立，是有其社会发展背景的。日本保险业刚起步时，民众生活水平很低，保险需求也不强烈，这就需要业务员向他们宣传保险观念，发掘保险需求，销售保险单。如今，随着日本经济稳步发展，民众生活水平不断提高，保险意识也很强，推销员的主要任务是挖掘投保人的潜力，不断挖掘投保深度。

在第二次世界大战之前，日本寿险公司主要采取与当地知名人士订立代理协议的方式展业。第二次世界大战以后，随着寿险基础市场的形成，按月缴费险种的推广以及大量家庭主妇进入保险展业领域，方形成以外勤人员直接销售为主的推销员制度。外勤人员进行展业必须在大藏省注册登记，并规定寿险公司不得向非注册人委托展业和支付手续费。目前，日本各寿险公司的外勤推销员有数十万人，仅日本生命保险公司一家就有8万人。为了管好众多的外勤推销员，各公司一般按"总公司→分公司→支公司"的架构设置机构，建立管理展业的营业网点开展培训和监管工作。

在保险推销员制度下，外勤推销员为公司雇员，只能从事法律上规定的中介行为，但无缔约权。当顾客有投保意向时，便指导其正确填写投保书，收缴首期保险费。保险合同能否成立，最终由公司核保后决定。外勤人员的工资与其业绩挂钩，实行按比例支付。其实际工资包括四部分：（1）根据工龄和资格确定的固定工资；（2）依据近几个月的平均推销额计算的准固定工资；（3）根据上月推销额计算的比例工资；（4）根据缔约第二年以后有效合同支付的续保比例计算的工资。随着业务量的增加，其固定工资也增加，反之则减少。这种分配制度有效地把推销员的个人收入与其业绩、工作年限、近期的实际创收结合起来，使其收入更具稳定性和弹性，从而激励推销员扩大销售，确保公司业务的稳步增长。

为了提高保险推销员的专业技能与理论水平，日本寿险界自1974年就开始实施统一的行业教育培训制度。按照这一制度，又相应制定了全行业统一的资格认定考试规定，集初级课程、中级专业课程、高级专业课程、外勤大学课程为一体，编印了系列教材，制定教学方案，使推销员资格考试不断走向正规化、制度化。其教学内容紧密联系市场实际，并随业务发展变化而不断充实更新。为提高考核力度，从1977年起，日本寿险界还把考试制度和注册制度、用人制度结合起来，并明确规定，只有考试合格者方可予以注册，并录用为推销员，从而使得推销业务素质不断提高。

近年来，随着保险市场的扩大开放，保险产品日益多样化，寿险公司在营销体制上也进行了改革。不仅开始与财产保险公司或银行进行合作销售，而且开始在百货公司设置销售专柜，或通过邮寄、网络、电话等各种途径进行推销，并收到了比较好的营销效果。

（三）日本的财产保险营销体制

1. 代理店体制及其原因

日本的财产保险营销主要采用代理店展业体制，仅有少量业务由公司外勤人员直销或由保险经纪人介绍。在总保费收入中，由代理店代理的约占90%，外勤人员直销占8%左右。保险经纪人制度在1996年才被引进，尚处于初级发展阶段。代理店制度之所以广泛运用，而且长盛不衰，主要原因是：（1）利用代理店推销能节省开支，经济合理；（2）设立代理店较营业所容易；（3）代理店为独立机构，省去了劳务管理、人事管理等方面的费用。

2. 代理店与保险公司的关系

代理店通常为独立机构，它与保险公司是委托关系，是公司的代理人。代理店根据保险公司的委托，代替其开展保险业务，其职能就是帮助投保人选择合适的投保项目，收缴保险费，提供保后服务。代理店的收入是根据其等级，由保险公司给予不同比例的提成。代理店分为初级、普通级、上级及特级四个等级。2009年3月，日本共有代理店49.6万家，平均每90户家庭接受一家代理店的服务。

3. 代理店的分类

(1) 按经营主体不同,代理店可分为个人代理店和法人代理店。以个人名义经营的为个人代理店,以股份有限公司等法人组织进行经营的为法人代理店。

(2) 按受托公司数量划分,代理店可分为专属代理店和共属代理店。只接受一个保险公司委托的代理店为专属代理店,接受两个以上保险公司委托的代理店为共属代理店。其中,前者目前有 26 万家,后者有 23 万家,但业务量彼此相当。

(3) 按经营项目划分,代理店可分为专业代理店和兼业代理店。专门代理保险业务的,为专业代理店;除代理保险业务外还兼营其他业务的,为兼业代理店。

4. 代理店的基本权利与义务

(1) 保险公司根据委托合同赋予代理店的基本权利是:① 保险合同的签订权;② 接受保险合同变更、解除等的申请;③ 保险费的收缴与退还;④ 保险标的的调查;⑤ 其他保险展业上的必要事项以及执行公司特别指示的事项。

(2) 代理店应承担下列基本义务:① 遵守各项法律及规定的义务;② 缔结新约或旧约变更等的报告义务;③ 收取和妥善保管保险费的义务;④ 禁止收取手续费;⑤ 出险后的及时通知义务;⑥ 按规定配置并记好各种账目;⑦ 与其他保险公司订立代理合同时,应及时通知原委托公司等。

三、英国的保险营销体制

(一) 英国的保险市场及营销体制概要

1. 英国保险市场概况

英国是现代保险制度的发源地,并享有"保险王国"的美誉。英国的保险市场不仅历史悠久,影响极大,而且机制健全,非常完善。保险业在英国经济中起着非常重要的作用。2007 年,英国的保费总收入达 4636.86 亿美元,占全球市场的 11.42%,位居世界第二位。2008 年,英国有 830 家各类保险公司,3000 余家保险经纪公司,20 余万保险从业者。但近十年来,英国保险业的发展持续下滑,市场地位及影响力不断下降。2017 年,英国的总保费收入仅为 2833.31 亿美元,保险密度为 3810 美元,全球市场份额剧降为 5.79%,位居世界第四位。

在英国的保费总收入中,寿险占 74.3% 左右,非寿险占 25.7%;同时,约有 40% 的业务来自世界各国,说明其保险国际化程度很高,并为英国每年创造几百亿英镑的无形贸易收入。如今的英国市场不但成为国际保险和再保险交易中心,也是世界各国保险市场的先驱者和导向者。

2. 英国的保险营销体制简介

英国的保险营销体制与其市场一样成熟和完善。英国的保险市场分为劳合社市场和保险公司市场,其市场业务绝大部分被保险经纪人所控制。在保险营销方面,主要采用以经纪人制为主体,辅之以代理制和直销制的营销体制。英国的保险经纪制历史悠久,机构、人员众多。经纪人渠道(独立财务顾问)是英国人购买保险产品时的首选渠道,2015 年,经纪人渠道保费占比高达 68%。英国现有 3000 多家保险经纪公司，8万多名高素质的保险经纪人，他们活跃于世界各地，每年为保险人招揽绝大部分保险业务，遥遥领先其他中介人。保险代理人则主要活跃于寿险营销领域。近十年来，直销形式日渐兴起，并得到一定程度的发展。英国的保险公司财力雄厚，银行一般不愿意和保险公司竞争保险业务，因此银保业务不够普及。

（二）英国的寿险营销体制

英国的寿险业较为发达，居世界第四位。在寿险营销制度方面，英国采用专用代理人及保险经纪人的营销体制。20世纪80年代后期，又兴起了利用邮寄广告、报纸杂志、电话、电视、网络销售等直销形式，但比重较小。在英国，从事寿险营销必须遵守金融服务法。寿险推销员必须在能够受理所有保险公司商品的经纪人或专属单一公司的代理人中任选其一，不能兼任，此即英国的两极化原则。近年来，许多保险经纪公司由于必须履行提供最佳咨询义务导致成本增加，同时由于佣金必须公开等原因，其数目（尤其是小规模的保险经纪公司）有所减少，代理人逐渐成为寿险营销体制的中心。另外，英国通过银行柜台出售的寿险产品多为设计复杂的保障型寿险产品，不易进行柜台销售。

（三）英国的财产保险营销体制

英国的财产保险营销一直使用以保险经纪人为中心，辅以代理人及直销方式的体制。在财产险业务中，2/3以上为经纪人介绍，每笔业务都离不开经纪人。英国《保险经纪人法》规定，凡使用经纪人名称者，必须向其注册登记评议会办理注册，并服从该会的各项规定。财险代理人的管理依据是保险协会的各项规则，无须登记注册，也不必专属某一公司，最多可跨6家保险公司。英国保险法对寿险代理人推销财险保单并无特别规定，但财险代理人若要推销寿险产品，则必须以公司代理人身份依据金融服务法办理注册登记。财产保险直销始于1985年，近年来发展较快，主要采用电话、网络形式进行销售，销售的主要险种是汽车保险和住宅保险。

四、法国的保险营销制度

（一）法国的保险市场与营销体制简况

法国是欧洲第二大保险市场，也是一个典型的竞争垄断型保险市场。其显著特点是：市场饱和度极高，业务竞争的剧烈程度超过欧洲国家的平均水平，但出类拔萃的"霸主"保险公司却不多。目前，该国十大保险集团垄断了国内60%的市场业务，其中，寿险垄断率为65%，财险垄断率为54%左右。2004年，法国有各类保险公司800多家，从业者20多万人；当年的保费总收入为2689亿美元，占全球市场的6.62%，居世界第四位。但近十年来，法国保险业的发展徘徊不前，市场地位及影响力有所下降。2017年，法国总保费收入2416.03亿美元，保险密度为3446美元，全球市场份额下降为4.94%，居世界第五位。法国保险业国际化程度较高，95%的保险公司都在国外设有营业机构，来自国外的保费收入占总保费收入的30%以上。

在保险营销制度方面，法国实行的是多种中介人并存的营销体制。该国存在四种保险推销中介人,即保险总代理人、个人代理人、保险经纪人(含个人经纪人及经纪人公司)以及自然人即保险推销员。保险推销员是指保险公司雇用的专门从事保单推销的个人。法国对保险中介人的监管比较严格,规定中介人的注册年龄不得小于21岁,且必须是法国公民或欧盟成员国公民,也可以是与法国签订相互承认保险市场中介人协议的国家的公民。但负有刑事责任或破产的个人,无资格成为保险中介人。在营销手段方面,除传统方式外,还盛行广告促销、电话推销、互联网、广播电视促销等方式。另外,根据1990年7月2日的一项法令,邮局可接受委托推销任何保险产品。银行原先是代理保险公司销售保单,近年来则大量兼营保险业务,并攻占了50%的寿险及养老金保险市场,加剧了市场竞争,对保险公司的业务经营冲击很大。

(二)法国的寿险营销体制

法国的寿险业比较发达,其业务收入约占总保费收入的66%,经营的保险公司200多家。

法国的寿险营销主要是通过保险代理人和经纪人来进行的,同时,也通过招揽业务员及设立柜台进行直销。随着银行向保险领域的日益渗透,以储蓄型保险商品为中心,通过银行等柜台直销的比重也在不断增加,并成为法国寿险营销的一大特色。

(三)法国的财产保险营销制度

法国财产保险的发展程度不及寿险。经营非寿险业务的保险公司虽有560家,为寿险公司的两倍多,但规模比较小,非寿险业务收入仅占总业务收入的33.8%。在保险营销制度方面,主要采用总代理人、经纪人及推销员制的营销体制。总代理人通常由所属保险公司赋予一定地区的独立推销权,并负责复杂保险商品的推销。至于保险经纪人,则负责以企业财产保险为中心的较复杂保险商品的推销。在法国的保险营销组织方式中,只有总代理人按照法律规定专属于某一保险公司,其他组织方式则无此规定。

五、德国的保险营销体制

(一)德国保险市场与营销体制概况

德国是欧洲最大、世界第四经济强国,也曾是欧洲第二大保险市场。在这个仅次于美国、中国、日本、英国和法国的保险市场上,不仅拥有800多家保险、再保险公司,还培育了安联、慕尼黑再保险、通用科隆再保险等一批世界顶级公司,形成了较完善的现代保险制度及市场机制。2007年,德国的保费总收入为2228.25亿美元,占全球市场的5.49%,居世界第五位。但近十年来,德国保险业的发展徘徊不前,市场地位及影响力有所下降。2017年,德国总保费收入为2229.78亿美元,保险密度为2687美元,全球市场份额下降至4.56%,居世界第六位。

德国的保险市场营销体制也比较健全,市场监管比较严格。长期以来,形成了以代理制为主体,尤其是以专用代理人为中心,辅之以保险经纪和直销制等的保险营销体制。德国关于保险营销体制的规定,主要体现在保险监督法及有关规定中,并由监督官员进行行政上的指导。德国法律虽无保险代理人必须专属于某一保险公司的规定，但根据长期形成的业务惯例，绝对禁止将其他公司的代理人挖归已有。关于保险代理人可否同时推销寿险、财产险或意外及健康险产品，法律上则没有特别的规定。

（二）德国的寿险营销制度

德国的寿险营销一直采用以专用代理人为中心，同时也使用总代理人、独立销售的经纪人，以及直销等组织形式的保险营销体制。这方面与美国寿险营销体制颇为相似。另外，德国银行业主要由众多小型区域型银行组成，这也制约了银保渠道的业务发展。

（三）德国的财产保险营销体制

德国的财产保险公司有367家，多采用以专用代理人为中心的营销体制，也有部分保险公司使用保险经纪人或者直接利用销售人员从事营销。专用代理人通常与委托公司签订永久性合同，并根据保险公司的授权书，以该公司的名义开展义务。其义务是：(1) 充当业务中间人；(2) 执行公司指示，保护公司利益；(3) 不与保险公司竞争；(4) 向顾客提供咨询及有关资料，宣传所代表的保险公司。保险经纪人则代表佣金给付人的利益，并向其提供资料和服务，执行其指示。

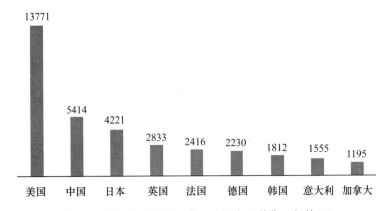

图2-7　2017年全球保险费九大国家（单位：亿美元）

注：中国的数据未包含港澳台的数据。

复习思考题

1. 何谓保险营销主体？其组织形式和设立条件是什么？
2. 什么是保险推销主体？它包括哪些种类？
3. 保险推销主体的职责和作用是什么？
4. 请简述保险营销员的必备素质和行为准则。
5. 请解释保险营销体制、保险营销制度、保险营销组织。
6. 保险营销制度的类型有哪些？保险营销组织有哪些基本形式？
7. 请浅析我国保险营销体制的发展现状、问题及改革设想。

第三章

保险市场营销管理

本章摘要 本章包括保险市场营销管理概论、保险市场营销环境、营销调研与市场预测、保险市场细分与目标市场选择、保险营销计划与控制五节内容。应掌握保险市场营销管理的含义,保险市场营销环境及其类别,保险市场细分与目标市场选择,保险市场营销计划与控制;理解保险市场营销管理的内容与任务、宏观营销环境与微观营销环境;了解保险市场营销调研与市场预测的概念与方法。

关键词 保险市场营销管理;保险市场营销环境;宏观营销环境;微观营销环境;保险市场细分;目标市场选择;保险营销计划;保险营销控制

第一节 保险市场营销管理概论

一、保险市场营销管理的概念

(一)管理的含义

管理是人们所从事的一种有计划、有目的的活动。它是由社会的分工协作和共同劳动所决定的,并寓于人们的共同劳动之中。凡有许多人的共同劳动,就需要对其进行科学有效的管理,以协调每个劳动者的活动,并实现预期目标。

那么,什么是管理?从词面上理解,管理是指管辖、控制、处理的意思。从科学角度分析,管理包含领导、决策、用人等意思,是组织各种资源,为实现既定目标而进行的一系列有效活动。概括而言,管理是指人们为实现经济活动合理化及取得最佳经济效益目标,而进行的计划、组织、指挥、协调和监督的活动过程。

这一定义包括五方面内容: (1)管理是一门科学,有一套完整的理论体系;(2)管理是一种社会行为,根植于社会的政治、经济及文化制度中,并反作用于它们;(3)管理是一种使命,是为了完成既定目标,管理的成败取决于管理者的素质和才干;(4)管理是一种实务,由一系列内容和环节构成,它源于实践,又指导实践,实践的结果是检验管理好坏的标准;(5)管理是一种专(职)业,只有具备各种管理知识、经验及领导方法的管理者才可为之。

（二）保险管理的概念

保险经济活动作为社会分工协作的产物，也是一种共同劳动，同样需要科学管理。我们将管理的一般内容应用于对保险管理活动的分析，可对保险管理作如下定义：保险管理是为实现保险经济活动的合理化及取得最佳保险经济效益目标，而对保险经济要素进行计划、组织、指挥、协调与监督的活动过程。其基本含义是：（1）保险管理是一种有计划、有目的的实践活动；（2）保险管理是一系列行为构成的系统工程，其手段（职能）是计划、组织、指挥、协调及监督；（3）保险管理活动的最终目标是取得最佳保险经济效益。

（三）保险市场营销管理的概念

保险市场营销是保险公司的一项基本业务活动及经营方法，同样保险市场营销管理也是保险管理的一个重要领域。根据上述内容和分析方法，保险市场营销管理是指保险企业为了实现其营销活动的合理化、取得最佳市场营销效益，而对保险营销要素进行计划、组织、指挥、协调与监督的活动过程。

保险市场营销管理也是保险企业一种有目的的实践活动，其目的是以市场需求为中心，科学合理地利用自身的人力、财力、物力、信息、技术资源，进行有效的保险营销活动。其过程是积极运用计划、组织、指挥、协调及监督（控制）五种手段所进行的系统管理，而非单纯、孤立的行为。保险市场营销管理的最终目标，是通过满足顾客的保险保障需求取得最佳营销效益。这一效益包括自身效益和社会效益，既兼顾眼前利益，也应考虑长远利益，不可片面理解。

二、保险市场营销管理的程序及内容

保险市场营销管理，实质是一个以市场需求为中心的系统管理过程，并在长期实践中形成的一整套管理程序。保险市场营销管理程序如图3-1所示。

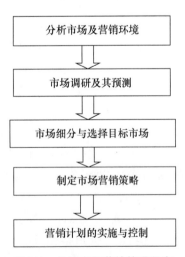

图3-1 保险市场营销管理程序

在保险市场营销管理程序的五个环节中,每个环节都有各自特定的内容,并将在以后章节中详细介绍。

三、保险市场营销管理的任务

在一般人看来,保险市场营销的任务就是开发市场需求、推销保险产品,但这只是一种狭隘的理解。保险市场营销管理的本质是保险需求的管理。它在帮助保险企业实现其经营目标的过程中,不仅担负着开发保险市场、影响保险需求水平的任务,而且承担着改善保险需求构成、引导需求时间的任务,从而确保保险营销目标的顺利实现。

保险企业通常都有对目标市场销售量进行预期的计划,但实际的市场需求水平可能与事先预测有差异,可能低于、高于或等于预测水平。也就是说,可能出现无需求、弱需求、适当需求、过度需求、有害需求等情况。因而,保险市场营销管理也应区别不同需求情况,采取相应的管理措施。具体信息详见表3-1。

表3-1 不同保险需求状况下的保险营销类型与任务

保险需求状况	所属营销类型	保险营销任务
负需求	扭转性营销	扭转需求
无需求	刺激性营销	激发需求
潜在需求	开发性营销	实现需求
下降需求	恢复性营销	恢复需求
不规则需求	协调性营销	调节需求
饱和需求	维护性营销	维持需求
过度需求	减缓性营销	抑制需求
有害需求	抵制性营销	否定需求

(一)负需求

负需求是指保险市场上大部分人不喜欢某一险种,甚至因讨厌而回避该险种。在此情况下,就应采用扭转性营销管理方略,即根据市场需求及调研结果,进一步改善这类险种的功能,调低费率及正面促销等,从而逐步改变顾客的看法与态度。

(二)无需求

无需求是指顾客对某些新面市的保险险种,因缺乏了解而漠不关心或不感兴趣,既无负需求,也无正需求。在此情况下,应采用刺激型营销策略。市场营销的任务就是积极寻求把险种利益同人们的自然需求及兴趣结合起来的方法,以刺激需求,引起人们的注意,变无需求为正需求。

(三)潜在需求

潜在需求是指现有险种尚不能满足人们强烈的保险需求。在此情况下,应实行开发性营销策略。保险营销的基本任务是估量潜在市场大小,积极开发有效险种,变潜在需求为现实需求。

（四）下降需求

下降需求是指市场需求不旺，并呈现持续萎缩的状态。每一家保险企业迟早都会面临某一种或多个险种市场需求的下降，这是由险种的生命周期决定的必然现象。在此情况下，保险企业应实行恢复性营销策略。即通过分析市场衰退原因，决定是否寻找新的目标市场、改变险种的特色，或采用更有效的方法刺激需求，力争把下降的需求逐步扭转过来。

（五）不规则需求

不规则需求是指因多种原因造成的市场需求的非均衡性或极端化倾向。在此情况下，应实行协调性营销策略。其任务是通过灵活定价、积极促销与其他激励措施，寻求改变需求时间模式的方法，使保险供求趋于协调。

（六）饱和需求

饱和需求是指保险市场需求经过长期开发，已达最高或很高的状态。在此情况下，应实行维护性营销策略。其任务是努力保持或改进产品质量，不断预测顾客的满足程度，积极做好营销工作，以维持现有需求和销售水平。

（七）过度需求

过度需求是指保险市场上的实际需求已超过顾客的实际承受能力，出现过度消费的倾向。在此情况下，应实行减缓性营销策略。市场营销的任务就是有计划地控制需求，寻求暂时或永久地减少需求的方法，但不是破坏需求。控制过度需求的方法有两种，一是一般性的减缓营销，即通过提高价格、减少促销和服务等步骤使整个需求逐渐减少。二是选择性减缓营销，即对较低利润和较少服务需求部分的市场需求，设法减少供应。

（八）有害需求

有害需求是指违反国家政策或有损于社会公共利益的保险需求。例如，非法财产、非法经营方面的保险需求，就属于有害需求。在此情况下，保险企业应实行抵制性营销策略，应主动放弃对其经营的设想。其任务是坚决否定这类需求，并宣传其危害性，使需求者放弃这类需求。

第二节 保险市场营销环境

一、保险市场营销环境概述

（一）保险市场营销环境的概念和意义

1. 保险市场营销环境的概念

现代营销学认为，企业经营成败的关键在于其是否适应不断变化的市场环境。市场营销环境大都为不可控因素，但企业如果能够不断适应所处的环境，并使自己面对最佳的机会，就能创造出惊人的业绩。因此，营销员要不断关注变化的环境，及时改变营销策略，积极迎接营销环境中的新挑战和新机会。

保险营销环境是影响保险企业营销管理能力，使其能否成功发展和维持与其目标客户交易所涉及的一系列内部因素与外部条件的总和。保险营销环境是复杂多变的，随着社会经济、文化、政治的发展而不断变化。同时，保险营销环境的各因素又不是孤立存在的，而是相互联系、相互作用、相互制约的统一体。因此，只有认真研究分析，才能使保险企业在复杂多变的营销环境中发展。保险营销环境系统是复杂的、多层次的。根据环境层次，保险营销环境可以分为宏观环境和微观环境。

保险营销环境又称为保险市场营销环境，是指直接或间接影响保险企业市场营销活动的各种外部因素的总和。也就是保险企业在开展市场营销活动中，受到影响和冲击的不可控制因素及社会力量。由于客观环境是发展变化的，因而，保险市场营销环境也是一个不断发展和完善的概念，是一个包含一切社会条件的广阔领域。

2. 营销环境分析的目的与意义

任何保险企业的市场营销活动都是在一定营销环境中进行的，并受环境因素的影响和制约，而保险企业却难以控制其营销环境。因此，只有分析研究客观环境因素，主动适应环境，并保持协调，保险企业的市场营销活动才能得以顺利开展，进而实现各项预期目标。

保险企业研究营销环境的目的，就是通过对客观环境变化的观察来把握趋势，寻找企业发展的新机会，避开环境变化可能出现的威胁，扬长避短，制定正确的保险营销战略和策略，进而实现市场营销目标。营销策划者的职责在于正确识别市场环境变化可能带来的各种机遇和威胁，从而及时调整保险企业的营销策略，不断适应客观环境的发展。

（二）保险市场营销环境的种类

1. 根据保险企业营销活动区域不同

按照保险企业营销活动区域不同，保险市场营销环境可分为国内环境和国际环境。保险企业的营销活动若要跨出国门，则在研究国内营销环境的同时，还应分析研究国际营销环境，制定切实可行的国际营销战略。

2. 根据客观环境对保险营销的影响范围和程度不同

根据客观环境对保险营销的影响范围和程度，保险市场营销环境可划分为宏观环境和微观环境两类。

保险营销的宏观环境是指间接影响保险企业市场营销活动的外部因素的总和，通常包括政治、经济、法律、人口、社会文化、自然环境、科学技术等环境因素。它们不仅对保险企业的营销活动有间接影响，也对整个保险市场（含微观环境）产生全局影响，而且影响广泛而深远。

保险营销的微观环境是指直接影响保险企业市场营销活动的各种外部因素，主要包括保险企业、竞争者、营销中介、顾客、社会公众等。它们既受制于宏观环境因素，也直接影响保险营销业绩以及服务顾客的能力。

保险市场营销的宏观及微观环境是市场营销环境的不同层次。所有微观环境因素都受宏观环境因素的制约,并对宏观环境产生一定的影响作用。保险企业的市场营销活动,就是在这种外界环境相互联系和作用的基础上进行的。其相互关系如图 3-2 所示。

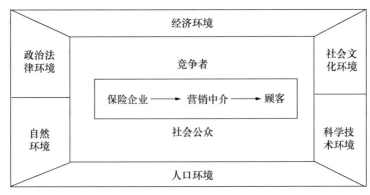

图 3-2 保险市场营销的宏观及微观环境

（三）保险市场营销环境的特征

保险市场营销环境与保险企业经营管理的内部可控因素相比较,具有以下三个显著特征:

1. 不可控性

不可控性是指保险营销环境都是保险企业难以驾驭或无法控制的外部因素。保险企业只能适应并按照其要求组织营销活动,方能生存和发展。

2. 相对稳定性

保险市场营销环境的范围、因素以及各因素之间的联系都是不断变化的,保险企业必须以动态的观点分析和研究外部环境的变化。然而,保险营销的环境因素在一定时期内又具有相对稳定性。这种相对稳定性既会对营销活动产生有利或不利的影响,也会为保险企业预测其变化以及采取相应的对策提供了可能。

3. 关联性

关联性是指营销环境的各因素之间总是存在不同程度的联系,而非单独发挥影响作用。其中一种因素的变化均会引起其他因素的变化,其他因素的变化反过来又引起该因素的变化,并共同对营销活动产生有利或不利的影响,因而也给保险企业开展营销活动带来了复杂性。保险企业只有花大力气分析研究各种外界环境影响,分清主次环境带来的机遇及威胁,才能把握时机,取得保险营销工作的主动权。

（四）营销环境分析的程序

保险企业在进行营销环境分析时,应首先确定分析的目的,把握好内容和方向。由于营销环境的构成因素多,涉及范围广,不可能在有限的时间和费用条件下,对全部因素进行调查及分析,而应根据分析的目的,选择对保险企业影响较大的因素进行重点调查和分析。

营销环境分析通常按照以下五个程序进行:（1）确定营销环境分析的目的与计划;

(2) 收集营销环境的各种信息；(3) 预测营销环境的发展趋势；(4) 分析环境变化可能带来的机会与威胁；(5) 归纳营销环境分析的结果，编写分析报告书，为制定营销战略、策略及计划服务。

二、保险营销的宏观环境

保险营销的宏观环境包括政治法律、经济、自然、社会文化、人口及科技六大要素。

（一）政治法律环境

政治法律环境对保险企业的营销活动有着显著的影响，它包括政治局势及政策法规两个因素。

1. 政治局势

一个国家或地区的政治生活相对稳定，是企业营销活动顺利进行的基本前提。一般来说，政局稳定、经济繁荣，则保险市场需求较大，有利于开展营销活动。反之，则会抑制保险营销活动。但局部政局不稳时，也会发生例外情况，如对战争保险、出门信用保险等的需求却会增加。

2. 政策法规

有关保险行业及市场管理的政策和法规，也是不可忽视的营销环境因素。保险企业必须重视对这一因素的研究，充分利用国家或地区赋予的有关权利，防止违法行为。例如，有关法定保险、共同保险的规定，有关手续费、保险费率、自留保费等的限制，都会直接影响保险营销活动。如果是跨国营销，更应熟悉有关国际法及市场监管的政策与法律规定，以便选择相应的保险营销策略。

（二）经济环境

经济环境是指影响保险企业市场营销活动的各种经济因素。它主要包括宏观经济状况、国际贸易状况及个人收入状况三个因素。一般来说，保险需求状况取决于经济发展状况，经济越景气则越有利于保险营销活动的开展。

1. 宏观经济状况

宏观经济状况主要包括国家的国民收入总额、国家财政与货币政策、物价水平及企业的经营状况等。财政与货币政策越稳健、物价越平稳、国民收入水平越高，则保险需求就越大。同样，企业经营状况越好，获利越多，其保险购买力也越强，越有利于保险营销。

2. 国际经济贸易状况

国际经济贸易状况主要包括四个要素：(1) 进出口贸易状况，其中，出口贸易状况尤为重要；(2) 外国在我国的投资状况；(3) 我国在国外的投资状况；(4) 其他经贸往来状况，如国际旅游、国际展览等。上述国际贸易状况将直接影响海上保险、投资保险、出口信用保险等需求，两者成正相关关系。

3. 个人收入状况

国民个人收入水平的高低与保险需求水平关系极大。一般来说，个人收入越高，则保险需求和购买力越强,越有利于保险营销的开展;反之,则会抑制其发展。

(三)自然环境

自然环境是指影响营销工作的各种自然因素,即自然灾害。由于保险业起源于对自然灾害的管理,也对保险营销影响极大,因而自然环境就成为保险营销最密切的环境因素之一。自然灾害常常危害保险标的,也较难把握,保险企业更应重视对其的分析和研究,并借助气象、公安、消防、地质等部门的力量,全面分析自然环境。一般来说,自然灾害多发的地区保险需求比较旺盛,因而有利于开展保险营销活动。

(四)人口环境

人口环境是指影响保险营销活动的各种人口因素。由于人是保险商品的购买者,是市场的主体,与保险营销活动更是密不可分。人口环境主要包括总人口、人口的地理分布、年龄结构、民族、素质、性别状况及家庭规模与结构等因素。保险企业应根据自己的优势,选择合适的目标市场。例如,高龄化国家和地区对养老保险、医疗保险、护理保险等需求较大;而在低龄化国家,则对少儿类保险、意外伤害保险、失业保险等需求较大。但总的来说,人口环境会给保险营销活动带来整体和长远的影响,应重视并把握好人口变动的趋势。

(五)社会文化环境

社会文化环境是指某一国家或地区人们独特的文化层次与生活方式。它包括人们的物质文化水平、知识教育水平、价值观念、宗教信仰、生活习俗、机构与社会群体等因素。这些因素的差异会形成不同的需求和好恶,直接改变人们的购买动机和购买行为,进而影响公司的产品设计及营销活动。

1. 物质文化水平

物质文化水平的地区差异性很大,它是由当地的经济、技术发展水平所决定的。物质文化水平不仅影响其他社会文化环境因素,也影响人们的保险需求和消费,两者成正相关关系。

2. 知识教育水平

知识教育水平对人们的生活习俗、价值观念、宗教信仰等均有影响,因而也会影响人们的风险意识、保险观念及保险需求,最终影响保险营销活动。

3. 价值观念

价值观念是影响人们日常行为的重要因素,也对人们的保险需求以及保险营销活动有着重要影响。例如,市场经济观念的树立使人们有了风险意识,产生对各种财产保险的需求;人们对健康和安全的关心,对幸福生活的追求,产生了各种人身保险的需求。

4. 社团机构

社团机构对保险需求及营销活动也有较大影响。如企业家协会、个体工商者协会、消费者协会等组织,都具有较强的号召力及影响力,也是保险营销活动中不可忽视的因素。

5. 社会群体

社会群体是指社会阶层及相关群体。社会阶层主要是根据人们的职业、收入、文化层次、生活方式、兴趣爱好、价值观念等划分的。不同阶层有不同的保险观念和需求，但同一阶层的人，其保险观念和需求则较为相似，且互相影响。因此，保险企业应根据不同社会阶层细分市场，选择合适的目标市场，制定相应的营销策略。相关群体是人们自愿结合、相互影响的团体。它可以是正式的，如足球俱乐部；也可以是非正式的，如歌迷俱乐部、社交沙龙等。它可以很大，如大中型文化团体；也可以小如家庭。一般来说，那些规模大、地位高的相关群体，对保险需求影响较大，反之则小。在保险营销活动中，应多宣传相关群体中有影响力的人物，并使他们影响其他社会成员。

（六）科技环境

科技环境是指影响保险营销活动的各种科技因素，主要包括科技的发展水平、新发明、新工艺、新产业及新产品等。科学技术是生产力中最活跃、最革命的因素，是推动社会经济全面发展的重要动力，也是影响保险营销的重要因素。科学技术的发展不仅能促进经济发展，增加可保资源，扩大保险需求，也有利于增强人们的保险观念，改善保险企业营销活动的条件。

三、保险营销的微观环境

保险营销的微观环境，主要包括保险企业各部门、顾客、营销中介、竞争者及社会公众等因素。

（一）保险企业各部门

保险企业各部门之间是既分工又协作的关系。保险企业的市场营销活动，同样需要其他部门的密切配合与协作，否则，营销活动将难以顺利进行。

（二）顾客

顾客是指保险商品的购买者或潜在购买者，它可以是个人、家庭，也可以是企业、单位或团体。顾客是保险营销活动及保险服务的对象，是保险营销的重要参与者，也是保险企业生存和发展的基础。顾客的数量和质量，不仅直接影响保险营销业绩，也会影响保险企业业务经营的稳定性及经济效益。

顾客的种类很多，既可分为个体购买者和集体购买者，男性消费者和女性消费者，也可以分为财险购买者和人险购买者，还可分为城市顾客和乡镇顾客等。不同种类的购买者有不同的需求特点和购买方式。只有在认真调查研究、科学细分市场的基础上，合理选择目标顾客群，制定切合实际的营销策略，方能成功。

（三）营销中介

营销中介是指协助保险企业宣传推广及销售保单的单位和个人，即保险代理人和经纪人。营销中介是保险营销活动的重要参与者，也是必不可少的因素，对营销活动有着重要影响。因此，在环境分析中应了解他们的心态，掌握其基本情况，摸清其底细,以便选择合适的代理人、经纪人、培训师或精算师等。另外,在保险营销活动中,还应协调与保险中介人的关系,解决其实际困难,不断调动其工作积极性。

(四)竞争者

竞争是市场经济的重要特征,保险市场也是如此。任何保险企业的营销活动都要受到国内外竞争者的影响,因此,保险营销的一项重要任务便是了解竞争对手的营销状况及其发展策略,有针对性地制定自己的营销对策,以吸引顾客,并在竞争中占据优势。

对竞争对手的研究分析主要包括:(1)竞争者的数量及实力;(2)竞争者的险种设置情况;(3)竞争者的业务经营情况;(4)竞争者的各种经营策略。

(五)社会公众

社会公众是指对保险市场营销目标的实现有实际或潜在影响力的团体和个人。

在保险营销环境中有多种类型的公众,其中影响最大的是:(1)媒介公众,如广播电台、电视台、报社、杂志社、出版社等;(2)政府公众,如政府机构、工商部门、税务部门、司法部门等;(3)融资公众,如银行、投资公司、证券交易所等;(4)社区公众及组织;(5)群众团体;(6)内部公众,如公司内部的职员、领导等。这些公众影响力的存在,决定了保险企业必须搞好各种公共关系,协调并处理好各方面的关系,为实现营销目标创造良好的环境。

第三节 营销调研与市场预测

营销调研与市场预测,既是保险市场营销管理的重要环节和内容,也是制订保险市场营销计划、营销战略及策略的前提和基础,任何保险企业的营销活动都离不开它们。

一、保险市场营销调研

(一)营销调研的概念与作用

保险市场营销调研是指保险企业运用科学方法,有目的、有系统地收集、记录、整理和分析有关市场营销方面的各种信息及情报资料,提出解决问题的建议,确保营销活动高效、稳步发展。由此定义可看出,保险营销调研不但要符合科学原则,必须具有解决问题的功能,而且是营销活动的出发点,是认识市场的有效手段,也是营销管理的一种工具,其目的是提高营销效果,保证其持续稳步发展。

保险营销调研对整个营销活动发挥着极为重要的作用。主要表现在三方面:一是有利于保险企业了解市场环境,把握发展机会;二是为制订营销计划、营销战略及策略提供科学依据;三是检验与矫正营销计划的贯彻执行情况,有利于提高保险营销效果。

(二)营销调研的内容

保险市场营销调研的内容应包括保险企业营销活动的各个方面。但在不同时期的营销活动中,由于主导思想和遇到的问题不同,因而,各保险企业应根据自己的实际情况确定各时期的调研内容和重点,并组织人力搞好营销调研。一般情况下,营销调研的基本内容包括以下三个方面:

1. 保险市场营销环境调研

(1) 政治与法律环境

政治与法律环境主要包括四个方面:① 政府对保险业的法律规范及态度的变动情况;② 政府的经济政策变动情况;③ 政府的社会保险政策(如社会养老保险、工伤保险、医疗制度改革)变动情况;④ 涉外保险中有关国家的政策与政局变动情况。

(2) 社会与人口环境

社会与人口环境主要包括以下七方面:① 社会治安与保险情况;② 人口分布特点与保险;③ 农村人口与保险;④ 家庭结构、劳动就业与保险;⑤ 文化教育水平与保险;⑥ 人口年龄结构与保险;⑦ 传播媒介与保险宣传。

(3) 经济和技术环境

经济和技术环境主要有以下七方面:① 社会总收入与保险业的发展;② 居民储蓄与信贷情况;③ 不同阶层的家庭及收入;④ 顾客的保险购买力;⑤ 消费方式的变化与保险;⑥ 科技发展及风险预测;⑦ 现代化技术与风险增加等。

(4) 自然环境

自然环境主要包括:① 季节性变化与保险;② 灾害性事件与保险;③ 气候条件变化与农业保险等。

(5) 竞争环境

竞争环境主要有以下五方面:① 各保险公司的竞争优势及实力;② 相互保险以及行业自保的竞争力;③ 外资保险企业的实力与优势;④ 竞争对手的营销战略与策略;⑤ 竞争对手的险种费率与推销方式等。

(6) 文化环境

文化环境主要包括以下五方面:① 文化与保险宣传;② 文化习俗对保险观念的影响;③ 文化与保险价格的制定;④ 文化习俗对险种开发及投放市场的影响;⑤ 区域文化与保险消费等。

2. 保险市场需求的调研

保险市场需求的调研主要是对消费者保险需求进行量化分析,其调查项目有如下三方面:

(1) 保险购买心理

保险购买心理主要包括以下四方面:① 保险公司在公众心目中的形象;② 公众对保险企业广告、宣传及公共关系的态度;③ 顾客对保险公司理赔工作的反应;④ 保险推销效益等。

(2) 保险购买动机和行为

保险购买动机和行为主要包括:① 顾客投保的主要动机是什么;② 投保方式:单位集体投保、个人投保、投保的险种数量情况等;③ 顾客的需求偏好、对未来增加新险种的反应等。

（3）保险购买力方面

保险购买力主要包括以下四方面：① 各险种保额的高低；② 各险种的投保深度与广度；③ 保险消费的增长情况；④ 对未来保险市场消费的预测。

3. 保险市场营销实务调研

（1）险种调研

险种调研主要包括：① 各种综合保险及单项保险的开办与销售情况；② 新险种的开发与投放情况；③ 投保的期限长短等内容。

（2）保险价格调研

保险价格调研主要包括：① 保险价格制定的合理性；② 保险费率竞争力如何；③ 顾客对费率的态度如何。

（3）营销中介调研

营销中介调研主要有四方面内容：① 保险代理人与经纪人的分布情况；② 顾客对营销中介的意见反馈；③ 营销中介的业务开展与保费收入情况；④ 营销中介的内部管理与业务流程情况。

（4）促销调研

促销方面的调研主要包括：① 保险广告、公关与宣传情况；② 促销的方式及最佳选择；③ 其他形式的保险促销等内容。

（三）保险营销调研的程序和步骤

保险企业的营销调研既可以由自身的调研部门组织进行，也可以委托专业调研机构进行。在营销调研过程中，要求营销管理人员与调研人员密切配合，有计划、有步骤地组织进行。一般来说，保险营销调研应遵循以下六个步骤：

1. 确定营销调研目标

保险营销调研目标是在初步收集资料，分析和研究营销活动中存在问题的基础上，提出解决问题的一种有效办法。确定营销调研目标，实质是确定调研所要解决的问题。它是调研工作的起点，也是至关重要的一步，因为以后的工作都将围绕这一目标展开。如果问题抓得不准或偏离中心，调研目标不明确，势必使调研工作"无的放矢"，变成无效劳动。

2. 确定营销调研项目

在调研目标确定后，还应根据初步掌握的保险企业内外部资料，进一步分解目标，确定多个具体的调研项目，以便从不同角度和层次进行全面调查，更好地满足调研目标的要求。确定调研项目时应该注意三个问题：（1）所列项目应对调研目标有一定价值；（2）所列项目所需资料较容易取得；（3）搜取所需资料的代价应该较小。不符合以上三项条件的项目，应及时予以舍弃。

3. 做好营销调研准备

（1）拟订调查方案。调查方案是指对某项调查的详细设计。它包括调查的目的和要求，调查的具体对象及资料的收集方法等，是指导调查实施的依据。

（2）制订调研工作计划。调研工作计划是对营销调研工作的事先全面安排，也就是对调研工作的组织领导、项目、范围、人员配备、完成时间与进度、费用预算以及考核等方面所作的预先安排，以保障营销调研工作的顺利进行。

（3）明确调查对象和调查单位。调查对象是指要进行分析研究的那些总体调查内容，并分散存在于许多性质相近的调查单位之中。调查单位则是指取得有关市场特征、标志或情况的具体承担者。

（4）制定调查提纲和表格。这是将调查内容的进一步具体化，主要确定应调查的具体问题，应收集哪些基本数据等。在拟订提纲前还应搞清已掌握的情报资料，以便明确尚需继续调查补充的项目或内容。为便于对调查资料进行统计分析，还应设计一套调查表格，但应力求简练、明确，以便于被调查者填写。

4. 营销调研的组织实施

营销调研的组织实施，是指调研人员着手调查及搜集资料，为下一步分析提供依据的过程。搜集的资料有二手（现有）资料和原始资料两种。二手资料是指间接取得别人收集与整理过的内外部资料。原始资料则是指调研人员直接通过发放问卷、面谈、抽样调查等方式搜集到的第一手资料。

（1）二手资料的收集。在项目调研之初，应先进行案头调研，以取得二手资料。其来源有两个，一是本企业营销信息系统中保存的各种数据，即内部资料；二是外部资料，主要是政府的各种出版物、公开出版的各种书籍和报刊及咨询、信息部门提供的各种信息和数据。二手资料较易取得，但不可能全面、准确、有些可能已过时。因而，它只能作为调研初期的参考资料，主要是明确营销工作中存在的问题，确定调研的目标。

（2）原始资料的取得。营销决策所需的原始资料，通常是从实地调查中获得的。实地调查是指调研人员按确定的调查对象及调查方法，深入基层或现场搜集第一手原始资料的过程。也就是直接接触千变万化的营销实际，及时了解成功的经验，发现存在的问题，为以后分析解决问题打好基础。一般来说，调研人员的自身素质及工作质量，会直接影响调研结果的准确性。因此，还须做好调研人员的选择及培训工作，让自身素质好以及性格外向、懂营销的人承担此项工作。

5. 资料的整理分类

它是对搜集到的零散杂乱的资料和数据进行阅读审核、编辑整理、归类制表及处理，以便分析使用。具体包括以下四项工作：（1）进行资料的审核、编辑和整理，剔除错误的、不准确的或有矛盾的资料，达到去伪存真的目的。（2）对整理后的资料进行分类编号，以便于查找和利用。若使用计算机处理，则更需要分类编号。（3）对调研资料进行统计计算，绘制统计图表并加以系统分析，进而找出原因，得出调查结论，提出改进意见或措施，以供领导决策时参考。（4）资料准确性的评价。

6. 编写调查报告

编写调查报告是营销调研的最后一步，既是对问题的集中分析和总结，也是调研成果的最终反映。在编写调查报告时，既要紧扣主题、突出重点，也要文字精练、真实客观，还应分析透彻、结论要明确。

调研报告的主要内容通常包括五部分：（1）营销调研的简要过程；（2）营销调研的基本目的；（3）正文，即调研结果的归类分析，包括调研方法、取样方法、关键图表和数据；（4）调研的结论及建议；（5）附录，包括附属图表、测算公式、附属资料等。此外，调研报告上交后，还应追踪了解报告被采纳情况及应用的实际效果，以便总结经验教训，进一步提高营销调研水平。

（四）保险营销调研的基本方法

营销调研实践中的方法很多，选用的方法是否得当，对调研结果影响很大。常用的调研方法主要有询问调查法、观察调查法及实验调查法。

1. 询问调查法

询问调查法简称询问法，是指针对所要调查的事项通过向被调查者逐一询问的方式来收集所需信息资料的一种调查方法。询问法是一种常用的方法。按照询问方式不同，可分为五种：

（1）面谈调查法。即通过面对面地向被调查者交谈询问，获取所需资料的一种询问法。其方式可采用走出去访问、请进门座谈等形式进行一次或多次调查。调查者可事先拟订询问表或调查提纲，也可以采用自由交谈的方式进行，但一般应遵循设计者的安排。

（2）电话调查法。它是指调查人员根据调查询问表（问卷），通过打电话向被调查者了解情况、询问意见及收集资料的一种方法。其优点是：方便快捷、费用低、能无拘无束地交谈；缺点是：易被调查者拒绝，由于受时间限制，只能询问简单问题，询问范围也受电话普及率的影响。

（3）邮寄调查法，又称为通信调查法、信函调查法，是指调研人员将设计好的调查问卷或表格邮寄给被调查者，要求其填写好后寄回，收集所需资料的一种方法。其优点是：调查范围广、成本低、调查资料较真实；缺点是：收回率低、回收时间较长、被调查者可能因对某些项目的理解不同而填写错误。

（4）散发问卷调查法，也称为留置问卷法，它是将设计好的问卷由调研人员当面交给被调查者，并说明填写方法和要求，由其自行填写，再由调研人员定期收回，收集所需资料的一种方法。该法实际是面谈法与邮寄法的结合，缺点也介于二者之间。

（5）网络调查法。它是将设计好的问卷由调研人员挂在相关互联网平台上，由关注者自行填写，定期由调研员收回，收集所需资料的一种方法。该方法简便快捷、成本低，但只能调查一些简单问题。

在以上方法中，究竟采用什么方法为好，应依据调查问题的性质和要求，选择一种、两种或多种结合使用。

2. 观察调查法

观察调查法简称观察法，是指调研人员在非询问条件下，直接到调查现场进行观察和收集信息资料的一种调查方法。调研者既可拍摄及录音，也可以从旁观察并记录所发生的事实以及购买者的购买习惯和行为。观察法可根据观察的方式不同分为直接观察法、行为记录法、痕迹观察法等。其优点是可以在真实环境中收集资料、减少偏差；缺点是无法观察人的内心活动，资料不易分析，成本也较高。对保险公司来说，在承保时或保险事故发生时应用较多，常由保险调查人员采取直接到现场进行点数、计量、观察、拍照、录像、录音等方式记录现场情况。

3. 实验调查法

实验调查法简称实验法，是指从影响调查的许多因素中选出一个或两个因素，并将其置于一定条件进行小规模实验，以记录顾客反应的一种调查方法。它是建立、验证因果关系的一种方法，产品试销便常用营销实验法。其优点是便于验证因果关系，资料的客观价值性较高；缺点是花费时间较长，费用较大，非实验因素的变化难以掌握，调查结果不易比较。实验调查法对保险营销调研的意义在于，保险企业应积极开发新险种，改造老险种，积极创造新的保险需求。

二、保险市场营销预测

(一) 保险市场营销预测的概念、原则与作用

1. 保险市场营销预测的基本概念及内涵

预测是对未来不确定事件的科学预计、分析和推测。市场营销调查和预测是紧密联系的两个环节，调查是预测的基础，预测是对调研结果的进一步科学分析和深化。两者都是营销管理的重要内容，也是制订营销计划、进行营销决策的前提。

保险营销预测是指运用科学的方法和手段，根据调查提供的数据和资料，对影响市场供求变化的各种因素进行测算，从而对保险市场营销的未来及其变化趋势作出判断。保险营销预测与决策是经济、金融活动的重要组成部分。从经济发展的趋势和运行结果来看，对保险营销进行预测非常必要。但保险营销预测不是目的，而是为管理决策提供科学依据。在保险营销调研和预测的基础上作出决策，就是保险营销管理的重要职能。可见，保险营销调研、预测和决策相互联系，形成了保险营销管理的全过程。

在当今科学技术日新月异、经济生活变化无常的时代，市场已成为保险公司经营活动的出发点和落脚点。如保险公司现有哪些险种，还要开发哪些险种，要根据市场需求来安排，开发出来后又要到市场上销售。所以，对保险营销的预测越来越受到重视。

2. 保险市场营销预测的原则

人们在长期经营实践中，总结出了预测市场的以下三个基本原则：

(1) 连贯原则

这是把未来的发展同过去和现在联系起来。因为从时间上考虑，市场是一个连续发展的过程，也就是说，将来的市场是在过去和现在的基础上演变而来的，它是过去和现在的延续。因此，在进行市场预测时，必须首先从搜集过去和现在的资料入手，然后推测将来的变化。时间序列法就是根据这一原则建立起来的。

(2) 相关原则

马克思主义认为,世界上任何事物的发展都是互相联系、互相依存和互相制约的。市场需求量的变化,也存在各种相关因素,如城乡居民的收入增加,会引起保险消费的增加。通货膨胀率的上升,会引起寿险需求的萎缩,等等。因此,当我们知道影响需求量的某些因素发生变化时,就可以预测需求的增减速度。回归分析中的因果关系法就是根据这一原则建立起来的。

(3) 类推原则

世界上许多事情的发展存在相似性和类同性。因此,掌握了某一类事物发展变化的规律,就可以推测出其他类似事物的发展变化规律。例如,通过调查得知,职工家庭月收入达 3000 元以上就有能力购买年交保费在 500 元以上的寿险,又知道 3 年后将有多少户职工的月收入可达 5000 元以上,那么就可以知道 3 年后这种寿险的需求量。类推法就是利用这一原则进行的。

3. 保险市场营销预测的作用

保险市场营销预测对保险企业及其营销活动影响极大。其主要作用表现在三个方面:

(1) 可以预见未来保险市场供求变化的趋势,便于制订营销计划,进行保险营销决策。

(2) 可以掌握消费者心理及竞争对手的情况,有利于新险种的开发及老险种的改造,更好地为顾客服务。

(3) 有利于提高保险企业的市场竞争力,改善经营管理,进而提高经营效益。

(二) 保险市场营销预测的种类和内容

1. 保险市场营销预测的种类

保险市场营销预测从不同角度考察,可分为不同种类。

(1) 按预测的目标期限不同,可分为长期预测(5 年以上)、中期预测(1—5 年)、短期预测(1 季度至 1 年)及近期预测(1 周至 1 季度)。

(2) 按预测的性质不同,可划分为定性预测和定量预测。定性预测是以人们的直觉经验作出主观判断,进而预见事物的发展趋势或估计一个概数。定量预测是根据调查所得的信息资料,运用数学方法对未来市场营销变化作出的数量估计。

(3) 根据预测范围不同,可分为总体预测和具体预测。总体预测是对事物总体或总量所作的综合性、粗线条的预测。目的是了解市场总体供求情况及其变化趋势,为企业确定经营方向、制定营销战略规划提供依据。具体预测则是对某些项目或专题的分量所作的较为细致的预测,以便为制订营销计划与策略提供依据。

2. 保险市场营销预测的内容

保险市场营销预测的内容很广泛,主要包括宏观及微观两个方面。

(1) 宏观预测是指对保险营销的宏观因素变化所作的全面分析与判断。

(2) 微观预测是对直接影响保险营销的重要因素所作的预计和推测。其主要内容包括四个方面:① 对保险市场需求潜量的预测,以便科学组织营销活动。② 对营销物资资源的预测,以便进行新险种开发与老险种改造。③ 保险销售前景预测,包括对各险种的品种、费率、销售量、经济效益等方面的预测,以便制订营销计划与方法。④ 保险市场占有率预测,包括对绝对市场占有率及相对市场占有率的预测。不仅要预测自己的市场份额及同类产品、替代产品的发展趋势,还应预测竞争对手的有关情况,以便了解市场竞争动态,及时调整自己的竞争策略。

(三)保险市场营销预测的步骤

保险市场营销预测的基本步骤,包括以下五步:

(1)确定预测目标。营销预测目标是根据保险企业不同时期的任务和要解决的问题而决定的基本目的和内容。它包括预测的项目(即将要解决的具体问题)、时间与地域范围要求、各种预测指标及其准确性的要求等。确定预测目标是预测的第一步,也是其他步骤的工作依据。

(2)分析整理调研资料。目标确定后,即应对调研资料进行加工审核,去粗取精,去伪存真,分析归类,编号保存,并使之系统、完整、准确。必要时,还应增补新的资料。

(3)选择预测方法。通常根据预测的目标和资料,选择切实可行的预测方法。在市场预测过程中,常用定性和定量方法同时进行预测,或以多种预测方法相互比较,印证预测结果。这样可以提高营销预测的准确度。

(4)建立预测模型。在进行定量预测时,一般要建立营销预测模型。该模型是以数学方程式表达的各种变量之间的函数关系,即抽象描述保险市场营销活动中各因素、现象之间的相互关系。根据建立的模型,再运用数学方法或借助计算机作出相应预测。

(5)编写预测报告。预测工作结束后,应对结果进行检验和评价,并写出营销预测报告。其基本要求是:预测结果应简单明了。对预测过程、预测指标及资料来源等,应作出简要解释和论证。另外,报告写好后还应及时总结经验,不断提高预测水平,并将报告尽快交给决策者,以供营销决策之用。

(四)营销预测的基本方法

营销预测的基本方法包括定性预测法和定量预测法两类。

1. 定性预测法

在定性预测法的具体应用中,常用的方法主要包括以下四种:

(1)专家意见法,也称为特尔菲法,它是召集与市场营销有关的各方面专家20人,然后由调研预测人员反复征询专家们的意见,并对最后一次征询的意见进行统计处理,得出调查预测结果的方法。其优点是系统性强,较真实、科学;缺点是受专家视野及素质限制,意见不很稳定,仅适合宏观总体性预测。

(2)营销人员预测法,即由保险企业的营销人员直接参与市场营销预测的一种方法。由于他们直接从事保险营销活动,对营销环境非常熟悉,因此,由他们所作的预测具有一定价值。其优点是方便快捷,但预测结果易受主观因素影响,需要进一步修正,通常按推定平均值法加以完善。

$$推定平均值 = (最乐观估计值 \times 4 + 最可能估计值 + 最悲观估计值) \div 6$$

(3) 经理评判预测法，即由经理负责召集与市场营销有关或熟悉市场情况的专家、中层领导及营销主管等，让其发表对未来市场发展趋势或营销重大问题的看法，最后由经理汇总分析，得出预测结果的一种方法。它具有迅速、简单、及时、经济的优点，常用于方向性问题的粗略预测，并作为其他预测方法的补充。

(4) 顾客期望预测法，即采用各种调查方式直接走访顾客或书面调查，以了解其保险需求情况，分析保险市场变化趋势，作出未来销售量预测。该方法适合于团体顾客或顾客较少的险种。

2. 定量预测法

在营销调研实践中，常用的定量预测法包括以下三种：

(1) 简单平均法，也称为算术平均法，是以某一段历史时期各实际销售量的平均值作为下一期销售量的预测值。此法虽简便易行，但不能充分反映需求趋势和季节变化。

(2) 移动平均法，是指以原平均值为基础，再引进越来越新的数据，不断修改平均值作为预测值或预测基数。也就是用过去若干期的实际销售量求其平均值，再在时间上往后移，每测一期均取前若干期的平均数作为当期的预测量。

(3) 加权移动平均法。移动平均法虽然考虑了销售量增减的趋势，但却没有考虑各期资料的重要性是不同的。加权移动平均法就是在计算平均数时，把每期资料的重要性考虑进去。也就是把每期资料的重要性用一个权数来代表，然后求出每期资料与对应权数的乘积之和。

第四节 保险市场细分与目标市场选择

一、保险市场细分

(一) 保险市场细分的概念和意义

1. 市场细分的含义及提出

市场细分也称为市场分片，是根据顾客需求、购买行为及购买习惯等的差异，把整个市场分为需求大体相同的顾客组成的若干个细小市场，并结合自身情况寻找目标市场的过程。在同一个细分的市场内，顾客的需求基本相似，而每个细分的小市场之间顾客的需求则各不相同。可见，市场细分并非按产品分类，而是以不同的顾客群细分。

市场细分理论是20世纪50年代中期，由美国市场学家温德尔·斯密在长期实践中总结提出的，并受到理论界的高度重视，被企业界广泛运用。市场细分化理论的出现，被认为是市场营销理论、营销思想和策略的重要发展，已成为现代市场营销管理的重要内容。

2. 保险市场细分的概念

市场细分理论作为现代市场营销理论的重要组成部分，对保险市场营销同样具有重要的指导意义。现代保险企业的营销活动，也需要进行市场细分并实施目标市场营销策略。

保险市场细分是指将保险需求者总体按需求相似原则划分为许多不同的需求者群的行为的过程。也就是通过调查研究，分析具有不同保险心理和动机的保险消费（需求）者群，并进行细分归类的过程。保险市场细分化的关键是发现不同消费者之间的需求差异，再按其需求是否相同或相似归结为不同的类别，这样就把一个整体保险市场划分成了若干个"子市场"。

在每个细分化的子市场中，由于需求相似或相同，因而也叫作"同质市场"。在这些市场中，保险企业的竞争主要是保险费率、服务及其他优惠措施的竞争。

3. 保险市场细分的意义

对保险企业经营和销售而言，保险市场细分具有以下重要意义：

（1）有利于保险企业及时发现并利用有利的市场机会。通过细分保险市场，保险企业可以发现哪些消费者对现有险种的需求还不满足，或尚未得到充分满足，从而找到对自己有利的营销机会，并及时占领这一领域。一般来说，一个未被竞争对手注意的小市场，可能带来比大家激烈争夺的大市场更多的效益。

（2）有利于新保险企业开发市场，求得生存和发展。对新保险企业而言，通过市场细分，可以找到更多的营销机会，便于开发更多未被开发的保险市场，从而在大公司和老公司的缝隙中求得生存，获得快速发展。

（3）有利于保险企业及时调整经营策略，提高自身效益。保险企业通常根据市场细分结果制定适当的营销组合策略，进而把有限的人、财、物力资源集中于目标市场，这样既能避免分散力量，也能提高自身的经济效益。

（4）可以满足不断变化、千差万别的保险需求，有利于提高社会效益。保险企业若普遍实行市场细分化策略，则尚未满足的保险需求便会不断被发现和开发，新险种也会日益丰富。这样，消费者就可以更方便地买到称心如意的险种，从而实现顾客、保险企业和社会的互利共赢。

（二）保险市场有效细分的条件

一个保险企业若想在竞争激烈的市场上求得生存和发展，必须善于细分市场，发现机会，不断选择自己的目标市场，并进行有效开发。成功有效的市场细分，必须具备以下四个条件：

1. 保险需求的差异性

需求的差异是市场细分的基础及首要条件。因为不同顾客群的保险需求是有明显差异的，只有通过细分才能加以区别、分类，进而采取不同的保险营销组合策略进行开发。

2. 保险需求的可衡量性

在保险营销实践中，许多顾客的保险心理和动机很难衡量，这会给市场细分增加难度。例如，在人身保险的需求者中，有多少人首先考虑交费数量，多少人更关心交费方式与分红方式，又有多少人考虑保险期限及给付，较难把握。用来划分细分市场的特性必须是可以识别和衡量的，这样划分出来的细分市场范围才有可能比较明晰，才有可能对市场的大小作出判断。比如，按年龄划分寿险市场，就很容易得到各个年龄组的人数资料。但也有一些因素是不易测量的，比如，要测量同一年龄组有多少投保者是"追求生活质量的人"就相当困难。因此，凡是保险企业难以识别、难以衡量的因素或特性，都不能作为保险商品市场细分的标准。

3. 细分市场的可占有性

细分市场的目的是挑选合适的目标市场，并进行开拓。如果细分后的市场保险企业无法进行开发，便无任何意义。细分的市场一定是企业有可能进入并占有一定份额的市场，也应该是企业能够对投保人产生影响、能够更好地为投保人服务的市场。这主要表现在两个方面：一是企业能够通过一定的广告媒体将有关保险商品的信息传递给该市场中众多的潜在的投保人；二是保险产品能够经过一定的销售渠道抵达该市场。比如，可以通过保险营销员的上门服务与潜在的投保人接触；通过电话、邮寄等手段与潜在的投保人取得联系等。如果潜在的投保人拒绝与保险营销员接触，或潜在的投保人不愿意提供真实资料和信息，那么，这样细分出来的市场就难以开发。

4. 细分市场的规模性和长期性

对于细分后的保险市场，除具备以上条件外，其保险需求还应具有一定的规模，并具有较长期的需求。因为开发这些市场的投入较大。若市场过小，需求短暂，就无法运用大数法则经营，也不值得开发，更无效益可言。

（三）保险市场细分的步骤

市场细分是按一定的程序进行的。保险市场细分化过程就是按照以下程序和步骤进行的：

（1）选定营销险种的市场范围。选定市场范围是保险营销的重要工作，其依据是保险市场的需求。在选择营销险种的市场范围时，应考虑保险企业的资源和能力，既不宜过大，也不能过小。

（2）列出市场范围内所有潜在消费者的保险需求。尤其是新出现的需求，更应该引起重视。

（3）分析可能存在的细分市场。即通过了解顾客的不同需求，分析可能存在的细分市场。在分析时，应考虑消费者的人口特征、购买行为、地区分布等情况，并根据以往经验作出估计和判断。

（4）确定细分的因素。对各个可能存在的细分市场，应分析哪些需求是最重要的，再剔除共同的重要因素，保留个别的重要因素。例如，低费率、高保障是共同的重要因素，但对细分市场却无意义。

（5）为可能存在的细分市场命名。一般根据各细分市场消费者的主要特征确定其名称，也可采用寓意命名法命名。

（6）全面认识各个细分市场。保险企业应充分了解、全面认识各个细分市场的需求，进而了解消费者的购买行为和购买心理。

（7）估量各个细分市场的规模和性质。保险企业经过调查了解，还应该仔细审查、估量各细分市场的大小、竞争状况及发展趋势等，以便进一步确定目标市场。

（四）保险市场细分的标准和方法

保险市场细分的基础是个人或组织保险需求的差异。由于这些差异千姿百态，各有特点，因而可以运用影响需求及欲望的基本因素作为细分保险市场的标准。保险市场细分的常用标准有经济、地理、人口、时间、心理及购买行为等因素，下面就分别予以分析。

1. 按经济因素细分保险市场

按经济因素，即按保险需求者的收入水平及经济状况细分保险市场，它是一种常用方法。一般来说，收入水平的高低及经济状况的好坏，对保险需求影响极大。

在人身保险中，市场细分一般可根据居民收入水平不同分为以下三个层次：

（1）高收入阶层，主要是成功的商人、国企和三资企业的高层管理人员、私营企业主、演艺界的当红影星与歌星、体育明星等。这些人对普通寿险一般不太感兴趣，应开发适合其口味的投资型保险或具有特殊保障功能的险种。

（2）高工资收入阶层，主要是官员公务员、外企职员、科研人才、文艺工作者、部分知识分子等，他们基本上靠自己的劳动取得收入。该阶层的总人数较多，总收入也相当可观，但平均收入低于上一阶层，高于社会平均水平。这类人的消费水平较高，领导城市消费潮流。但其劳保福利少，后顾之忧多，因而对各种人身保险需求较强烈，也有缴费能力，是目前人身保险的主要市场之一。

（3）中低收入阶层。他们占人口的大多数，靠自己的辛勤劳动取得收入，且大多低于社会平均水平。该阶层的人在生活消费之后节余有限，大部分人也有保险需求，但需要的是收费低廉、保障较高的保险险种。可见，按收入水平细分人身保险市场，可以使营销人员充分考虑各阶层人士的人身保险需求，合理设计适销对路的险种，使各方利益能够得到充分保障。

在财产保险中，家庭财产类保险市场的细分与人身险相似，而企财险、货运险、责任险、保证保险等，以组织单位为对象的财产险种则有所不同。例如，企财险市场就常以企业的经济类型或所属行业来细分，而非单纯依赖规模或盈利能力。在保险营销实践中，也应对国有大中型企业、各种小型企业、三资企业等，分别寻求满足保险需求及营销的方法，最大限度地满足其差异化保险需求。

2. 按地理因素细分保险市场

按地理因素细分保险市场是指根据保险需求者所在的地区及地理条件来细分保险市场。地理因素通常包括国界（国际、国内）、政区、地形、气候、城乡、自然环境、人口密度、交通运输等。它是一个静态因素，易于辨别，对于分析不同地区保险需求者的特点、需求总量及发展变化趋势等都有一定意义，也有助于保险企业开拓区域市场。但在同一国家、地区或城市的消费者，其需求和爱好也有很大差异，还应进一步按其他标准细分市场。以城市和农村保险市场为例，城市人口及财产较集中，经济条件好，保险需求较强烈，保险企业的主要险种和业务都集中于城市；相比之下，农村以农副业为主，经济基础差，保险需求也不强烈，营销难度较大。再以自然条件为例，台风经常"光顾"的沿海地区较内陆地区的保险需求更为强烈；在雨季时，居住在低洼处的人们对相关保险的需求也会增加。

3. 按人口因素细分保险市场

按人口因素细分保险市场是指根据人口统计项目划分市场。人口因素主要包括年龄、性别、职业、教育、种族、家庭、宗教等，是划分人身保险市场的重要依据。例如，按年龄结构可将保险市场细分为老年人市场、成年人市场、青年人市场、少儿市场及婴儿市场，不同年龄组有不同的保险需求，应设计不同的险种，采用不同的营销方法。再以文化程度为例，文化程度高的消费者群容易接受保险，并以积极的态度购买保险；文化程度较低的消费者群则较难接受保险，销售难度也较大。

4. 按心理行为因素细分保险市场

按保险消费者的心理行为因素细分保险市场是因为按人口等因素细分时，各个群体的消费者仍会表现出极大的心理差异，需要再根据消费心理行为因素作进一步细分。它包括社会阶层、生活方式、购买时机、寻求利益、投保状况、待购阶段及态度等因素。例如，按投保状况可以划分为从未投保过、曾经投保过、初次投保、经常投保及准备投保五个细分化市场。大公司常对潜在投保者感兴趣，而小公司则以经常投保者为主要服务对象。对投保状况不同的顾客，在广告宣传及销售方式等方面应该区别对待。例如，按顾客对待保险的态度，可以分为热爱型、肯定型、冷淡型、拒绝型和敌意型五个子市场。针对顾客的不同态度，应灵活采取不同的营销策略。

二、目标市场选择及其策略

保险市场经过细分以后，面对众多子市场，保险企业必须着手选择适合自己开发的目标市场。也就是在评价众多细分市场的基础上，确定自己的目标市场覆盖策略以及各细分市场的营销组合。

（一）保险目标市场选择的概念及其条件

1. 目标市场与保险目标市场

目标市场是指企业事先确定并准备进入开发的细分化子市场。

保险目标市场是指保险企业经过比较和选择，准备开拓和服务的细分化子市场。即保险企业根据自身的经营能力、险种性质等挑选某类险种的投放市场。

2. 保险目标市场选择与市场细分

保险目标市场选择是指保险企业根据自身条件和险种性质，在众多的细分市场中挑选一个或几个子市场，作为本企业险种投放市场的过程。

保险目标市场选择和市场细分既有联系又有区别。市场细分是根据需求的差异性及相似性，将整个市场划分为若干顾客群的过程。保险目标市场选择则是在市场细分的基础上，挑选准备进入的子市场。因此，保险市场细分是目标市场选择的前提和基础，目标市场选择则是市场细分的目的。

（二）保险目标市场选择的条件及程序

1. 保险目标市场选择的条件

保险企业要挑选能发挥自身优势的最佳目标市场，就必须对细分的保险子市场进行系统评估和选择。评估和选择的基本条件有四个：

（1）有一定规模的保险需求与购买力，足以实现预期的销售额。

（2）尚有未满足的需求和充分发展的潜力，有利于未来市场的开拓。

（3）细分市场上竞争对手不多或未被完全控制，尚有进入和发展的可能。

（4）挑选的目标市场能够适应保险企业的经营能力和目标，不可贸然进入。

2. 保险目标市场挑选的程序

挑选目标市场时，应先对细分的市场进行评估，主要评价其经济价值、市场盈利及发展潜力，然后再决定是否值得开发和占领，并作为选定的目标市场。其基本程序如下：

（1）对保险市场状况及保险企业经营特点进行分析研究，决定挑选市场细分的方法。

（2）分析所选定的目标市场目前和未来的销售量及其变化趋势。

（3）制定应采取的营销策略及促销计划。

（三）保险目标市场营销策略

保险企业在确定目标市场后，应选择目标市场营销策略，以便迅速开拓市场。保险目标市场营销策略主要有以下三种：

1. 无差异性营销策略

无差异性营销策略也称为整体营销策略，是指保险企业不进行市场细分，将整个市场作为目标市场，并以同一险种及同一套营销方法来实现自身经营目标的一种营销策略。它强调市场需求的共同性，而不重视其差异性。采取这一策略的保险企业，一般不注意分析不同层次的保险需求，而是把顾客看作有共同需求的整体，以吸引所有消费者。因而，企业设计的险种和营销方案，都是针对大多数顾客的，许多险种均适用于整个市场。因为顾客保险需求的共性远大于其差异性，这也是大类保险产品的特点之一。

无差异性营销策略的优点是：市场拓展费用低、投入的保险险种少、市场覆盖面广，能发挥规模经营优势。其缺点是：市场应变能力差，对目标市场依赖性强，经营风险较大。其示意图如图3-3所示。

图3-3 无差异性营销策略

2. 差异性营销策略

差异性营销策略是指保险企业在市场细分的基础上，选择多个子市场作为目标市场，并针对各个目标市场分别设计不同险种和营销方案的一种营销策略。其优点是：有的放矢、对症下药，能满足不同顾客的保障需要，有利于扩大销售、提高市场占有率；同时，保险企业也不依赖于一个险种和市场，适应性较强，有回旋余地。其缺点是：营销成本高、投入的费用大、管理要求高。差异性营销策略适用于小型保险公司，或新进入市场的保险公司。差异性营销策略示意图如图 3-4 所示。

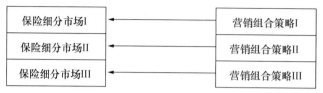

图 3-4　差异性营销策

3. 集中性营销策略

集中性营销策略也称为密集性营销策略，是指保险企业在细分化的保险市场上，选择一个或几个子市场作为目标市场，提供少数险种，采用一种营销方法来集中力量提高细分市场占有率的一种营销策略。其主导思想是：若在总体市场上占劣势，不如集中力量在个别市场上占优势。其优点是：能深入了解特定细分市场上的保险需求，并实行专业化经营，也有利于保险企业发挥优势，节约费用，提高市场知名度及占有率。其不足是：目标市场小而集中，企业应变能力差，经营产品不多、风险大。集中性营销策略适用于资源和实力有限的中小保险企业。其示意图如图 3-5 所示。

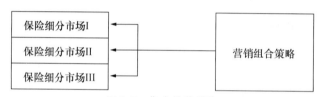

图 3-5　集中性营销策

（四）如何选择合适的目标市场营销策略

上述三种保险目标市场营销策略各有利弊，保险企业如何根据自身情况选择合适的目标市场营销策略？一般来说，保险企业应根据以下四个条件来权衡并选择相应的营销策略。

（1）市场需求的同质性。即保险市场上顾客的需求是相同的或相似的。在此种情况下，可实行无差异营销策略。

（2）保险企业的资源和能力。如果保险企业的人、财、物力资源及信息、管理等方面资源不足，经营能力有限，可实行集中性营销策略。反之，则可实行差异性营销策略。

（3）险种情况。即差异大的险种，如家财险、人寿险等险种，可实行差异性营销；而差异很小的大类险种，如机动车辆保险、企业财产保险、团体人身保险等，可实行无差异营销。

（4）竞争者的营销策略。一般来说，应采取与强势竞争者相反的营销策略，以免与强者抗衡，造成不必要的损失。如果双方实力相当，也可以采用与之相同的贴身竞争策略。若对手很弱，不足以构成威胁，则可根据自己的情况采取恰当的营销策略。

需要指出的是，上述四个条件不能够单独使用，应该结合起来通盘考虑、综合使用。

三、保险产品的市场定位策略

(一) 市场定位的概念与必要性

保险企业的目标市场确定后,还必须为自己的险种进行市场定位,以便树立良好的企业形象和产品形象。那么,什么是市场定位?

市场定位也称为产品市场定位,是指保险企业根据顾客对某一险种的重视程度,为其确定合适的市场位置。或者是在目标顾客中为本公司及其产品塑造特定的形象、赋予与众不同的特征。具体地说,就是保险企业为了满足顾客对某一险种的需要与偏好,创造和设计的具有一定特色和威望的险种,选定恰当的市场,树立良好的形象,以便在竞争中取胜。

一般来说,保险产品只有在进行市场定位后,才能进一步研究和制定相应的价格、销售渠道、促销等策略。所以,产品的市场定位是营销活动的重要一环,是确定市场营销组合策略的基础,而价格、渠道、促销等策略的制定,也有助于形成和树立产品的良好形象。市场定位的作用就是限定企业的顾客和竞争对手,树立保险企业及其险种的市场特色和形象,吸引更多的顾客投保。

(二) 市场定位的分类

1. 按定位的先后,可分为初次定位与重新定位

初次定位是指新保险公司初入市场、公司新险种投放市场或险种打入某一新市场时,保险企业面向缺乏认识的目标顾客进行的市场定位工作。

重新定位也称为调整定位,是保险企业为改变原有的市场形象,在目标顾客中树立新的认识和形象的定位过程。若初次定位不恰当或者初次定位虽合适,但顾客及竞争者方面均发生了重大变化,就须考虑重新进行定位,以便适应市场的新变化。

2. 按定位目的不同,可分为针对式定位与创新式定位

针对式定位是指保险企业针对现有竞争者或与其重合的市场位置,争取同样目标顾客的一种定位方法。

创新式定位是指保险企业设计开发新险种,发掘并占领新市场的一种定位法。它可以避免与强手对抗,以在市场空隙中求得生存和发展。

3. 按目标市场营销策略不同,可以分为差异化定位、无差异定位与集中式定位

(三) 保险产品市场定位的程序

保险企业在为其险种进行定位时,应按以下程序进行:

(1) 调查了解目标顾客的需求和爱好,以及对险种的重视程度。

(2) 确认并选择自身的竞争优势。包括费率优势、特色险种优势、优质服务与信誉优势等,应准确分析并选择最合适的优势加以开发利用。

(3) 摸清竞争者的险种特色、属性及其市场满足程度。

(4) 进行综合评价分析,作出险种市场定位的决策。

(5) 有效、准确地向目标市场传播保险企业的险种定位观念,积极实施市场定位

计划，努力实现以优取胜的经营目标。

第五节 保险营销计划与控制

保险市场营销计划是保险市场营销管理的关键内容和重要环节。它不仅是指导与协调市场营销工作的重要工具，也是调整与实施保险营销策略的依据。同时，保险市场营销管理的一项重要任务，就是制订保险营销计划。因此，有必要对保险营销计划进行专门探讨。

一、保险营销计划的概念和作用

（一）保险营销计划的概念

计划是人们事先制定的未来行动方案，也是一种基本的管理手段。

保险营销计划即保险市场营销计划，是保险企业为了占领目标市场及完成预定的营销目标任务，而事先制定的未来营销工作的方案。保险营销计划通常规定了保险企业在未来一定时期的营销目标、营销工作策略、实施方法及步骤等。

（二）保险营销计划的作用

保险营销计划是保险企业市场营销工作的行动指南与纲领。其作用表现在以下三方面：

（1）营销计划中规定了未来一定时期内保险企业的营销目标与任务，可以有效降低营销工作的盲目性，有利于提高营销工作效率。

（2）营销计划中规定了保险营销工作的具体策略及实施方法，有利于保险企业各部门间的分工协作，使之成为一个有机高效的整体，提高保险企业的竞争实力。

（3）营销计划中还规定了未来营销所需的各种资源的合理配置，有利于节约人、财、物力资源，并以最小的投入获得最大的保险营销收益。

二、保险营销计划的种类

保险营销计划从不同角度，按不同标准划分即有不同的种类。其常用的分类有以下三种：

（一）按保险营销计划对企业的重要性划分

保险营销计划按其重要性不同可分为战略目标计划、目标市场计划及整体营销计划。

（1）战略目标计划。它是保险企业为实现长期利益目标进行的全盘考虑和统筹安排，并规定了未来一段时期内保险营销活动的总体目标及战略措施。

（2）目标市场计划。它是保险企业为开拓既定的目标市场进行的统筹安排和规划。它包括人员与组织发展计划、销售计划、费用计划、利润计划等。

（3）整体营销计划。它是根据上述两个计划制定的保险企业总体营销工作规划。

通常包括保险企业的总体销售计划、资源分配计划、利润计划、应付意外情况的应变计划等。

（二）按照计划期限的长短划分

根据计划期限的长短不同，可将保险营销计划分为长期营销计划、中期营销计划和短期营销计划三种。

1. 长期营销计划

长期营销计划是指保险企业在充分调研及科学预测基础上制定的、未来较长时期内综合发展的战略目标及其措施的规划。它具有预见性和纲领性的特点，期限多在五年以上，对保险企业的未来生存和发展具有重要意义。

长期营销计划的主要内容包括：（1）长期营销发展目标，即规定某一险种或某一市场的发展规模、速度、效益水平及资金构成等。（2）营销发展规划，即规定某一时期营销业务的发展方向，例如，险种开发规划、市场开发规划、利润增长计划等。（3）中期计划的一般规定。

2. 中期营销计划

中期营销计划是根据长期发展目标及战略制定的一年期至五年期营销工作规划。它主要包括中期营销目标、中期市场开拓计划、市场销售计划、资金计划、利润计划等。

3. 短期营销计划

短期营销计划是指根据中期营销计划及市场变化情况等制订的年度营销工作计划。它对保险企业一年内的市场营销策略、营销目标及实施步骤等都作了比较详细的规定。短期营销计划一般包括年度经营目标、战略规划的实施计划、市场销售计划、组织人事计划、费用及利润计划等内容。

（三）按照保险营销计划的功能划分

根据计划功能，保险营销计划包括销售计划、广告计划、分销计划、促销计划和新险种开发计划等。

三、保险营销计划的编制程序及内容

（一）保险营销计划的编制程序

保险营销计划的编制是分以下五个步骤进行的：

1. 分析保险市场现状

编制营销计划前，应该对保险市场需求状况、竞争者及其险种、销售渠道及促销手段等，进行系统分析、科学预测。另外，还应考虑本企业各部门的发展情况及国家的政策、法律情况。

2. 确定计划期的营销目标

基于上述分析，营销部门可根据上一计划期的执行情况及预测结果，科学制定本期的各项营销目标。

3. 制定并选择营销战略和策略

营销目标明确后,保险企业便可依此制定未来的总体以及部门营销策略。紧接着,应对上述营销战略和策略进行全面评估论证,最后选出一套最佳的营销战略与策略。

4. 编制保险营销计划

编制保险营销计划一般由主管营销的经理负责,公司企划部门先制订企业的整体营销计划,再将其分解到各部门,制订各个部门的计划。

5. 实施营销计划并进行科学控制

保险营销计划编制好后,还应制订具体的执行计划,以便确保其顺利实施。在计划执行中,还应加强日常的检查和控制。若出现与计划目标不一致的结果,应及时采取措施保证原计划的实施,或对原计划进行必要的修正,或增加应急内容。

(二)保险营销计划的主要内容

保险市场营销计划的结构和内容,常因保险企业主管者的要求及企业实际情况的不同略有差异。一般而言,大多数保险营销计划(尤其是短期计划)都包括以下主要内容:

1. 营销计划提要

保险营销计划提要也称为计划提纲,它是计划书的开端,也是其精华所在。计划提要的主要任务是明确计划的步骤和内容,并对主要市场营销目标和有关建议作简短概述,以供主管领导审阅。例如,某人寿保险公司的营销计划提要是:"本公司计划在新的一年里,使销售额和利润额比上年有较快增长,增长率达到30%;其中,营销业务收入为5亿元,利润目标为3000万元。主要营销手段包括强化促销、加强代理、新增3个营销网点、新招1500名营销员。为此,要求增加15%的营销预算,总费用达到1000万元……"为便于领导在短时间内较完整地了解计划内容,也可以采用表式提纲或在提要后附列整个计划的目录。

2. 营销现状与机会分析

编制营销计划主要是为了正确认识本企业所面临的市场形势,提供各种背景材料。分析的内容主要有以下四方面:

(1)保险市场及营销背景。保险市场形势的基本情况有市场规模与增长速度,不同地区或细分市场的销售情况,顾客需求、观念及购买行为方面的动态和趋势资料。营销前景是对未来市场需求及本公司的营销金额进行估计和预测。

(2)保险产品及销售渠道分析,主要是对近几年上市的保险产品结构、销售渠道、销售金额、赔付率及利润等进行分析,以便发现问题并找到发展机会,选择合适的销售渠道。

(3)市场竞争状况,主要分析竞争者是谁,他们在保险产品、费率、销售等方面采取了哪些策略,他们的市场份额及变化趋势等。

(4)研究问题与发展机会,分析自身的优势和劣势。针对前面分析中发现的不利因素及有利机会,应进行进一步的分析研究,以便为下一步制订营销计划及策略提供依据。另外，还应比较分析本企业的险种、费率、促销、服务等，在市场竞争中的优势和劣势，扬长避短、发挥优势，取得更好的营销业绩。

3. 保险营销目标

营销目标是保险营销计划的核心。它通常由高层管理者在分析与研究营销现状、环境、机会及问题的基础上确定，是保险企业在一定时期的市场总目标。营销目标主要包括保费及储金收入、费用支出、人力资源、利润率、总资产及总准备金数额、市场占有率、分销网点等目标。所有目标均应以定量形式表达，具有可行性、一致性，并能够分层次说明。

4. 保险营销战略和策略

保险营销战略是保险企业市场营销工作的长远行动规划，也是制定营销策略的重要依据。它主要包括目标市场选择、市场定位、资源配置、产品组合等策略，以及市场占有率目标、业务收入目标、组织机构目标、利润目标、资产及准备金目标等。营销战略的制定依据是保险市场需求、市场环境、企业实力及竞争者战略等。营销策略则是企业战略的具体化，并规定企业各部门的行动策略。在确定营销策略时，既要详细具体，又要简明扼要，令人一目了然。

5. 行动和预算方案

营销战略和策略确定后，必须转化为具体的行动，并按一定的程序付诸实施。这就要求按时间顺序制定营销行动方案及费用预算方案。

6. 执行计划

保险营销计划是由一系列执行计划构成的。以年度短期计划为例，它包括年度经营目标及各部门目标，各部门目标是企业年度经营目标的分解。保险企业的营销计划目标主要有：市场目标、保费及储金收入目标、利润目标、工资奖金目标、人员及培训目标、网点建设目标、费用目标、投资及收益率目标等。企业的上述目标确定后，再将其分解到相应的部门，形成各部门的执行计划。

7. 营销控制措施

营销控制是营销计划的最后一部分，也是对计划执行过程的监控与协调方法的规定。保险企业的营销计划经主管领导批准后，各部门都应积极配合，共同执行。在执行过程中，保险企业应对执行进度进行协调控制，定期进行检查。若发现有差错或不合拍现象，应及时按规定的措施予以协调、纠正，以确保整个营销计划的顺利执行，最终实现各项营销预期目标。

四、保险市场营销控制

（一）保险市场营销控制的概念与必要性

保险市场营销控制是指保险企业为了跟踪营销活动的每个环节，确保其按计划目标顺利运行，实施的一套工作程序与制度。保险市场营销控制作为营销计划的组成部分，其控制的对象是保险企业内部各部门及营销人员，控制的内容是营销计划的各种指标，目的是协调内部关系，减少工作差错和失误，确保整个营销计划的顺利实施。

保险市场营销控制的必要性在于，营销计划在执行期间，由于各种因素的变化总会发生这样或那样的意外，妨碍计划的正常执行。因此，保险企业有必要建立一套系统而有效的监督控制系统，以便及时采取适当措施，协调内部关系，确保既定营销目标的如期实现。

（二）保险市场营销控制的作用

作为营销管理的重要方式，保险市场营销控制的主要作用是：

（1）有利于管理者尽早发现计划执行中的问题和隐患，并及时采取措施，防患于未然。

（2）对保险营销人员发挥着监督和激励作用，有利于提高营销业务质量及工作效率。

（3）有利于协调企业内部各部门的关系，确保营销计划目标的顺利完成。

（三）保险市场营销控制的基本方法

1. 年度计划控制法

（1）年度计划控制法是根据保险企业的年度营销计划组织实施的一种监控方法。其实质是随时跟踪检查年度计划的执行情况，及时采取行动对策，目的是确保按时完成各项年度营销计划目标。

（2）年度计划控制的主要步骤是：① 将年度计划指标按月度或季度分解为次一级指标；② 管理者应该随时掌握营销活动的进程和绩效；③ 若营销实绩与计划指标不符，应立刻找出偏差产生的原因；④ 针对原因采取有效修正措施，缩小实绩与计划之差距，或修改计划、改变行动方案。

（3）实施：年度计划控制可以由企业成立的检查小组或指定人员来完成。在进行计划控制时，应考察和评估以下指标：① 销售额分析，包括总量差额分析和微观分析。② 保险市场占有率分析，包括总体市场占有率、相对市场占有率及局部地区市场占有率分析。③ 顾客态度分析，方法是设立投诉和建议制度，或采用典型户调查及随机调查方式，以了解顾客对险种及服务的满意程度。④ 营销费用率分析，即逐项分析各项费用及费率变化，并控制在合理的范围内。对上述分析中出现的问题与偏差，应及时解决或纠正。

2. 营销效率控制法

营销效率控制法是指用一系列效率控制指标对营销各方面的工作进行日常监督、检查的一种控制方法。

营销效率控制的主要对象是保险推销员。评价推销员工作效率的指标主要包括：（1）每位推销员每天平均访问客户的次数；（2）每次销售访问的平均收益；（3）每次访问的平均成本；（4）每百次访问获得订单的百分比；（5）每期新增的客户数和失去的客户数。

通过对以上五项指标的评价分析，可以发现许多问题，如每次访问的成本是否过高？每百次访问的成功率是否太低？若访问成功率太低，应分析是推销不力还是对象选择不当，或许应减少访问对象，增加对购买潜力大的顾客的访问次数。另外，效率控制还包括广告效率及促销效率的控制，以节约成本，提高经营效益。

3. 营销战略控制法

（1）营销战略控制法又称为市场营销审计，是定期对保险企业营销环境、营销战略、计划与目标、组织和整体营销效果等，进行系统全面审查及评价的过程，是一种高等级的营销控制方法。其目的是确保企业的战略、目标、政策及策略能够与市场营销环境和企业内部资源变化相一致。

（2）营销战略控制主要由企业的高级管理人员进行，也可以由保险企业以外的独立机构来承担。它是对保险营销工作的全面审计，且侧重于方向性、战略性及全局性的问题。

（3）营销战略控制的主要内容，主要有以下五项：

① 检查现在及未来的保险市场营销环境，考察保险企业营销战略、目标等与当前及预期环境变化相适应的程度。

② 考察营销组织结构、工作效率是否有利于实现保险企业的战略目标。

③ 考察营销计划、控制、信息及新险开发等工作的情况与效率。

④ 检查战略性投资计划是否符合实际。

⑤ 考察各项营销策略的实施效果。

通过考察和评析，如发现营销战略与实际不符或相差太远，应及时修改营销战略及目标。

4. 盈利率控制法

盈利率控制法是指分析不同险种、细分市场、顾客群、销售渠道等的盈利率，以帮助公司管理层决定哪些方面应发扬光大，哪些方面应收缩或取消。其操作步骤是：（1）分析各方面的盈利情况及对公司总体效益的贡献。（2）依盈利能力采取调整措施，选定最佳盈利组合，不断提高自身经济效益。

复习思考题

1. 何谓保险市场营销管理？其任务是什么？
2. 何谓保险市场营销环境？包括哪些种类？
3. 保险营销环境的特征有哪些？如何进行营销环境分析？
4. 请简述保险营销宏观和微观环境的基本因素。
5. 保险市场营销调研包括哪些内容？营销预测有哪些常用方法？
6. 保险市场细分的含义是什么？有效细分的条件有哪些？
7. 保险目标市场选择的概念及条件是什么？保险目标市场营销策略有哪些？
8. 什么是市场定位？它包括哪些种类？
9. 什么是保险营销计划？如何对其进行分类？
10. 请简述保险市场营销控制的含义和基本方法。

第四章

保险需求与投保行为分析

本章摘要 本章包括保险需求分析、投保行为与投保心理、投保决策分析三节内容。应掌握保险需求的相关概念、类别、特征与内容,投保行为与投保心理的含义与关系;理解影响保险需求的基本因素;熟悉投保决策分析的一般知识。

关键词 保险消费;保险需求;投保行为;投保心理;投保决策

研究保险需求与投保行为,既是保险市场营销理论的重要内容和命题,也是营销管理的一项重要任务,它事关保险营销事业的生存与发展。因此,本章将从三个方面进行探讨和论述。

第一节 保险需求分析

一、保险需求的相关概念

保险需求是与顾客的保险消费、保险需要、保险动机及欲望等密切相关的。要充分了解保险需求,应先把握好保险消费、保险需要、保险动机等相关概念。

(一)保险消费的概念

消费是一种社会客观经济现象,也是维持人类生存的一种基本活动。它是指人们消耗或使用生产出来的产品,满足其生产或生活需求的行为。人类社会就是在不断生产和消费的循环中得以生存和发展的。

作为社会消费的一个重要方面,保险消费是指人们购买并使用保险产品、享受保险服务、满足经济保障需要的行为过程。

(二)保险需要与保险动机

需要是指人们对某种目标的渴求和欲望,是人的不足之感和求足之感。它既是支配人们的行为与积极性的原动力,也是人们生存和发展的必要条件。动机则是由需要引起的驱使人们行为的内在动力。可见,需要是动机的前提,动机是需要的结果。有了动机,人们便会选择或寻求目标,进行满足需要的消费活动,最后满足需要。

保险需要是指人们基于生命和财产安全的目标,希望获得保险经济保障的欲望。保险需要产生于安全目标(需要)。所谓安全需要,是指人们对保护生命和财产安全,保障精神不受威胁或免遭恐惧，无忧无虑地生产及生活的欲望与要求。有了保险需要，便产生了保险动机。保险动机是驱使人们投保的一种内在动力，有了这种内在动力，人们才会选择并购买保险商品，实现保险消费。

（三）保险欲望和保险需求

欲望是人们对于能满足其需求的特定事物的期望或向往。需求则是人们为了满足需要，通过市场交换获得满足的支付能力的总和。它是由买主及其需要、市场交换及货币支付能力构成的。

一般来说，需要、欲望和需求三者既联系又有区别。需要是前提和基础，是有限度的，而欲望则几乎是无穷无尽的，当人们的欲望建立在充分的购买力基础上时，便形成了现实需求。这三个概念虽然常被混用，但其区别也是显而易见的。由于需要先于营销活动而存在，因此，市场营销并不创造需要，而是影响人们的欲望及需求。

保险欲望是指人们对获得保险经济保障的期望和向往，是保险需求的条件之一。保险需求则是指人们通过保险市场交换所能获得的满足其经济保障需要的货币购买力。

二、保险需求的种类

人们的保险需求多种多样、千姿百态。其分类方法也很多，常用分类法有以下五种：

（一）按保险需求的主体分类

按需求主体不同，可分为团体保险需求和个体保险需求。

（1）团体保险需求。它是指企事业单位、机关、团体、学校等的保险需求。其特点是需求集中、金额较大、交费较多。

（2）个人保险需求。它是指个人或家庭的各种保险需求。其特点是量小、分散、交费少。但个体数量众多，故总量很大，极具开拓潜力，是个人营销的重点发展方向。

（二）按保险需求的内容分类

按保险需求的内容不同，一般分为财产保险需求、人身保险需求、责任保险需求及信用保证保险需求。

（1）财产保险需求。它是指人们因担心自己所有的、占有的或保管的财物遭受灾害事故，造成较大经济损失而产生的保障需求。

（2）人身保险需求。它是指人们基于生老病死、伤残、护理、失业、子女教育等的风险所导致的巨额经济开支所产生的保险需求。

（3）责任保险需求。它是指人们担心自己难以承受因违背法律、合同或道义上的规定，造成他人财产损失或人身伤害而依法引起的民事损害赔偿责任的保险需求。

（4）信用保证保险需求。它是指人们在投资及贸易等活动中，因担心义务人不履行合同义务，导致自身蒙受经济损失而引发的保险需求。

(三）按保险需求的层次分类

保险需求按其层次高低，可分为低层次保险需求、高层次保险需求及特殊保险需求。

（1）低层次保险需求。这是最基本的保险需求，包括满足基本生存条件的各种保险需求，如企事业单位的财产安全、家庭及个人的财物安全、人们的生命与身体安全等保障需求。

（2）高层次保险需求。它是在低层次需求满足之后进一步产生的较高层次的保障需求。如企业的投资保险、营业中断险、雇主责任险、信用保险等需求；个人的投连险、分红险、万能险、生日贺卡保险、金婚保险、收入损失保险、护理保险需求等。

（3）特殊保险需求。它主要指人身保险中某些人为显示自己的富有和高贵，或展示自己的特殊才能，或为提高其身价而引发的巨额保险需求。如私营业主的巨额人寿保险、香水专家的嗅觉保险、钢琴家的手指保险、演艺明星的身材保险、足球明星的双腿（脚）保险等即是。

（四）按保险需求持续时间的长短分类

按保险需求持续时间不同，可分为长期保险需求和短期保险需求。

（1）长期保险需求。它是指持续时间很长的保险需求。有风险、有损失就有保险需求，从这一点来说，保险需求是无限期的。但就某一需求的主体而言，他们的生命周期决定了保险需求又是有限的。在团体或个人的生命周期内，许多保险需求都是长期性的，可通过每年的投保或购买长期保险与终身保险得到满足。如企业财产保险、运输工具保险、团体人身保险、各种养老金保险、分红保险、疾病保险、医疗保险等。

（2）短期保险需求。它是指持续时间较短或间断存在的一些较特殊的保险需求。例如，人们外出旅游时的临时保险需求、卫星发射时的保险需求、运输货物时的保险需求等。

（五）按需求存在的表现方式分类

按保险需求表现方式，可分为现实保险需求和潜在保险需求。

（1）现实保险需求。它是指消费者已意识到的既有保险欲望，也具有货币购买力的保险需求。

（2）潜在保险需求。它是指未来一定时期里可能产生的保险需求，是人们尚未认识到或虽已认识到但尚无法实现的保险需求。它有两种表现形式：一是有欲望但无购买能力，有待经济条件许可后购买；二是有购买能力而无购买欲望，有待推销员积极引导及刺激。保险营销者必须善于发现和满足现实需求，积极挖掘并开发潜在需求，使其向现实需求及购买力转化。

三、保险需求的特征与内容

（一）保险需求的基本特征

保险需求是一种较复杂的消费心理活动，它具有以下九个特征：

1. 保险需求的客观性

由于保险需求的客观条件——风险，它的存在是客观的、不以人的意志为转移的，因而保险需求也具有客观性。构成保险需求的条件的客观内容有三方面：(1) 灾害事故是客观存在的，有风险才有保险。(2) 风险的发生必定会导致较大的损害后果，从而使保险变得非常必要。(3) 必须有同类风险大量存在，从而使保险经营成为可能。

2. 保险需求的具体性

保险需求的具体性是指任何保险需求都是发生在一定环境及一定条件下的，都是有针对性的具体选择。例如，某人买了一辆汽车，便希望通过投保转嫁不测事件导致的经济损失和人身伤害。

3. 保险需求的经济性

保险需求与经济基础关系密切，并受制于经济发展水平。通常，经济越发达，顾客的购买力越强，则保险需求越大，反之则越小。

4. 保险需求的层次性与渐进性

保险需求可分为多个层次。例如，人身保险需求可分为五个层次：(1) 生命安全保险需求；(2) 劳动安全保险需求；(3) 职业安全保险需求，含失业、待业、职业责任等保障需求；(4) 经济安全保险需求，含养老、医疗、财产等保障需求；(5) 心理安全保险需求，包括婚姻、教育、社交等保障需求。企业保险需求可分为四个层次：(1) 财产安全保险需求；(2) 收益安全保险需求；(3) 责任安全保险需求；(4) 信用安全保险需求。

当保险消费者的低层次保险需求得到满足后，便会向高层次保险需求迈进，故可分层次开发顾客的这些保险需求。

5. 保险需求的选择性

保险需求的选择性有两层含义：一是指顾客有充分的选择权，可自由挑选合适的保险公司、产品、价格、购买数量等满足其需求；二是保险人的选择权，即符合投保条件的业务才可以承保，反之则不接受投保。

6. 保险需求的多样性

保险需求的多样性是指人们的保险需求千差万别、多姿多彩。主要表现在：(1) 不同需求者保险需求的具体内容不同；(2) 由经济条件决定的不同需求者的保险需求程度不同；(3) 不同需求者投保的标的不同。

7. 保险需求的招揽性

保险需求通常为潜意识或被动式的隐蔽需求，必须依靠保险人及中介的宣传、公关或大众传媒等的引导和唤起。尤其是在经济欠发达、风险意识淡薄的地区，这种招揽性更为明显。保险宣传和公关的基本功能就是传递保险信息及风险意识，唤起民众的保险需求，并将其转化为投保行为。

8. 保险需求的诱发性

保险需求往往受社会环境和他人的影响，它的产生实际上是民众感知风险、认识风险的过程。保险需求的诱发性是指人们的保险需求不会在同一时刻产生，而是随着各种不安全因素对人们的刺激不断深化,并经过反复认识和引导才能确立,最终以诱发出的投保行为来满足其安全保障需求。

9. 保险需求的环境性

保险需求行为是由安全需要及满足这一需要的客观环境决定的。客观环境包括自然环境和社会环境等,它们既可以促进民众的保险需求转化为投保行为,也可能抑制民众保险需求的转化。

(二)保险需求的内容

保险需求的核心内容是追求安全和经济保障。具体来说,保险需求包括以下四方面内容:

1. 财产保险需求

财产保险需求是因对灾害事故导致的财产及相关收入的损失,及时获得足额的经济补偿,从而确保生产经营的正常进行、保障日常生活的安定的投保欲望。

2. 人身保险需求

人身保险需求,即因对于生、老、病、死、伤、残、失业、子女教育等导致的个人或家庭经济困难,及时获得足够的赔付资金,进而确保个人及家庭经济生活的安定与幸福的投保欲望。

3. 责任保险需求

责任保险需求是因对于个人或团体的疏忽、过失等所应依法承担的民事损害赔偿责任导致的经济损失,希望能及时获得补偿的投保欲望。

4. 信用与保证保险需求

信用与保证保险需求就是投保人对于违约行为、不守信用等导致的权利人的经济利益损失,能及时得到经济补偿的投保欲望。

四、影响保险需求的基本因素

保险需求是顾客一种复杂的心理活动,并受许多因素的影响和制约。影响保险需求行为的基本因素有主观和客观两个方面,兹分析介绍如下:

(一)影响保险需求的主观因素

影响和制约保险需求的主观因素很多,主要包括以下五个方面:

1. 追求安全的本能

思安之心,人皆有之。没有安全感,就不会有和谐安定的社会。古往今来,人类无不通过各种途径寻求安全感。因此,追求生命与财产安全是人类的一种本能,也是保险事业的立足点。人们追求安全保障的心情越强烈,则保险需求越旺盛,越有利于保险事业发展。反之,保险需求就会减弱。

2. 社会公众的风险意识

风险意识是保险需求产生的前提之一。公众的风险意识越高,则保险需求越强烈;反之,保险需求则越弱。过去,我国实行计划经济体制,使人们产生了高度的依赖心理,严重削弱了人们的风险意识,抑制了民众的保险需求。随着市场经济体制的建立，人们的观念逐步改变，风险意识日渐提高，从而为保险业的发展创造了有利条件。

案例 4-1 日本人深刻的风险忧患意识

> 日本地狭人多，资源少，且台风、海啸、地震非常频繁。因此，日本人有着深刻的风险意识。整个民族的忧患意识非常重，小学课本中就告诉学生：这个国家的生存是很艰难的、国家处境非常危险，日本可能随时被别人打垮。日本学校每月进行一次防火演习，每季度进行一次防震演习。每个家庭都备有压缩防灾包，里面有压缩饼干、纯净水、保暖衣、手电筒和雨披。日本人从上到下都只有一个信念，我自己要拼命，如果不拼命这个国家就完了。

3. 个人收入与教育程度

个人的经济收入与文化程度也会直接影响保险需求。2011年，北京大学的一份研究报告就指出，中国现有寿险消费群体的特征为：家庭成员学历较高，一般任职于企事业单位的管理层或从事普通白领工作，家庭月收入水平在 5000 元以上，家庭资产在 100 万元以上，消费能力稳定的两口之家。而有子女的家庭则是人身保险的主要潜在消费者。

4. 侥幸及选择心理

保险需求与人们的侥幸及选择心理负相关。侥幸及选择心理越强，则保险需求越弱；反之，保险需求就越强。侥幸心理与灾害事故发生的偶然性及损失的不确定性直接相关；而选择心理则受趋利心理影响。

5. 其他影响因素

其他影响因素主要是个人的年龄、职业、性别、宗教信仰、地域及民族习俗等，这些也会直接影响其保险需求。

（二）影响保险需求的客观因素

影响和制约保险需求的客观因素，主要包括以下八个方面：

1. 国民收入水平与经济发展状况

国民收入水平及经济发展状况对保险需求有着极为重要的影响，两者成正相关关系。因为保险需求最终以货币购买力衡量，因此国民收入水平越高，经济发展状况越好，则个人及团体的收入也越高，购买保险的支付能力就越强。由此可见，保险需求与它们是同步增长的。

2. 政治经济体制与法律规范

政治经济体制与法律规范对保险市场需求也有很大影响。一般来说，市场经济体制与完善的法律规范，更能够激发保险需求。例如，市场经济体制就比计划经济体制下的保险需求更为强烈，更有利于保险业的发展。而有关保险方面的法律、法令及政策等，对保险需求影响则更大、更直接。比如，法定保险条件下的保险需求，就比自愿保险条件下要大得多、强得多。

3. 传统文化及思想观念

传统文化及思想观念对保险需求的影响是负面的，也是广泛而持久的。

中国人受数千年传统文化及思想观念的影响，习惯于自力更生、艰苦奋斗、勤俭持家，并视互助、抚养、赡养为高尚品德。这与现代保险观念格格不入，既严重削弱了公众的保险需求，也给保险宣传与销售增加了难度。

4. 保险产品的花样、品质及价格

保险产品的花样、品质及价格对保险需求也有很大影响。一般来说，保险品种越多，价格越低，品质越高，则会吸引顾客，刺激或诱发其保险需求；反之，则会抑制保险需求。北京大学早期的一份报告就指出，中国家庭对寿险服务的总体水平较满意，但目前的保险产品仍难以满足消费者日益增长的、多层次的保险需求。

5. 保险宣传公关力度、服务质量及理赔速度

一般来说，保险宣传力度越大，保险服务质量越高，理赔速度越快，这也会诱发顾客的保险需求，促成投保行为。反之，则会抑制保险需求，不利于保险营销。

6. 通货膨胀

通货膨胀主要影响人们对储蓄性及长期性保险的需求，两者呈负相关关系。通货膨胀率越高，则该类保险需求越弱；反之，就有利于保险营销。

7. 社会保险

社会保险的深度与广度和商业保险，尤其是人身保险成负相关关系，因为两者具有一定的可替代性。社会保险制度越健全、越完善、覆盖面越广、投保率越高，则对相关人身保险的需求就会越弱，反之则越强。

8. 银行利率及资本市场

银行利息率高低以及资本市场景气程度，也会直接影响投资储蓄型保险的需求，且两者呈负相关关系。银行利息率越低、资本市场越景气，就越有利于激发相关保险需求。

五、人生不同阶段的保险需求分析

(一) 单身期

人生的单身期从参加工作至结婚时期，一般为2—5年。其特点是：经济收入较低且花销大。这个时期是未来家庭资金的积累期。年纪则主要集中在20—28岁，健康状况良好，无家庭负担，收入低，但稳定增长，保险意识一般较弱。

保险需求分析：保险需求不高，主要可以考虑意外风险保障和必要的医疗保障，以减少因意外或疾病导致的直接或间接经济损失。若需要赡养父母，还需要考虑购买定期的寿险，以最低的保费获得最高的保障，确保一旦有不测时，用保险金支持父母的生活。

(二) 家庭形成期

家庭形成期是指从结婚到新生儿诞生时期，一般为1—5年。其特点是：这一时

期是家庭的主要消费期，经济收入增加且生活稳定，家庭已有一定的财力和基本生活用品。夫妻双方年纪较轻，健康状况良好，家庭负担较轻，收入迅速增长，保险意识和需求有所增强。

保险需求分析：由于处于家庭和事业的新起点，多数人有强烈的事业心和赚钱愿望，渴望迅速积累资产，投资倾向偏激进。可购买投资型保险产品，规避风险的同时，又是资产增值的好方法。为保障一家之主在遭受意外后房屋供款不中断，可以选择交费少的定期险、意外保险、健康保险、教育保险等。

（三）家庭成长期

家庭成长期通常是从小孩出生到参加工作以前的这段时间，大约为18—22年。其特点是：家庭成员不再增加，整个家庭的成员年龄都在增长。这一时期，家庭的最大开支是保健医疗费、学前教育和智力开发费用。夫妻双方年纪较轻，健康状况良好，家庭成员增加，家庭和子女教育的负担加重，收入稳定增长，保险意识增强较快。

保险需求分析：由于面临小孩接受高等教育的经济压力，通过购买保险可为子女提供经济保证，使子女能在任何情况下都可以接受良好教育。保险方面偏重于教育基金、父母自身保障。购车买房的家庭对财产险、车险也有需求。

（四）家庭成熟期

家庭成熟期是指子女参加工作到家长退休为止这段时期，一般为15年左右。其特点是：这一阶段自身的工作能力、工作经验、经济状况都达到高峰，子女已完全自立，债务已逐渐减轻，理财的重点是扩大投资。由于夫妻双方年纪较大，健康状况有所下降，家庭成员不再增加，负担较轻，收入稳定且较高，保险意识和需求也有所增强。

保险需求分析：人到中年，身体的机能明显下降，在保险需求上，对养老、健康、重大疾病的保险需求较大，所以不宜过多选择风险投资的方式。此外，还要存储一笔养老资金；同时，对于财产险、车险的需求必不可少。

（五）退休养老期

退休养老期是指退休以后的养老时期。其特点是：这段时间的主要内容应以安度晚年为主，理财原则是身体、精神第一，财富第二。对于那些不富裕的家庭应合理安排晚年的开支，投资和花费更为保守，可以带来固定收入的资产应优先考虑，保本在这时期最重要，最好不要进行新的投资，尤其不能再进行风险投资。

保险需求分析：由于夫妻双方年纪较大，健康状况不佳，收入较低，家庭财产逐渐减少，保险意识强。在65岁之前，通过合理的规划，检视自己已有的人寿保险及长期护理险，并进行适当的调整；同时，财产险、车险的需求也不可少。

第二节　投保行为与投保心理

一、投保行为的概念和种类

（一）投保行为的概念

投保行为是指顾客为了满足其安全保障需求，选择与购买保险商品的过程。它通常包括投保前的学习了解、投保中的购买决策以及投保后的心理感受活动。

投保行为是建立在顾客的安全需要、保险需求、购买欲望及消费能力之上的。没有安全需要，就不会有保险欲望和动机，更不会产生投保行为。因此，投保行为也受多种因素制约，是顾客多种复杂心理活动不断发展的结果。

（二）投保行为的种类

1. 按投保方式不同划分

按投保方式不同，可分为团体投保行为和个体投保行为两种。

团体投保行为是指顾客以集体或组织名义选购保险商品，以满足安全保障需要的行为过程。企业、事业单位、机关、团体、学校等的投保行为即属于团体投保行为。

个体投保行为是指顾客以个人或家庭名义选购保险商品，以满足自身安全需要的行为过程。

2. 按投保行为是否自愿划分

按投保行为是否自愿，可分为自愿投保行为和强制投保行为两种。

自愿投保行为是指顾客的投保行为是发自内心的自觉消费行为，是在非外力干预下进行的。自愿投保行为是保险营销研究的重点对象。

强制投保行为是指顾客的投保行为是在外力强迫干预下进行的，而非心理自然发展的结果。

3. 按投保渠道不同划分

按投保渠道不同，可分为直接投保行为和间接投保行为。

直接投保行为是指消费者不通过保险中介直接与保险人协商洽购保险的交易活动。

间接投保行为是指消费者通过保险中介与保险人协商洽购保险的交易活动。

二、投保心理的概念、类型与对策

（一）投保心理的概念

投保心理也称为购买心理，是顾客寻求对其财产或人身安全能给予最佳保险经济保障的内心活动过程。它包括投保前的咨询了解和比较心理，投保中的决策心理，以及投保后的感受心理。

投保行为和投保心理是紧密联系、互为表里的统一整体。投保心理是投保行为的实质，投保行为始终受投保心理支配，是投保心理的外在表现。因此，顾客的投保过程也是其心理活动过程，且两者是相辅相成的。

（二）投保心理的类型与对策

投保心理按目的和动机不同，可以分为防灾防损型、投资储蓄型、跟随趋从型、投机取利型、情感购买型、被迫购买型、时髦炫耀型、自我实现型八种。

1. 防灾防损型

防灾防损型，即顾客出于极强的防灾防损意识，积极主动投保的一种心态。其目的是为稳定生产经营及日常生活，解除后顾之忧而投保，也可称为"花钱买平安型"。它又包括两种类型：（1）理智投保型，即顾客对投保有明确、清醒的认识，是出于长远利益考虑而投保。这部分顾客是完全可以信赖的保户，也是保险业务稳步发展的基础。（2）恐惧投保型，即顾客偶然出于对风险的恐惧投保。虽都出于防灾的目的，但若恐惧感消失，便会产生分化。一部分转化为理智型的长期保户，另一部分则由于侥幸心理占上风可能退保。对后一部分人应加强宣传，使其向理智型转化。

2. 投资储蓄型

投资储蓄型顾客闲散资金一般较多，投保是出于储蓄或投资心理，多凭兴趣或其他原因投保长效还本保险、投资分红类保险、储蓄性长期寿险等。该类顾客虽知道保险的功能作用，但防灾意识相对较差，应注意加强灾害事故及防灾宣传，引导其合理投保，并获得足够的保险保障。

3. 跟随趋从型

跟随趋从型顾客大多缺乏主见，喜欢从众或从名人。他们见别人投保，于是便认定是件好事，也随之投保。这类顾客对保险缺乏明确的认识，多属盲目投保，因而应加强保险知识的宣传，让其明白保险的益处，防止其退保，并使其向理智型消费者转化。

4. 投机取利型

这类顾客往往精通保险，但道德水准低下，投保的动机是想非法取利。即为了把已发生或将要发生的风险与损失转嫁给保险公司，并取得超过标的价值或与之相当的赔款。其目的不是防灾避险，而是获得保险赔款。对此，保险公司应对其加强法制教育及拒赔案的宣传，努力改变其投机取利的心理，并积极利用舆论监督或谴责。

5. 情感购买型

情感购买型顾客是基于亲情或友情等的投保心理。例如，出于家庭责任感而购买家财险、意外险、健康险等，出于友情而为他人购买有关保险，或为支持亲友的工作而购买保险等。

6. 被迫购买型

被迫购买型是指顾客在自己不情愿的情况下，由于某种原因而产生的购买保险心理。例如，各种法定保险、强制保险的投保，为了摆脱推销员的死缠硬磨或基于外来压力购买保险。

7. 时髦炫耀型

时髦炫耀型是指为了赶时髦或为炫耀自己的身份和实力产生的购买心理。例如，各种明星的身体特殊部位、特殊功能的巨额保险，富豪们的巨额保险等。

8. 自我实现型

自我实现型是指为了实现自己的人生价值或相关目标产生的保险购买心理。

案例 4-2 投保心理要健康，投机心理要不得

几年前，在朋友的介绍下，一位代理人找到王先生推销保险。碍于朋友面子，他给太太购买了一份分红险附加一份重大疾病保险。两年后，王太太被查出患有肝癌，全家在悲伤之余庆幸拥有一份重大疾病保险。但王先生拿着保单到保险公司申请理赔却遭拒绝，这令他气愤不已。原来王先生投保时，已知道妻子患有乙肝，但由于代理人是朋友介绍的，他怕太太的病被朋友知晓后传开，当时并没告诉代理人。理赔时，保险公司到医院查了王太太的病史，发现其早有乙肝。核赔部门认为，王先生没有履行如实告知义务，明确表示拒赔。

王先生的经历告诉我们，带着隐瞒的心理投保，最后吃亏的是自己。其实，投保时有四种心理是要不得的。一是获利心理要不得。买保险最基本的目的是获得保障，但个别投保人因想得到一笔数目可观的赔款，甚至不惜弄虚作假，结果不仅没得到赔款，甚至因触犯法律受到严厉制裁。保险虽是理财的一部分，但最关键的还是经济保障功能。不能纯粹把保险当成获利产品，曲解保险的真正功能。二是盲目心理要不得。有人投保时照抄别人，人家投什么险种自己就买什么险种，人家选择多少保额自己就选择多少保额。其实这样很不可取，因为每个人的具体情况不同，如家庭负担、人员结构、经济收入、财产价值、工作环境、身体状况以及个人对理财方式的认同等。保险是非常私密及个性化的，以他人为样板来决定自己的投保，很难买到合适的产品，因为适合别人的不一定就是适合自己的。三是侥幸心理要不得。有人在购买保险时，会抱着侥幸心理：今后出事恐怕也轮不到我，因而拒绝投保。而保险恰恰是承保那万一发生的灾害事故，这万分之一的风险对于个人来说就是百分之百的损失。四是懒惰、自以为是的心理要不得。投保人在购买保险时，只要抛弃那些不可取的心理，慎重选择保险机构，不仅听其言，而且观其行，科学决策，就能选到最适合的保险产品。

第三节　投保决策分析

一、投保决策及其程序

（一）投保决策的含义与原则

1. 投保决策的含义

投保决策是指顾客在调查了解、分析比较的基础上，择优购买所需险种及组合、满足自身安全需要的行为过程。投保决策是顾客的投保心理与投保行为相互促进、协调发展的结果，是由权威人士或团体作出的购买保险的抉择。

2. 购买保险的基本原则

基于保险销售实践经验,购买保险应该遵守以下基本原则:

(1) 买保险的顺序应该是先大人后小孩,先家庭顶梁柱后其他人。

(2) 第一张保单应该是投保意外险,先买基本保障、再买养老保障、最后是理财性保险。

(3) 重疾险一定要趁早买,因为年龄越大,保费就会越高。

(4) 给孩子买保险应该以保障性的险种为主,教育保险为辅。

(二) 投保决策的程序

投保决策看似签单、交费即告结束,其实,它是一个很复杂的消费行为与心理活动过程,有一套基本程序。投保决策的基本程序就是:

确认保险需求→收集有关信息→险种方案评估→购买决策→保后评价

1. 确认保险需求

投保决策源于保险需求,确认保险需求即标志决策过程的开始。顾客由于受到外界刺激或受他人影响即可能产生相关保险需求,从而考虑购买问题。

2. 收集有关信息

顾客有了保险需求,便会尽快为满足这种需求积极收集有关保险公司及其险种的资料,以便为购买决策提供依据。保险信息的收集方式有两种:一是主动收集信息;二是被动收集信息,即在工作或生活中不知不觉接受各种保险信息,这种信息更易刺激人们的保险需求。

3. 险种方案评估

顾客通过主动或被动收集各种信息,可以从中分析适合自己的保险险种资料和保险公司的情况,进而进行评估。评估的标准有三个:(1) 收集的相关险种是否符合自己的需求;(2) 分析保险公司或其代理人是否令人满意;(3) 保险费率高低及付款方式是否符合自己的要求。凡符合上述条件的,即可作为备购险种。

4. 购买决策

险种方案评估完成后,接着就是进行购买决策。购买决策一般包括保险公司、保险险种组合、购买时间、保险费率及交费方式等方面的决策。凡符合自身条件及需求的优质险种,即可购买。

5. 保后评价

保后评价是保户对其购买决策与保险功效的再次评析,以便总结经验教训,为下次投保奠定基础。评价的结果一般有三种,即满意、比较满意和不满意。对不满意的决策应认真反思,找出问题并不断加以改进。

二、团体投保决策分析

(一) 团体投保者行为的类型

团体投保者的投保行为通常有以下三种类型:

1. 自主购买型

自主购买型团体购买者，往往能根据已收集的不同保险公司的险种、费率、服务质量、企业实力与信誉等资料，独立自主进行分析比较，并择优决定购买的险种，满足自身的安全需求。保险企业应注重分析这类购买者的行为及相关因素，积极为其提供满意的保险服务。因为自主购买型是团体投保者中的主体，对保险营销成败影响很大。

2. 被动购买型

被动购买型团体购买者，通常不能独立自主地根据其意愿选购保险组合，而是由其上级机关或主管部门替其作出购买决定。例如，实行系统、地区或集团统保的基层单位即属被动购买型。

3. 委托代理购买型

委托代理购买型投保者，不直接与保险公司签订保险合同，而是委托代理人或保险经纪人代其进行购买决策，办理有关保险手续。在这种投保方式下，保险代理人及经纪人的态度和行为对保险市场营销活动影响很大，保险企业应该予以重视。

（二）团体投保者市场的特点

同个体投保者市场相比较，团体购买者市场具有以下六个特点：

1. 投保者数量较少

由于团体投保者数量远远少于个体投保者，因而业务联络的人员也较少，提供优质服务的机会则较多，保险公司对大客户往往配备客户经理。

2. 投保者多数比较集中

一般来说，具有一定规模的团体投保者，大多集中在城市或城镇，政府及相关机构尤其如此。

3. 购买保额大，缴费多

由于团体投保者的规模、资产与人员等都大于个体投保者，因而其保险需求也很大。他们往往购买多个险种，且保险金额较大，缴付的保险费也比较多。

4. 参与投保决策的人员较多

与个体投保决策相比，团体投保决策过程更为慎重，参与决策或对决策有影响的人员也多。因此，在争取团体险业务时，不仅宣传力度要大，投入要多，业务人员也要有针对性地推销。

5. 保险需求的弹性和波动性较大

一般来说，团体投保者的保险需求直接受经济景气与自身经营状况的影响，同个体保险需求相比，具有不稳定性与波动性。同时，由于其保额大，缴费多，因而其保险需求对费率高低很敏感，表现出极大的需求弹性，即投保者往往因为保险费率不合意调整其需求数量或改变投保决策。

6. 市场竞争激烈，推销员与投保者关系更密切

上述特点决定了团体保险市场较个体投保者市场竞争更为激烈，可以说是目前保险业务竞争的焦点。因此，各家保险公司和保险中介都对这一市场加大了物力和人力投入，积极改善与投保者的关系，故推销员与投保者的关系更为密切。

（三）团体投保决策过程分析

团体投保决策过程包括以下五个阶段：

1. 确定保险需求

确定保险需求是投保决策的第一步。团体保险需求往往是由以下原因诱发的：

（1）原保险期限届满，需要续保。

（2）增加新的财产或从事新的风险性活动。

（3）投保决策者认为或受他人影响，想增加新的保险内容。

（4）对现有保险公司的服务不满意，准备选择新的保险公司。

（5）新成立的各种团体寻求风险保障。

（6）未投保的团体重新认识到保险的必要性。

另外，团体保险需求根据期限长短不同可分为长期、短期及特殊期需求三种，推销员应分清原因、种类，努力满足其保险需求。

2. 收集有关信息

收集有关团体保险的信息，包括保险的种类、价格水平，各保险公司的经营与服务情况及代理人的具体情况等内容。其信息的主要来源有五个方面：

（1）上级主管部门的信息，如统保通知、保险知识指南等。

（2）保险推销员及中介人的电话访问、登门宣传介绍。

（3）商业传媒与网络信息，如新闻广告、报刊宣传、邮寄广告、互联网消息等。

（4）保险咨询，如街头咨询、登门咨询了解等。

（5）经验信息，如本单位或其他团体的灾害事故及保险理赔等经验。

3. 险种方案评估

险种方案评估的依据是保险需求及所收集到的各种信息。险种方案评估的条件主要有以下三个：

（1）险种的保险条款，即根据自身的需求和要求，评估有关险种的保险责任、责任免除、赔付方式及有关免赔规定等，选出比较合适的险种。

（2）保险费率，即分析各保险公司同类险种的价格是否合理。

（3）保险企业，主要是分析比较各公司的险种品质、企业实力、信誉及服务质量等。

4. 购买决策

团体购买决策主要解决三个问题：购买什么险种、选择哪些保险公司及挑选合适的代理人或经纪人。投保者在进行购买决策时，主要考虑以下四个因素：（1）团体活动中的风险特性，如水灾风险、运输风险、火灾风险、信用风险等。（2）上级主管部门的意见。（3）保险推销员、代理人或经纪人的动员劝说。（4）决策参与者的个人因素，如职权、文化程度、保险知识及心理因素等。

5. 保后评价

团体投保者在购买保险后，应定期对保后服务及保险效果进行评价。尤其是保险理赔、防灾服务等，应经常评估，及时反馈信息，以实现预期的保障效果。

三、个体投保决策分析

(一) 个体投保者市场的特征

个体投保者包括个人投保者和家庭投保者,而家庭投保是常以某个成员为代表进行的。与团体投保者市场相比,个体投保者市场的特征主要有五个:(1) 投保者人数众多,市场潜力极大;(2) 投保者居住分散(尤其是农村),推销工作难度大;(3) 投保者规模小,保险需求不强烈;(4) 购买的保险金额低,缴付保费少;(5) 投保决策简单,干扰因素少。

(二) 个体投保模式及其影响因素

个体投保模式是指个人及家庭为满足其保险需求而购买保险商品的共性行为过程。这一投保模式可用图 4-1 表示。

刺激引导 → 保险需求 → 购买动机 → 投保决策 → 投保行为

图 4-1 个体投保模式

图 4-1 揭示了个体投保者之投保心理和投保行为的产生与发展过程,具有普遍的代表性。个体投保者的投保过程通常受许多因素影响,主要有:

(1) 经济因素,包括险种种类、费率高低、个人及家庭收入水平、风险与损失预期等。

(2) 社会文化方面,主要包括传统观念与文化、家庭成员、社会阶层及相关群体等因素。

(3) 投保者个人因素,如个人的职业、性别、年龄、生活方式等,对投保决策均有直接影响。

(4) 心理因素,包括投保动机、心理感觉及价值观念等。

(三) 个体投保决策分析

个体投保决策过程包括以下五个阶段:

1. 确认保险需求

个体保险需求包括长期需求、短期需求和特殊需求三种。

(1) 长期需求。它是指顾客为了确保其财产和人身安全而作的长期保险打算。如对年金保险、长期寿险、子女教育保险、投资分红类保险、机动车辆保险、各种财产险的需求等。

(2) 短期需求。它是指期限不足一年的保险需求,是投保者对其财产与人身安全所作的临时安排。例如,投保人对货运险、退货运费险、旅游险等的需求即是短期需求。它又包括经常性短期需求和临时性短期需求两种。

(3) 特殊需求。它是指投保者对非普遍性项目或险种所产生的保险需求。例如,对特殊财产的特约保险需求、对特异功能的保险需求等。

一般来说,保险企业应区分不同需求,采取相应措施。对长期需求,应保持险种的连续性，提供优质服务维护老保户，并通过宣传吸引新顾客。针对短期需求，应树立良好形象，提高服务质量，扩建网点，方便顾客投保，并促使其向长期需求转化。针对特殊需求，应设计相应的保险条款，确定合理的保险费率，满足投保需求，占领保险市场。

2. 收集有关信息

个人的保险信息主要来源于四个方面：(1) 人际来源，即来自于家庭成员、邻居、同学、朋友等的人际交往；(2) 商业媒介，即来源于各种商业性的媒介广告与宣传；(3) 保险推销员的公关宣传与劝说；(4) 个人经验或他人经验，即经历过灾害事故，获得过保险赔付款或防灾服务等。

3. 投保方案评估

个体投保者对投保的险种方案进行评估时，主要有三个标准：(1) 分析市场上所提供的保险险种及其组合是否符合自己的需求；(2) 分析保险费率及缴费方式是否符合要求；(3) 分析保险公司及代理人是否合格。

4. 购买决策

对投保方案进行评估后，顾客有了购买意向，接下来便进行购买决策。

在进行购买决策时，应根据以下主要因素作出决定：(1) 保险公司的服务与信誉，包括公司的实力、信誉、承保、防灾、理赔服务等；(2) 保险险种及其品质；(3) 他人的影响，包括家庭成员、领导、朋友、团体等；(4) 投保者对风险的预测；(5) 保险公司的广告宣传与促销影响；(6) 投保者的其他心理因素。根据对上述因素的综合分析，最后决定投保哪个公司、购买什么险种组合及付款方式等具体内容。

5. 保后评价

对个体投保者而言，保后评价通常是在保险事故发生或领取保险金后，才可能真正作出的。评价的标准是个人对保险的期望与保险的直观效果比较。两者相符的为满意，相差一点的为比较满意，相差太大的为不满意。虽然不同保户的评价结果各异，但保险人应努力采取措施提升服务品质，不断降低保户的不满意率。

复习思考题

1. 请解释保险消费、保险需要、保险动机、保险欲望、保险需求。
2. 请简述保险需求的种类、内容与特征。
3. 请分析影响保险需求的基本因素。
4. 什么是投保行为？它分为哪些种类？
5. 何谓投保心理？它的类型有哪些？
6. 请简述投保决策及其程序。
7. 团体投保者行为的类型以及市场特点有哪些？
8. 个体投保者市场的特征及其影响因素有哪些？

第五章

保险营销战略与策略

本章摘要 本章包括保险营销战略、保险市场营销组合、保险销售渠道策略、保险促销策略、保险营销价格策略五节内容。应掌握保险营销战略的含义及种类,保险市场营销组合的概念和作用,保险销售渠道的含义及种类,保险促销策略的含义及种类;理解保险营销战略的构成、特点与管理,保险促销的特点、作用及促销组合知识;保险营销价格策略的种类与作用。

关键词 保险营销战略;保险营销策略;保险市场营销组合;保险销售渠道;保险促销策略;营销价格策略

保险营销战略和策略既是保险市场营销管理的重要内容和宏观管理方法,也是保险企业为适应不断变化的市场营销环境、求得生存和发展,必须作出的一种科学选择。因此,有必要对保险营销战略与策略专门加以论述。

第一节 保险营销战略

一、保险营销战略的相关概念

(一)目标与目的

目标是指人们追求并期望在一定时期内所要达到的某种状况,或者预期实现的某一水平。对企业而言,目标就是其通过一定时期的努力,想要实现的某种经营结果。例如,中国出口信用保险公司的发展战略目标是将中国信保建设成为"功能突出、技术领先、服务优良,管理科学、内控严密、运营安全,政策性作用充分发挥,可持续发展能力明显增强,业务规模和综合实力全球领先的信用保险公司"。目的通常是指行为主体根据自身的需要,借助意识、观念的中介作用,预先设想的行为目标和结果。目标与目的不同,它具有时限性,而目的则带有最终性。

(二)战略与策略

"战略"一词源于希腊语,意为将军的艺术,后被引申为事关全局的重大军事部署。在中文里,它是指解决关系全局的方向性、长远性或根本性的决策与方案。对企业而言,战略可理解为实现预定目标所作的全盘考虑和统筹安排。策略也称战术,是指为实现既定目标制定的行动方案。如果说目标指出了企业努力的归宿,战略明确了企业努力的方向,那么,策略则决定了何时、由何人、以何种方式方法、通过何种步骤,将战略付诸实施。因此,策略从属于战略,并可在战略允许的限度内,随环境和条件的变动相应地变换。

(三)战略与保险营销战略

20 世纪 70 年代以来,战略观念广泛运用于企业管理和市场营销活动中,从而出现了市场营销战略及保险营销战略。所谓市场营销战略,是企业为实现其营销总任务和总目标而制定的事关全局与方向性的长期规划。具体来说,就是企业在其经营思想的指导下,通过内部条件和外部环境的分析,确定市场营销目标,并对市场营销诸要素进行最佳组合,制定实现该目标的长期方针和策略。

保险营销战略即保险企业的市场营销战略,是指保险企业为完成营销总任务、实现总目标而制定的、事关全局的长期方针和策略。它是市场营销战略理论在保险营销实践中运用的结果,并对保险营销活动具有全面的指导意义。

(四)策略与保险营销策略

策略是企业在战略的指导思想下为了完成战略目标制定的具体行动方案。保险营销策略就是在保险营销战略指导下,为实现保险企业营销总任务和目标制定的具体行动方案。保险营销策略依附于营销战略,是营销战略的细分与执行计划。它通常分为保险产品策略、保险价格(费率)策略、销售渠道策略及促销策略,后面将分别加以论述。

(五)政策、规划、战略规划和计划

政策是为实现战略目标和任务,所规定的指导方针或行动准则。它常用于解决具体目标之间与行动之间的矛盾。

规划是指企业为了长期生存和发展,选择和制定恰当的战略,用以指导整个企业运行的工作。这项工作所形成的结果即称为战略计划。其任务是保持企业的资源、目标在千变万化的市场机会之间实现动态平衡,确保企业的稳步发展。

二、保险营销战略的类型

保险企业市场营销战略,根据其动机与目的不同可分为以下四种类型:

(一)进攻型营销战略

进攻型营销战略也称为市场发展型营销战略,是指保险企业在现有市场基础上,为求得营销业务的快速发展,积极开发和占领新目标市场的战略。根据险种和市场的不同组合,它又分为市场开拓营销战略和经营多角化营销战略两种。

1. 市场开拓营销战略

市场开拓营销战略是指保险企业采用开发新产品、加强促销措施等手段,主动拓展市场、积极扩大销售,求得更快发展的一种战略。它包括市场渗透、市场开发及险种开发三种营销战略。

(1)市场渗透战略。它是指保险企业在现有市场和险种不变的情况下,通过采取各种措施来提高其市场占有率的战略。挤占市场的主要方法是：降低保险费率,提高服务质量,刺激老客户投保;通过提供各种优惠措施、加大宣传力度吸引竞争对手的客户,促使其购买本公司的险种。

（2）市场开发战略。它是指以现有险种开发占领新市场的一种营销战略。其主要途径是开发新的地区或国际市场,或者拓展现有险种的服务范围。

（3）险种开发战略。它是指保险企业面向现有市场,通过开发新险种来满足顾客的新需求,进而扩大销售,提高市场占有率的一种战略。

2. 经营多角化营销战略

经营多角化营销战略是指保险企业通过调整险种结构,增加险种扩大营销范围,提高经营效益,确保企业长期生存和发展的战略。它包括纵向和横向两种多角化营销战略。

（1）纵向多角化营销战略。它是指保险企业将上级或下级公司开发的新险种引进并投放在自己的市场,以满足顾客需求的一种策略。

（2）横向多角化营销战略。它是指保险企业通过自己开发新险种或引进其他公司的险种投放原市场或新市场,以扩大营销范围的一种策略。

（二）稳定型营销战略

稳定型营销战略也称为防御型营销战略,是指保险企业在分析内部条件及市场环境的基础上,认为短期内只能保持原有的经营销售水平,或仅能维持较低增长水平时,采取相应的措施防御竞争对手,且不主动出击的一种营销战略。它适用于实力较弱、市场开发受挫或市场环境对营销活动不利的保险企业。稳定型营销战略包括以下两种类型：

（1）积极防御型营销战略。它是指保险企业通过暂时防御积蓄力量、进行调整,待市场形势出现转机再伺机反攻,大力发展营销业务,提高市场占有率的一种战略。该战略在实践中时常运用。

（2）消极防御型营销战略。它是指保险企业一味回避市场竞争,只求维持营销现状,不采取措施进行反攻的营销战略。该战略在营销实践中运用很少,其结果可想而知。

（三）收割型营销战略

收割型营销战略是指保险企业的原有险种已处于衰退期,而新险种尚未投入市场,采用继续推销老险种保持现有市场份额和顾客的一种营销战略。它实际是一种过渡期的维持型战略,目的是保住既有市场,巩固业务阵地。

（四）撤退型营销战略

撤退型营销战略是指保险企业在险种销路不好或营销环境不利时所采取的市场退出战略。它通常包括临时性撤退、转移性撤退及彻底撤退三种类型。

1. 临时性撤退

临时性撤退是指保险企业暂时退出某一营销市场,待调整改进后再进取,即以退为进战略。

2. 转移性撤退

转移性撤退属于扬长避短战略，指退出原市场是为了开发更有吸引力的新市场，以提高市场占有率及营销业绩，并能更好地发挥自身优势。

3. 彻底撤退

彻底撤退是指从保险营销市场上彻底退出。例如，1952年，大量外资公司从我国保险市场的退出，保险企业经营失败后的退出即是彻底撤退。

三、保险营销战略的构成、特点与管理

保险营销战略是由战略构成及战略管理两部分内容组成的，下面简要加以介绍：

（一）保险营销战略的构成

保险企业的市场营销战略构成主要包括战略思想、战略目标、战略阶段及战略对策等内容。

1. 战略思想

战略思想是指导战略制定和实施的基本思想，也是营销战略的灵魂。同时，它也是确定战略目标、战略阶段、战略重点及战略对策的纲领。

一般来说，不同保险企业都有不同的营销战略指导思想。但在确定指导思想时，应体现整体优化，面向国内外市场及面向未来，服务于顾客和社会的思想。

2. 保险营销战略目标

（1）保险营销战略目标的含义：保险营销战略的核心内容包括营销的战略目标和保险营销组合。保险营销战略目标是指保险企业在其战略思想的指导下确定的，在战略规定期内全部营销活动所要实现的预定结果和总体要求。战略目标不但规定了全部营销活动的任务，而且决定着保险企业发展的行动方向。

（2）保险营销战略目标的主要项目：① 销售增长目标；② 市场占有率目标，它是保险企业市场竞争力和发展力的显示；③ 企业的盈利目标，它是营销活动的基本目的和营销业绩的综合体现；④ 企业的人力与组织发展目标。⑤ 社会形象目标，具体表现为保险企业的知名度、美誉度、保险险种的社会声誉等，这也是一个非常重要的目标。

（3）确定战略目标的原则和要求。确定战略目标是制定保险营销战略的重要环节，通常采用专家、领导与群众相结合的原则，在系统分析和调研的基础上制定。具体应该遵循 SMART 原则，该原则是指：目标必须是具体的（specific）；目标必须是可以衡量的（measurable）；目标必须是可以达到的（attainable）；目标是实实在在的，可以证明和观察（realistic）；目标必须具有明确的截止期限（time-bound）。无论制定何种目标都必须符合上述原则，五个原则缺一不可。该原则由管理学大师彼得·德鲁克在他的著作《管理实践》中首先提出。

确定战略目标时还应符合以下要求：① 目标应明确具体，切忌含糊不清；② 确保目标的先进性与可靠性；③ 必须认真落实战略目标；④ 处理好多目标问题，分清

主次先后。

实施目标管理不仅是为了有利于员工更加明确高效地工作,也为管理者将来对员工实施绩效考核提供了考核目标和考核标准,使战略目标更加科学、规范,更能保证考核的公正、公开与公平。

3. 保险营销战略阶段

战略阶段是将未来的战略期划分为时间均等的若干个时期,每个时期即为一个阶段。为了实现既定战略目标,保险企业应将整个营销战略期划分成若干个较短的战略阶段,以便在实践中操作。

4. 保险营销战略对策

保险营销战略对策是指保险企业为了实现其战略目标所采取的重要措施和手段。当营销战略方案确定后,还须将总目标分解到各个战略阶段,并制定相应的措施和手段,以确保总目标的实现。否则,战略方案再好也无法实现预定目标。

(二)保险营销战略的特点

1. 全局性

全局性即营销战略事关保险企业经营的全局。其一,它是对保险企业未来发展所作的总体设计,包括总体规划和整体策略与手段;其二,战略问题决策事关保险企业全局与未来的发展方向。

2. 深远性

深远性是指营销战略问题事关保险企业的前途与未来,影响长久而深远。一般来说,战略目标的实现,将使保险企业产生质的飞跃,达到崭新的发展水平。但这不是短期内可达到的,而是要经过长期持久的努力。它不仅在战略期内对保险企业的生存与发展关系重大,也对未来前途有重要影响。

3. 导向性

导向性是指营销战略对保险企业的一切资源以及营销活动都具有指导作用,指导和激励着企业全体员工努力工作。保险企业的一切资源以及营销组合策略等,都是为实现营销目标服务的。

4. 竞争性

竞争性是指保险营销战略必须适应现代市场竞争,并将竞争策略作为重要内容。竞争策略应具有科学性、先进性和创新性,并体现保险企业的综合优势。否则,保险企业将难以在市场竞争中求得生存和发展。

5. 创新性与风险性

营销战略的创新源于保险企业内外部环境的发展变化,因循守旧的企业战略是无法适应时代发展的。营销战略是对未来发展的科学规划,然而环境总是处于不确定且变化莫测的趋势中,所以任何企业战略都伴随一定的风险。

(三)保险营销战略管理

保险营销战略管理一般包括以下几个方面:

1. 保险营销战略的制定

制定保险营销战略的制定程序是：（1）依据保险企业经营总目标，对企业的战略环境进行认真的调研和分析；（2）根据企业的需要与可能确定战略目标，并拟定几个备选方案；（3）详细论证备选的战略方案，择优选出最佳方案作为营销战略决策方案；（4）制订行动计划与对策，将战略方案付诸实施。制定程序可用图 5-1 表示。

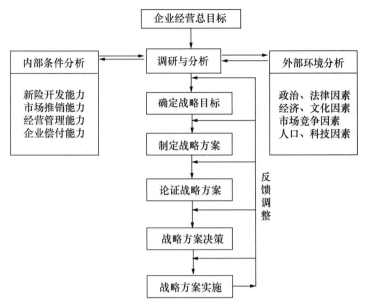

图 5-1 制定保险营销战略的工作程序

2. 营销战略方案的选择

（1）拟定营销战略备选方案

拟定营销战略备选方案是一项复杂且重要的工作，涉及营销活动的各个环节，并受外部环境和内部条件因素的影响。因此，在制定战略方案时，既要组织职工及有关单位参加，也应邀请有关专家协助调研、参与分析营销环境，使战略方案建立在真实可靠的基础之上。

在充分了解和掌握内外环境因素的基本情况后，还应明确以下问题：① 谁是顾客，如何满足其保险需求。② 谁是本企业的竞争者，应如何与之竞争。③ 谁是可以合作者，如何通过合作增强自身实力。④ 企业自身素质如何，怎样扬长避短，发扬优势。⑤ 本企业尚有哪些不足，如何克服。

在明确上述问题之后，可从以下六个方面着手逐步拟订备选方案：① 营销战略的指导思想；② 营销战略环境分析；③ 战略阶段、目标与任务；④ 战略重点与对策；⑤ 战略规划及其平衡；⑥ 战略规划的评价。

（2）备选方案的可行性研究

备选方案的可行性研究是指运用科学方法对备选方案所作的综合分析、评价与论证。它对于营销战略能否成功关系重大。备选方案的可行性研究包括七项内容：① 是否符合宏观环境因素的变化与发展。② 是否适应保险企业目标市场的需要。③ 营销战略的客观条件是否具备。④ 战略对策及市场营销组合策略是否可行。⑤ 战略目标实现的可能性有多大。⑥ 营销战略的效益是否合算。⑦ 各战略阶段的风险与对策，可行性如何。

（3）战略方案决策

通过对各战略备选方案的充分论证和评析，便可作出科学决策，也就是从备选方案中选出最佳者，作为保险企业的营销战略方案。

3. 战略方案的组织实施

保险营销战略方案选定后，就需要进一步组织实施。组织实施工作包括制订实施计划，执行计划，检查效果与控制，反馈信息与计划调整三个阶段。

（1）制订营销战略实施计划

制订营销战略实施计划是对营销战略的实施所作出的资源与时间等的具体执行安排，以便使营销战略具有可行性。实施计划的主要内容有五方面：① 分解战略目标与任务至各个战略阶段，并对近期目标制订出详细的计划，进而付诸行动。② 把目标与任务分解落实到各单位和部门，并制定完成的措施。③ 针对战略重点的不同，给予相应的人、财、信息技术及物力的保证和平衡。④ 贯彻与落实营销组合策略。⑤ 制定营销战略方案实施的责任体系与考核指标体系。

（2）检查效果与控制

实施计划制订好后，便可以组织执行。在营销战略执行中，为保证质量与进度，应定期对实施情况进行检查，分析成果与目标之间的差距。当发现差距与问题后，应采取措施加以控制，从而确保战略目标的实现。

（3）反馈信息与计划调整

营销环境的不断变化决定了营销战略应与时俱进，并具有一定的动态性。因此，当外部环境发生较大变化时，应及时反馈信息，及时调整营销战略的方向、目标及战略对策，使之顺应环境的变化。但营销战略不可频繁调整，应保持相对稳定，这样才能取得好的营销效果。

第二节　保险市场营销组合

一、保险市场营销组合的概念

市场营销组合的概念是由哈佛大学鲍敦教授于 1964 年首先提出的。他认为，市场营销组合是企业综合运用其可控制的营销手段，并对它们进行最优化组合，以取得最佳市场营销效果。此后，市场营销组合理论得到广泛应用和长足发展。近年来，它的内容和结构更趋完善，对企业市场营销活动起着指导作用，并在现代市场营销学理论体系中居于核心地位。

保险市场营销组合是保险营销战略的重要组成部分，也是保险企业适应市场营销环境的一种基本策略和竞争手段。它对保险企业营销战略的成败有着极为重要的影响。

保险市场营销组合是指保险企业为满足实施营销战略的需要，综合运用各种可能的营销策略和手段组成系统化的整体策略，以实现企业的营销战略目标，并获得最佳经济效益。也就是保险企业化零为整，扬长避短，整合资源，发挥自身整体优势的营销战术。

二、保险市场营销组合的内容与特点

（一）保险市场营销组合的内容

传统保险市场营销组合主要由保险产品、价格、销售渠道及促销四个方面的内容及策略构成，且这些策略彼此配合，共同服务于企业营销战略的实施，简称为4PS组合。这是由杰罗姆·麦卡锡提出的一个关于市场营销学的概念。随着保险市场的发展，保险营销策略从原来传统的4PS理论转变为现在的7PS营销理论。该理论是在传统市场营销理论4PS的基础上，增加3个"服务性的P"所得出的理论，三个"服务性的P"就是人、过程、有形展示。

（二）保险市场营销组合的特点

保险市场营销组合具有以下四个特点：

1. 整体性

营销组合是根据营销战略目标制定的一种整体策略。它要求各个营销要素协调配合，一致行动，发挥整体优势功能。在制定营销组合策略时，不要求各因素最优，而是追求整体的最优化，维护的是营销组合的整体性。因此，它具有整体性的特点。

2. 动态性

保险市场营销组合是多个营销因素的共同组合。由于各营销因素受内外环境的影响，经常处于变化状态，因而营销组合并非固定不变的静态组合，而是变化无穷的动态组合，具有动态性特点。

3. 可控性

可控性是指保险营销组合的四大因素及亚因素，都是保险企业可以协调、掌握和控制的变量因素，而非难以驾驭的客观因素。可控性也是营销组合的前提条件。倘若保险企业无法调控这些因素，便无营销组合可言，也就无法适应不断变化的市场环境，更无法实现预期的经营目标。

4. 效益性

效益性既是保险营销组合的出发点，也是其归宿。科学的组合可以降低费用，减少浪费，提高资源利用效率和营销业绩，进而提高保险企业的经营效益。

三、保险市场营销组合的作用

营销组合对保险企业的市场营销活动，发挥着极为重要的作用。主要表现在以下四方面：

第一，营销组合是保险企业市场营销的一种基本手段，是实现营销目标的最佳途径。为了实现营销战略目标，保险企业通常将各种策略与方法进行有效组合，以适应环境变化并取得最佳的整体效益。

第二，营销组合是协调保险企业内部力量的纽带。营销组合即是整体营销，它不仅要求各营销要素的协调配合，也要求企业内部各部门以顾客为中心、齐心协力、协调行动，为满足顾客的保障需求共同努力。

第三，营销组合是赢得市场竞争的有力武器。营销组合是依据营销战略及竞争策略制定的，其目的是扬长避短、发挥整体优势，使本企业提供的产品和服务比竞争对手更好，从而赢得顾客，取得市场竞争的胜利。因此，保险营销组合也是赢得市场竞争的有力武器。

第四，营销组合是保险企业制定市场营销战略的基础。保险营销战略通常是由目标市场营销及营销组合的各要素等组成的。保险企业就是在了解目标市场特点的基础上，依据企业的资源能力、险种特点及竞争状况，并运用市场营销组合方法，制定自己的营销战略。

第三节　保险销售渠道策略

一、保险销售渠道的概念与作用

保险商品同其他商品一样，必须通过一定的渠道或途径才能到达消费者手中，满足其保险保障需求。保险销售渠道也称为保险销售途径或推销方式，是指保险商品从保险公司到达保户手中经过的路线或途径。其实质是从另一个角度对保险营销制度进行的描述，故本节仅对保险营销体制中未涉及的问题加以分析阐述。

保险销售渠道是保险市场营销组合的重要因素，也是保险企业经营管理的重要环节。它不仅是连接保险公司与顾客的桥梁和纽带，也是保险商品顺利流通及正常交换的关键。它不但对保险营销活动有直接而深远的影响，而且关系保险企业经营的成败。其基本功能就是：沟通信息、促成销售、提供保险服务。

二、保险销售渠道的类型及利弊

保险销售渠道通常按有无中间商参与，分为直接销售渠道和间接销售渠道两类。

（一）直接销售渠道

直接销售渠道简称直销制，是指保险公司利用支付薪金的专属员工向顾客推销产品、提供服务的销售方式。即保险公司的营业机构和推销员直接与顾客接触，进行保险商品交换的过程。传统直销包括门店销售和业务外勤销售。近年来，电话直销、网络直销、邮寄直销等新渠道得到快速发展。

直销方式的优点是方便快捷，无需任何中间人和中间环节，故能降低营销成本，节约费用、防止欺诈，树立保险企业的良好形象。缺点是需要较多人力，市场覆盖面有限，且前期投资大，不利于全面拓展市场。它适用于人员多、实力强、分支机构健全且地区分布均衡的大型保险公司。

（二）间接销售渠道

间接销售渠道又称为中介人制，是指保险商品从保险公司到顾客手中，需经过若干个中介环节才能完成交换的一种销售途径。这些中介环节主要包括保险代理人、保险经纪人、电信网络、银行以及邮局等组织机构和个人。

一般来说，利用间接渠道销售有利于迅速扩张业务，提高市场占有率，且前期投资较少。但这种方式的缺点是：销售成本有时比较高，业务难以直接控制，管理难度大，不利于保险企业的长远发展。它适合于实力弱、人员少的中小公司或新开张的保险公司，也可作为大型公司的辅助销售方式。

三、保险销售渠道策略的应用

保险销售渠道策略的应用，也就是如何根据保险企业的实际情况，选择适合自己的最佳销售渠道组合问题。具体来说，保险公司在选择销售渠道时，应根据主观和客观两方面的条件，进行综合评估后作抉择。

（一）保险公司的主观条件

（1）资金实力。一般而言，保险公司资金实力雄厚，便可自由选择销售渠道。既可以建立销售网络体系，采用产销合一的直销方式，也可以借助间接渠道扩大销售，或者两者结合使用。

（2）销售能力。保险公司若具有良好的销售队伍，且富有推销经验，则可以采用直销渠道；反之，则可以以间接销售方式为主。

（3）销售网络。若保险企业的销售网点多，且已形成网络，则可采用直销方式；反之，则应该以间接销售为主。

（4）保险商品及其销售对象。不同的保险商品及销售对象，一般应采用不同的销售渠道组合。团体保险应以直销方式为主，而个人保险业务则应以间接销售方式为主。

（5）经济收益。在确定销售渠道策略时，还应比较各种销售渠道的费用、所能创造的经济收益。一般来说，那些收益大、效益好的渠道应该优先选用。

（二）保险营销的客观条件

保险企业除了自身的主观条件外，在挑选销售渠道时，还应该考虑以下四个客观因素：

（1）保险中介机构是否健全、普遍和完善。应选择中介机构健全、普遍和完善者，舍弃中介机构不健全、不完善者。

（2）保险中介人员素质及其社会信誉。应选择中介人员素质高及社会信誉较多者。

（3）中介人费用的高低。保险中介人的销售费用大、成本高时可少采用，反之可多采用。

（4）保险市场潜在顾客的数量及其分布情况，潜在销售量的大小。若顾客分布较分散，潜在需求及销售量较大时，就应该大力拓宽间接销售渠道；反之，则应谨慎选择。

第四节　保险促销策略

一、保险促销策略概述

（一）保险促销策略的基本概念

1. 促销的含义

促销是销售促进的简称，也称为销售推广，是指通过买卖双方的信息传递和沟通促进销售业绩。也就是企业将其产品、劳务及信誉等信息，通过各种方法传递给顾客，以激发或强化购买动机，促使其采取购买行为的一系列办法和措施的总称。促销的实质就是在企业和顾客之间传递信息，进行沟通交流。

对企业而言，生产出物美价廉的产品固然重要，但若不注意促销，企业照样无法生存和发展。因为顾客总喜欢购买他们熟悉和了解的产品。所以，企业想要兴旺发达，就必须重视促销，加强销售工作，不断加强与顾客之间的沟通和交流。

2. 保险促销的概念与内涵

保险促销是企业促销的一种，也是保险营销组合中的重要因素。由于保险商品是一种无形的、差别很小的劳务型商品，是保险企业的服务和信誉，因此，保险企业需要更高明的促销手段，否则，便无法卖出保险，更无营销业绩可言。

保险促销也称为保险销售推广，是指保险企业通过人员及非人员等方式，向顾客传递险种、服务及企业信息，激发保险保障需求，促成投保行为的各种手段与措施的总称。简言之，保险促销就是保险企业与顾客通过信息传递促成投保的一系列行为。保险促销的任务是沟通与传递信息；目的是吸引顾客对保险企业及其险种的注意并激发采取投保行为。保险促销的方式有人员促销和非人员促销两种，非人员促销包括广告宣传、公共关系及展业推广三种。

3. 保险促销策略及促销组合

在保险市场营销活动中，通常有人员推销、广告宣传、展业推广及公共关系四种方式。促销组合就是指上述四种促销方式的排列方法，即保险企业根据促销需要，对各种促销方式进行的适当选择和综合编配，是营销组合的第二个层次。

保险促销策略是指保险企业在市场营销活动中，为了扬长避短，提高营销业绩，科学运用促销方法，使之形成最佳促销组合的技巧。

（二）保险促销的特点和作用

1. 保险促销的特点

（1）综合性。即现代保险促销活动，是一种由多种促销方式、多种促销手段及多种人员参与的综合性营销活动。

(2) 计划性。即保险营销中的促销活动及所需费用都要事先进行周密计划，并严格贯彻，以提高促销效率及经营效益。

(3) 风险性。由于非人员促销方式的广泛应用，使得保险促销的资金投入增加、投资风险大增。促销计划若不经过风险分析和评估，就很可能成为劳而无功的无效劳动，给公司造成不应有的损失。因此，应科学制订促销计划，认真进行风险分析，尽量避免或减少风险损失。

2. 保险促销的作用

保险促销是随着保险需求与市场竞争的发展变化出现的，它在现代保险市场营销活动中，发挥着极为重要的作用。

(1) 沟通并向顾客传递信息

沟通并向顾客传递信息，既是保险促销工作的基本任务，也是其出发点。从市场营销角度看，保险企业与其顾客之间不仅是商品交换的循环，也是信息交换的循环，两者互为表里。保险企业通过市场调研搜集市场需求信息，通过各种促销活动，又把各种信息传递给顾客，触发其保险需求。在现代社会中，由于保险企业众多，险种千姿百态、应有尽有，保险需求也是五花八门、多种多样，因而，信息沟通和交换非常重要。离开了信息的沟通和传递，保险商品交换循环必然会终止，导致保险营销活动无法进行。

(2) 激发民众保险需求，扩大保险销售业绩

保险促销的目的就是激发人们的保险需求，促成投保行为。认真细致的保险促销工作，不但能触发需求，也可以引导及创造需求。随着人们收入水平的不断提高，当基本的保障需求满足后，便会向高层需求发展，也会孕育新的潜在需求。这便为激发与引导需求创造了条件，也为提高销售业绩提供了可能。

(3) 树立良好企业形象，提高保险市场竞争力

随着保险市场竞争的日益加剧，各保险公司提供的险种差别越来越小，令顾客难以辨认。保险企业则可以通过各种促销手段，大力宣传险种、保险服务及企业经营的特色，从而在顾客心中留下良好的印象。同时，通过实施公共关系、人员推销及展业推广等，更能加深这种形象，并成为公司的无形财富及竞争资本，进而提高保险企业的市场竞争力及占有率。

(三) 保险促销组合的确定

如上所述，保险促销的主要形式有人员推销、展业推广、广告宣传及公共关系四种，各种形式均有优缺点，对不同险种销售所起的作用也不尽相同。因此，保险企业在制定促销策略过程中，就需要根据保险险种、顾客及竞争者的策略等情况，对四种促销方式进行适当选择及科学编配，从而形成有效的促销组合策略。在选择促销形式、确定营销组合策略时，应该考虑以下五个因素：

1. 保险促销的目标

保险促销的目标即促进销售的总目标，在进行促销组合时，应根据具体明确的营销目标，对不同的促销方式进行选择，组合使用，从而达到促销的要求。

2. 险种特点

应该根据不同险种的不同特点，采取不同的促销形式和策略。比如，对分散性、大众化的人寿保险、家用汽车保险、摩托车定额保险、家财保险等保险业务，应首推广告的促销形式，之后才是人员推销和展业推广等。而对企财险、工程险、航空险、团意险等业务，应以人员推销为主、其他形式为辅。

3. 险种的生命周期

险种的生命周期分为投入、成长、成熟及衰退四个阶段。处于不同阶段的险种的促销目标、重点及顾客心理都不同，因而应选择不同的促销形式及组合。

一般来说，刚投放市场的新险种应以广告宣传为主，以人员推销为辅；对成长及成熟期的险种，促销重点是增进顾客的兴趣和偏好，应采取不同形式的广告宣传介绍其特点和效用，同时配合人员推销、公共关系等形式来扩大销售。对已经进入衰退期的险种，则无须再投入过多的广告宣传费，应多采用展业推广及人员推销形式促进顾客积极购买。

4. 保险市场特点

保险市场的类型、地理范围、顾客数量等因素不同，决定了不同的市场特点以及保险促销组合策略。保险企业应该根据不同的市场特点、不同购买者的心理态势和购买行为，选择合适的促销形式及其组合。千万不要单独采取某一种促销形式，而应综合运用多种形式。

5. 促销费用

促销费用因险种、竞争环境等不同而不同。保险企业应根据推销目标和经济实力，全面衡量、综合比较，选择经济有效的促销组合，从而使有限的促销费用发挥最大的效用。

（四）保险促销的基本策略

保险促销的组合不同，就会形成不同的促销策略。根据促销活动运作的方向，促销策略通常可分为以下三种类型：

1. 推动策略

推动策略也称为推进策略，是指通过以人员推销为主、展业推广为辅的促销组合，将险种推向市场，实现促销目标的策略。例如，保险企业利用外勤人员及代理人推销保险产品即属此类。它适用于规模小、实力弱的保险企业以及推销团体保险。

2. 拉引策略

拉引策略是指保险企业通过广告及其他宣传办法为主的促销组合，把险种信息传递给顾客，并引导其购买的一种策略。其目的是激发顾客欲望，引导顾客购买行为，实现销售。它适用于分散型需求及新险种的促销。无论保险公司规模如何，均可根据营销需要灵活选用该策略。

3. 推动—拉引策略

推动—拉引策略是上述两种策略的综合运用，即在运用人员推销及展业推广组合推销的同时，也使用广告宣传等方式使顾客投保。这种保险促销组合策略的运用效果较好，但费用支出较大，适合规模大、实力强的保险企业采用；中小保险企业也可以量力使用。

二、保险人员推销

(一) 保险人员推销的概念

1. 人员推销的概念

人员推销是指企业及其代理机构直接派出推销员，接触产品的可能购买者，运用各种技巧说服其购买产品或劳务的过程。它既能满足顾客的需要，也能提高销售业绩。

人员推销是一种古老的促销方法，也是现代促销组合的重要手段。它由推销员、推销对象（顾客）及推销商品三要素构成。人员推销的优点是针对性强、灵活度高、易于同顾客交流、成交率高。缺点是推销人员管理难度大、花费多，成本比较高。

2. 保险人员推销的概念

保险人员推销是指保险公司及其代理机构直接派出推销员寻找顾客，并巧妙帮助和说服其购买保险商品的过程。也就是保险推销员通过与顾客面对面交流，促成其投保的一种方法。它同样由保险推销员、顾客及保险商品三要素构成。

(二) 保险人员推销的特点、任务和作用

1. 保险人员推销的特点

与非人员促销方式相比，人员推销虽然费用支出较大，优秀推销员较难觅，但优点更多。保险人员推销的显著特点是：

(1) 直接。即双方是在直接、面对面的接触中进行信息沟通的。

(2) 信息反馈快。人员推销能更快获得顾客真实详细的信息，并及时传递给保险公司，以采取对策。

(3) 成功率高。由于人员推销是直接的双向交流，有利于及时解决疑问，提高信任度，因而推销成功率远远高于其他方式。

2. 推销员的主要任务

保险人员推销是保险信息的传递过程，推销员的主要任务有五个：

(1) 寻找潜在顾客，确定销售对象，发展培养新客户。

(2) 向目标顾客传递保险企业及保险商品信息，及时搜集并反馈市场信息。

(3) 掌握推销技巧，积累推销经验，提高成交效率。

(4) 提供良好的保前、保中及保后服务，发展并巩固与顾客的关系。

(5) 不断学习保险专业知识，熟练掌握险种内容及企业情况，积极宣传保险公司的优势。

3. 保险人员推销的作用

保险市场以及保险商品的特点决定了保险销售应以人员推销为主。推销员通过与顾客接触，起到了保险公司与顾客之间的桥梁、纽带作用，推销员既是公司的象征，又是信息情报的传递与反馈者。详细作用可见第十一章。

(三)保险人员推销的设计

保险人员推销的设计是指保险公司对人员促销方式的统筹安排与规划。它包括制定推销人员的目标、策略、结构、规模和报酬等。

1. 人员推销的目标

人员推销的目标通常包括调查潜在客户、与客户进行沟通、推销服务及收集信息等。推销人员懂得如何分析销售数据、测定市场潜在能力、收集市场情报及制订促销计划。

2. 人员推销策略设计

人员推销策略设计是指保险企业选择何种促销组合及哪种推销方式最为合理有效的问题。也就是研究如何科学利用公司的现有资源及促销方式,最大限度地提高营销效果。

设计人员推销策略时,应要求推销员按以下方式与顾客接触:(1)与顾客个别接触时,应面对面或通过电话交谈。(2)与多数顾客接触时,应向全体作详细的介绍。(3)召开推销会议,即召集顾客以会议形式讨论有关问题,相互了解。(4)推销研讨会,即派推销小组到客户单位举办咨询、教育性研讨会,普及保险与防灾知识,提高客户的风险与保险意识。

3. 推销队伍的组织结构

保险推销队伍的组织结构,是指保险企业如何对现有推销员科学分工,才能取得最佳效率的问题。推销员队伍通常有以下五种组织方式:职能型、地域型、产品型、市场型及复合型组织形式。详见第七章第三节。

4. 推销队伍的规模

人员促销中的推销员队伍规模,是指人员推销中需要多少推销员。通常是保险企业在确定推销员队伍的目标、策略和组织结构后,再根据可能需要的工作总量和时间,确定需要多少推销员。由于推销员人数的增加会使销售量和成本同时增加,因而应合理确定规模。详见第九章第二节。

5. 推销人员的报酬

为了吸引优秀人员从事保险业务,保险公司应根据实际情况,拟定有吸引力的报酬方案。推销人员一般都希望收入稳定,对超额任务部分能给予奖励,对他们的工作成效,能结合其经历和资历给予合理的报酬。因此,在制订报酬分配方案时,应综合考虑这些因素。详见第九章第四节。

(四)对推销员的管理

保险推销员的管理除招聘与培训外,更重要的是日常的督促、激励、业绩评估、收入管理、违规处罚等。详见第九章第五节。

三、保险广告促销

(一)保险广告的概念与作用

1. 广告的含义与特点

广告即广而告之,它是现代社会普遍使用的一种促销方式。广告有广义和狭义之分。

广义的广告是指利用一切传播媒体向公众传播信息的活动,包括经济的和非经济的两类。

狭义的广告是指企业利用各种付费传播媒体,向目标市场和社会公众进行的非人员式信息传播活动。狭义的广告通常具有计划性、有偿性和促销性的特点。

2. 保险广告的概念

保险广告是指保险企业利用各种付费媒体,有计划地向目标市场及公众传递保险信息,促进保险销售的商业活动。它是一种狭义的促销式广告,目的是传递保险企业及其险种信息,刺激保险需求,促进保险销售。

3. 保险广告的作用

保险广告的作用主要表现在:通过传递保险企业、产品及服务等信息,不但能激发保险需求,提高保险销售,而且可以普及保险知识,提高公众的风险意识,有利于提高保险企业的知名度和市场竞争力,调动保险中介人的积极性。因此,保险公司非常重视保险广告工作。

案例 5-1 四家上市保险企业花巨资做广告

公开数据显示,中国人寿、中国平安、中国太保、新华保险四大上市保险企业的广告宣传费在 2013 年达到 105.02 亿元。2014 年的广告费用增长了 24.3%,达到 130.2 亿元。四大上市保险企业的广告宣传费用依次为:中国人寿 16.06 亿元,中国平安 86.37 亿元,中国太保 24.49 亿元,新华保险 3.28 亿元。可见,中国平安在广告宣传费用上的支出超过另外 3 家的总和,占了四大险企总支出的 82.2%。有日均 3578 万元的"助威"支持,保险宣传得以逐步渗透百姓生活的方方面面,不只是户外楼宇广告、电梯广告、触摸屏广告、网络广告、报纸电视广告。如今,保险广告植入已经成为习惯。

(二)广告媒体与广告目标

1. 广告媒体

广告媒体是指传递广告信息的载体。它主要有以下五种常用的类型:

(1)印刷类媒体,指报纸杂志、书籍与其他印刷品。它具有覆盖面大、传递快、价格低廉、可信度高、易保存的特点,常被商家广泛采用。

(2)视听类媒体,主要指广播、电视、互联网、多媒体等广告媒体。其覆盖面广、传播速度快、效果好,可全方位传递信息,但费用较高,应该量力而行,谨慎选择。

(3)户外广告媒体,通常有广告牌、交通工具广告、板报、建筑物、招贴画等。其形式多种多样,较醒目,也易引起人们的注意;但内容相对简单,广告地点的局限性很大,可作为辅助广告或公司形象广告。

(4)邮政媒体,即利用邮政传递网络,将保险信息、险种目录、条款等直接邮递给顾客。该方式投入费用低、针对性强、广告效果较好,但局限性很大。

(5) 电信网络媒体，即利用电信网络、互联网、公众号等传递保险信息，可作为辅助广告使用。

2. 保险广告目标

保险企业的广告目标取决于营销组合策略的运用。通常在业务发展的不同阶段确定不同的广告目标。常用的保险广告目标有三个：

(1) 告知性目标。它包括向市场介绍新险种或某一险种的新附加险；解释险种的投保与理赔手续，公告已调整的费率；纠正公众的误解，减少顾客疑虑等内容。它多用于新险种投放时的广告，目的是提高其市场知名度，进而刺激并引导市场需求。

(2) 劝说性目标。这类广告也称为劝说广告或竞争性广告，它适用于成长期的保险险种。劝说是为了改变顾客对于各险种特色的理解，使顾客购买公司的险种，建立相互信赖关系。

(3) 提示性目标，即在市场竞争激烈的情况下，通过提示性广告、引导顾客继续购买其险种，达到巩固市场、强化公司形象、提高保险企业知名度和美誉度的目的。

(三) 广告媒体的选择策略

保险公司在选择广告媒体时，通常要经过以下四个阶段：

1. 制订广告计划

保险企业在选择广告媒体前，应首先制订详细的广告计划，对一定时期内广告刊播的次数、受众、目标与效果、费用支出等，事先作出科学安排。

2. 做好广告预算

广告预算，即制定广告费用的测算与安排，控制广告风险。预算的主要方法有以下四种：

(1) 支付能力法，即根据保险企业的财力，在力所能及的范围内确定广告费用。

(2) 销售比例法，即按照营业额的一定比例提取广告费用。同时，应与竞争对手的计划比例相近，以免费用不足或浪费。它适用于经济实力较强的公司。

(3) 竞争费用法，即预算费用与竞争者保持一致或略高的方法。

(4) 根据广告目标和任务规定进行预算。该方法比较实际，但可能因目标过高造成浪费。

3. 选择广告媒体的类型及具体的媒体

保险企业选择广告媒体的主要依据是：

(1) 目标顾客的习惯与爱好，如电视对少年儿童最有吸引力，中年人喜看画报，知识分子常阅各种专业杂志，而老年人好静，爱听广播、看报纸。

(2) 险种的性质，如车险、家财险、个人寿险、医疗保险等业务宜用视听媒体。

(3) 费用的多少，即根据广告费用选择最经济有效的广告媒体类型。

(4) 媒体的社会影响力及传播时间的长短。

保险企业根据上述条件选出媒体类型后，还应选择最合适的具体媒体。选择时必须考虑传播效果，如可靠性、社会声誉、覆盖面、发行量、收看收听率、出版（播出）时间等，也应该计算费用。努力做到花钱少，广告收效好。

4. 决定广告的具体的时间

广告的具体时间,通常取决于以下六个因素:

(1) 保险险种的特色或季节性;

(2) 顾客的周期变化,当有大批新顾客可能投保时,应事先打广告;

(3) 当大批顾客保险期届满时,即应做好续保前的广告;

(4) 保险市场竞争激烈时,应适当增加广告投入。

(5) 应决定年度内的广告期限,即全年还是哪几个月打广告。

(6) 规范具体的广告时间及播出的次数等。例如,电视广告在什么时间播出,报纸广告在什么时间刊登等。

四、保险公关策略

(一) 保险公关的概念与对象

1. 公共关系的概念

公共关系简称公关,是指企业或社会组织为了获得公众的信赖和支持,树立良好的自身形象,而进行的各种社交活动的总称。公关活动是 20 世纪 30 年代在西方国家的产品推销中产生和发展起来的,并成为现代商品促销的一种基本方法。

2. 保险公关的概念

保险公关是指保险企业为了宣传和推销其险种,取得社会公众的信赖及支持,树立良好的企业形象,所进行的一系列活动。它是公共关系理论在保险市场营销中的应用,也是营销组合的重要因素。

3. 保险公关的对象与目的

保险公共关系的对象,也称为社会公众,主要包括企业的职员、顾客以及政府机构、社会团体、协作单位、舆论界、竞争者等。他们对保险企业的营销活动,乃至生存与发展都有极大影响,因而正确运用公关方法,处理好同他们之间的关系是非常重要的。

保险公关的目的就是内求团结,外求发展。

(二) 保险公关的主要内容和形式

1. 保险公关的主要内容

保险公关活动因对象不同,工作内容也有差异,主要包括以下六个方面:

(1) 协调与顾客的关系,不断吸引新顾客,巩固老顾客,求得保险业务的稳定发展。

(2) 协调与新闻媒介、社会团体及名人的关系,争取其大力支持,不断提高保险企业的知名度和美誉度。

(3) 协调与地方政府、社区群众及主管部门的关系,争取其理解和支持,并建立长期广泛的联系。

(4) 协调与兄弟单位、竞争对手的关系,以便相互协作、互惠互利、公平竞争,防止恶性竞争。

(5) 协调与银行等协作单位的关系，确保市场营销活动的正常进行。

(6) 协调企业与员工、部门之间的关系，加强内部交流及理解支持，并树立与企业同呼吸、共命运的思想观念。

2. 保险公关活动的形式

保险企业公关活动的基本形式通常有以下 10 种：(1) 新闻报道；(2) 赞助社会公益活动；(3) 宣传咨询活动；(4) 编发书刊资料；(5) 制作音像材料；(6) 利用名人宣传；(7) 热线电话咨询；(8) 建立企业识别系统；(9) 组织庆典活动；(10) 举行联谊活动、危机公关等。

(三) 保险公关活动的实施过程

保险公关活动的实施过程也是公关决策的过程，它通常包括以下五个环节：

1. 调查研究，搜集资料

为了提高保险公关效果，在制订公关计划前应先调查研究，搜集第一手资料。既要把管理层的意图告知员工，也应把员工的意见和要求反映到管理层，并整理成各种材料。

2. 确定公关活动的计划目标

在调研分析的基础上，应根据保险营销总目标、各方面情况及存在的问题，确定公关活动的具体目标。主要包括：(1) 提高保险企业及其险种的知名度；(2) 树立良好的企业形象和信誉；(3) 降低促销成本；(4) 激发推销员、代理人及经纪人的推销热情。

3. 选择公关活动形式及其主题

公关活动形式及其主题的选择取决于市场调研的结果、公关活动的任务与目标。如想重点宣传少儿类保险，即可举办或赞助爱护少年儿童活动宣传该类保险的好处；机动车辆保险可配合交管部门、农机部门的活动进行宣传；企财险、公众责任保险等可与消防部门联合宣传。

4. 实施公关计划方案

公关活动应按计划方案组织实施。在实施中，应积极争取新闻机构的配合与支持，扩大影响。特别是重大会议、新闻发布会、重大赔案等，更应取得其配合。在重大公关活动中，公关人员还应反应迅速，善于处理突发意外事件，确保公关活动的顺利进行。

5. 公关活动效果评估

保险公关常与其他促销手段组合使用，因而较难评估其效果。常用的评估方法是：

(1) 展示次数，即宣传媒介展示的次数多少。

(2) 营销收入与经营利润的变化，通过前后比较可发现其效果。

(3) 观察公众在注意、理解及态度方面的变化，即在公关活动实施后，公众对保险公司及其险种与服务等的关注、理解及态度方面有哪些变化。

五、销售推广策略

（一）销售推广的概念与类型

1. 销售推广的概念

销售推广也称为营业推广或展业推广，是指保险企业为刺激顾客的保险需求而采取的，能快速激发其购买行为的促销方式。它包括人员推销、广告及公关以外，所有能够快速刺激人们投保的各种措施。由于它是直接围绕提高销售而采取的各种促销措施，故称为销售推广。

2. 销售推广的特点

销售推广与人员推销等相比，属于突击式的短期促销方式，通常作为辅助手段使用。其显著特点是：（1）针对性强。其对象是顾客、保险中介人及外勤推销员。（2）促销方法灵活多样，突击性强。（3）促销方式具有非正规性及非经常性。（4）短期效果好，见效快。该方式的不足之处是长期使用会使顾客产生厌烦心理。

3. 销售推广的类型

保险销售推广主要有三种类型或方式：

（1）直接针对顾客的推广。如赠送礼品、宣传纪念品、有奖保险、实行费率优惠等。

（2）针对保险中介人的推广。如提高佣金或代理费标准、增加广告费投入等，以调动其推销的积极性。

（3）针对保险业务员的推广。它是针对公司业务人员采取的促销措施，如组织销售竞赛、设置展业奖、组织外出旅游、出国学习培训等，提高其销售业绩。

（二）常见的销售推广方法

常见的销售推广方法主要有以下六种方式：

（1）有奖保险。即顾客在投保时，可相应获得一份礼品、奖品或奖券。

（2）优惠保险费。即对连续几年投保的老客户，在续保时给予一定的保险费减免，或者无赔款安全奖励。这在短期保险中应用比较广泛。

（3）礼品保险或"回赠"保险。即把定额保单作为礼品或奖品，回赠给亲友或者购物或存款的客户。

（4）提高代办费或佣金标准或给予奖励，目的是激励保险代理人、经纪人等积极推销保险。

（5）举办保险宣传咨询活动。这可以吸引顾客，提供推销机会。

（6）开展销售竞赛。对优秀者给予物质重奖、精神鼓励，也可以加薪、晋职、旅游、学习等，以提高员工的推销积极性。

（三）保险销售推广的组织与实施

保险营销推广形式多样，实际情况错综复杂。其实施过程包括确定销售推广目标、选择促销形式、制定实施方案、方案试验、执行与控制、方案评估等步骤。

1. 确定销售推广目标

销售推广目标是依据市场营销及促销目标,结合不同市场及险种情况确定的。它主要解决"向谁推广"及"推广什么"两个问题。其主要目标通常有四个:团体购买者、个体购买者、保险中介人及公司员工。其目的是刺激需求、促成投保、调动推销者的销售积极性。

2. 选择销售推广的方法

保险销售推广的种类及方法很多,在选择具体方法时,应根据保险市场的不同类型、促销的目标、市场竞争状况以及每一种方法的费用情况等,灵活选择。

3. 制订销售推广方案

制订销售推广方案时应从以下六方面入手:

(1) 推销险种的特点,即不同特点的险种应采用不同的销售推广方法。

(2) 购买者的条件,即不同购买者的投保金额、期限及投保时间都不同,可以将其归类分级,选用不同的方法。

(3) 推广的实施途径,指通过什么途径去实施,才能取得最佳效果。

(4) 推广持续时间的长短。持续时间过长或过短都不利于推广,应根据险种及顾客群来确定合适的周期。

(5) 促销时机。把握好促销的最佳时机,不但能够节约费用,也能提高保险促销的效果。

(6) 费用预算。其方法有两个:一是全面分析法,即对每种方式逐个分析、再估算总费用,包括印刷费、邮寄费、优惠费、赠品与奖励费等。二是百分比法,即按总促销费的一定百分比提取使用,提取的比例应根据保险险种、促销目标不同而异。

4. 方案试验、执行与控制

保险销售推广方案确定后,应进行前期试验,以便确定促销形式是否合适,表现方法是否有效,顾客反应如何等。试验范围应根据险种和市场情况确定。试验中若发现问题,应及时予以调整解决,从而使方案更加有效。另外,营销部门还应制订方案的执行与控制计划,以保证方案的顺利实施。执行计划主要包括准备工作、实施时间与步骤、应急计划等内容。控制计划包括修正方案的时机、方法及信息反馈等事项。

5. 销售推广方案的评估

评估是对方案实施情况的综合评价与反思,以利日后的改进和提高。评估的主要方法有四种:

(1) 比较法,即对实施前、实施中及实施后的销售情况进行对比,并作出评价。

(2) 试验法,即通过小范围试验考察其效果,然后再决定是否推广。

(3) 流失客户调查法,即跟踪在销售推广期间投保,日后又退保或转向其他保险公司投保的顾客,并对其行为进行调查了解。

(4) 客户与公众调查法,通过对投保者和社会公众的调查,了解保险销售推广的效果。

第五节　保险营销价格策略

一、保险营销价格概述

(一) 保险营销价格的有关概念

(1) 价格是指利用货币表示的商品或劳务的价值，即商品价值的货币表现。它属于商品经济范畴，是商品交易能否成功的重要因素。

(2) 保险营销价格是指保险营销商品（即险种）的价格，是以货币形式表示的保险商品的价值。它通常表现为保险险种的费率或定额保险费，也有两者的综合使用，如车辆损失险等。

(3) 保险费率是保险费与保险金额之比率，是保险人按保险标的单位金额向投保人计收保险费的标准，常用％或‰来表示。保险费率的高低取决于保险标的风险程度的高低及保险期限的长短。

(4) 保险费是指由投保人根据保险合同规定支付的、转嫁其风险的对价或费用。一般根据保险金额与保险费率之乘积计算，用公式可表示为：保险费＝保险金额×保险费率。

(二) 保险营销价格策略的意义

保险营销价格策略是指保险企业研究如何适应营销环境，科学制定产品费率，从而提高营销效果的一种方法。它不仅是一门科学、一门艺术，也是保险企业的一种市场竞争策略。

保险营销价格是营销组合中的重要因素，也是最灵敏、最活跃的因素。产品、渠道及促销等要素表现为企业的成本支出，而价格则能带来销售收入。保险价格的高低不仅涉及交换各方的经济利益，而且直接关系产品销售，影响产品、渠道及促销策略的实施。因此，如何科学制定险种价格，是保险营销活动中的一项高难度工作，也是一项重要的营销策略。

保险营销价格策略的重要意义表现在：它不仅直接影响保险营销收入及企业利润目标的实现，也是市场竞争的重要手段，对企业市场占有率也有重要影响，它在市场营销决策中处于重要地位。

二、保险产品定价的方式和原则

(一) 保险产品定价的方式

由于保险业务活动的日益国际化及市场竞争的加剧，保险定价方式也日趋多样化。目前流行的定价方式主要有以下三种：

1. 国家保险管理部门定价

即对一些重要险种的费率，由国家或地区政府的保险管理机构制定。该方式能够适应现代保险经营的需要，也有利于国家的宏观管理。一方面，它能集中较多的风险单位，充分运用大数法则等科学方法准确制定保险费率；另一方面，也便于控制价格，避免价格上的恶性竞争，确保市场的健康发展。例如，日本、韩国、意大利等国曾采用这种方式，我国也开始在一些重要险种试行国家定价。

2. 保险行业组织定价

该方式是由保险行业公会或协会等组织制定主要保险险种的费率，并负责执行和调整。该方式具有国家保险管理部门制定的优点，但也有缺陷和不足。

3. 保险企业自行定价，管理部门审批或备案方式

国家或行业组织制定保险费率虽有许多优点，但往往难以适应市场竞争的需要，易使市场失去活力。同时，风险及保障需求的多样化，也要求定价方式多样化。因此，由保险企业根据主客观情况自主制定费率很有必要。其不足之处是，自行定价手续烦琐，掌握的资料有限，费用较高，不利于降低成本；也容易引起价格大战，扰乱市场秩序。因此，保险企业自行定价时，应加强审批和监管。该方式主要适用于新险种、特约险种或新附加险的定价；对其他险种，应慎重掌握，严格审批。我国目前大多数险种采用这种定价方法。

（二）保险产品定价的原则

为了确保险种费率制定的正确、合理，且适应营销活动的需要，应遵循以下六项原则：

1. 公平合理原则

公平是指保险人承担的风险责任应与投保人交付的保险费对等。合理则是指保险人应根据保险标的不同风险程度，恰如其分地制定不同的费率档次。

2. 保证赔付原则

保险费率是收取保险费的依据，保险费则是保险人进行赔付的资金来源。因此，制定保险费率时，必须保证保险企业有相应的偿付能力。否则，保险经营将无法持续。

3. 相对稳定原则

保险费率制定后，不可经常调整，应在一定时期内稳定不变。这对保险企业经营的稳定、客户的续保等都非常有利。

4. 经济可行原则

经济可行原则是指制定费率时，既要考虑经营稳定及保证赔付之需要，又要考虑顾客的经济状况及保费交付能力，使投保人能负担。

5. 竞争性原则

竞争性原则是指制定费率时，应参照竞争对手的费率水平或略有降低，使之具有一定的市场竞争力。

6. 科学性原则

科学性原则是指保险费率的制定应建立在科学和保险精算的基础之上，且应由专家操作，不可随意制定。

三、保险营销的基本价格策略

保险企业在市场营销实践中，应根据实际情况及营销环境，确定营销价格策略。常用的营销定价策略有以下四种：

（一）新险种定价策略

新险种定价策略，即在新险种投放市场时，价格应尽可能低一些，目的是获得最大的销售量和最高的市场占有率。在保险企业的商品推销中，如果希望打入其他传统保险企业的市场且自身的资金力量雄厚，可采用此法。这样也符合大数法则的原理。如果开发出来的新产品具有垄断性质，即是其他保险公司没有的险种，则宜采取相对较高的定价策略，以尽快收回成本，获得更多收益。

（二）折扣定价策略

折扣定价策略也称为优惠价格策略，指保险公司在现有价格基础上，根据营销需要给予顾客折扣与减价优惠的策略。在市场营销策略中，企业往往采用折扣定价的策略来吸引客户。主要是数量折扣，即根据客户购买数量或金额的大小，单价相应变化。顾客购买量（额）越大，则折扣越高，目的是刺激顾客大量投保、长期投保或及时交费等。

在保险商品的推销中亦可采用此法。当投保人保费达到一定金额时，可以给予保费上的折扣，以鼓励其购买多个保险险种；当以集体为单位投保时，也应给予保费上的折扣优惠；也可以规定被保险人达到一定数量时给予折扣。只有这样，才能促使推销员寻找尽量多的被保险人购买保险，这也符合大数法则的原理。因为被保险人越多，越容易确定损失发生的可能性，损失额也就越稳定。在营销实践中，常用的有统保优惠价、续保优惠价、趸交优惠价、安全防范优惠价等策略。

（三）竞争价格策略

在激烈的市场竞争中，企业不可能长期维持价格与成本或需求的固定关系，往往需要根据竞争者价格的变化制定自己的价格策略和定价水平。目前，我国保险市场的竞争日趋激烈，采取竞争定价策略势在必行。竞争价格策略可分为三种：

1. 流行价格定价法

流行价格定价法是指保险企业将保险费与市场上其他保险企业的保险商品价格比较，并使之趋于平衡。这是竞争导向定价最普遍的形态。流行价格是较长时期后形成的，在一定程度上有合理性。如果保险企业不想或不可能改变当前的竞争均势，就可以采用此法。另外，由于同一类型的保险商品没有本质上的差别，所以采用此法也较适宜。

2. 投标定价

投标定价是一种典型的竞争定价方式，在保险招投标中普遍运用。决定投标价格的主要出发点不是成本和需求的状况，而是竞争者的价格标准。其目的是签订保险合同，实现保险商品的销售。对于一些风险较大而又难以测算，且金额巨大的投保标的宜采用此法，比如，工程保险、卫星发射、核电工程、企业年金保险、团体人身保险等。

3. 跟随调整法

当得知竞争对手已调整险种费率时，应该先搜集信息、跟随观望，若对手的调价对市场销售产生了很大影响，或威胁到自己的市场份额，则要及时跟进调整保险费率；若对手调价后业务影响不大，则不宜调整自己的费率。

（四）差异价格策略

差异价格策略是指根据不同地区、不同险种、不同销售对象、不同销售渠道及组合方法等，实行的序列化差别费率策略。该策略既有利于保险产品销售，也有利于体现市场公平、稳定保险业务经营。

案例 5-2 ▶ **物以稀为贵**

有一家仿古瓷厂生产的瓷瓶放在一家商店销售，单价500元，商店里摆了不少但一个也卖不出去。有人给店主出主意，让他把瓶子全收起来，店里只放一个，价格从500涨到5000元。不久，一个外国人想买，可是想要一对。经理讲："本店只有一个，不过明天我一定想法再帮你找一个来，今天你先把这个带走。"外国人一再嘱咐，一定要再找一个来。第二天，这位外国人来到店里，看到经理给他准备好了一个瓶子，十分高兴。但这位外国人又带来一位朋友，表示也要一对，经理讲："今天晚上一定去找，请你明天再来一趟。"由于费了一番周折，客户非常高兴。

分析：商品的定价与销售，与消费者的心理密切相关。对于消费者而言，有时越难得到的物品，越容易激发购买的欲望，也越值得珍惜，可谓"物以稀为贵"。

复习思考题

1. 请解释保险营销战略、保险营销策略、保险营销战略目标、保险营销战略对策、保险促销、保险促销组合、保险促销策略、保险人员推销。
2. 请简述保险营销战略的类型、战略构成和管理。
3. 什么是保险市场营销组合？它有哪些特点？
4. 保险促销的特点和作用是什么？
5. 请简述保险促销的基本策略及含义。
6. 请简述保险人员推销的特点、作用及任务。
7. 什么是保险广告？广告媒体和广告目标有哪些？
8. 请简述保险公关及其内容和形式。
9. 何谓保险销售推广？它的类型和特点有哪些？
10. 何谓保险营销价格策略？它有哪些常用类型？

第六章

保险产品组合与优质服务策略

本章摘要 本章包括保险产品概论、保险产品的开发与改造、保险产品组合策略、保险优质服务策略四节内容。应掌握保险产品、保险产品开发、保险产品改造、保险产品组合的概念、要素与基本要求,保险产品组合策略的种类;保险优质服务及其要求;保险优质服务策略的内涵和种类;理解保险产品的特点和意义、结构与寿命周期;新险种的内涵、种类与意义,保险产品开发与改造的原则、程序、组织机构与方法;熟悉保险产品的价值与劳动过程、种类及其相关内容,保险服务含义、内容及特点。

关键词 保险产品;保险产品开发;保险产品改造;保险产品组合;保险产品组合策略;保险优质服务;保险优质服务策略

第一节 保险产品概论

一、保险产品的概念、特点和意义

(一)保险产品的概念

1. 产品的含义

保险产品属于社会产品的一个种类,要研究保险产品,就必须明确产品的内涵。

产品是一个不断发展的概念,它有广义和狭义之分。狭义的产品是指具有某种物质形态和用途的劳动生产物,强调的是其物质形态和用途。广义的产品则是指能够供应市场并满足人们某种欲望和需要的任何事物,包括实物、服务、场所、组织、思想、主意等有形和无形的事物。正如美国市场营销学家科特勒在其《市场营销学》一书中指出的,产品就是凡是能提供给市场以引起人们注意、购买、使用或享受,从而满足某种需求的一切东西。

2. 保险产品的概念

保险产品也称为保险商品或保险险种,是指保险企业向社会提供的保险服务形式与过程,以满足社会公众的保险经济保障需求。保险产品属于广义的无形劳务产品,包括保险合同及相关服务的全过程。保险合同通常表现为投保单、保险单、保险证、保险条款、保险协议、批单等书面形式。当顾客购买了某种保险后,便可获得一定金额的风险保障，以及保险防灾、咨询、急难救助、契约保全、理赔、退保、批改等各种保险服务。

保险产品的整体概念包括：核心产品、有形服务和附加产品，如图6-1所示。

（1）核心产品，是指保险产品的基本功能和效用，是产品整体概念中最基本、最主要的层次。

（2）有形服务，是保险消费者需要的产品的具体外观，是核心产品的表现形式。

（3）附加产品，是保险消费者在购买保险商品时所获得的各种附加利益的总和。包括售后服务、促销赠品、保户福利等。保险市场竞争的关键在于保险商品能够提供的附加价值。

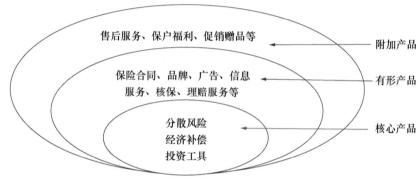

图6-1 保险产品的概念构成图

（二）保险产品的性质与特点

保险产品的性质是一种与趋利产品不同的避害产品。其主要功能是分散风险、均摊损失、化解忧患，获得经济赔付。保险这种特殊的产品，既不同于一般有形产品，也有别于其他无形产品。其主要特点有以下七个：

1. 不可触知性

保险产品不是实物产品，而是无形的服务和信誉。保险人通过宣传展业、承保、防灾防损、定损理赔等专业服务，满足顾客的经济保障需求。顾客也只能根据保险企业的社会信誉、产品特点及保险服务质量的高低等选择投保，无法直接观察和感知其品质。

2. 品质的差异性

一般的物质产品多属标准化产品，品质差异较小。保险产品则不同，各保险企业的同类产品也有一定的差异，尤其是新险种出台后，易被竞争者模仿设计出改进的产品。另外，保险产品的服务过程也因保险企业及人员素质的不同，服务质量、顾客的满意程度也有很大的差异。

3. 严格的时效性

保险产品与其他产品不同，时效性非常强。顾客购买任何保险都有严格的使用期限，即保险期限的规定，一旦保险期满或过期便无效。另外，顾客在购买保单时，也有一定的时效规定。例如，人身保险中关于投保人、被保险人年龄的限制，车险中关于车龄的限制，牲畜保险中关于畜龄的限制等。

4. 相对稳定性

保险产品较其他产品更具稳定性，这是由风险种类的稳定性及损失概率的相对稳定性决定的。表现在保险产品及其价格上，在一定时期内比较稳定，较少发生变动。

5. 销售的选择性

销售的选择性是指保险产品的销售是有一定条件的，只有符合既定条件的投保人及标的才能承保。其目的是防止道德风险发生，避免投保中的逆向选择行为，确保保险业务质量以及经营的稳定性。

6. 产品供给的弹性

由于保险产品具有不可储存的特点，在保险需求与供给之间也没有间隔，而是同时存在的。保险需求也不完全依赖供给，甚至能促进供给的增加。可见，保险产品供给的弹性是很大的。

7. 生产与消费的同步性

保险服务是保险商品的主要组成部分，是由保险人即时提供给保险消费者享受的。由于服务是不可储存的，因而保险商品的生产和消费是同步进行的。

(三) 保险产品对市场营销的意义

对保险市场营销而言，保险产品具有非常重要的意义。它不仅是保险营销活动的核心和基础，也是市场营销的客体以及营销组合中的决定性因素。因为其他方面的营销工作做得再好，若保险产品不合格或缺乏吸引力，都不会使企业生意兴隆，反而会使企业陷入经营困境。因此，要取得令人满意的营销业绩，就必须有一系列高质量的能吸引顾客的保险产品。

保险企业在制定保险市场营销策略时，应该注意以下事项：

(1) 在制订推销计划时，应特别强调提供优质高效的保险服务，并予以认真贯彻和落实。

(2) 在营销活动中，应强化新险种的开发工作及老险种的更新改造工作，以便及时满足不同群体的保险需求。

(3) 在制定的保险营销策略中，应注重保险产品的组合搭配，努力实现优化组合。

二、保险产品的结构与寿命周期

(一) 保险产品的结构

保险产品是由保险合同及保险服务两部分构成的。

保险合同通常包括以下基本内容：(1) 保险当事人及关系人的名称与住所；(2) 保险标的范围；(3) 保险责任和责任免除；(4) 保险价值与保险金额；(5) 保险费及其支付办法；(6) 保险金的赔付方式；(7) 违约责任与被保险人义务；(8) 保险期限、保险责任开始时间及订约时间；(9) 争议处理与其他事项。

保险服务过程主要包括：投保前的宣传咨询服务、投保中的各项服务、保后的保险理赔与防灾、契约保全、急难救助等服务。

（二）保险产品的寿命周期及其营销策略

保险产品同其他产品一样，都有寿命周期，即要经过投入期、成长期、成熟期及衰退期四个阶段。研究保险产品市场寿命的意义在于，它不仅能清楚地表明，保险企业必须适应市场及保险消费者需求的变化、竞争的要求，不断开发新险种，积极改造老险种；而且能及时显示保险产品在各个时期的市场特性，并制定相应的市场营销策略，以取得最佳营销业绩。

下面就保险产品的寿命周期及其营销重点简要加以论述。

1. 产品投入期

产品投入期是保险产品投放市场的第一个阶段。由于大多数消费者对它不了解或尚不信任，故销量较小而营销费用较大。这一时期的营销策略是：扩大宣传，加大促销投入，提高新产品的市场知名度和存活率，努力吸引更多的购买者。

2. 产品成长期

产品成长期也称为畅销期，是指保险产品经过投入期的宣传促销及市场考验，已逐步打开市场，销售量开始迅速增长的阶段。这一时期的市场特性是：（1）险种的市场吸引力大增，保险需求较旺；（2）承保数量、产品普及率及市场影响力迅速扩大；（3）销售费用开始下降、企业利润开始较快增长；（4）竞争者开始增加，业务竞争日趋激烈。

这一阶段的营销策略是：应突出"快"字，即加快营销节奏、完善营销服务、积极拓宽销路，抢先占领保险市场，不断提高市场占有率及营销业绩。

3. 产品成熟期

产品成熟期也称为饱和期，是指保险产品经过较长时间的成长后，市场开始饱和，销量增长平缓或已呈现下降趋势。这一时期的市场竞争激烈，承保数量比较稳定，若有小幅度增长，也基本依靠自然增长。保险企业若要保持其市场营销的优势，就应该及时调整保险营销策略：不断完善营销险种，增加险种特色和服务特色，并及时调整促销组合策略，以巩固老客户、占领新市场及争夺新客户。

4. 产品衰退期

产品衰退期也称为滞销期，是指保险产品经过长时期的饱和期后，已开始不适应市场需求变化，市场竞争力衰退、销售量和利润已出现较大幅度萎缩的阶段。当险种出现衰退迹象后，保险企业应采取以下营销策略：（1）及时进行市场调研，改进完善险种条款；（2）加大人员推销力度；（3）着手开发与投放新的替代险种。当对于原有险种进行较大改动时，即标志着它已走完一个寿命周期，并开始新的寿命周期，如此循环往复。

与一般产品的寿命周期相比，保险产品的寿命周期是投入期和衰退期时间较短，成长期和成熟期的时间一般较长。各阶段的营销策略方面，两者大致相同。保险产品寿命周期如图 6-2 所示。

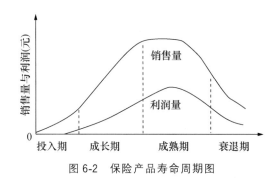

图 6-2 保险产品寿命周期图

三、保险产品的价值与劳动过程

保险产品作为一种无形的服务商品，是保险人辛勤劳动的产物，具有特定的使用价值和价值。

(一) 保险产品的使用价值和价值

1. 保险产品是使用价值和价值的统一体

保险产品同其他产品一样，都是使用价值和价值的统一体。它之所以能够进行交换，是因为它具有使用价值以及社会必要劳动时间为基础的价值，并按其价值与其他部门的劳动成果相交换。正如马克思指出：这些服务本身具有使用价值，由于它们的生产费用，也有交换价值。[①]

2. 保险产品的使用价值

保险产品的使用价值主要表现在以下三方面：

(1) 保险产品能满足人们转嫁风险的需要，为其提供经济和心理保障。

(2) 当保险责任事故发生并造成保险标的的经济损失时，被保险人可按合同规定，获得经济补偿或保险金的给付，从而确保经济生活的安定。

(3) 积蓄财富并使其保值增值，不断增强未来的支付能力。

3. 保险产品的价值

保险产品的价值是由生产它所消耗的社会必要劳动时间决定的。生产保险产品的社会必要劳动量的多少，决定其价值量的大小。

保险产品的价值量，通常由以下五部分构成：(1) 保险经营过程中使用的房屋、设备、运输工具等固定资产转移的价值（折旧）及其他费用（C）；(2) 保险企业员工的工资等（V）；(3) 保险企业员工剩余劳动所形成的利润（M）；(4) 各种保险赔付支出（A）；(5) 保险责任准备金（B）。用公式可表示为：

$$保险产品价值量 = A + B + C + V + M$$

保险产品的价值是承保标的价值的一部分。保险费是保险产品的价格即保险产品的价值表现。

[①] 参见《马克思恩格斯全集》（第 26 卷），人民出版社 1972 年版，第 160 页。

保险费＝净保费＋附加保费

（A＋B）相当于净保费的价值；（C＋V＋M）相当于附加保费的价值。保险单是保险产品价值的书面证明，它本身就是有价单证，可以按等价交换原则进行销售或转让。

保险产品的价值与使用价值是对立统一、相互依存的，并通过保险单的买卖实现。具体来说，现代保险具有其他任何一种理财方式所不具备的价值：老有所养，病有所医，爱有所继，幼有所护，壮有所倚，亲有所奉，残有所仗，钱有所积，产有所保，财有所承。了解现代保险的价值，就能充分利用保险，让其为我们所用，造福广大民众。

（二）生产保险产品的劳动

生产保险产品的劳动具有二重性，保险产品就是具体劳动与抽象劳动共同作用的结果。具体劳动形成保险产品的使用价值，抽象劳动形成保险产品的价值。

生产保险产品的具体劳动，是指为实现保险产品的使用价值，在一定具体劳动下进行的生产性劳动。通常表现为保险人的宣传展业劳动、核保、承保与分保劳动、防灾防损劳动、查勘理赔劳动、险种开发劳动、急难救助等附加值劳动，也就是保险服务的全过程。这些不同的具体劳动形成了各个工序不同的使用价值，这些使用价值的有机结合，便是保险产品的使用价值。

生产保险产品的抽象劳动是指抽去保险劳动的不同具体形式，所耗费的社会必要劳动时间，它形成了保险产品的价值。现代科技和生产力的发展也证实了，不仅直接生产过程的体力劳动创造价值，科学技术服务及流通领域的脑力劳动也同样创造价值。

（三）保险产品的生产过程与内容

保险劳动属于服务性劳动，它直接服务于社会生产及日常生活。保险产品也是一种服务性的商品，它的生产进程包括险种开发、宣传展业、承保、防灾及理赔五个基本环节，属于边生产边消费性质。

在上述生产环节中，既有向被保险人提供的各种劳务服务，也有用作保险赔付的货币商品。因此，保险产品的具体内容包括两部分：一部分是本次保险过程中为顾客提供的各种保险服务，如展业中的宣传与咨询服务，保后的防灾防损服务等；另一部分是在理赔环节为客户提供的货币资金；它虽不是保险劳动直接创造的，但要通过保险劳动筹集、管理和赔付，因而也是保险劳动的成果，属于保险商品的内容。

四、保险产品的种类

按照我国《保险法》规定，通常根据保险标的及其保障范围不同，把保险产品划分为财产损失保险、责任保险、信用保险、保证保险、人寿保险、意外伤害保险和健康保险七大类，若干个小类。

（一）财产损失保险

财产保险有广义、狭义之分。广义的财产保险，泛指以各种财产及其相关利益、责任和信用作为保险对象的一类保险。它包括狭义的财产保险、责任保险、信用及保证保险四类。狭义的财产保险也称为有形财产保险或财产损失保险，是指以各种实物形态的物质财产作为保险对象的一类保险。它通常包括以下六类：

1. 普通财产保险

普通财产保险是以存放在固定场所的各种物质财产作为保险标的的一类保险。它包括企业财产保险、家庭财产保险、涉外财产保险及其特约、附加保险等若干个险种。

2. 运输工具保险

运输工具保险是以各种运载工具及有关利益作为保险标的的一类保险。它主要包括机动车辆保险、船舶保险、飞机保险、铁路车辆保险及其他运输工具保险。

3. 货物运输保险

货物运输保险是以运输中的约定货物作为保险对象的一类保险。若承运的货物遭受保险责任事故并导致经济损失，则由保险人负责赔偿。货物运输保险具体包括公路货运险、铁路货运险、航空货运险、海洋货运险、管道货运险、邮包保险以及各种附加与特约保险等。

4. 工程保险

工程保险是指以工程建设和机器设备安装工程中的各种物质财产作为保险对象的一类保险。它主要包括建筑工程保险、安装工程保险、科技工程保险、机器损坏保险以及有关附加与特约保险。

5. 农业保险

农业保险是指以各种约定的种植作物和养殖动物作为保险标的的一类保险。保险人对承保的各种农作物、经济作物及各种牲畜、家禽、经济动物、水产品等，因遭受灾害事故所致被保险人的经济损失，按合同规定承担赔偿责任。它包括种植业保险和养殖业保险两个小类，若干个险种。

6. 盗抢保险

盗抢保险是指保险人对承保的财产因被抢劫或窃贼偷窃行为而造成的经济损失负经济赔偿责任的一种保险。该保险又可分为住宅盗窃保险、营业处所盗窃保险、银行盗窃保险、现金运送保险、机动车辆盗抢保险等险种。

（二）责任保险

责任保险是指以被保险人依法应负的民事损害赔偿责任作为保险对象的一类保险。其保险责任事故有三种情况：对第三者的人身伤害，对第三者所有的财物的损坏，被保险人因疏忽过失造成他人及其财物的损害。责任保险的直接补偿对象可以是被保险人或受害人，其最终获益者都是受害人，是对无辜受害人所提供的一种经济保障。责任保险既可作为各种财产保险的附加险，也可以单独承保。作为单独出单承保的责任保险，主要包括以下四种：

1. 公众责任保险

公众责任保险也称为公共责任保险、第三者责任保险，是以被保险人因违反法律规定义务，对他人（第三者）造成人身伤亡或财产损失依法应负的赔偿责任作为保险标的的一类保险。其具体种类很多，主要有场所责任保险、电梯责任保险、承包人责任保险、承运人责任险、个人责任保险等险种。

2. 雇主责任保险

雇主责任保险也称为劳工赔偿保险，是以雇主依照法律或雇佣合同，对受雇人员的人身伤亡应负的经济赔偿责任作为保险标的的保险。这种保险多以强制形式实施，以保障工人的合法权益。

3. 产品责任保险

产品责任保险也称为商品瑕疵保险，是以被保险人因制造、销售、修理或试验品质有缺陷的产品，致使消费者或使用人遭受人身伤亡或财产损失，依法应负的经济赔偿责任作为保险标的的一种保险。这既能为生产及经销者壮胆，也能解除消费者或使用者的后顾之忧。

4. 职业责任保险

职业责任保险又称为职业赔偿保险，它是以各种特殊职业者（如律师、工程师、会计师、医师等）因工作疏忽或过失，造成他人人身伤亡或财产损失，依法应负的经济赔偿责任作为保险对象的一种责任保险。该保险在西方国家尤为发达，在我国尚处于发展起步阶段。我国目前已有医生、药剂师、会计师、律师、设计师、工程师、美容师、公证人、保险代理人及经纪人等的职业责任保险。

（三）信用保险

信用保险是指权利人向保险人投保义务人信用风险的一种保险。信用风险是指交易一方不履行或不全部履行义务而给另一方带来经济损失的可能性。信用保险主要险种包括商业信用保险、出口信用保险、金融信用保险、投资风险保险等。

1. 商业信用保险

商业信用保险又称为国内信用保险，是指在国内商业活动中，作为当事人一方的权利人要求保险人将另一方当事人作为被保证人，并承担由于被保证人的信用风险而使权利人遭受商业利益损失的保险。国内信用保险的险种主要有赊销信用保险、贷款信用保险和个人贷款信用保险。

2. 出口信用保险

出口信用保险也称为出口信贷保险，是各国政府为提高本国产品的国际竞争力，推动本国的出口贸易，保障出口商的收汇安全和银行的信贷安全，促进经济发展，以国家财政为后盾，为企业在出口贸易、对外投资和对外工程承包等经济活动中，提供风险保障的一项政策性支持措施，属于非营利性保险业务。出口信用保险的险种主要有以下四种：

（1）短期出口信用保险。该险种适用于大批量、重复性出口的初级产品和消费性工业产品，且信用期不超过180天的出口合同。这是国际上保险适用性最广、承保量最大的险种。保险机构都制定了标准格式的保险单以及统一的保险条款和费率。

（2）延长期出口信用保险。该险种专门承保180天到两年之间的出口贸易风险，适用于诸如汽车、机械工具、工业生产线等货物的出口。此险种也可视为短期出口信用保险的延续。

(3) 中长期出口信用保险。该险种专门承保两年以上、金额巨大、付款期长的信用风险。常见于建筑工业、造船业等的贸易服务。此外，也可以承保海外工程和技术服务项下的费用结算的收汇风险。

(4) 特定出口信用保险。该险种指在特定情况下，承保特定合同项下的风险的一种信用保险。其承保对象一般是复杂的大型项目。如大型转口贸易、军用设备、出口成套设备（包括土建工程等），其他保险公司认为风险较大、需单独出立保单承保的项目。

3. 投资保险

投资保险又称政治风险保险，是以被保险人因投资引进国政治局势动荡，或政府法令变动所引起的投资风险为保险标的的保险。其承保对象一般是海外投资者，承保风险主要有以下三种：

(1) 征用风险也称为国有化风险，是投资者在国外的投资资产被东道国政府有关部门征用或没收的风险。

(2) 汇兑风险即外汇风险，是投资者因东道国的突发事变导致其在投资国与投资国有关的款项无法兑换货币转移的风险。我国投资保险承保的这一风险是"由于政府有关部门汇兑限制，使被保险人不能按投资契约规定，将应属被保险人所有并可汇出的汇款汇出"的风险。

(3) 战争风险又称战争、革命、暴乱风险，包括战争、类似战争行为、叛乱、罢工及暴动所造成的投资者有形财产直接损失的风险。

(四) 保证保险

保证保险是指义务人按照权利人的要求投保自身信用，保证能充分履行其义务的一种保险。当义务人不履行其义务而导致权利人的经济损失时，由保险人负责赔偿。在国际保险市场上，保证保险的主要业务有以下三种类型：

(1) 合同保证保险。它承保被保证人不履行各种合同义务而造成权利人的经济损失。其中，最普遍的业务是建筑工程承包合同的保证保险。

(2) 忠实保证保险，也称为雇员忠诚保险。它承保雇主因雇员的故意不法行为，如盗窃、贪污、欺骗等受到的经济损失。这种保险一般由雇主来投保。

(3) 产品保证保险。它承保的是在产品责任险保单下不承保的、被保险人因所制造或销售的产品有缺陷而产生的经济赔偿责任。

(五) 人寿保险

人寿保险是以人的生命为保险对象，以生存和死亡作为保险事件的一类人身保险。当约定的保险事件发生时，由保险人给付一定的保险金。它通常包括生存保险、死亡保险、年金保险及生死合险四个小类，若干个保险险种。

1. 生存保险

生存保险是指以被保险人在合同期满时仍然生存为条件，由保险人按规定给付保险金的保险。若被保险人在保险期限内死亡，则既不承担给付保险金责任，也不退还所缴的保险费。由于生存保险多以储蓄资金为目的，因而也称储蓄保险。

2. 死亡保险

死亡保险是指以被保险人在约定期限内死亡或以终身死亡为条件，由保险人给付保险金的保险。它包括定期死亡保险、终身死亡保险、联合人寿保险和家庭收益保险四类。

3. 年金保险

年金保险指以被保险人的生存为条件，保险人在固定年限内，按一定间隔期（年、季或月）均衡提存或支付款项的保险。这一均衡支付的款项就称为年金。年金保险实质是生存保险的一种变形，因而也可将其归入生存保险。两者的主要区别是给付保险金的方式不同，生存保险是期满时一次性给付保险金，年金保险则是被保险人生存到一定年龄时，分期均衡地领取保险金。年金保险的种类有：限期缴费终身年金保险、定期年金保险、联合年金保险及变额年金保险。

4. 生死合险

生死合险也称为两全保险，是指被保险人不论在保险期限内死亡或生存到保险期满时，均可按约定领取保险金的一类保险业务。它是定期死亡保险和生存保险有机结合的一种保险形式，包括定期生死保险、终身生死保险、养老金保险、子女教育、婚嫁保险等险种。

（六）意外伤害保险

意外伤害保险是指以被保险人的生命和身体为保险对象，以其遭受意外伤害事故导致死亡或残废为给付保险金条件的一类人身保险。意外伤害则是指在被保险人没能预见到或违背其意愿的情况下，突然发生外来致害物明显、剧烈地伤害被保险人身体的客观事实。它包括以下两种保险业务：

1. 普通意外伤害保险

普通意外伤害保险是专门承保被保险人因意外事故而导致死亡或伤残所引起的经济需要的保险。保险期限多为一年或一年以内。它主要包括团体人身意外伤害保险、学生团体平安保险等险种。

2. 特种意外伤害保险

特殊意外伤害保险是专门承保特定时间、地点或特定原因发生的意外伤害作为保险风险的一类意外伤害保险。它包括旅行意外伤害保险、各种交通工具意外伤害保险、电梯乘客意外伤害保险、游泳意外伤害保险、各种特约意外伤害保险等若干险种。

（七）健康保险

健康保险指以人的身体为保险对象，保证被保险人因疾病、分娩或意外伤害所支出的费用或损失获得补偿的一种保险。其承保内容主要是医疗保险、疾病死亡保险、工资收入损失保险及专业人员劳务收入保险、长期护理保险等。

1. 医疗保险

医疗保险是医疗费用保险的简称,是指为被保险人提供医疗费用保障的一类保险。医疗费用是病人为了治病而发生的各种费用,包括医生的诊断费、手术费、住院费、护理费、药品费等。常见的医疗保险主要有普通医疗保险、住院医疗保险、综合医疗保险、手术费用保险等险种。

2. 重大疾病保险

重大疾病保险又称特种疾病保险,是指以保险合同约定的疾病发生为给付保险金条件的保险,保险人仅以保险合同中订明的疾病为依据给付医疗保险金。重疾保险一般承保特种疾病,即那些难以治疗的重大疾病,如各种癌症、心脏病、重度烧伤、尿毒症、白血病、中风等。通常,这种保险的保险金额较大,以满足特种疾病对各种医疗费用支出的需要。重疾保险的给付方式,一般是在约定医院确诊为特种疾病后,立即一次性支付保险金。

3. 工资收入损失保险

工资收入损失保险也称失能收入补偿保险,是指以保险合同约定的疾病或者意外伤害导致工作能力丧失为给付保险金条件,为被保险人在一定时期内收入减少或者中断提供保障的保险。其给付标准为被保险人平均工资的50%—75%,按周发放,发放期通常为26周,个别国家放宽至49周至52周。另外,受领者必须提供无法工作的医疗证明及未领任何疾病休息津贴的证明。

4. 专业人员劳务收入保险

专业人员劳务收入保险是指有专长的自由职业者在患病期间丧失其劳务报酬时,可以获得保险补偿的一种保险。此外,被保险人因患病不能从事某些专业活动,致使其关系人遭受的经济损失,也可以通过保险而取得补偿。

5. 长期护理保险

长期护理保险是指以由于保险合同规定的日常生活能力障碍引发护理需要为给付保险金条件,为被保险人的护理支出提供经济补偿的保险。它主要是为老年、疾病或伤残导致日常生活能力丧失,需要长期照顾的人群而设计的,是一种主要补偿由专业护理、家庭护理及其他相关服务项目而产生的费用支出的健康保险产品。

第二节 保险产品开发与改造

一、保险产品开发与改造概述

(一)基本概念

保险产品开发是指保险企业依据市场需求,研制和设计新险种的全过程。保险产品开发是保险企业的一项重要工作,也是一项重要的营销策略。

保险产品改造,指保险企业对其进入衰退期的老险种,通过进行重大改革而赋予其新的内容和生命力,以适应保险市场需求的变化。

（二）保险新险种的内涵与种类

保险新险种又称为保险新产品，是指保险企业开发或改造的产品中全部或部分有所创新和改进，能给顾客带来新利益和满足的险种。新险种应与原险种有本质差异或显著区别，即构思新、性能优或具有新的利益与用途。它不一定是完全创新的险种，但必须是对老险种的部分革新或改进。

保险新险种通常分为以下四类：

（1）全新险种。即利用相关成果开发的，可给顾客带来需求及利益的完全创新产品。

（2）模仿新险种。即移植模仿外国或外地险种并融入本地情况推出的保险新产品。

（3）改进新险种。即对老险种的内容、特色等进行更新改造后产生的保险新产品，以满足顾客的新需求。

（4）换代新险种。即重新包装某一老险种，并冠以新名称来突显某一特色的新产品。它较完全创新容易，且易于推广。例如，税延型养老保险是对普通养老保险的重新包装，并冠以新名称，且突出税延这一特色。2018年6月7日，个人税收递延型养老保险产品在上海市、福建省（含厦门）、苏州工业园区三个试点区域开售。

（三）保险产品开发与改造的意义

保险产品的开发与改造是保险营销工作的基础与核心，它对促进营销业务的发展、满足社会公众的保险需求等，具有非常重要的意义。主要表现在三方面：一是能够扩大保险企业的市场覆盖面，提高市场占有率和竞争力；二是可以扩大保险企业的服务范围和社会影响，有利于稳定业务经营，提高保险营销效益；三是能够满足社会公众多层次、多方面的保险需求，有利于安定社会秩序，促进经济社会的可持续发展。

（四）保险产品开发与改造的要求

为了确保新险种开发与老险种改造的成功，在具体实施中应注意以下四点要求：

（1）要有充足的市场需求。这是保险产品开发与改造的重要依据。只有市场需求充足，保险企业才值得开发或改造，保险产品才会有好的销路。因此，在具体实施之前，必须进行认真的调查研究，做到有的放矢。

（2）要有开发或改造的权限与能力。否则，该项工作就无法实施或半途而废。

（3）要有市场竞争力和经济效益。市场竞争力是能否打开市场，实现预期目标的重要条件，经济效益则是保险产品开发与改造的基本目的，也是衡量其是否合理的重要指标。

（4）应符合国家有关法律和政策。否则，保险产品就不会有广阔的发展前景，甚至会遭到政府禁止，无法上市销售。2017年11月20日，原中国保监会在对人身险备案产品进行抽查过程中发现，农银人寿、交银康联人寿和长城人寿三家保险公司存在现金价值计算不合理、现金价值曲线不平滑、不符合一般精算原理、变相突破监管规定等问题。因此，要求这三家保险公司不得销售不符合监管要求的产品，并禁止其在六个月内申报新产品。

二、保险产品开发与改造的组织、原则和方法

（一）保险产品开发与改造的组织机构形式

为了确保险种开发及改造工作的顺利进行，保险企业的管理者应亲自挂帅，组织领导该项工作，并设立专门机构实施。险种开发与改造的组织机构可采用以下两种形式：

1. 设置专业部门

即由保险监管部门、行业组织或保险企业设立专门的新险开发部或市场开发部等机构，承担所有的新险种开发及老险种改造工作。其优点有三个：一是可以集中优秀人才，快速高效地推出新险种；二是新险种的质量得到保证，可以更好地满足社会需求；三是有利于销售，可提高其竞争力及自身经济效益。其缺点是：易于造成人力资源浪费，或有脱离实际且不便操作的可能，在营销实践中应注意克服。设置专业部门适合大中型保险公司采用。

2. 成立新险种开发组

即保险企业根据市场需求及营销需要，临时从各业务部门抽调专业人员组成新险种开发组，以完成既定的险种开发。该形式灵活机动，不会浪费人力，也能联系业务实际，开发的新险种易于推广；但临时成员往往缺乏战略眼光，新险种的质量也难以保证。它适用于新险种开发任务较少的保险公司采用。

（二）保险产品开发与改造的原则

保险调研设计人员在开发与改造险种时，应遵循以下四项基本原则：

1. 社会需求原则

社会需求原则是指在险种开发或改造过程中，应以一定量的社会需求为依据，当保险需求达到一定量时，即可设计开发新险种或改造老险种。这样既能满足社会需要，也可满足厘订费率的需要，还能确保险种的市场销路，使其具有较强的生命力。另外，当社会需求发生较大变化时，也应对有关险种进行修改或调整，以保证营销业绩的稳步提高。

2. 科学预测原则

科学预测原则是指在险种开发与改造工作中的预测方法和手段应先进、合理，能反映客观事物的发展全貌，揭示其内在规律。在科学预测中应注意做到：（1）预测的方法和手段既要先进又合理；（2）预测的过程要系统、全面；（3）预测的结果应真实可靠，努力符合客观实际情况。

3. 合理设计原则

合理设计原则是指设计新险种或改造老险种的内容必须符合客观实际，保险双方当事人的权利和义务应对等。一般来说，新险种责任范围不宜太大；保险费率不宜过低；应先试点、完善，再总结经验教训，并逐步扩大其保险责任范围。

4. 经济效益原则

经济效益原则是指在设计新险种或改造老险种的过程中，必须精打细算、节约开

支，要立足市场，确保新险种的需求旺盛，销路好，能给企业带来良好收益。

（三）新险种的设计方法

保险新险种的设计方法较多，主要有仿效法、希望优选法、缺点改造法、优势组合法及创新法五种，可根据具体情况单独或结合使用。

1. 仿效法

仿效法也称为模仿法，是指以国内外市场已有的某个畅销险种为模式，结合本地及公司的实际情况和条件，进行必要的调整、修改与补充，从而设计新险种的一种方法。这是最常用的一种方法，适合于同原险种在内容上有较多相同点的新险种。例如，司乘人员意外伤害险便是模仿公路旅客意外伤害险设计的。

2. 希望优选法

希望优选法是依据保户及社会公众的保险需求与愿望，在择优筛选基础上构思新险种的方法。此法的核心是广泛搜集社会各界的保险需求和愿望，进而筛选新险种构思，并择优设计新险种。

3. 缺点改造法

缺点改造法是集体诊断某一老险种，找出其缺点和不足，并通过改进与完善设计新险种的方法。其工作程序是：（1）选择进入衰退期的老险种；（2）列举各种缺陷；（3）分析缺陷的原因；（4）寻找有效的改进办法；（5）设计新险种。

4. 优势组合法

优势组合法是指对两个以上相近险种的具体内容进行对比分析，得出其异同，并以此把握险种的性质和特点，进而设计新险种的一种方法。该法实质是利用两个或两个以上险种的差异及优劣，通过对比分析，扬长避短确定新险种的各项内容及适度标准，它常与仿效法结合使用。

5. 创新法

创新法是指保险人根据特定投保对象的特殊风险，独立自主开发设计新险种的一种方法。该法适用于同其他险种共性少、标的与风险特殊且技术性要求高的特殊险种的设计。如气象指数保险、价格指数保险、记忆力保险、绑架保险、爱情保险等。其设计要求是：要深入市场调研，掌握足够的信息资料，并拥有较高的专业技术。

三、保险产品开发与改造的程序

保险险种的开发与改造是保险企业的一项营销策略及风险投资，为了降低成本，取得较好的营销效益，必须按照科学的程序进行。保险产品开发与改造的基本程序如下：

（一）深入调研，收集新险种构思

收集新险种的构思是险种开发与改造的第一步，也是关键的一步。要搜集新颖而又有开发价值的新构思，就必须深入调研，认真听取各方面的意见和建议。

一般来说，新险构思主要来源于以下四个方面：

（1）顾客。这是新险种最主要的构思来源。因为顾客是保险推销和服务的对象，其保险需求是新险设计的出发点，他们的意见必须得到重视或采纳。

（2）保险业务员及保险中介人。他们直接和顾客打交道，承担着传递与反馈信息、销售保单的任务，对顾客的需求变化最为了解，因而他们的意见和建议是很有价值的，应该引起足够的重视。

（3）竞争对手。追逐竞争对手也是新险种构思的重要途径。由于保险产品有可模仿性，保险企业可从多方面搜集竞争者的新险种信息，尤其是热销险种的信息，并参考其他要素进行新险种的构思。

（4）保险市场开发人员与高层管理者。他们熟悉保险市场，掌握大量保险市场信息，且有丰富的经营管理经验，故应该予以重视。

（二）信息筛选与新险种的构思

经过第一阶段收集到大量新险种的构思后，接着便是对其进行全面评价和筛选。评价的标准有五个：（1）新险种的构思来源；（2）目标市场的预期规模；（3）销售渠道及费用；（4）预期赔付水平；（5）竞争者的营销策略。一个好的构思必须既符合顾客需求，又与保险企业的营销能力相适应，从而形成规模效益。在综合评价的基础上，即可结合企业情况，筛选最佳新险种的构思报请公司批准。

（三）设计新险种方案

新险种的最佳构思批准后，即可进行险种方案的设计。该项工作通常由保险精算师或相关专业技术人员进行，主要是解决新险种的名称、保险对象、保险责任与责任免除、保险金额、保险费率、赔付方式、被保险人的义务、保险期限等问题，进而以文字形式进行详尽表达，最终形成保险条款。然后，再根据新条款内容及有关要求，设计有关保险单证。

在设计单证时应注意：一是应尽量采用标准化表格式，确实无法统一的，可采用书面协议格式。二是保险单证上的重要款项齐全，如保险标的及地址、保险责任与除外责任、保险金额、保险费率、保险期限、特别约定等，均不可遗漏。

（四）新险种方案的分析评估

新险种方案的分析评估是对方案的综合评价和论证，包括自我验证和系统评价两个阶段。

1. 自我验证

自我验证是指设计人员给予方案一个合理的搁置期，并在此期间进行反思，力求对方案的不足之处进行全面修改，从长远角度来估价、验证新险种的可行性，并起草可行性报告。在自我验证完毕后，应将方案提交给公司，进行系统评价。

3. 系统评价

新险种的系统评价，一般由保险公司组织有关专家进行。评价的内容主要是：（1）新险种技术的可靠性，考核费率、保额、保险责任、赔付方式等是否合理可行。（2）新险种未来经济效益，即新险种给公司带来的预期收益。（3）新险种的社会效应与效益。总之，系统评价应坚持定性与定量相结合的原则，公正合理地进行。对鉴定未通过的方案应予以改进和完善,直到最后通过,否则应放弃。

(五)新险种的报批与试行

新险种通过论证评估后,应及时上报上级公司或监管机构审批,待审核批准后即可试行。

新险种的试行是指在事先选定的部分地区、部分顾客中进行小面积推行,以观察顾客的反应。它实际上是一个商业化的评价阶段,其成败事关新险种的命运。根据试行的反映,可以作出不同决策。一般来说,新险种的试行效果好,即可进行大面积推广;对效果欠佳的,可以修订方案、完善条款,然后再试行或停止推行;对效果较差的新险种,可以放弃。例如,2019年3月起,易安财险公司开始在上海、深圳两地进行试点,销售新开发的学生住院费用补偿医疗保险。在上海与互联网第三方平台合作进行销售,在深圳通过经代渠道进行销售。该产品上线3个月以来实现保费600多万元,保单件数超过6万件,单均保费93元。但到了6月,因该产品赔付率超出正常水平而下架停售,存量业务也出现了集中理赔问题,申请理赔的保单数量达1.7万多件,实际赔付率远超过300%。

(六)确定上市营销策略,全面展开销售

在新险种全面销售前,开发人员应该协助营销部门拟定营销策略书,即把新险种推向市场各阶段的行动纲要。其内容包括:(1)新险种的目标市场与营销目标;(2)上市销售的时机、地域及如何上市;(3)销售渠道与营销预算;(4)未来销售额、利润目标及营销战略等。营销策略书拟定好之后,即可按计划展开全面销售工作。

四、充分利用保险科技助力保险产品开发改造

保险科技是指利用大数据、人工智能、区块链、物联网等新兴科技对传统保险业进行更新和再造。积极运用人工智能、大数据、云计算、物联网、云存储计算等新技术,积极对现有保险产品进行技术创新,能够提高产品的可塑性。保险科技最直接的体现就是保险产品的创新,如车联网带来的车险定价个性化、基因检测技术使得寿险产品定制化,等等。原有的风险计算方式和产品定价原则,在不断地消解和分化。以寿险产品来说,传统寿险产品的费率厘定基础是生命周期表,但保险科技时代中,整体性的生命周期已经被个体化的生命特征所取代,风险精算需要更加细分和精准。这对保险市场主体的产品定价技术要求就较高。同时,保险监管层也要不断提高监管能力,以便应对保险产品创新带来的不确定风险。

第三节 保险产品组合策略

一、保险产品组合的概念及要求

(一)保险产品组合的基本概念

保险产品组合是保险产品营销组合的简称,也称为险种组合,是指保险人为了最

大限度地满足顾客需求,增加销售收入,而将其保险产品合理编组并配套出售的一种营销方法。

保险产品组合的简要过程是以顾客的各种保险需求为依据,先确定基本险种,再以此为中心不断扩充,形成全面满足顾客需求的一组保险险种。

(二)保险产品组合的基本要求

保险产品组合的基本要求,主要包括以下四方面:

1. 以满足顾客需求为依据

从产品组合的概念可以看出,满足顾客的保障需求既是组合的目的之一,也是其出发点和基础。因此,在进行保险产品组合时,必须以满足顾客需求为依据。

2. 以提高营销效益为目的

产品组合作为一种营销方法,必须按保险经济规律和市场规律办事,应力求以最少的投入获得最大的营销效益和社会效益。在进行保险业务组合时,既要科学地编配险种,也要选择合适的销售渠道和销售方式。

3. 以基本险为主体

一般来说,财产和人身的安全是人们的基本保障需求。但随着社会的发展和人们生活水平的提高,人们已不满足于已获得基本的保险保障,并开始寻求更大范围的保险保障。因此,保险企业应以某一基本险种为主体,经过不断扩充形成一套保险险种的组合。

4. 应有利于保险产品促销

产品组合的目的之一就是有利于促销。保险产品科学组合后,其保障范围进一步扩大,费率也会上升,但因更适合顾客,且投保手续更为简便,故能提高保险商品的销售额。相反,若难以或无法销售,则说明该保险组合不合适,应该重新进行险种组合。

二、保险产品的组合要素

保险产品的组合要素包括组合的广度、深度及密(关联)度。确定保险产品组合,就是有效选择其广度、深度及密度。

1. 组合广度

组合广度是指保险公司经营险种系列的多少。每一险种系列也称为一条产品线。例如,财险公司的主要险种系列有企财险、家财险、车险、货运险、责任险、意外险、信用险、保证保险、农业保险、工程保险等系列;寿险公司则有人寿险、意外险、医疗险、分红险等系列。产品线越多,则保险产品组合的广度就越宽。

2. 组合深度

组合深度是指每一险种系列包含的具体险种。保险公司经营的产品线越多,产品线越长,说明保险组合多;相反,则说明保险组合少,不利于保险营销的发展。

3. 组合密(关联)度

组合密(关联)度是指各产品线在最终作用于销售渠道、推销方式及用途等方面的密切程度或关联程度。例如，意外险与医疗险，家财险与摩托车险，运工险与货运险、责任险等产品线密度高，在接受对象、销售方式方面有着更密切的联系。

保险产品组合根据不同的广度、深度及密度可形成不同的营销特色。扩大组合广度在于拓展市场、提高市场份额；增加组合深度有利于满足保障需求、吸引顾客；提高组合密度则可能有更强的营销力量去占领市场。

三、保险产品组合策略

保险产品组合策略又称为险种组合策略，是指保险企业根据市场需要，结合自身实力和营销目标，对险种组合的广度、深度及关联度等作出的最佳决策。保险企业可选择的产品组合策略主要有以下四种：

（一）扩展险种组合策略

1. 扩展险种组合策略的内容

扩展险种组合策略包括三方面内容：（1）提高险种组合的广度，即增加新的险种系列；（2）提高险种组合的深度，即增加具体险种的品种；（3）提高险种组合的某些关联度。保险企业可根据具体情况，采取其中某种最佳组合方式。当保险市场环境较好且企业实力较强时，也可采取"全线型"险种组合策略。当预测现有险种线的销售额和盈利率在未来几年下降时，就应考虑在组合中增加新的险种线或弥补原有险种线的不足。扩大险种组合时，应该注意其关联性，一般应先考虑扩展与原营销范围具有替代性和互补性关系的险种。

2. 扩展险种组合策略的优点

扩展险种组合策略的优点有三方面：（1）提高组合广度，可使保险企业充分利用其人力、财力、物力等资源。（2）增加险种组合还有利于保险企业避免风险集聚，起到"东方不亮西方亮"的作用，增强企业的市场竞争力。（3）增加组合深度有利于占领更多的细分市场，充分满足不同顾客群的需求与爱好；也有利于加强险种组合的关联性，提高保险企业在细分市场上的声誉。

3. 扩展险种组合策略的缺点

扩展险种组合策略缺点为：（1）费用投入多、管理难度大；（2）"阵线"太长就会易攻难守，导致被动；（3）开发新险种的风险较大，失败率比较高。

（二）缩减险种组合策略

缩减险种组合策略是保险企业缩小险种组合广度的一种策略。当某些险种处于已饱和或竞争激烈的市场时，保险企业为了有效利用内部资源，主动放弃获利较少或无效益的险种系列，集中精力经营效益好的险种系列，以降低经营成本，增加保险企业利润。

缩减险种组合策略的优点是：可以集中资源和技术，及时扩大效益险种的营销，可有效提高市场占有率和自身经济效益。其缺点是：在放弃部分险种时，也会失去一部分顾客；营销险种越单一，经营风险也就越大。

(三) 改造现有险种策略

改造现有险种策略是指保险企业对现有险种组合既不扩大也不缩小，而是有选择地对险种组合的深度进行改造和发展的一种策略。一般来说，改造现有险种比开发新险种更有利，因为它投资少、风险小，还能吸引顾客投保。

(四) 险种线延伸策略

险种线是指密切相关的一组（系列）险种，它们或者保险标的相同或相似，或者销售给同一顾客群，或者通过相同的渠道售出。险种组合通常分为三大险种线：财产险种线、人身险种线、财产与人身混合险种线。每条主险种线又由若干次险种线及许多单独险种构成。例如，财产损失保险的险种线可细分为企财险、家财险、运工险、货运险、责任险、信用险、保证险、农业险等若干次险种线。

险种线延伸策略是指将险种线不断加长，增加营销险种并扩大范围的一种策略。险种线的长度是否合适，主要取决于险种线的销售收入与利润水平。若增加险种能提高销售收入和利润水平，则说明现有险种线过短；若减少险种可提高营销收入和利润，则说明现有险种线过长。如果保险企业追求较高的市场占有率或收入增长率，则应具有较长的险种线，即使个别险种微利或亏损，也不应缩短险种线。反之，如果保险企业追求高利润，则应该组合以效益险种为主的较短的险种线。

险种线的延伸通常有两种方式：一是开发新险种。随着保险市场竞争的加剧，新险种在延伸险种线中的地位越来越重要。它既可以保持险种线的生命力，又能提高销售收入和盈利水平。二是扩大保险责任，每一险种的保险责任都有一个确定的范围，但根据风险的变化及顾客的需求，可适当扩展保险责任，以附加险或特约承保方式延伸险种线。例如，养老保险可附加医疗保险、护理保险等；车损险可附加全车盗抢险、自燃损失险、车辆停驶损失险等。

需要强调的是，险种组合策略的制定，必须把险种与价格、销售渠道及促销方式等联系起来，综合考虑、统筹安排，这样才能取得令人满意的营销效果。

四、财产保险与人身保险的组合

财产保险和人身保险是两条性质不同的险种线，我国《保险法》也规定两者必须分别经营。但随着保险市场需求的增加、同业竞争的加剧，一些大型保险集团公司或保险中介公司也尝试建立财险与人险相结合的混合险种线，实行集团内交叉销售，较受市场欢迎。但在两者的组合中，必须以财险为主，或者以人险为主，使新的组合具有鲜明的特色，并应在法律及政策许可的范围内进行。

第四节 保险优质服务策略

一、保险服务的概念和特点

(一) 相关概念

服务是指一方向另一方提供的无形功效或利益，也就是以劳动形式满足他人的某种需求。服务的形式和种类很多，保险服务就是其中一种。

保险服务是指保险企业为顾客提供的满足其经济保障等需求的各种无形功效与利益。它包括宣传展示、咨询解说、核保承保、防灾防损、定损理赔等的全部服务过程。

保险优质服务是指保险企业向顾客全面提供高质量保险服务的一种经营方法。

（二）保险服务的特点

保险服务除了具有一般服务的特点外，还具有以下四个特点：

（1）差异性。即不同保户、不同险种、不同保险标的的服务方式和方法均不一样，保户的服务感受也不一样。

（2）局限性。即保险服务受保险标的、保险责任范围、特别约定及保险期限等的制约，具有很大的局限性。

（3）补偿性。定损理赔是保险服务的关键内容，也是保险人必须承担的基本义务。当保险标的遭受保险责任事故受损时，保险人应及时查勘定损，公平合理赔付，使被保险人尽快获得赔款，渡过经济难关。

（4）长期性。由于保险期限多为一年、几年或数十年，由此决定的保险服务期限也具有长期性。保险当事人各方的利益，同样在很长时间后才能体现出来。另外，保险经营的长期永续性也决定了保险服务的长期性。

二、保险服务的基本内容

保险服务一般包括以下八项内容：

（一）保险宣传咨询服务

保险宣传咨询服务通常包括保险公司的门户网站、咨询热线、广告宣传、业务宣传等服务，保险行业协会等组织的宣传咨询服务，也包括保险推销员为顾客宣传介绍保险知识、解释条款内容、解答保险服务的有关事宜和问题。无论顾客投保与否，皆应热情接待，耐心宣传并细致解答其相关问题。

（二）核保与承保服务

当顾客有投保需求时，推销员应根据其保险需求，主动为其设计投保方案，指导其填写投保单。若顾客有投保附加险或特约险的需求，也应尽量满足他们。保险企业在审核承保时，应按规定费率和业务程序办理，尽量避免必然风险或道德风险。

（三）防灾防损服务

保险人应事先制订科学的防灾计划，帮助保户做好日常的防灾防损工作，必要时可以向大保户提供一定的防灾器材和经费补助。特别是对大宗保险财产，应定期组织专家进行安全检查，以便及时发现并消除其安全生产隐患。

（四）定损理赔服务

定损理赔是保险服务的核心，也是保险服务的敏感问题。顾客对保险企业的意见或不满，大多来自定损理赔工作。所以，每一个保险企业都应严格遵循理赔制度，努力做好定损理赔工作，务必做到主动、及时、迅速、准确，努力使顾客满意。

（五）契约保全服务

契约保全服务是指为确保保单的有效性而采取的一系列日常维护性工作。在寿险业务中，主要包括投保人、被保人及受益人的变更、保额与交费标准的调整、保险期限与保险责任的变更、险种转换、交费方式变更、宽限期变化、垫交保费、补发保单、保单迁移、复效、退保、年龄调整、生存给付等服务。在财产保险中，主要包括投保人及被保险人的变更、保额的调整、保险风险变化与费率调整、交费方式变化、保险期限变化、争议调解、退保等服务。

（六）信贷投资服务

信贷投资服务既是用好用活保险基金，提高保险企业偿付能力的重要途径，也是支持资金困难保户、巩固保险业务的重要手段。因此，保险企业应在国家法律和政策许可的范围内，积极面向保户进行融资，做好信贷投资、保单借款等服务。

（七）财产代管服务

财产代管服务是保险服务的延伸，即保险公司可以利用专项设施，代顾客保管某些重要财产及资料。例如，金银、珠宝、有价证券、遗嘱、契约等的保管服务，这既可方便顾客，提高顾客满意度，又能增加保险企业的收入。

（八）其他附加值服务

其他附加值服务是指保险企业向顾客提供的与保险保障无直接关系的超价值服务。附加值服务具有内容新颖、富有创意、社会影响大的特点，具有出奇制胜的营销功效；能有效加强与社会各方面的联系，沟通并升华感情，树立保险公司的良好形象。它主要包括保户IC卡、急难救助卡、寿险磁卡、保户子女奖学金、出行绿色通道、承诺服务等延伸服务，各种赞助与联谊等活动。

三、保险优质服务的基本要求

保险优质服务的实质是让顾客获得满意的保险服务。那么，保险企业提供什么样的险种及相关服务，才能让顾客满意？具体说来，应做到以下七点：

（1）营销的险种齐全，应有尽有，能满足不同顾客的不同保险需求。
（2）保险机构及其网点设置合理，手续简便，投保和索赔方便。
（3）保险产品价格公道，收费合理。
（4）文明礼貌，热情待客，提供各种附加值服务。
（5）服务手段先进高效，管理方法科学。
（6）查勘定损及时，赔付迅速合理。
（7）坚持保户至上，服务周到细致。

四、保险优质服务策略

保险优质服务策略是指为实现保险营销服务目标所采取的行动方案与对策。它是保险促销及提高市场竞争力的重要手段，也是求得自身生存与发展的必然选择。

保险企业常用的优质服务策略主要有以下五种：

（一）创新服务策略

创新服务策略也称为特色化或差别化服务策略，是指保险企业通过开发有别于竞争对手的保险新服务、新险种或运用新的服务方式，树立良好的市场形象，赢得市场竞争的一种策略。

创新服务策略包括三方面内容：一是保险产品的创新。主要表现在：开发竞争者没有的新险种；赋予老险种新的特色内容；险种组合的创新。二是服务方式的创新。其主要表现是：保险手续简便或服务更高效；使用智能保顾，开发新的分红方式，如分红保险、投资连结保险、家财分红保险等；推出新的销售方式；实施新的定损赔付方式；采取新的防灾防损途径等。三是服务内容的创新。

（二）顾客满意服务策略

顾客满意服务策略是指保险企业向顾客提供全方位、高质量及特色化服务，赢得顾客首肯和赞誉的一种服务策略。它也是保险营销的重要策略。为此，保险企业应与社会公众及顾客保持经常联系，随时了解顾客对服务质量的意见和建议，并通过提高人员素质，改变服务途径等，尽量让顾客满意。应在实践中做到：（1）坚持定期拜访或召集顾客座谈会，听取意见和建议；（2）妥善处理顾客投诉，尽量使其满意；（3）强化公关宣传，让更多的人了解本公司的优质服务及特色；（4）聘请社会服务监督员，加强服务监督，不断提高服务质量。

（三）加强防灾防损服务策略

防灾防损是保险服务的重要内容，也是保险企业的基本任务之一，保险企业应积极参与并协助保户做好防灾防损工作，确保保险标的的安全。

加强防灾防损服务，应重点做好以下几项工作：（1）对重点保户建立防灾档案，给予必要的财力和物力支持。（2）有针对性地举办防灾人员培训班，提高保户防灾人员的素质。（3）积极协助保户做好安全检查工作，及时发现并解决生产经营中的隐患。（4）对防灾防损工作成绩突出的保户，应给予适当的奖励，激励其做好未来的防灾防损工作。（5）强化防灾防损的宣传咨询工作，完善防灾防损制度及事故预防对策。（6）积极参与保户的抢险救灾，减少财物损失；（7）充实完备急救医疗设备，尽量减少灾害事故中的人员伤亡。

总之，做好防灾防损工作既能产生良好的社会效益，获得保户的信任，又能降低保险赔付款支出，提高保险企业自身经济效益，是一种一举多得的服务策略。

（四）保险服务形象策略

保险服务形象是指保险企业通过提供各种保险服务给公众留下的良好印象。它是保险企业形象的重要组成部分，事关保险营销事业的兴衰。保险服务形象包括服务硬件设施，员工的服饰着装、服务态度、内容、范围、方式和手段等因素。因而，完善的保险服务硬件、热忱虚心的服务态度、优雅大方的服务行为、丰富多彩的服务内容、广泛的服务范围等，都有利于树立良好的服务形象，增加公众对保险企业的信任，进而提高保险企业的良好声誉，促进保险事业的发展。

（五）保险服务品牌策略

创一流服务品牌事关保险企业未来的生存和发展，是赢得市场竞争的重要策略。保险服务品牌包括公司标识产品、服务管理、企业文化、价值标准、道德规范等因素，通常以司徽、司歌、员工制服、电视广告等媒介，以及员工服务质量等展示给社会公众。其基本功能就是强调本公司与众不同的产品和服务，进而吸引顾客，确立自己的市场竞争优势。一流的服务品牌都具有新颖独特、形象好记等特点，要创造一流保险服务名牌，就必须做到：(1)以人为本，留住各种保险人才，因为人才是名牌的创造建设者和维护者。(2)以顾客为中心，努力提供尽善尽美的服务。(3)强化保险品牌的建设与维护管理。(4)加强媒体宣传，不断扩大品牌影响。(5)加强员工培训和服务创新。

复习思考题

1. 什么是保险产品？它有哪些特点？
2. 请简述保险产品的结构和寿命周期。
3. 请简述保险产品的生产过程及具体内容。
4. 什么是保险产品开发和更新？保险新险种的设计方法有哪些？
5. 何谓险种组合？其基本要求是什么？
6. 请简述保险险种组合策略及种类。
7. 什么是保险优质服务？其基本要求有哪些？
8. 请简述常用的保险优质服务策略。

第七章

保险营销组织及设计

本章摘要 本章包括保险营销组织概论、保险营销组织的效果与效率、保险营销组织的类型、保险营销组织的设计与发展四节内容。应掌握保险营销组织的含义、要素及目标,保险营销组织的效果与效率;理解保险营销组织的各种类型,以及保险营销组织的设计与发展。

关键词 保险营销组织;职能型保险营销组织;地域型保险营销组织;产品型保险营销组织;市场型保险营销组织;复合型保险营销组织

第一节 保险营销组织概论

一、保险营销组织的含义

保险营销组织是指保险企业为了有效实施营销计划和达成营销目标,科学设计的高效率营销组织管理系统。也就是保险企业通过科学设置机构,建立管理体制、指挥系统和信息流通渠道,确定各级管理层的职位、职责、职权和利益,合理选择和配备人员,从而将保险营销系统内各要素组成一个统一高效的进行保险营销各项活动的组织管理系统。

保险营销组织是保险营销系统内所有部门及人员组成的、相互紧密联系的有机整体,它既是营销组织设计的结果,又是行使营销组织职能,有效管理营销活动的工具。

二、保险营销组织的构成要素

从保险营销组织的内涵可知,其基本构成要素主要包括:保险营销目标、营销人员及职责、营销协作意愿和营销信息联系四个方面。

(一)保险营销目标

保险营销组织作为一个整体,必须有共同的营销目标,这样才可以统一决策,统一组织内各个成员的行动。这种共同的营销目标既被营销事业发展所要求,又被营销组织内每个成员所接受。保险营销组织的成员作为一个具体的人,有个人追求的目标,或者追求高额的佣金,或者追求个人价值的实现等,这些目标可能与组织目标一致,也可能会有矛盾。组织的任务就是要消除组织目标与个人目标之间的背离,使两者趋向一致。

(二)营销人员及职责

为了实现保险营销组织共同的目标,就必须建立相应的机构,根据能级原则挑选合适的人员,担任营销员、营销主任、营销经理等职务,履行相应的职责,完成各项任务;做到使每个部门都有一个有能力的人来领导,同时又把每个人都安排在最能发挥其作用的岗位上。

(三)营销协作意愿

协作意愿就是每个成员愿意为保险营销组织的共同目标做出贡献的意愿。每个保险营销组织的成员必须要有协作意愿,才能把大家的努力统一起来形成团队,达成目标。当然,每个成员的协作意愿不尽相同,这主要取决于成员在协作中所做的贡献与所得回报是否相匹配。保险营销组织必须维持和加强每个成员的协作意愿,以保证保险营销目标的顺利实现。

(四)营销信息联系

营销信息是把保险营销组织的共同目标和每个成员的协作意愿紧密联系起来的纽带。它包括保险险种的变化、营销队伍的壮大、营销业绩的盛衰以及保险市场竞争态势等。通过正式的和非正式的、单向的和多向的营销信息的交流与沟通,确保营销活动能够持续开展。

三、保险营销组织的目标

保险营销组织的目标,主要包括以下五个方面:

(一)构建科学的组织体系

保险营销组织是个统一高效的有机系统。这个系统又分市场研究、险种开发、广告促销、产品销售、售后服务、营销行政等若干子系统,每个子系统又集合了人、财、物、时间和信息等相互依存及制约的要素。在系统、子系统、要素之间,要形成一个良好的结构。组织体系设计的总体要求就是:机构设置精简,职位层次清楚,指挥统一有力,信息渠道畅通。如果机构臃肿庞杂,职责重叠交错,政出多门,指挥乏力,信息不畅,这样的组织只会成事不足,根本无法完成保险营销任务。

(二)营造高效的运行机制

保险营销涉及社会政治、经济、文化、技术、心理等诸多因素,这些因素又都处于永不停息的动态变化中,营销组织应该不断适应外部环境和内部情况的变化,这就要求创设一种高效的运行机制,对市场需求的变化作出积极快速的响应。市场研究部门、保险营销人员都能为营销部提供各种市场信息,了解市场信息后,营销部的反应则涉及整个保险营销活动,从新险种开发、老险种改造、广告促销以及销售服务都要进行相应调整。从市场信息的收集到相应调整的过程是高速运行的,只有这样,才能保持营销系统与市场变化之间的动态平衡。

（三）建设精干的营销团队

保险营销组织机构是静态的。机构确定之后，就要选拔配备合适的人员到组织中承担相应工作，构成一个动态的组织系统。由于营销活动的复杂性，必须要有一个高效的团队才能完成这项任务。这些团队的成员应精明能干，而非推诿低效甚至无事生非。尤其是成员的积极性能不能充分发挥，相互之间在工作上是否协调等，对于营销目标的实现都具有决定意义。只有通过组织的特殊作用，才能把团队成员的营销协作意愿和行动引导到实现共同目标上来，从而激发其积极性、主动性和创造性，形成一支朝气蓬勃、情绪高昂、积极向上、团结战斗的精干团队。

（四）实现效率最大化的营销目标

保险营销组织系统内的每个子系统都有自己的子目标。但是，这些子目标必须服从组织系统的整体目标——营销效率的最大化。营销组织要充分发挥协调与控制的功能，确定各个子系统的权利和责任。既要充分调动各子系统的积极主动性，实现各自的目标，又要避免相互间的矛盾与冲突，以保证营销组织发挥其最大效率，按时完成各项保险营销任务。

（五）维护保户的合法权益

维护保户的合法权益是营销组织与销售组织之间的重要区别。保险公司与保户之间是契约关系，保险营销所销售的是权益保障和服务。保险公司一旦奉行市场营销观念，就要把保户利益放在第一位，满足保户的需求，切实做好保后服务工作，确保其权益不会受到损害。

第二节　保险营销组织效果与效率

保险营销组织的运作情况，通常从效果和效率两方面考察评价。

一、保险营销组织的效果

效果反映的是组织运作的结果，是一个绝对性的评估量。比如，营销任务的完成量就反映了组织运作的好坏。当然，它受组织内外一系列因素的制约，例如，保险营销的技术水平、险种的费率体系等，都会影响其效果。一般来说，保险营销组织的状态与其经营效果存在正相关关系。

二、保险营销组织的效率

效率通常是组织运作的效果和运作时间的比率，或者是组织运作的实际效果与期望效果的比率，它是一个相对性的评估量。从保险营销组织的角度讲，效率要通过营销组织内部的工作来实现。只要组织内部达到了专业化、程序化和能级化的水平，该组织的效率就能大大提高。

综上可知，效果和效率都能对组织进行评价，只不过它们评价的程度有所不同。正如管理大师彼得·德鲁克所言："效率是正确地做事情，而效果则是做正确的事情。"

三、高效保险营销组织的条件

保险营销组织运作的好坏，决定着营销活动的成果以及营销目标完成的程度。因此，一个高效化的保险营销组织，必须符合以下四个条件：一是机构设置精简，统一有指挥；二是职位层次清楚，运行机制高效；三是人员任用合理，精干团结协调；四是信息渠道畅通，管理手段封闭。实践也证明，凡是符合上述要求的保险营销组织，往往能获得最佳的保险营销成果。

第三节 保险营销组织类型

保险公司是通过设立各级营销部门完成各种营销任务的。不同的公司会根据其具体情况和要达成的营销目标，设计不同的营销组织结构。目前，国内外保险企业的营销组织主要有职能型、地域型、产品型、市场型、复合型五种组织形式。

一、职能型保险营销组织

职能型保险营销组织是根据不同营销职能设立的。即在营销总经理领导下分设不同的职能部门，包括营销行政、市场研究、险种开发、广告促销、营销业务、售后服务以及人力资源开发等部门。重点部门是营销业务部，专门负责保险产品销售。根据业务发展情况，该部门还可以分成若干营销分部、业务组，以组织营销员开展业务。各部门的经理应是营销专家，具备相应的营销专业知识、经验和技能；营销总经理主要负责协调各职能部门的关系。职能型营销组织结构模式如图 7-1 所示。

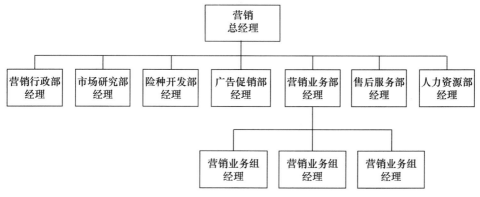

图 7-1 职能型营销组织

职能型营销组织机构的优点是分工明确，有利于发挥专业管理职能。其缺点是不利于特定险种和特定市场的管理；尤其是随着险种种类的增加及营销市场的扩大，其管理效率难以提高；而且各职能部门往往过分强调本身职能的重要性，致使营销总经理难以协调各部门之间的关系。因此，这种组织形式主要适用于险种种类不多和市场范围不大的保险公司。针对我国目前险种开发权集中在保险总公司和省级分公司的情况，对于基层公司而言，市场研究部和险种开发部均不需设置，应该集中精力于人力资源的开发，同时，开展营销业务并做好保后的服务。

二、地域型保险营销组织

对于市场范围广、业务量大、任务复杂的保险企业来说，大多选用地域型营销组织。即按照行政地域设立营销组织系统，分区域开展营销业务。有些公司甚至还需要分设多层地区营销组织，由分层营销经理领导营销员开展营销业务（分层经理下面有的再分成若干业务组，由组经理领导营销员展业），形成一个覆盖整个市场的营销网络。当然，这种组织形式中也有一些相关的职能部门，用以开展整个市场的保险营销业务。由于职能部门设立方式的不同，地域型营销组织结构就有两种不同的形式，其组织结构模式如图 7-2 和图 7-3 所示。这两种组织模式之间也有所区别，图 7-2 所示的地域型营销组织主要负责险种销售，图 7-3 所示的地域型营销组织是实施营销整体功能的。

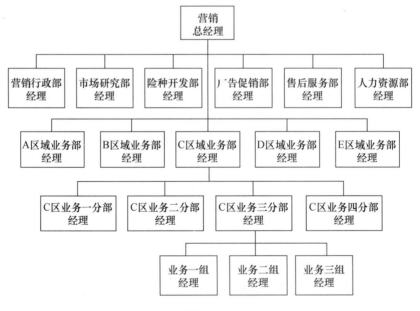

图 7-2 地域型营销组织（一）

地域型营销组织的建立大大加强了营销部门的力量，有利于全面及时地掌握各地域营销市场情况，因地制宜制订各地域营销计划，更好地利用不同的保险营销市场机会开发市场，有效控制各地域营销组织和营销员的工作。

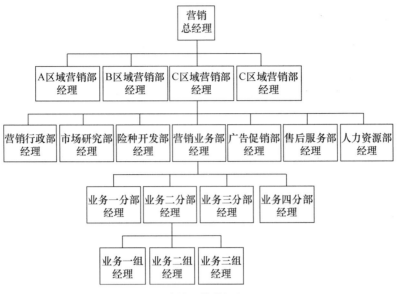

图 7-3 地域型营销组织（二）

目前，设立地域型营销组织的保险公司比较普遍。例如，中国人寿、中国人保、中国太平洋、中国平安等大型保险公司以及中国香港地区的国卫保险公司均采用这种组织形式。

三、产品型保险营销组织

保险公司在营销险种系列多或者险种系列的相关性较低时，为了充分发挥营销险种的优势，就采取产品型保险营销组织，即按照营销险种或主要险种系列设立营销部。与地域型营销组织相似，根据职能部门设立方式的不同，产品型保险营销组织也有两种形式，其组织模式如图 7-4 和图 7-5 所示。

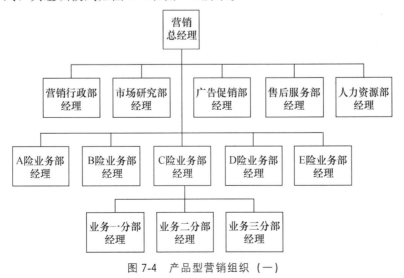

图 7-4 产品型营销组织（一）

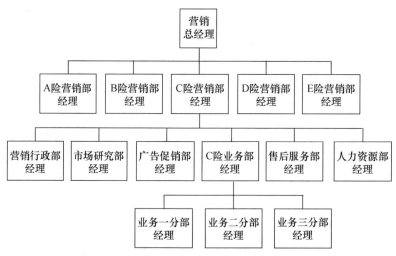

图 7-5 产品型营销组织（二）

图 7-4 和图 7-5 所示均为产品型营销组织，其差别在于：图 7-4 中的营销部下设各险种业务部，主管该险种的销售，营销的其他职能由营销部的有关职能部门管理；图 7-5 中的营销部下设各险种（或险种系列）营销部，统管该险种的各项营销职能。

产品型营销组织的主要优点是，每个险种或险种系列都由专门机构负责，能集中力量管好该险种的发展，同时能对该险种的市场变化作出反应。主要缺点是：缺乏整体观念，这表现在各险种部门之间相互独立，它们会为保持各自险种的利益发生摩擦，甚至某险种有时面临市场收缩或淘汰的境地，它们也会努力维持，难以从全局上考虑整体利益。再有，某险种经理尽管可能成为他所负责险种的专家，但却难以精通该险种营销中涉及的其他业务，他们往往难以获得足够的权威，以保证其有效推行险种营销的全部计划和调整设想，而说服其他部门的支持和合作也非易事。

四、市场型保险营销组织

鉴于保险公司的目标市场，按照某些显著特征可以细分为若干个特殊市场，如学生、家庭主妇、产业工人、公务员、离退休人员等，因此，也可以建立市场型保险营销组织，即按照主要目标市场的类型设立保险营销机构。市场型营销组织与产品型营销组织类似，营销总经理领导若干细分市场经理，细分市场经理则按自己的市场范围发展相应的保险业务。其组织模式如图 7-6 和图 7-7 所示。

市场型营销组织体现了以市场为中心的现代营销理念，使保险公司能够围绕不同保险消费群体的购买特点、消费习惯和保险需求，有针对性地组织营销活动。这种组织形式作为引导保险消费者消费的有效形式，已被不少保险公司采用。

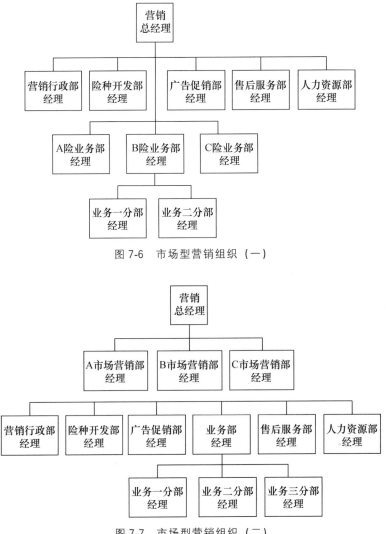

图 7-6　市场型营销组织（一）

图 7-7　市场型营销组织（二）

五、复合型保险营销组织

对大型保险公司来说，在确定营销组织形式时，往往同时面临险种多样化和市场多样化两方面的问题。在这种情况下，单纯的产品型营销组织或市场型营销组织均难以满足其需求，因此，需要建立复合型营销组织以兼顾险种和市场两方面的需求，我们把这种保险营销组织称为矩阵型组织，其模式如图 7-8 所示。

矩阵型营销组织是由市场业务部和险种业务部两部分纵横交叉构成矩阵组织形式。这种组织形式有利于加强公司内部的合作，特别体现为主要险种和重点市场方面加强力量，能够实现专业化管理，有效提高工作效率。但由于人员受双重领导，难免产生各种矛盾，造成队伍稳定性差，管理成本也会相应增加，这是实际运作中应该克服的。

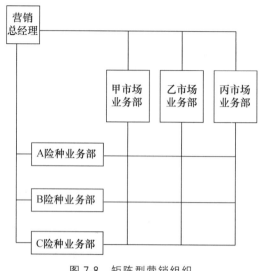

图 7-8　矩阵型营销组织

第四节　保险营销组织设计与发展

保险企业组建高效的保险营销组织的程序是：分析组织环境→确定活动流程→设计组织结构→配备有关人员→评估组织效能。

一、分析营销组织环境

任何一个保险公司都是在不断变化的社会经济环境中运行的。社会经济环境包括政治、经济、社会、文化、科技等很多复杂的因素，这些因素对保险公司来说是不可控的，它制约着公司的生存与发展。保险营销组织是公司的一部分，其存在和发展，既受社会经济环境的影响，也受保险企业本身的影响。设计保险营销组织时，必须首先分析营销组织环境。在诸多因素中，最主要的是市场状况和保险公司本身的情况。

（一）市场状况

分析市场状况，主要包括以下三个方面：

1. 市场需求情况

保险需求是人们的普遍需求。胡适先生道出了保险的真谛："保险的意义，只是今日作明日的准备，生时作死时的准备，父母作儿女的准备，儿女幼时作儿女长大时的准备，如此而已。今天预备明天，这是真稳健，生时预备死时，这是真旷达，父母预备儿女，这是真慈爱。能做到这三步的人，才能算作现代人。"当然，人们的保险需求并不完全相同。由于每个人的文化程度、职业、年龄、民族、宗教信仰、生活习惯以及经济状况不同，必然会对保险产生千差万别的需求。现代生活方式丰富多彩，生活节奏越来越快，生活水平不断提高，人们的保险需求也在不断发展变化。此外，人们的保险需求是可以诱导和调节的。人们通过广播、影视、广告，或者人与人之间的直接交流，也可引导、诱发和刺激其保险需求，使得潜在需求变成现实需求，未来需求变成当前需求。

可见，人们的保险需求是客观存在的，关键是如何有效地通过组织手段开发和满足需求。

2. 市场主体情况

我国保险起步较晚，但发展势头很猛。保险经营主体已由原来的中国人民保险公司1家，增加到2019年年底的230多家。但是，各地区的市场主体差异性很大。有的仅10余家，有的有几十家甚至上百家，如北京和上海，就有中国人保、中国人寿、太平洋、平安、泰康、新华等100余家。我们在考虑建立保险营销组织的时候，就要搞清参与当地保险市场主体成员的情况，包括它们在本地开展业务的时间、业务规模、人力资源、市场占有率、经营目标和公司的价值观等，以便在设立营销组织时进行科学的市场定位。

3. 市场竞争情况

有市场就会有竞争，因此，我们必须对保险市场竞争情况进行透彻的了解。比如，竞争对手的营销实力、营销策略与手段、营销险种的特色以及政府对竞争与营销的相关规定等。此外，还必须考虑如何对竞争者的行为作出反应。比如，如何搜集竞争对手的情报，如何选择竞争突破口，如何确定自己的竞争策略等，因为这与营销组织的架构有直接关系。比如，搜集竞争情报的方式多种多样，既可设立专门机构（如市场研究部），也可以通过相关人员获得（如借助业务员）；既可以依靠外部机构（如咨询公司），也可要求营销部全体人员为之努力。当然，采取哪种方法主要取决于保险企业的需要。如果竞争对手实力强，需要直接、快速地根据竞争对手的行为调整营销策略，制定相应措施并实施，这就以成立市场研究部门为好；如果竞争的险种差别不大，竞争的焦点在售后服务上，则以成立售后服务部门为好，等等。

（二）保险企业的情况

影响营销组织的决定性因素还有企业的自身情况。例如，保险企业的规模越大，市场面也就越大，其营销组织就越复杂。比如，职能上划分比较细，如市场研究部、险种开发部、广告促销部、业务发展部、客户服务部、人力资源部、营销行政部等；组织层次较多，如业务发展部下面按区域分设业务部，区域业务部下面还可设业务分部，业务分部下面再设业务组等。保险企业规模较小，相应的权力就小。比如，地、市、县级市场面不大，也没有险种开发权，主要是发展业务，因此营销组织就相对简单得多。

保险企业的价值观与高层管理者的经营思想，对营销组织的设计影响也较大。保险企业最重视的是保费收入还是经营效益，对员工要求的是业绩还是为其提供实现价值的环境；领导者是稳健型的还是激进型的，是侧重于社会价值的实现还是商业公司的建设等，都势必造成营销组织的差异。

总之，各保险企业的经营资源状况，如市场份额、人力资源、资金运作、险种开发、业务水平、管理能力、技术进步等方面的优势与劣势，都影响着营销组织的设计。

二、确定营销活动流程

根据保险营销环境的分析结论,便可制定营销目标。要实现这一目标,需要进行一系列的活动。实际上,保险营销就是一个分析、规划、执行和控制的过程。所以,分析保险营销活动流程,包括以下六个步骤,如图 7-9 所示。(各阶段的内容可见第三、第五章)

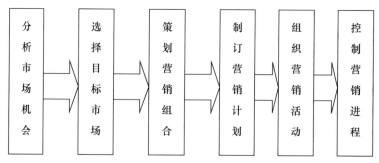

图 7-9　保险营销活动流程

三、设计营销组织结构

要使保险营销的各项活动顺利开展,就必须有相应的组织机构予以保证。因此,建立科学高效的组织结构体系,是达成营销目标极为关键的环节。建立营销组织,关键是要进行组织设计,包括营销组织的机构设计和职权设计两方面。

(一)保险营销组织的机构设计

营销组织的机构设计就是按照保险营销管理的流程进行营销组织各个部门的设计,根据职能的要求,将各个部门有序排列,划出纵向隶属关系和横向分工关系,形成层次化、专业化、部门化的组织结构。

首先要确定组织类型。根据保险企业在整个保险市场中的定位、经营目标、营销策略及营销资源情况,选择职能型、区域型、产品型或者矩阵型组织类型;根据营销发展战略确定设立相关的营销运作部门,如市场研究、险种开发、广告促销、业务拓展、售后服务、人力资源及营销行政管理等。由于各营销部门的总体目标不同,上述有关部门有的则是营销部下属的一级机构,有的则是二级机构,有的部门下面还要设立分支机构。这些部门之间都是相互联系的,但设计的指导思想不同,因此部门间的纵向隶属关系和横向分工关系就不尽相同。

组织机构的设计通常会强调组织的有效性,并体现在机构的精简、职能明晰和专业化程度上,只有这样的运行机制才会高效。这里必须考虑两个要素:一是分权化程度,即权力纵横分散到什么程度,才能使上下左右之间能够更好地协调沟通;二是管理幅度,即每一个上级所能控制的下级人数。一般来说,如果每个职员都是称职的,那么分权化程度就高,管理幅度就宽,决策的自主权就大,积极性、主动性就能充分调动，组织效率也就较高。

需要注意的是，保险营销组织总是随着保险市场和保险企业目标的变化而变化，所以，组织机构并非一成不变，设计时一定要立足将来，并为未来组织机构的调整留下更大余地。

（二）保险营销组织的职权设计

保险营销组织的职权设计就是根据机构的要求建立完成各项营销活动的职位，并明确每个职位的权力与责任及其在组织中的相互关系。职权设计包括职位类型、职位层次与数量、权责规范三个要素。

1. 职位类型

营销职位通常有以下类型：

（1）指挥型和职能型。处于指挥型职位的人员行使指挥权，能领导、监督、指挥并管理下属人员；处于职能型职位的人员，则行使辅助性职权，包括就相关方面提供决策的咨询意见，履行职能。当然，指挥型与职能型职位并不是绝对的。比如，在某一个层面的指挥型职位，在更高一层的层面上却可能是职能型的职位。

（2）专业型和综合型。专业型职位的职责相对专业和专深，如广告促销部经理、市场研究部经理等。虽然，一个职位越专业，它就越无法起协调作用，故需要从整体上进行综合协调。综合型职位就是为适应这些职责需要设置的，如营销行政经理等。当然，专业型和综合型职位之间也不是绝对的。如人力资源部经理相对营销业务部经理等职位而言是专业型职位，专门负责人力资源的开发；但从营销部各部门的人力调度上来说，该职位又是综合型职位。

（3）临时型和长久型。营销部有时为了突击完成某项特殊任务，需要设置临时型职位；但相对营销组织发展而言，大多数职位是长久型的。当然，临时型与长久型职位也是相对的，严格意义上的长久型职位是不存在的。

2. 职位层次与数量

任何组织系统都具有层次性，组织的设立也必须遵循幅度原则。职位层次是指在不同组织层面上的职位，它决定了每个职位在组织中地位的高低和职责的大小。比如，从营销业务管理而言，有的营销部就设置了区域业务部经理、业务分部经理、业务组经理。职位数量是指建立组织需要职位的合理数量，它与职位层次密切相关。一般而言，职位层次越高，职能型、专业型职位越多。实际上，职位层次和数量都取决于营销部的业务规模和市场范围的大小。

3. 权责规范

每个职位的设立必须要明确相应的权力与责任。通常，职位的权力与责任都规定在工作说明书上，它包括职务的名称、主要工作职责、职权和此职位在组织中的地位，以及与其他职位的关系等，这形成了一个明确的权责规范。

四、配备营销组织人员

保险营销组织内的各个职位需要合适的人员担任。因此，人员配备历来为营销总经理所高度重视。一般来说，保险营销人员配备需要做好以下三个方面的工作：

（一）明确职位要求

保险营销任务是一个团队的组织行为，绝非一个或几个人能完成的。团队组织中有许多不同的工作，因而有许多不同的职位。对每个职位而言，都有各自不同的职责和权力要求，这也规定了它在整个组织体系内的坐标。比如，市场研究部经理主要从事市场的观察、信息收集与处理，市场机会的识别与评价；险种开发部经理则要根据目标市场开发新型险种，满足不同保险消费群体的保险需求；广告促销部经理要充分运用各种市场媒体，大力开展广告促销公关活动；业务部经理则要组织营销员拓展业务；客户服务部经理要为保户提供保后的服务，提供保险赔偿和给付，尤其是受理"孤儿保单"；人力资源部经理要根据业务发展需要提供各种类型的工作人员，并对他们进行培训，提高素质水平；行政部经理需要处理很多行政事务，为营销部各个部门提供完成任务的条件和环境等。因此，配备人员时必须清楚了解每个职位的任务所需人员的能力和水平要求，这样才会在人员安排时做到有的放矢，杜绝人员安排错位。

（二）遵循能级原则

能级原则是指任何稳定管理系统的最佳结构必须是一个具有不同层次、不同能级的复杂系统。也就是说，保险营销的不同职位需要不同能力。比如，市场研究员需要有敏锐的观察研究与信息处理能力，险种开发人员需要有较强的精算与创新能力，广告促销人员需要有广泛的交际与公关能力，业务员需要有勤勉的创业与实务能力等。

人员的能力应该与职位相当，这样才能充分发挥他们的作用。因而在配备人员时，要对其受教育程度、工作经历与经验、个性特征、心理素质以及身体状况等方面全面进行考察，对其能力与水平得出一个公正的考察结果。再对照工作职责的要求，使研究人员在保险营销组织中做到各安其位、人尽其才。当然，人的才能既非天生，也非一成不变，而是可塑的。所以，配备人员时也要考虑人的潜能的发挥，为他们提供学习的机会，使其提高素质，同时为其提供展示能力、实现人生价值的机会和平台。

总之，既要遵循能级原则配备营销组织体系中的人员，也要避免出现反常现象。

（三）坚持结构优化

由于保险营销涉及市场研究、险种开发、广告促销、业务拓展、保后服务、人力资源开发与营销管理等多个方面，营销组织是由不同层次、多个职位组成的复杂组织系统，因而在人员配备时必然存在团队群体结构优化的问题。因为即使营销组织人员个体素质都比较高，但如果营销团队群体结构组合未能优化，各成员之间性格不合、志趣不投、情操相悖，就会内耗丛生，或者互相争执、各不相让，或者互相推诿、互不负责，必然会削弱以至于破坏营销整体效能。只有营销团队群体结构优化，各成员间静有其位、各得其所、各负其责、各司其职、各谋其政、各用其权、各献其能，互相配备和补充，相互协调与促进，这样才能同频共振，提高和强化营销整体效能。可见，在配备营销组织人员时，团队结构优化问题十分重要。尤其是营销队伍成员组成复杂,能力水平参差不齐,因此,人员的配备工作必须慎之又慎。

五、评估营销组织效能

营销组织是保险企业实现营销目标的一种手段,而作为手段的组织模式本身可以是多种多样的。设计一个什么样的模式最有利于营销目标的实现?这就需要对其进行效能评估。

组织效能就是组织对实现目标的保证程度或者说组织经营的绩效。当然,任何低效能或无效能的保险营销组织模式,由于其不利于营销目标的实现,因而不管其形式如何完美无缺都不可取。当然,对保险营销组织效能进行评估,也有很大难度。因为要评估就必须有评估标准,而一套科学的评估标准,至少应该包括组织的状态标准、性能标准和绩效标准三方面,这当然是一套比较复杂的评估标准体系。为了使保险营销组织获得良好的效能,营销总经理必须经常检查、监督组织的运行状况;评估组织是否适应市场变化、满足市场需求,是否有效运用了组织资源;检查组织还存在哪些问题,哪些问题是主要的,哪些问题是次要的。如市场信息不灵,情况不清,甚至假象屡现;内部职责不清,摩擦不停,内耗丛生;团队力量分散,行动迟缓,甚至不能令行禁止;或者组织机构臃肿,职能部门效率低下,互不协调,等等。营销总经理只要预感、察觉到上述各种"症候"的一种,就要认真研究,果断决策,及时调整。

其实,保险营销组织适度调整是很正常的。当外部环境发生变化时,比如,新保险公司的成立,公司电子化进程的加快等;当组织主管人员发生变动时,新的主管要实行他的管理思想和管理方法;当组织运作中出现前述的某些"症候"等,都要对原有组织进行调整。通过调整,就可以达到新的平衡。

总之,以上五个程序是进行保险营销组织设计的基本步骤,它们之间相互联系、相互作用,形成了一个动态有序的过程。为了保持营销组织的生机和活力,营销总经理必须认真遵循这些程序,进行有效决策。当然,设计一个好的营销组织结构,远不止这样,还要考虑许多复杂的因素和关系,这就要在实践中认真研究,慎重决定。否则,再好的市场机会、营销目标和战略,也会因为没有一个合理科学的组织结构导致难以实现。

复习思考题

1. 请简述保险营销组织的构成要素与目标。
2. 一个高效的保险营销组织应具备哪些条件?
3. 保险营销组织的类型有哪些?
4. 请简述设计保险营销组织的基本步骤。

第八章

保险营销经理与营销会议

内容提要 本章主要包括营销经理的素质与职责、营销经理的工作方法、保险营销经理的领导艺术、保险营销会议及其经营四节内容。应掌握保险营销经理的职责及工作方法；保险营销会议的概念、种类与内容；理解保险营销经理的地位、作用、素质与观念，熟悉保险营销早会与夕会的策划与运作。

关键词 保险营销经理；领导艺术；保险营销会议；保险营销早会；保险营销夕会

第一节 营销经理的素质与职责

一、营销经理的地位、作用与工作特点

（一）营销经理的地位和作用

营销经理是指负责营销业务工作的公司副总经理或营销部经理的简称。营销经理是总经理或经理的助手，对总经理或经理负责，又是公司领导人之一，主持保险营销方面的工作。营销经理分为多个层级，不同层级的经理具有不同的地位，如图8-1所示。

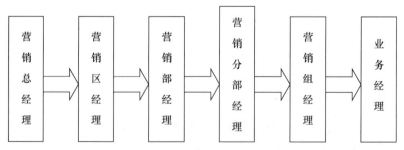

图 8-1 营销经理层级图

（二）营销经理的作用

营销经理既是保险营销业务活动的指挥员，又是保险商品的经营者，在保险公司经营管理中发挥桥梁纽带作用。其作用是：

第一，在总经理领导下，根据保险公司的战略部署，通过自身的组织活动，由营销员把保单销售给千家万户，满足人们的保险保障需求。

第二，根据公司授予的权力，在个人营销方面，把技术、设备和展业的资料组织起来，形成一个独立的营销体系，确保营销任务的顺利完成。

第三，营销经理要组织业务经营活动，必然要和社会各界人士打交道，并形成一定的经济关系。

（三）营销经理的工作特点

营销经理在直接领导保险营销活动中，其工作具有以下三个特点：

1. 保险商品的特殊性

保险商品是一种货币形态的特殊避害产品，属于无形服务商品的范畴，经营难度比较大。

2. 业务活动的挑战性

保险营销活动发生在保险市场的最前沿。在现代市场经济条件下，我国保险业已进入"以实力为后盾，以战略决胜负"的新时期。保险公司必须生产和提供市场需要的保险产品和服务。这种产品要被社会认识、了解和接受，必须投入大量人力、物力、财力进行宣传推销，并受到客户的欢迎和购买，保险产品的价值才能体现出来。随着保险经营主体的不断增加，市场竞争已经呈现白热化。要在市场立于不败之地，就必须进行有效的险种开发和良好的保后服务，营销经理们必须每时每刻盯住市场这个信号，迎接富有挑战性的工作。

3. 职责范围的单一性

营销经理的工作十分繁忙，但和保险公司其他经理相比，其职责范围却要狭窄得多。他只是直接控制营销系统，针对营销业务，开展市场需求调查，招募营销员，策划组织营销培训，强化营销管理，负责营销系统的思想政治工作；定期或不定期分析业务进展，及时准确地向公司经理报告，从而得到公司经理的支持。从组织管理的角度看，当前多数公司的营销体系是把非直销业务分出来，单独组建分公司及营销部，下设若干营业处，直接经营个人业务，并由一名副总经理主管。

营销部经理主要负责营销员的聘用和全面管理。保险营销员实行代理合同制，收入实行佣金制，直接与业务挂钩。营销员实行分级制，形成"营销员—业务主任—高级业务主任"的架构；其级别原则上每季度评定一次，按业绩予以考核，达到一定条件后晋级。在我国保险市场尚不完善、人们保险意识较淡薄的时候，营销经理要带领这支营销团队大力销售保险，唤起人们的保险意识，方便群众投保，为我国保险事业的发展奋力拼搏。

二、营销经理应具备的素质与观念

（一）营销经理素质的重要性

营销经理的素质是指在一定先天禀赋基础上，通过后天实践锻炼和学习所形成的在领导活动中发挥作用的本质要素。作为保险营销经理，要充分认识良好素质在领导营销活动中的重要作用。

1. 良好素质是贯彻保险公司经营宗旨的根本保证

全心全意为保户和员工服务是保险企业负责人的出发点与归宿。权力、责任、服务三者的统一，对保险企业负责人提出了多方面的要求。只有具有良好素质的营销经理才能充分发挥领导作用，科学运用权力，贯彻保险公司的经营宗旨，服务保户，拓展业务，保证营销活动健康持续发展。因此，营销经理必须具备良好的职业素质。

2. 良好素质是发挥领导职能的基础

营销经理在经营活动中要发挥应有作用，需要以各种能力为基础。领导心理学认为，领导者发挥领导职能的一个重要因素就是领导者的影响力。影响力人皆有之，但各自的知识、经验、能力、地位、权力状况不同，因而各自具有的刺激量，对他人心理和行为的影响力大小也不相同。

一般来说，领导影响力分为权力影响力和非权力影响力。由于传统的法定因素作用，营销经理必须正确运用权力影响力来领导营销人员从事各项营销活动。但必须指出，在营销经理的领导活动中，起决定作用的是非权力影响力，即品格、才能、知识与感情的综合影响力。一个成功的营销经理，应主要依靠非职权影响力来实施领导。在其作用下，公司员工、营销员的心理与行为自觉追随，对经理产生敬佩感和信赖感。因此，营销经理要十分重视提高自身综合素质，不断提高非权力的影响力。

3. 良好素质是经营科学化的保证

随着社会主义市场体制的不断完善，保险粗放型经营向集约型经营的转变，迫切要求经理的领导力由经验型向科学型转变，实行领导决策科学化。营销经理必须要有洞察市场配置资源的能力，只有具有广纳意见的胸怀和渊博的专业知识，才能作出开拓营销市场的科学决策。决策科学认为，良好素质是实现决策科学化的保证，没有良好素质的经理是难以做到决策科学化的。

（二）营销经理应具备的素质

营销经理的素质主要包括政治素质、知识素质、专业技能素质、身体素质和心理素质五个方面。

1. 政治素质

政治素质是对公司领导干部的基本要求，作为一名营销经理，在政治方向、政治立场、政治品德和思想作风方面，应具备以下四项素质要求：

（1）具有高度的社会主义觉悟和强烈的事业心。这主要表现在，能自觉地坚持四项基本原则；能自觉地贯彻执行党和国家的路线、方针和政策；能正确处理国家、公司、职工三者之间的利益关系，自觉维护国家和保户的利益，能把保险公司的发展同国家经济建设联系起来。

（2）应是公司生存发展的骨干。营销经理应是公司经营管理的骨干，面对五彩缤纷的世界和千变万化的市场，能解放思想，敢想敢闯，不怕承担风险，同时实事求是，一丝不苟，讲求实效；能从国家经济建设和公司科学发展的实际出发，敢于冲破传统观念和习惯势力的束缚，勇于创新，不畏风险，不怕困难；能勤勤恳恳，埋头苦干,艰苦创业;与公司同生死共命运,讲究经济实效,真正为社会、为国家经济发展做出贡献。

(3)能密切联系员工,处处为保户着想。营销经理一定要有群众观点,能密切联系员工,真心依靠员工,关心营销员疾苦。工作上要走群众路线,与营销员打成一片,充分发挥所辖部门作用,带领广大营销员工共同完成上级交给的各项任务。

(4)大公无私,作风正派。要坦率诚恳,不言过其实,坚持原则,不搞特殊;克己奉公,不谋私利;言行一致,以身作则,不计个人恩怨,任人唯贤,办事公正,敢于抵制不正之风。

2. 知识素质

知识素质是决定营销经理业务能力高低的重要因素。营销经理主持营销方面的重要工作,必须掌握广博的知识,以适应保险经营管理日益发展的需要。其应当掌握的基本知识有:

(1)经济理论知识,主要是马克思主义经济基本理论,社会主义市场经济理论等,用具有中国特色的社会主义建设理论指导自己从事的保险营销事业。

(2)经济法规知识,特别是《保险法》《社会保险法》和与保险经济活动有关的各种法令、条例、规定和制度,做到依法经营。

(3)公司管理的基本原理和方法,以及相关经济、金融知识。在公司管理方面,必须掌握计划管理、业务管理、营销管理、财务管理等专业管理的基本知识,思想政治工作的原则和方法、企业文化建设等。为了适应与国际接轨,还应懂得有关国际金融、风险防范等横向基本知识。

(4)保险理论与实践知识。应掌握保险原理、险种实务、经营技术、销售技巧、保险法规等,了解本行业的发展趋势和前沿研究课题。

除上述必备的基本知识外,如有条件,最好再学习一些投资学、经营管理学、心理学、社会学、外语等方面的知识。

3. 专业技能素质

营销经理工作是一项专业性很强的工作,除应具备一定的知识素质外,还要有必需的专业技能。具体有以下四个方面:

(1)思想能力,又称观念能力,是指营销经理对公司的经营活动进行分析、判断和概括的能力。经理们要在纷繁复杂的事物中,透过现象看清本质,能在众多矛盾中抓住决定事物性质和发展进程的主要矛盾,能运用逻辑思维,进行有效的归纳概括、判断和表达,通过演绎和推理,找出解决问题的办法。

(2)决策能力。决策包括经营、管理及业务方面的决策。对于营销经理来讲,主要是具备正确进行经营决策的能力,包括调查研究能力、问题分析能力、预测能力、决断能力等。

(3)组织能力。营销经理要善于根据公司组织设置原则,选择恰当的组织形式,建立一套高效率的组织机构。要善于组织和指挥经营活动,协调人力、物力、财力,以期达到综合平衡,获得最优效果,要对既有方案的实施实行有效的控制,排除各种干扰以实现预定目标。当环境发生重大变化时,能及时调整或转移工作重点;当任务完成在望时,能够适时提出新的奋斗目标。

(4) 创新能力。营销经理要有不断探索、不断创新的能力。对进行中的工作,能够及时发现问题,对做过的工作,能认真总结经验教训,善于听取和鼓励发表独立见解和不同意见,集中集体智慧,吸取有益的东西,对新鲜事物敏感,富有想象力,思路开阔,善于提出大胆且新颖的推测和设想,提出新方案,敢于进行改革,每年的工作都有一些新点子,永不满足,不断用更高的目标鼓舞营销员努力前进。

4. 身体素质

营销经理奋斗在营销活动第一线,因此,对其健康状况和年龄方面也有特别的要求。只有年富力强、身体健康、精力充沛的营销经理,才能胜任繁重的工作任务。这里的身体健康,一是指体魄健壮、精力充沛,二是指脑力旺盛、思维敏捷、记忆良好。如果营销经理体弱多病,无法坚持正常岗位的工作,或脑力思维迟钝,就适应不了千变万化的保险市场。因此,健康的身体素质是营销经理素质不可缺少的组成部分。

5. 心理素质

心理素质也称作心理品质,指一个人的心理活动过程和个性方面表现出来的稳定持久的基本特性。对营销经理来讲,应具有以下四项心理素质:

(1) 敏捷的认识力。一名优秀的营销经理应该具备敏锐的观察力、良好的注意力、较强的记忆力、丰富的想象力和严谨的思维能力,这些是形成正确的认识活动不可缺少的心理品质。这样,他才能发现一般人看不到的但却是十分重要的问题,发挥带头人的作用。

(2) 健康的情感。作为营销经理,应有高尚的情操、鲜明的爱憎,才能公正不阿、赏罚分明;应该有稳定的情绪,不会因工作获得成绩而沾沾自喜,遇到挫折也能不心灰意冷、萎靡不振;应该有较强的自控力,碰到惹人生气的事情能够制怒。只有随时保持健康的情绪,才能自如应对各种复杂问题,防止发生工作偏差。

(3) 坚强的意志。营销经理必须有勇气、有魄力,处事果断、敢担风险;目标和计划一经确定,就要努力去做,无论碰到什么困难都不退缩,有不达目的誓不罢休的工作精神。

(4) 良好的个性。人的个性是千差万别的,不可能也不应该提出刻板要求。不过,作为优秀营销经理,在大的方面确有共同之处。例如,积极向上的生活态度、广泛的兴趣和爱好、正直开朗的性格、适应性较强的气质等,这是每个营销经理都应注意并自我培养和完善的。

上述四方面心理素质的形成,虽然受先天因素的影响,但起决定作用的是后天实践。营销经理要想在员工中有威望,在工作中有所建树,就要通过实践和自身努力不断完善心理素质。

(三) 营销经理应具备的观念

合格的营销经理必须树立现代经营观念,这些观念主要包括:

1. 市场和竞争观念

树立市场观念关键是必须了解市场的地位与作用。

(1) 市场是实现社会再生产的重要条件。商业保险经营的是特殊"商品",其一切活动都以市场为载体,若离开了市场,特殊"商品"就失去了交换载体,保险公司也失去了存在的条件。

(2) 从实现社会生产目的来看,满足社会不断增长的需求是通过市场来实现的。通过保险市场的运作,就可以不断满足各种保险需求,调节保险供求关系,并促进生产发展、经济繁荣。

(3) 利用市场促进公司改善经营管理,降低展业成本。市场活动的开展使保险公司有了物质利益的动力,也带来了竞争压力。为了提高险种的市场竞争能力,打开营销渠道,就必须解决险种的针对性并提高服务质量,不断降低展业成本,为市场提供能够满足各种需求的差异化险种。

作为营销经理,要花大力气对市场进行调查研究,真正做到按市场需求来安排新险种的设计和销售,按顾客要求改进管理体制及营销运作方式,从而最大限度地方便客户,主动做到善于开拓并扩大市场,按国际惯例开展保险业务,提高本公司营销险种的市场占有率。

与市场相联系的是竞争。竞争是商品经济的必然产物,哪里有市场,哪里就一定会出现竞争。保险公司要在市场中经受各种挑战和考验,就要不断提高竞争能力,确保公司立于不败之地。为此,必须注意做到以下三点:

(1) 险种适销对路是提高竞争力的前提。保险公司要保持竞争优势,就必须使各险种适销对路,满足市场上日益增长的需求,按照社会需求调整险种结构,设计新险种,改进老险种。还要广开门路,搞多元化经营,使公司在变化激烈的竞争形势中有较大的回旋余地,始终保持主动地位。

(2) 一流服务质量是提高竞争力的核心。"竞争要取胜,质量要过硬",保险质量的表现形式与一般商品不一样。保险产品没有样品,客户无法凭自己的感觉直接了解保险的特性,只能根据保险条款的说明和营销员介绍,经过理性判断来作出选择。其效用难以体现,只有当保险事故发生后,或经过相当长的时期,保险人给予赔付后,保险产品的效用才能体现出来。目前,各保险企业所推出的险种无论从其数量、质量来看,都相差无几。即使某公司推出一个很具吸引力的险种,其他公司就会很快推出类似的,甚至更有吸引力的险种与之抗衡。显然,无论多好的险种,只有通过推销,才能被客户了解、认识和接受,进而取得市场竞争的主动权。

(3) 良好信誉是提高公司竞争力的基础。俗话说:"一言九鼎,诚信为本",公司信誉是保险企业的无形资产,要提高公司信誉就必须树立一切为了保户的思想,为其提供全面的优质服务。既要做好保前服务,还要负责保后服务;不仅要向保户提供保险条款规定的服务,还要为其提供保险咨询、帮助其选择保险方案、提供防范风险等附加服务。应该认真履行保险契约,及时准确地赔付,确保相关服务到位,以信取胜。

总之，竞争能极大地促进保险公司的各项经营管理工作，并推动公司营销业务的迅猛发展，营销经理必须时刻关注，把它当作保险公司生存和发展的动力。

2. 保户与长远观念

(1) 保户是保险公司生存的根基

保险经营是建立在大数法则基础上的，只有足够多的客户购买保险，保险公司才能稳定经营，实现集散风险，保障社会生产和人民生活安定的目的。只有在拥有大量保户的情况下，保险公司才能提高自身的经营效益。大量的保户必须通过保险营销，靠那些高素质、服务热情周到的营销员，让客户了解、认识和接受，并赢得他们的信任，从而开拓市场，推动保险业务向广度和深度发展。否则，就等于失去了保险公司生存的根基，失去了发展活力。

(2) 必须树立为保户负责的长远观念，切忌短期行为

众所周知，寿险保单期限长达几年、十几年，甚至几十年，如何加强保单的售后服务并保持正常的联系，是保户十分关心的问题。必须正确处理公司与保户的关系及公司和公司之间的关系。从保险公司与保户的关系来说，保险公司在其经营活动中，要保护投保人和被保险人的利益，尽量满足保户的需求，并应在服从保户利益的前提下取得正当利益。从公司和公司之间的关系来说，要树立全局观念，既要平等互利、等价交换，又要互助合作、发展联合，积极反对那些恶性降费、弄虚作假、损害别人的经营思想和作风。提倡惠民便民措施，真正做到"保户至上，服务优先"，在保户心目中真正树立良好的公司形象，这也是每个营销经理的神圣职责。

3. 效率与创新观念

在信息技术背景下，作为现代企业领导者的营销经理，必须牢固树立效率与创新的观念。因为没有效率，企业就无法生存；没有创新，企业就无法前进。因此，营销经理要加强自我管理、工作管理和时间管理，不断提高工作效率。

(1) 自我管理的内涵

自我管理首先是要正确评价自己。要管人先要管己，要明确树立不断上进和提高的目标，能根据形势的发展，全面"反省"自己的管理效能，并采取积极主动的态度，用事业的发展目标要求自己。要经常思考：为达到公司的未来目标，应该采取怎样的组织形式？未来任务对管理工作提出了什么要求？营销经理应具有什么资格和技能，才能满足公司未来的要求？自己现有知识和能力，距离未来要求相差多远？如何从现在起通过各种途径缩短这一差距？等等。

其次，要经常"静下来思考"。多谋出于多思，多思方能善断。营销经理要对自己主管的工作负责，不纠缠具体事务，要超脱一些，能经常"静下来思考"。不经过深思熟虑的管理和决策，就不会有工作效率和经营效益。

最后，要权威，不要权力。为了提高管理工作效率，使公司向着既定目标快速前进，营销经理是需要特殊力量的。这种力量的表现形式是"权力"和"权威"。权力由职务直接产生，是一种外力，权威则来自本身，是从一个人内在实力和人格中自然体现的。有权力的人不一定有权威，权力在而权威小，公司迟早会衰败；而权威先

行,权力后行,公司才会蒸蒸日上。因此,领导者要提高管理工作效率,就要与下属建立和睦的关系,不求他们喜欢你、惧怕你,而是要员工尊重你。

(2)工作管理的要点

一是明确职权范围。要提高管理工作的效率,必须从上到下地明确职权范围,避免同一件事"都管都不管"的现象发生,做到各司其职、各负其责、按劳分配、赏罚分明。

二是确定工作程序。营销管理工作涉及方方面面。要提高工作效率,就要推行工作的程序化。一项工作由谁去干,怎么干,干到什么程度,什么时候完成等,都通过标准化和业务程序规定下来,使营销管理工作有序运作。

三是加强信息交流。保险市场的激烈竞争、保险运作的错综复杂、保险需求的千变万化,必然产生纷杂繁多的保险信息。营销经理必须加强信息交流,综合有效地利用信息,才能推动营销工作的顺利开展。

(3)时间管理的窍门

第一,时间观念要强。这是进行时间管理的基础。要认识到时间的重要性,考虑如何灵活有效地运用时间;也要处事果断,对该处理的事能不失时机地迅速作出决断。

第二,要有计划地利用时间。营销经理进行时间管理,可考虑绘制一个行动预定表。对自己的工作进行认真分析,看看哪些是每天要做的固定工作,哪些是非固定性的工作,哪些是接受他人委托的工作,哪些是例外工作。对工作进行分析后,要预测每项工作需要多少时间。然后,就可填写行动预定表,如表8-1所示。

表8-1 行动预定表

编号	工作	预定时间	实际时间	备注

第三,要经常检查反思时间管理。营销经理要经常对自己、下级员工进行时间管理的检查。检查内容如下:

① 对自己

——是否有时间观念?

——是否经常考虑工作效率和措施的合理化?

——是否把应该下放给下级的权力真正下放给了下级?

——是否绘制行动预定表,并按其行动?

——与规定的时间相差多少?

——是否存在妨碍下级的现象?

——是否有因私事指派下级的情况?

——是否对下级严格实行时间安排方面的管理？
② 对下级
——是否有时间观念？
——是否绘制时间预定表，并以此进行活动？
——在工作中是否常说与工作无关的话？
——是否经常打长电话、玩游戏？
——是否经常离开自己的岗位？
——是否按时上下班？有无妨碍他人工作的举动？

三、营销经理的工作职责

（一）制定营销战略

制定营销战略是保险公司的头等大事，关系着公司的生存和发展，无疑是营销经理最主要的职责之一。在制定营销战略时，必须要注意战略的全局性、长期性、层次性、阶段性和动态性的特点。制定营销战略的步骤是：调查研究→搜集资料→制定战略方案→实施营销战略。具体内容详见本书第五章。

（二）制定营销规范

为了保证保险营销战略的正确实施和业务的有效增长，营销经理要制定相应的营销规范，主要有岗位规范、奖惩办法等。

1. 岗位规范

保险营销工作有许多不同的岗位，每个岗位必须有相应的岗位规范。岗位规范就是指承担一定岗位工作任务的人员，对其承担的工作任务所具备的条件和职责作出的规定。制定保险营销岗位规范，通常要注意以下三个方面：

（1）制定科学的岗位体系

制定岗位规范时，首先要根据营销活动流程，确定相关的各个岗位。横向，通常根据保险营销工作性质划分；纵向，按照任务范围、责任大小、工作繁简、所需文化程度、技术经验水平等因素确定层次。然后，对这些岗位进行科学排列，形成有序的岗位体系。

（2）明确岗位规范的内容

岗位规范的主要内容包括以下四方面：

① 政治思想与职业道德方面。即"德"的要求，在政治品质和思想作风方面，如坚持党的基本路线，了解并掌握党的方针政策等；职业道德则应随职业的不同有所不同，此方面规定必须尽可能明确具体，便于检查。

② 文化起点和学历基础方面。应从实际需要出发，对不同职业和不同岗位所要求的文化程度起点和最低学历作出明确规定。

③ 业务技术和理论知识方面。应明确规定担任本岗位工作所必须具备的本专业业务能力和专业理论知识。

④ 岗位职责方面。这是岗位规范的核心内容。对每个岗位来说，必须明确相应的

职责要求，以便让从事这一岗位工作的人知道他该干什么、不该干什么，以及如何完成本岗位所规定的任务。

（3）制定岗位规范的原则

制定岗位规范，必须遵循以下原则：

① 科学性原则。这主要体现在：将规范标准建立在现代科学技术和管理技术基础上；规范要求准确适度，语言表达规范。

② 针对性原则。这是指把岗位规范标准建立在每个具体岗位要求的基础上，使其具有明显的针对性。一定要把握住各岗位的本质特征，同时要考虑公司的特点和个性，否则就不能称为岗位规范。

③ 稳定性原则。岗位规范是一种人事、劳动管理制度，必须相对稳定，才能充分发挥其应有的指导作用，不稳定就很难发挥指导作用。因此必须本着"立足现实要求，着眼形势发展"的精神，妥善处理动态性与稳定性之间的关系。

④ 层次性原则。岗位规范是单位岗位体系所构成的有机体系。各层次之间的规范要求必须协调一致、互相衔接，不能相互矛盾。

2. 奖惩制度

为了确保岗位规范的正确执行，克服"你有政策、我有对策"的状态，必须有一套奖惩制度促进和保证其实施。有效清除平均主义、"铁饭碗"的弊端及其影响，对于尽职尽责、工作出色、贡献突出的员工必须奖赏；对玩忽职守、工作不好甚至造成损失的员工必须惩罚。有赏无罚不行，无赏有罚也不行，无赏无罚更不行。只有赏罚分明，才能有管理效果。

制定奖惩制度时，必须注意赏罚适度、科学合理。这是能否顺利执行和发挥应有作用的关键。第一，就奖赏而言，比重太大，激励作用就会相应降低，甚至没有奖励作用；比重太小、标准太高也不行，会使大家感到"高不可攀"，起不到激励作用。第二，在制定和实施奖惩制度时，不能"平分秋色"，而应体现"奖赏为主，惩罚为辅"的精神。第三，无论是奖赏还是惩罚，都应兼顾物质和精神的形式。实践证明，物质或者精神都不是万能的，两者必须结合起来激励，才起到最佳的效果。

（三）进行营销决策

营销经理在领导公司营销工作中，必须进行目标市场细分、营销险种组合开发、营销资源分配等决策。因此，进行营销决策是营销经理的基本职责。为此，就必须学会作出正确的科学决策，掌握科学决策的全过程。决策的基本程序是：

1. 确定目标

首先，必须认清所要解决问题的性质、特点、范围，找到问题的症结及产生的原因。

其次，要全面研究所要解决的问题。要预测关键性差距问题的时间函数和空间连锁幅度，进而根据主客观条件，探讨解决关键性差距是否具有现实可能性。

最后，根据以上分析，确定所需要决策的目标。其决策目标应具备：（1）目标要明确而具体，能量化的尽可能量化。（2）建立一个目标体系。（3）要规定目标的约束条件。

2. 拟订方案

为了使决策合理，在拟定备选方案时，应掌握目的性、可行性和多样性三个原则。各个备选方案应该各有特色，相互之间要有原则差别，而非大同小异。

拟订备选方案的工作，是在营销经理委托下，主要由公司智囊团、参谋班子承担的，大体分三步：大胆探索→精心设计→综合评价。在评估的基础上，权衡各个方案的利弊得失，并将各方案依照优先顺序排列，提出取舍意见，供营销经理定夺。

3. 审定方案

审定方案要有选择的标准。由于决策对象性质的不同，选择的标准也不一样。一般来说，有价值标准、优化标准（也称为满意标准）、时效标准。在进行方案审定时，必须注意以下三点：

（1）在优化方案中，究竟是采取最优标准还是满意标准，应视具体条件而定。最优决策的成功取决于经理们的直觉判断，在特定的条件下是可行的，否则难免会失利。而满意的决策则取决于对现实条件的详尽分析比较，在许多满意目标中应择其优者，否则也会失利。

（2）在方案初步选定后，必须进行局部试验，进一步验证方案的可行性。经过试点后，补充并完善方案，再作决策是大有好处的。

（3）在选定方案后，还应准备预防措施，以防万一出现不测事变，也能应付自如，使决策立于不败之地。

4. 实施决策

决策作出以后就要认真实施。在实施决策过程中，既是对决策的检验，看其是否正确，也必须作出相应的调整和修改，使之更加完善。这其中会遇到的问题大致归纳为三种：一是没有按照决策方案办事；二是执行中碰到实际困难，发现方案中有错误的地方；三是已经执行了方案，但未达到预期目标。

针对上述情况，营销经理要及时进行具体分析，区别对待。第一种是属于教育和落实的问题，切忌轻率作出改变。第二种是需要进行必要的修改、调整，使其日臻完善，更加切合实际。第三种，若已经危及决策目标的实现，就要进行追踪决策；若证明原决策是完全错误的，则应推倒重来。

5. 追踪决策

追踪决策与一般决策不同，它具有以下四个特点：

（1）回溯分析。对原有决策的产生机制和产生环境进行客观分析，列出失误发生的过程并找出原因，以便采取有效对策，使追踪决策建立在现实可靠的基础上。同时，要注意挖掘原有决策的合理因素，将其吸收进来，这对追踪决策大有益处。

（2）非零起点。追踪决策面临的对象和条件，是原有决策已经实施了一段时间，不仅投入了大量人力、物力、财力等，而且这些资源的消耗结果已对周围环境产生实际影响。因此，对待追踪决策既要慎之又慎，又要坚决果断，抓紧时间、不要拖延。

（3）双重优化。追踪决策的方案选择，既要优于原有方案，也要在各新方案中进一步优化。方案择优的焦点是"损益值"。但有的决策只能从损失大小和多少中选择,即"害中取小,即为大利"。

(4) 心理效应。因为要改变原有决策,势必牵动有关人员的强烈感情。所以,在作追踪决策时,除了做好思想工作,还应采取科学措施来消除人们感情因素的影响。

(四) 进行思想教育

对员工进行思想政治教育是营销经理的重要职责。它一般包括以下两个方面:

(1) 系统的思想教育。这主要指共产主义思想体系教育,如爱国主义、集体主义、革命传统教育等,这是系统的马克思主义理论教育、共产主义世界观和人生观教育。

(2) 日常思想教育。这包括国内外形势教育,党和政府的路线、方针、政策教育,社会主义民主、法制和纪律教育,英雄模范人物事迹教育,共产主义道德观教育和具体条件下的个别教育等。

(3) 思想政治工作必须注意的问题。

其一,必须遵循疏导方针。疏导即疏通和引导,也就是广开言路、集思广益;引导就是循循善诱、说服教育。

其二,必须与其他工作相结合。营销员的各种思想情绪问题,总是和各种工作、生活、待遇、荣誉等现实问题密切相关。这就决定了进行思想政治工作时,必须和其他现实工作结合起来,切忌空洞的说教,使人反感。

其三,思想政治工作必须坚持四项原则:① 坚持理论联系实际的原则;② 坚持民主平等和服从真理的原则;③ 坚持团结—批评—团结的原则;④ 坚持教育从严、处理从宽的原则。

其四,做好思想政治工作,只有正确的方针与原则还不够,还必须采取正确的形式与方法才能收到预期效果。目前常用的方法有:① 进行正规系统的培训;② 开展灵活多样的宣传教育活动;③ 开展情理交融的谈心活动;④ 举办以现身说法为主的报告会。

总之,思想政治工作要收到好效果,必须讲究方式与方法,既注意克服形式主义,又要坚持一切从实际出发的原则,不断研究新情况,解决新问题,确保保险事业的健康发展。

第二节　保险营销经理工作方法

一、营销经理工作方法的含义与种类

营销经理的工作方法是营销经理对所辖营销系统施加作用的方式,也是执行管理职能的手段。营销经理的重要职责是:科学决策,制订符合实际的营销方案,动员、组织广大营销员完成各项任务,实现既定工作目标。那么,决策从何而来,计划怎样制订,如何组织和动员员工,都离不开营销经理。若营销经理没有正确的工作方法,任何工作任务都无法完成。

营销经理的工作方法由基本工作方法和日常工作方法组成。基本工作方法关系营销经理决策和整个工作的科学安排，带有方向性的意义，而日常工作方法则直接影响着营销工作效率的高低，具有加速器的作用。

二、营销经理的基本工作方法

营销经理的基本工作方法包括理论联系实际、群众路线、正确处理局部和整体关系等方法。

（一）理论联系实际

营销经理在领导营销工作时，应坚持理论联系实际，实事求是，一切从实际出发。那么，怎样做到一切从实际出发，主客观相一致？

一是处理营销问题时，不能从抽象的定义出发，以某些论断框住丰富的现实生活，应该从客观存在的营销工作事实出发，从这些事实中概括营销工作的理论、政策及计划。任何理论、政策、计划是否正确，不是依据人们主观上感觉如何，而是取决于它是否正确反映了营销工作的规律性。

二是在工作过程中，必须十分珍视营销实践对理论、思想、计划、方案的检验，搜集营销信息，总结经验教训，不断修正和完善原有的营销计划、方案。一个聪明的营销经理，不在于他不会碰钉子、犯错误，而在于他能够尊重营销员的营销实践，及时改变自己的营销工作部署。

三是要注重对保险营销实际的调查研究，反对主观主义的领导方法。既要注意避免凭借老经验领导营销工作，又要注意把营销工作的局部经验向整体推广，作为指导工作的新思路。

（二）从群众中来，到群众中去

"从群众中来"，就是营销经理要深入到营销员中去，了解来自各方面分散零碎的营销工作意见和建议，并集中起来进行分析研究，整理概括，化为集中系统的意见，化作经理的意志，形成切合实际的营销计划方案。"到群众中去"，则是要把营销经理作出的营销决策、指示，再返回到营销人员中去，并通过动员、说服、宣传、解释工作，使之变为营销人员的意愿，在工作中坚持下去。

这样一"来"一"去"，又"来"又"去"，是连绵不断的无限循环。这种领导方法，是营销经理应该学会并掌握的最基本的领导方法。

（三）正确处理局部和整体的关系

局部和整体的关系是每个营销经理经常遇到和必须处理的问题。服从整体，照顾局部，妥善处理局部和整体的关系，也是领导工作的基本方法。

现实世界的任何事情，既有整体，又有局部。局部和整体是辩证的统一的关系。无局部就无整体，无整体也没有局部。两者既相互依存、相互作用，又彼此对立、常有矛盾，局部和整体的界限则是相对的。比如，一个全国性保险公司，分支机构遍及全国各地。就全国而言，整个行业是整体，公司是局部；就公司而言，总公司是整体,各分支机构是局部;就分支机构而言,分支机构是整体,营销部是局部。为此,营销经理在处理局部和整体的关系时,必须注意一定的范围和条件,认准什么是整体,什么是局部。一定要纵观全局、服从整体,关心局部、照顾局部。

从整个公司的工作来说,营销工作是局部工作,营销经理考虑问题一定要从公司的整体出发,顾全大局,做到局部服从整体。这里有两种情况:一种是营销工作与公司的整体工作并不矛盾。这时,只要做好本部门的营销工作就能推动公司整体的发展;另一种是营销工作与公司整体工作发生矛盾,这时就必须顾全大局,服从公司整体工作,万万不可让营销工作冲击公司的整体工作,对保险营销工作而言,营销经理处于全局地位。因此,他要着眼整体,关心局部,发挥局部的积极性。这里也有两种情况:有的是关键性的局部,如营销业务的拓展对营销工作有重大影响,甚至是决定性影响;有的是一般性局部,如营销行政管理工作。无疑,营销经理对于营销业务的拓展工作要特别关注,把重点抓住了,全局就活了。面对营销行政工作,也要予以关心,调动其积极性,使之配合整体。

三、营销经理的日常工作方法

日常工作方法范围很广,营销经理应因时因地制宜,随机灵活使用。以下着重介绍提高工作效率的有关工作方法。

(一)运筹时间

古人云:"一寸光阴一寸金,寸金难买寸光阴。"这充分说明了时间的价值。作为营销经理,要认识到"时间就是金钱"这一共识,这也是把握经营时机的关键。珍惜时间这项最稀有的资源,想方设法利用自己的有限时间,做时间的"主人"。同时,要合理安排自己的时间。下面介绍国外管理专家提出的一些方法:

1. 分类安排工作法

美国企业管理专家莱金专门从事节约时间秘诀的研究,提出了分类安排工作法方法。他出版了《如何控制你的时间和生命》,提出现代企业领导者应该编制每天的工作时间表。他认为一个企业家每天要办的事情很多,但又不可能全部都做完。因此,有必要把每天要处理的工作,按照轻重缓急分成 A、B、C 三类,称为"ABC 分类法"。A 类最重要、B 类次之、C 类可以缓一缓。如果能够把 A、B 两类工作办完,就是抓住了关键环节,等于完成了当天工作的 80%。营销经理的工作繁杂,也可以分为 A、B、C 三类工作,亲自处理重要工作,把次要工作委托给别人,保证完成主要和紧要的工作后,留有适当的机动时间,免得安排过满、过死。

2. 整体使用时间法

整体使用时间法是把零星时间集中起来作为整体时间使用,这是提高时间利用率的好办法。著名管理学者杜拉克在《有效的管理》一书中指出,同样的总时间,如果将它分割开来零星使用,其效果肯定不如整体使用。他在书中介绍了一位银行家善于集中零星时间作整体使用的实例。这个银行家找顾问谈话,不是今天谈一次,明天谈一次。而是一个月晤谈一次,每次一个半小时。每次交谈仅有一个题目,事先就通知顾问作准备,他自己也作了充分准备。在谈话中,除自己夫人的电话,其他一概由秘书接听。他在晤谈中完成的事,比任何一个同样能干但天天忙于开会的领导者都要多。

3. 统筹法

统筹法是运用网络图计算的,即把复杂的营销任务根据运作环节分解成许多"作业"与"事项"。"作业"是说一件工作从开始到完成的过程;而"事项"则指先行和后续两件工作的交接点。然后,依照绘制网络图的规则,把"作业"与"事项"用圆圈和带箭头的线段连接起来,形成这项营销任务的网络图。有了网络图,就可以找出这项任务花费时间最长的一条路线,即所谓紧急路线。想方设法把这条紧急路线上各项作业的时间缩短,这就等于缩短了整个任务的完成时间。这种统筹法也称计划协调技术。

4. 杜绝时间的浪费

杜绝时间浪费的"诀窍"很多,比如:(1)在做一件工作之前,应事先作好准备,把所需要的资料、报告都放在桌子上,以免寻找遗忘的东西浪费时间;(2)在处理公务时,切忌先办小事后办大事,一定要先做重要的,再做次要的,把最难办的事摆在效率最高的时候做,例行公事可在精神较差的时候处理;(3)经常将构想、概念、凭据和资料存入档案,在会议或重要谈话之后,立即把要点摘录下来,这样,虽然事过境迁,但仍然记忆犹新;(4)准备一本时间记录簿,把自己每天的时间花费在当时就记录下来,然后定期检查,必须改进对时间的利用;(5)把一部分工作交给秘书或助手去做,只要使他们知道你期望怎么做就可以;(6)不写信,若能用电话解决的问题就用电话,一定要写信时尽量写便条;(7)别让闲聊浪费时间,当遇到健谈者来访,最好站着接待,从而迫使他少说废话,开门见山,道明来意;(8)珍惜工作的"黄金时间",将一日的宝贵光阴运用在思考和处理工作上。

(二)组织会议

组织会议是营销经理工作中不可缺少的,这里仅从方法的角度进行讨论。

1. 会议的选择

在保险营销工作中,为了达成营销目标往往要召开一些会议,贯彻精神、部署安排、统一思想、总结经验。但开会是有成本的,要把会开成功、开出效率来,就必须只开必要的会议。一般说来,必开不可的会议如政策性的商讨会,包括研究目标规划、商讨方针策略以及开展学术交流等;执行性的协调会,包括部署工作、组织接力、协调矛盾等。这类会议必须有议有决,决而有行。严格实行"会议六戒":没有明确议题的不开,议题过多的不开,没有充分准备的不开,可用其他方式替代的不开,没有迫切需要的不开,会议成本过高的不开。

2. 会前的准备

(1)议题的拟定。会议的议题应当明确、集中,不宜太多。确定的议题必须时机适当、合法可行,主题要明确、成本经济。

(2)议程的安排。通常应将需要立即得出结论的议题、需要会议成员集中精力商讨的问题、易于取得一致意见的议题等，放在一开始商议为好。

(3) 编好会议资料。会议的资料有必需资料和参考资料两类。必需资料应由专人或专门小组事先准备好；参考资料要围绕需要讨论的问题准备，要简明准确，最好有数字和图表，但不能太多。

(4) 搞好会场和会务。适宜的会议环境、良好的会务工作，也是提高会议效率不可忽视的因素。要把会议的议题、时间、地点事先通知参加会议者，以使他们有所准备，准时参加会议。

3. 开会的艺术

营销经理要组织开好会议，必须有一套驾驭会议的艺术：

(1) 始终抓住会议的主题。会议一开场就要简明扼要讲清楚会议的目的、议题；在讨论中，要善于把与会者思路和话题引向会议所要解决的中心问题；会议即将结束时，主持者应对所研究的问题作出必要的结论。

(2) 注重激发与会者的思维。营销经理主持会议时，应尽力促使所有与会者对会议发生兴趣，使大家感到自己是会议中的一个"角色"，而非"观众"，从而积极开动脑筋，为会议做出应有的贡献。营销经理在会议上的讲话要有针对性，语言要风趣幽默、生动有力，以刺激与会者的头脑，激发他们联想，创造出新的思想和办法来。

(3) 善于吸取与会者的意见。营销经理在讨论中应虚心接受大家的真知灼见，尽量吸收会议中群众性的创造，用新思考、新办法丰富充实原有的方案。

(4) 把握会议时间。按照事先通知的时间准时开会；会议发言要有时间限制，力求明快简练，戒长篇大论与"疲劳战术"，一定要讲求会议的实效。

(三) 处理公文

在组织营销业务活动中，营销经理还要时常处理一些公文。在公文的处理中，要做到以下四个方面：

1. 控制发文

营销经理对发文必须严格把关，控制发文内容和发文范围。凡内容空洞、要旨不清的文件不发；可用口头、微信、QQ、电子邮件或电话传达的文件不发；那些动辄数千言的"简报"要坚决砍掉。文件下发范围也要严格控制，不要发得太广。

2. 筛选来文

营销经理对待来文，也并非来文必受，而要进行筛选，重点注意那些具有新指示、新观点、新信息、新经验的公文。

3. 限期办文

为了克服公文旅行、办事拖拉的现象，应规定处理公文的期限。通过公文处理的时限规定，严格规范职能部门处理公文各个环节的责任制，不断提高经理办文的效率。

4. 催促完文

营销经理对某件公文作了批示，并不等于该项公文已经处理完毕，仍应继续关注批示的落实情况，及时催促完文。以防止造成公文的批而未行、没有结果。

第三节 营销经理的领导艺术

一、领导艺术的含义与特点

（一）领导艺术的含义

领导艺术就是领导者个人在一定知识和经验基础上，在其实施领导职能的过程中，创造性、富有成效地解决各种实际问题，尤其是解决那些新奇、特殊或复杂疑难问题的手段、方法和技巧。领导者创造领导艺术的基本源泉是：科学知识、实践经验和良好的气质。对营销经理来说，只有掌握丰富的知识，特别是领导知识，有丰富的领导实践经验，才能施展富有成效的领导手段。

（二）领导艺术的基本特点

1. 突破性与创造性

没有一成不变的理论，也没有包含一切的方法。营销经理面对来自各处的营销员，面对错综复杂的营销问题，就需要抓住营销目标，针对焦点难点，施以独特的方法进行突破，对准关键环节，抓住有利时机，集中力量，突破一点，争取"连锁反应"来扩大成果，以局部突破来带动全局。这是领导艺术最基本的特点。

2. 非模式与非规范性

领导艺术是解决领导实践问题中，领导方法非常规的巧妙运用，所以它不像领导科学所概括和总结的领导方法常规情况那样，有可循的固定模式和特定规范，没有统一的格式和定局，表现出非模式和非规范性的特点。因此，也就很难通过常规的学习、模仿或传授机械地掌握和运用。

3. 随机性与灵活性

保险营销是人的推销和向人推销的工作。营销经理在领导营销工作时，所面对的对象大都体现在非常规性事件上，具有很大的随机性。所以，它不是对领导科学及其方法简单、机械地运用，而是根据变化的情境，针对实际需要，灵活而创造性地运用有效的领导方法。领导原则是领导工作总方向的基本保证，这是不能随便抛开的，否则就可能发生重大偏差甚至失误。因此，领导艺术也常常表现为高度原则性和高度灵活性的统一。

二、营销经理的领导艺术

领导艺术多种多样，因人、因事而异。如在决策过程中，有随机决断艺术；在营销管理中，有善于"弹钢琴"的艺术；在处理人际关系中，有协调人与人关系的艺术等。现重点介绍如下：

（一）随机决断的艺术

对于常规性决策，可按照一定的科学程序和方法作出决定。但对于非常规性的随机事件，就不可能完全按照既定的程序和方法处理，必须依靠营销经理丰富的知识经验、直觉作出判断和决定，并采取有效对策，这就是随机决断艺术。在这里，人的智力活动离开了严格的科学领域，没有明确的逻辑推理，也没有精确的数据运算，而是用个人的机智从大量事物和关系中，迅速找到本质并构成判断。比如，保险营销竞争策略的谋划，往往是随机决断艺术的运用。

随机决断艺术有两个最显著的特点：

第一，全局在胸，统筹得体。对营销经理来说，能够从保险公司和保险营销的全局和整体作出估量，善于把握整体、内外部关系，抓住要害，带动整体。如果没有对全局的深刻了解，决断就会失去依据。有些人之所以遇事优柔寡断，举棋不定，重要的原因就是无法判定其在全局中的地位，因而在取和舍、办和不办之间动摇。

第二，审时度势，当机立断。善于捕捉战机，分清轻重主次，在事物发展进程中随机应变，果断决策。时机是营销行为赖以生存和发展的主要条件，抓准时机就是要发挥有利条件，避免不利条件。不仅如此，各种条件是不断发展的，要掌握时机也必须根据情况的变化，不失时机地调整原定的计划，以适应变化的情况。比如，当银行利率大幅度下调、出现利率倒挂时，营销经理应从局部利益出发，加大营销力度，大抓保费收入。但从公司整体利益出发，就应审时度势，当机立断，立即停售高预定利率险种，并调整原有的保险费率与条款，以适应大幅度下降的利率变化，减少公司的利差损。

（二）会"弹钢琴"的艺术

"弹钢琴"要十个指头联动，不能有的动、有的不动。而这十个指头如何运作，则是一个艺术性很强的问题。如果十个指头一齐按下去，那就不成调子。它们在键盘上跳动须有先有后，有重有轻，有急有缓，要有节奏，要互相配合，才能弹出美妙动听的音乐。把这种"弹钢琴"的艺术应用于营销经理的领导工作中，包含两层意思：一是要善于处理营销活动的中心环节与其他环节之间的关系，既要着力抓住中心环节，又要兼顾其他各项环节；二是要注重领导行为中各个因素之间的有机配合，平衡协调，使之成为一架浑然一体的管理机器。

营销经理在管理过程中运用"弹钢琴"的艺术，就是注意把营销人员和营销机构融为一体，以创造持续高效的管理效率。一是应注意管理中的"硬性"因素，致力于建立一套清晰、确定、完善的营销组织结构和管理制度，使营销部成为一个有秩序、有效率的整体；二是重视管理中的"软性"因素，注意到人际关系中存在的不清楚、不确定、不完善的现实，努力沟通各方面的关系，协调部门之间的冲突，培养营销人员关心公司的观念和精神，使之成为一个充满朝气、团结协调的团队。这就把营销组织结构方面要求的清楚、确定、完善，同人际关系方面存在的不清楚、宽容精神统一起来，使之形成一个相辅相成的营销管理体系。这种管理艺术使得管理效能很高，对市场反应十分灵敏，造成其在市场角逐中具有强大的竞争能力。

（三）协调人际关系的艺术

营销经理在用人方面，既要知人善任，发挥各人特长，还要懂得如何教育人、说服人，善于调解纠纷、解决冲突，协调人际关系。由于营销人员思想状况千差万别，协调人与人的关系,就是协调各方在认识上的分歧和利益上的冲突。在营销部内,部门与部门、营销员与营销员之间,对某项任务、某个问题在利益和观点上不一致是常有的事。处理不好就会发生争执,导致关系紧张,这就需要经理运用处理人际关系的艺术,及时协调人与人之间的关系。具体来说,调解纠纷的艺术主要有以下三种方法:

1. "彼此退让"方式

"彼此退让"方式就是迫使争执双方本着"让人一步天地宽"的原则,各自退让一步,达成彼此可以接受的协议。这是解决双方冲突最常见的办法,其关键在于找到协调双方的适应点。比如,在争取大宗营销业务的签单过程中,有时会出现几个营销员争抢该项业务的矛盾。这时,大家都要本着以公司整体利益为出发点,各自主动退让,以达到协调一致的目的。如果各不相让,不仅保单签不成,反而会造成保户的反感,甚至会给别的公司造成可乘之机。当然,在利益驱动下,互相退让也不容易,需要做许多细腻机智的协调工作。

2. "接受时间"方式

"接受时间"方式是指解决冲突的条件还不成熟,需要维持现状,等待时机成熟时解决;或者通过时间的积累,由生活本身逐渐调整。在营销市场细分时往往会出现这种情况。营销部的两个业务部门可能会从各自的角度同时关注某一目标市场,且双方都认为理由充分。营销经理在处理这种争执时,如果时间允许,不妨采取"接受时间"的方式,让双方通过时间,逐渐放弃原有的看法,接受新观念和新事实。这种解决冲突的办法是十分明智的,因为改变一个人的观念往往需要一个过程。若采取强加于人的做法,就会使矛盾激化、隔阂加深,伤害人们的感情,产生不良后果。"接受时间"则可以使冲突的解决比较自然。

3. "迂回前进"方式

"迂回前进"方式是指在特定条件下对一些无原则的纠纷采取含糊的处理办法,或者对某些冲突的解决作出必要的退让和妥协。比如,冲突双方为各自小集团的私利闹纠纷,在解决这一纠纷中就不必分清谁是谁非,事实上也无法分清是非,可采取"各打五十大板"的含糊决定来处置。

(四)驭权艺术

驭权艺术是指营销经理对自己所拥有的职权达到艺术境界的驾驭或行使的方法与技巧。"领导"是经理的智谋、权变能力和灵活性的具体表现。经理驭权艺术的范围较宽,主要包括:

1. 奖惩权的驭权艺术

营销部人员的升与降、奖与惩、表扬与批评,是十分敏感且重要的问题,营销经理应该正确运用奖惩权,以便充分调动大家的销售积极性。

(1)奖赏权的驭权艺术

① 对营销人员或营销活动奖赏的标准、等级、方式、方法和数量等,凡是能事先作出规定的,都要事先明确规定并予以公布。一般不宜事后公布规定,以便为全体人

员提供一个平等竞争的目标。规定一经公布就应严格执行,以示"言而有信",即使事后发现规定中某些欠妥,一般也应先执行后修改,以免引起不必要的混乱,有损法规的严肃性,挫伤营销员的积极性。

② 奖赏要及时、准确、适度。及时就是经理要注意随时发现并奖赏那些应该得到奖赏的人,否则会影响奖励效果;准确就是事迹要真实且符合奖赏规定,以利公众监督和形成气氛;适度是指受奖面不要过大或过小,条件不要过高或过低,奖励等级和奖额要相适应,并适当拉开档次,包括绝对值和相对值两个方面。

③ 评奖活动要坚持实事求是,防止"轮流坐庄"。先进人物是广大营销员的旗帜,必须严格按条件评选,够条件者受奖,不够条件者也不要勉强往上拉。也有的部门由于难以分出某些成员的优劣,或者为了防止某些人提意见或者纠缠,在评奖活动中搞心照不宣的"轮流坐庄"。这必然大大削弱学先进、赶先进的激励作用,应该明确反对和防止。

④ 把物质奖励和精神奖励结合起来。物质奖励和精神奖励各有利弊,单纯使用其中的任何一种方法都有片面性,只有把两者结合起来才能构成完整的激励,避免片面性,更有效地发挥奖励的激励作用,取得事半功倍的效果。

(2) 惩罚权的驭权艺术

① 行使惩罚权必须以法律、纪律和有关规章制度为依据,不能滥用。为此事先必须建立并健全规章制度,加强法律和纪律的宣传教育,做到有法可依,警钟长鸣,防患于未然。

② 受惩罚者总是少数,不可打击面过宽。必须进行惩罚时一定要注意:明确对象,有理有据;宽严结合,教育为本;"杀一儆百,以儆效尤";允许申诉,防止误伤。

③ 使用惩罚权必须果断坚定、准确迅速,但必须以正式法定权为基础,即必须限于职位的权限和职责范围之内,严格掌握适用范围,不可随心所欲,超越权限,防止产生副作用。

奖赏与惩罚是两种完全对立的方法,但又是进行正激励和负激励获得下属行为动力不可缺少的重要手段。它们要结合起来配合使用,不可偏废,且必须"赏罚分明,以奖为主"。只有这样,才能保证广大营销员沿着正确的方向不断前进。

2. 控制权的驭权艺术

要想驾驭权力就必须要管理和控制权力,或者说驾驭权力就是管理和控制权力。营销经理若想提高驭权能力,就要掌握管理和控制权力的方法与艺术。具体做法是:

(1) 把"管权"与"管人"结合起来

权力只是一种手段和工具,只能依附于人并为人所用,不能独立存在发挥作用。因此,要管理和控制好权力,就要先管理和控制好人。为此,营销经理要把好干部选用关,坚持按德才兼备标准选用干部;也要做好经常性的思想教育工作,提高干部素质,树立为人民服务的观念。

(2) 以身作则，率先垂范

常言道："上梁不正下梁歪。"如果营销经理自身行为不轨，必然会使下属的权力滥用。所以，营销经理必须严格要求自己，做到大公无私、勤政廉政，这自然就会影响下属，使其正确地运用权力。这样，公司里自然会形成一种无形的软束约力，消除下属干部的"被控感"，在权力的管理和控制中，发挥独立的功能和作用。

(3) 直接干涉，以权制权

当出现下属的权力难以控制，甚至有失控危险等迹象时，营销经理经过认真考虑影响及后果之后，要直接运用手中的法定权、强制权、奖惩权等，向下级驭权者下达指示和命令，进行必要干涉、约束和控制，以显示其控制权的强制性。这种强制性是不可缺少的，但不在特别必要时不要轻易使用。

(4) 建立健全控制制度和约束机制

要想管理和控制好权力，还必须建立健全权力管控的制度机制。没有制度的保证，好人就无法做好事，坏人办了坏事也得不到应有的惩罚。制定制度一定要科学并具有可操作性，并得到认真的贯彻实施，不能满足于"说在嘴上、写在纸上、贴在墙上"的形式。还必须通过一套明晰的责任，来规定各种权力主体的权力界限和应承担的责任，形成权力主体的自我约束机制。

另外，除了营销经理控制权的驭权艺术，还须强化社会监督机制，这样就能有效约束和控制权力，防止权力滥用。

3. 正副职的关系及驭权艺术

(1) 正副职的关系及其重要性

保险营销部门大多由两名以上的正副经理组成领导班子。正副职的地位不同、身份不同，权力和待遇也不同，但工作目标是一致的。只有彼此合作才能好戏连台；互相拆台，必然共同垮台。一个单位正副职的关系处理不好，不只是影响团结，形成内耗，还会贻误工作。为了处理好关系，正副职都需要学习和掌握驭权艺术。这不仅有助于驭权能力的提高，也有助于正副职之间、副职与副职之间及整个领导班子的团结，有助于提高领导班子在下属群众之中的吸引力、号召力和凝聚力。

(2) 正职的驭权艺术

① 明确职责，全面领导

正职的基本职责就是抓全局和战略决策，对营销机构进行全面领导。具体包括"五管好"：

一是管思路。思路决定出路。毛泽东同志曾说："领导者的责任归结起来，一是出主意，二是用干部。""出主意"就是出思路、作决策，是一把手的主要职责。作决策要充分发扬民主、集思广益、博采众长、广纳善言，避免个人专断和软弱涣散。要科学决策，防止拍脑袋、想当然、主观武断。

二是管干部。管干部就是管干部的培养、选拔、使用和举荐。能否选好、用好人事关事业发展，也关系单位出不出问题。培养干部要扬长补短，这样更有利于干部的全面发展。使用干部要扬长避短，人的才能各有所长，大材大用、小材小用，各取所长。选拔干部要扬长容短，不能求全责备。通过选拔使本单位最优秀的干部脱颖而出。诸葛亮在选拔人才方面就是过分追求完美，导致"蜀中无大将，廖化当先锋"。举荐干部要道长论短，要树立开放的人才观，克服本位主义思想，对优秀人才不埋、不拦，积极向上举荐，而对其缺点和不足，也要恰如其分地介绍，以便上级了解考察、量才录用。

三是管制度。制度既有国家法律，也包括本单位的规章制度。制度带有根本性、全局性、稳定性和长期性。要形成良好有序的善治，健全完善的制度是关键。二流的制度胜过一流的人才。要想用制度管权、管钱、管人、管事，正职就要带头遵规守法，否则"上梁不正下梁歪"。

四是管财务。一个单位出不出政绩在思路，出不出问题在财务。正职管财务不是指具体的资金签批，而是指定好大盘，保运行、保稳定、保发展，保证财务收支遵章守纪、用好就不会出事。

五是管自己。"正人先正己。"正职首先要"修己"，然后才能"安人"。其一是要有担当。其二是要有胸怀。其三是要有境界。其四是要有正气。

此外，各方面的专门工作应该由副职负责分管，正职不应越权干涉各副职职权范围以内的事情。这能防止政出多门与多头领导，有利于统一计划、统一步调、统一指挥、统一行动，又能更好地调动副职工作的积极性。

② 重视副职的助手作用

在正职的驭权活动中，副职既是执行者又是单位领导者，在正职领导与职工之间起着十分重要的桥梁和纽带作用。正职对此必须有足够的认识，不可冷落副职。聪明的正职应该尊重和依靠副职，放手让他们工作，以保证营销事业的顺利发展。

③ 维护副职威信，支持副职工作

正因副职既是正职的助手又是单位的领导者，在驭权活动中往往会产生不怕权小、只怕权大、怕做不好承担责任，或承担揽权、越权的嫌疑。所以，正职更应主动消除副职的顾虑，维护其威信，鼓励他们大胆工作、大胆负责。对于副职已经决定的事情，只要无原则性错误，就不要轻易否定。遇到有损副职声誉的流言蜚语，要为副职撑腰澄清，对无事生非者要进行严厉的批评。

④ 坚持原则，善于批评和自我批评

对副职放手使用，关心爱护，充分发挥其积极作用。但当发现副职确有错误时，就要坚持原则，秉公办事，敢于并善于批评，而不能包庇纵容。与自己有关的问题，要主动承担责任进行自我批评。平时要以更高的姿态，虚心听取批评意见，保持正副职间健康、正常的关系。

(3) 副职的驭权艺术

副职的驭权艺术主要包括五方面：

① 服从正职指挥，积极主动做好本职工作。正副职如有不同意见，副职一定要服从正职，即行动上不能以任何借口拒不执行，但允许保留意见同时也有权向上反映。这是必须遵守的原则。但是，副职不能以此就唯唯诺诺、畏首畏尾，而应积极工作、

尽职尽责，富有创造性地完成自己分管的工作任务。同时也要有补位意识，当正职有令时、同僚有求时、群众需要时、情况紧急时，应该挺身而出，及时补位。

② 承上启下，发挥桥梁作用。副职既是执行者又是领导者，是正职与职工之间的中介，起着承上启下的桥梁和纽带作用。因此，副职在驭权时，必须正确处理正职与下属职工之间的关系，做好上情下达和下情上传，把对正职负责和对职工负责统一起来。既要积极贯彻执行正职的决策、指示和下达的各项任务，又要向正职及时如实地反映下情、献计献策，为正职正确制定和修正决策提供依据。坚决反对华而不实，好大喜功，报喜不报忧。对下级则要公正公平、真诚相待，提高亲和力，提升执行力，增强凝聚力。既要加强督查，又要关心爱护下属。对工作中遇到的困难和问题，要及时出面协调解决。

③ 决策不越位，落实不缺位。遇到决策拍板的事，副职可以积极提建议，主动参谋，但绝不能逞能。当工作决议形成后，无论对决议持何种意见，副职都要毫不迟疑地贯彻执行，绝不可因自己的好恶、喜怒影响决议的执行。很多时候，正职考虑问题往往站在全局，谋划长远；而副职则经常从自身分管的工作角度考虑。所以，副职要有全局意识，积极贯彻落实集体决策，主动承担自己的责任，把分管的工作作出成效。

④ 维护正职权威，当好参谋助手。正职是领导班子的核心，副职是其参谋助手，因此副职有责任帮助正职开展工作。在执行工作中，对正职既要有应有的尊重和必要的请示汇报，又不能过于谨小慎微，事无巨细都要请示汇报，依赖正职。为了维护正职的威信和权威，副职不仅要善于独立工作，还要为正职排忧解难，在自己职权范围内充分发挥主观能动性，及时果断处理。对难度较大或得罪人的事，更不能袖手旁观，应积极为正职解围，主动大胆处理，使正职尽快摆脱具体事务的束缚。如果发现决策确有偏差，要及时向正职和领导集体反映，提出解决办法，把损失降到最小。必要时，也要帮助正职克服缺点、改正明显的错误。

⑤ 正确处理同级的关系。在驭权活动中，各副职相互之间容易存在某种程度的竞争意识，从而影响团结、形成内耗、贻误全局。因此，副职不仅要处理好和正职的关系，还要处理好各个副职之间的相互关系，尊重不自傲，信任不猜疑，支持不拆台，分工不分家。彼此坦诚相见、增进了解，经常通气、沟通情况，做到分工协作、浑然一体。发生矛盾冲突时，要先从自己做起，控制自己的情绪和感情，寻找自身的原因。即使主要原因在对方，只要不是原则问题，就要讲风格、讲肚量、讲忍让，而不能"以牙还牙，针锋相对"。在荣誉、地位、权力、待遇面前提倡"大将风度"。

其他驭权艺术诸如权力分配与授予的驭权艺术，避免越权和揽权的驭权艺术等，以及其他更广泛的领导艺术，限于篇幅，不再赘述。

第四节 保险营销会议及其经营

一、营销会议的必要性及职能作用

（一）营销会议的必要性

保险营销充满特殊魅力：第一，高度的自由性。每个营销员都是自己的老板，可以自由支配自己的工作和行动，不受时间、地点和其他人的约束。第二，高度的挑战性。一则所推销的商品特殊；二则工作的核心是说服人，人与人的沟通往往很困难，故遭到拒绝是家常便饭；三是孤军奋战，不论成功或挫败只能独自承受，默默品尝。那么，保险公司是否就可以对营销员放任自流，任其在激烈的竞争中摸爬滚打、自生自灭？当然不是。因其自由，所以公司要加以约束；因其压力大，所以公司要多给予关心支持。因此，营销会议成为加强营销员管理、解决相关问题的有效途径，会议的经营也就被提到保险营销管理的核心日程上来。

（二）营销会议的职能作用

保险营销会议的职能作用，主要表现在六方面：

1. 教育和训练作用

保险业内流传着这样一句名言："保险营销的经营是人才的经营，人才的经营是教育的经营，教育的经营又是会议的经营。"保险营销会议就是保险公司对营销员加强教育训练的重要场所。教育及训练的内容和形式很多，但要贯彻"心态理念、知识技巧、行为习惯"这一主题。心态理念解决营销员思想认识、道德品质、心理素质等问题，知识技巧解决其专业品质和工作能力的问题，行为习惯解决营销员的工作效率问题。营销员从营销会议上得到这三方面的教育训练，才能真正成长，成为热爱保险事业、具有敬业精神、心理成熟、专业精湛、行为严谨，展示公司良好形象、富有个人魅力的优秀保险顾问，在激烈的竞争中显示公司和营销员个人的品质与实力。

2. 激励与鼓舞作用

激励与鼓舞是营销会议的又一重要功能。保险业有一句行话：人气旺、事业兴。营销会议非常注重激励，通过唱励志歌、宣誓、宣布第一大单和绩优人员名单、公布龙虎榜等，渲染积极进取、昂扬向上的工作氛围。业绩好的营销员在会上受到褒奖，得到肯定，心气更加旺盛；业绩差、情绪低迷者有机会在会上吸取绩优人员的丰富经验，会议对他们无疑是一种鞭策和鼓励。所以，会议的经营要创造一个积极宽松的环境，让营销员在这里转换情绪、调整心态、鼓舞斗志，信心百倍地迎接每一天的挑战。

3. 凝聚人心作用

营销会议的经营其实是文化的经营，通过会议贯彻公司的服务理念、保险理念和推销理念。如"以人为本，服务为先"的服务理念，弘扬"尊重人、关心人、理解人、支持人、培养人"的价值观；"保险是爱""保险营销是爱心职业，更是终身事业"的保险理念，让营销员更热爱保险营销事业；倡导"要做保险先做人"的销售理念，把做保险与做人结合起来，让营销员明白用人品、人格去推销保险的道理。这些理念通过会议被营销员认同，逐渐内化为他们价值观的一部分。相同的价值观把营销员凝聚在一起，这种深层次价值认同的凝聚力往往比由于外部力量，如行政条文、利害关系扭结的作用要强得多，从而更有效地提高营销团队的战斗力。

4. 提升归属作用

人人都有归属需要。况且营销员一般是在外孤军奋战，往往会遇到闭门羹、退保、拒绝、误解等，新营销员往往丧失信心与热情，老营销员业务长久停滞不前也会产生急躁心理。当他们回到公司参加营销会议，主管应给予鼓励和安慰，同行间也应互相沟通和理解，这种心与心的交流和互相支持，能给营销员带来心灵的慰藉，从而使其更加热爱营销团队、热爱保险公司和所从事的保险营销事业。

5. 传递与反馈信息的作用

通过会议对公司政令的宣导、经营方针的传达、竞赛活动的部署等，达到贯彻公司营销主管管理思想和意图的目的；也可通过会议反馈营销员的各类建议、意见和问题，以便及时发现、分析和解决问题；通过会议还可传递公司内部、业内竞争、公司及保险市场的有关消息和信息，让营销员们耳聪目明，适应市场并把握市场机会。

6. 对营销员加强活动管理的作用

通过营销会议的考勤，对营销员加以约束，提高出勤率；通过活动日志的检查评点，发现营销员销售活动中的问题点，对其拜访活动加以指导和帮助，能够提高营销员的工作效率，并督促其养成良好的职业习惯。

二、保险营销会议的类型

保险营销会议是营销管理的重要手段。根据会议的召开时间分为主管早会、早会、二次早会、夕会、周（月）经营分析会等；按与会对象分为爱心激励会、餐叙会、顶尖高手促进会、保户联谊会、创业说明会、产品说明会等；按会议功能分为营销晋升会、表彰会、专题研修教育会、经营总结会、誓师大会、高峰会等；也可以按重要性分为例行会议和非例行会议。以下简要介绍定期召开的早会、夕会、例会、干部研讨会、区务会议、颁奖会、专家诊断会、头脑风暴会等各种例行会议。

（一）早会

早会又叫"晨会"，是每天早晨必须举办的营销会议。包括主管早会、大早会及二次早会。

大早会一般简称早会，是参加人数最多、举办最频繁、内容最丰富、形式最多样、作用最重大的营销员会议，也是所有营销会议的"重中之重"。因此，早会的经营是上至公司领导、下至营销员及各级营销管理干部所共同关注的课题。早会的主要功能是激励和教育，让营销员信心百倍、胸有成竹地去开展业务。

（二）夕会

夕会就是营销员经过白天展业，下班前返回公司后召开的工作会议。如果说早会重激励、提高员工斗志的话,夕会则侧重安慰,提升营销员的归属感;早会是热情激昂的,夕会则是幸福温馨的;早会带来高涨的情绪,夕会带来理性的思索。夕会的主要内容是:互相交流心得体会,检查功过得失,加强活动管理,深化学习,积累销售经验,提高专业素质。

(三)周例会

周例会也是营销员常参与的会议,一般一周一次,多在周末由区域营销主管主持。周例会主要是对近期(如一周)区域营销工作的总结,通报本期各营业单位的任务完成情况,取得哪些成绩,反思还存在什么问题,探讨应付的对策,部署下期工作计划。周例会为各营业部、各营业组提供了横向比较和学习交流的机会,使之能更清晰地为本团队和团队成员定位,从而明确自己的长处和不足,对下一阶段工作起到鞭策和督促作用,奠定良好的基础。

(四)干部研讨会

干部研讨会是营销管理干部的会议,多在夕会之后召开,参加人员是本区域内所有营销管理干部,包括业务主任、高级业务主任(即分部经理)和营业区经理助理、副经理等。由营业区副经理主持会议。干部研讨会的主要目的是加强营销员的活动管理,提高营销员的工作效率。首先是业务主任批阅检查本组营销员的活动日志(即访问记录表),统计本组成员的拜访量,再把全组活动日志交分部经理;分部经理批阅各业务主任的活动日志,并统计本分部当日拜访量、业绩量、出勤等,再将统计情况上报营业区副经理;营业区副经理对本区营销员当日业务绩效进行最后统计,包括活动量统计、出勤统计和业绩统计、举绩统计(即签单率,当日有业绩人员与全体人员之比),与分部经理和业务主任的互相沟通,介绍各自团队的活动状况和问题点,共同探讨解决的办法。

干部研讨会的意义在于提高各层营销人员的管理品质,培养其善于发现问题与解决问题的能力。干部研讨会是营销管理中非常重要的一环,也是管理的关键。通过加强对营销管理干部的管理,使其更有效地管理本团队的营销员,从而实施分级管理。这种一级管一级,充分放权的管理模式,能充分发挥各级营销管理干部的主观能动性和创造性。

(五)区务经营分析会议

区务经营分析会议是指营业区中多层营销管理干部参加的会议,与会人员包括分部经理(即高级业务主任)、营业区经理助理、营业区副经理、经理,由营业区经理主持,一般一月召开一次。

区务经营分析会议的主要内容:一是对各部门本月的营销绩效进行统计分析。报告人要注意运用可视化数据、表达清晰、使人一目了然。二是各处或分部经理汇报各团队活动的成功经验和存在的问题。三是各分部经理管理工作的自我检讨与计划。会后,各责任主体要制作业务进度表,并定期汇报落实情况。通过召开区务经营分析会议,除提高营销管理干部的管理水平外,还对本营业区下阶段工作的重点提出方向性意见，如下期早会经营主题、销售活动管理重点、业务竞争计划等，从而有效实施对本营业区营销员和营销业务的管理。

（六）颁奖会

颁奖会是对销售业绩优秀人员给予表彰奖励的会议。它也有多种形式，如按时间可分为月末颁奖、季末颁奖、年中颁奖和年末颁奖。按级别可分为营业部奖、营业区奖、分公司奖和总公司奖。例如，年末颁奖庆典、分公司营销精英会议和总公司营销高峰会议，就是规模大、影响深远的激励会议，优秀营销员和营销管理干部们通过长期的付出，取得了显著成绩，在这些庄重的场合被同业宣扬肯定、嘉奖，对他们本身是激励，对所有营销员也是一种鞭策。

（七）专家诊断会

专家诊断会是指邀请业外营销管理专家或在公司内部挑选业绩突出、能力较强、水平较高的人与会，就某些问题进行诊断与研究，如增员问题、陌生拜访问题、索取介绍问题、处理拒绝问题等，通过诊断找出症结所在，并针对这些症结，确定未来工作的对策措施。

（八）头脑风暴会

头脑风暴会也称为动脑会议，通常是营销管理干部就某一主题，如早会策划、促销活动策划、职场布置等，邀请有关人员参加讨论，激发个人新点子、新观念、新构思等的一种会议。这种"借脑"会议往往会产生新奇创意和构想，使营销管理活动更富魅力而吸引、凝聚更多营销员参与其中。

（九）其他会议

保险营销的其他会议也很多，如公司务虚会议，营销经理不拘时间或地点邀请团队成员聚餐的集会，以相互沟通与了解，增强团队的凝聚力；营销主管可组织为生日临近的团队成员举办别开生面、形式活泼、轻松有趣的生日晚会，让队员感受到集体的温暖，从而提高其归属感等。

综上所述，不论何种会议，其本身不是目的，而是管理的手段和工具，是为了对保险营销实行有效管理，这是所有营销会议的实质所在。

表 8-2　保险营销会议的类型

营销会议类型	负责人	参与人员	常规性	频率	主要功能
早会	区营销主管、分部经理	全体营销员	常规	每日1次	激励、教育
夕会	分部经理、营销主任	全体营销员	常规	每周2—3次	归属、活动管理
周例会	区营销主管	营销员	常规	每周1次	工作总结、横向交流
干部研讨会	区营销主管	营销管理干部	常规	每周2—3次	活动管理、管理品质

(续表)

营销会议类型	负责人	参与人员	常规性	频率	主要功能
区务经营分析会	区营销经理	区内中高层营销管理干部	常规	每月1次	绩效统计、问题分析、工作部署
颁奖会	各级主管	营销员	常规	月末、季末、年中、年末	树立典型、激励
专家诊断会	营销总经理、区营销经理	营销管理干部、营销员	非常规	必要时	专家咨询、解决问题
头脑风暴会议	各级主管	营销管理干部、绩优人员	非常规	必要时	集体创意、集思广益
其他会议（务虚会、餐会、庆生会等）	营销经理	营销员	非常规	必要时	提升归属感、加强交流

三、营销早会的管理策划

营销早会的管理无固定模式。早会的内容可以丰富多彩、形式可以多种多样，只要能发挥早会应有的作用。但通过对成功早会与失败早会的比较分析，可发现早会的内容与项目安排其实有共同点和规律。因此，有必要探讨早会的策划。

（一）早会策划的流程

在长期实践中形成的早会策划的基本流程是：（1）广泛收集早会资讯；（2）认真分析资讯，确定早会目标；（3）设置早会的项目及内容；（4）明确开会时间和场地；（5）设计制作多媒体文件；（6）详细制作早会策划书。

（二）早会的程序策划

早会的程序是指早会项目的科学安排与串联。早会的项目程序安排得当，营销员就会融入其中，积极参与早会，早会进展紧凑流畅，效果当然更好。若早会项目安排不当，就会显得单调枯燥、机械拖沓，营销员的注意力也会分散，自然谈不上好效果。

早会项目程序的策划，应符合人们的心理运动规律和认识过程。一般是先紧后松、一张一弛，先简单后复杂，长短搭配，动静相谐，如链条一样环环相扣。因此，要精心策划早会项目。表8-3就是某保险公司的早会程序，以供参考。

表8-3 某保险公司的早会程序

序号	项目	时间	负责人
1	韵律晨操	8：00—8：05	领操
2	成功的一天	8：05—8：06	主席
3	敬业时间	8：06—8：08	主席
4	喜讯报道	8：08—8：10	主席
5	专题时间	8：10—8：40	讲师
6	轻松小品	8：40—8：45	演员

(续表)

序号	项目	时间	负责人
7	业务联系	8：45—8：50	顾问
8	工作指示	8：50—8：55	领导
9	主席结论	8：55—9：00	主席

注："成功的一天"即队呼；"敬业时间"即考勤；"业务联系"即分部经理传达方针或布置工作。

（三）早会的内容策划

1. 早会的项目安排

早会的内容可以分为若干板块，至于设多少个项目、设哪些项目则没有限制，可以别出心裁、体现创新。每天的早会可以就部分项目进行组合，为了使早会具有本单位特色，应该把部分项目通过制度规定下来。但为了避免早会成为程式化的东西，每天可以更换一部分项目，从而增加早会的新颖程度和活泼程度。因此，可以把早会项目分为"固定项目"和"机动项目"两类，根据公司营销目标的需要进行组合。

（1）固定项目

固定项目就是用制度确定下来，必须加入会议的重要内容。根据保险公司早会的成功经验，通常把以下项目设为早会的固定项目：

① 考勤，也称为敬业时间。保险销售是高度自由的职业，但人都有惰性，天气不好，心情不佳，业绩停滞不前，受到顾客拒绝等都可以成为营销员"懒起来"的理由。公司为落实单位的管理制度，及时把握单位情况，加强对营销员的监督管理，一般都制定了考勤制度。考勤就成为早会的前奏，成为早会不可或缺的一部分。中国人寿某分公司为了强化考勤制度在早会经营中的位置，特设"敬业时间"，由早会主持人逐个点名，被点名者精神抖擞地站起来，响亮地回应"到！"通过这个强化动作可以表明公司对营销员的重视，也可提升其自豪感。当然，也能有效地督促营销员按时出勤，相互借力，有效提高出勤率。如果连出勤率都不能保证，又何来拜访量？

② 朗诵司训。司训是公司为员工制定的座右铭。如中国人寿的司训是："市场观念，开拓进取；工作态度，高效务实；业务技能，精益求精；忠诚服务，诚实守信；组织纪律，令行禁止；仪表端庄，举止文雅；同事相处，团结友爱；以司为家，殚精竭虑……艰苦创业，司兴我荣；人寿保险，造福人民。"早会把朗诵司训设为固定内容，可通过这一仪式把司训中弘扬的价值理念灌输到给营销员，约束其行为，将之慢慢内化为他们的人格品德，从而达到全面提高员工素质的目的。

③ 喜讯报道。为大家通报前日业绩较好人员的名单，并把名单列在早会主席台白板（或黑板）上，对业绩较好的人员可以起到鼓舞作用，同时可以鞭策其他人员马上行动，形成比、学、赶的良好氛围。早会还可报道阶段奖励达成、晋升、转正及特殊贡献人员名单，对公司营销有利的市场信息，如当地媒体对公司及营销员的宣传报道，银行利息变动、税种、税率调整减免等。喜讯报道也能够提高营销员的士气。

④ 队呼。这也是一种激励手段，如中国人寿某分公司的队呼口号："成功的一天！

我今天很快乐！我今天士气如虹！我今天充满信心！我今天坚持20访！我今天真的很不错！我今天一定能成功！"通过这种"自言自语"，可把保险营销员的精神提到巅峰状态，然后满怀信心地去开展业务。

⑤ 唱励志歌。如中国平安保险公司的《平安颂》："平安事业灿烂辉煌，乘风破浪向前方；我们怀着火样热情来到你的怀抱里；平安精神能把我们紧紧团结在一起。在你金辉旗帜下面，平安同仁向前方。"每天早会时，所有与会人员同唱司歌，往往能渲染神圣崇高的氛围，培养他们的敬业和献身精神。

⑥ 业务推动。即定期分析通报各营业组及各营业分部的业绩和任务完成情况，组织挑战与迎战誓师大会，颁发展业精英奖等。通过表扬与肯定，关怀与鼓励队员，挑战与迎战活动，创造你追我赶的竞争局面，推动保险业务又好又快发展。

⑦ 专题时间，也称为专题论坛。如果说②—⑥项都重在激励，是为了提高士气，那么专题时间重在实现早会的教育作用。如果早会光注重口号、褒奖、游戏等形式，不注重实质性内容，不为营销员提供实质性支援和帮助，早会会失去它的魅力，难以持续。营销员从早会得不到帮助，就会对早会丧失兴趣和热情，公司对营销员的管理强度将被削弱，凝聚力也会下降，从而导致整体业绩踟蹰不前。如没有教育训练的功能，早会肯定是没有生命力的。

一般来说，教育训练以专题的形式来开展。专题是每日早会的主题，是早会经营的核心部分，时间也几乎占整个早会的一半。前面所提项目都是程式化内容，每天几乎没有什么变化。早会成败的关键在于专题项目的经营，每日早会是否有内容，都得看专题项目经营得怎样。那么，如何确定专题？本月每日早会专题大多在上月干部研讨会或区务经营分析会议上拟定，并根据本月营销员活动状况找出共同问题，然后以专题方式为大家提供参考建议。专题的确定不外乎营销理念心态、保险知识技巧、业务推动、活动管理等内容，每日可选择其中一点或一个方面发挥阐述，深入理解，从而达到教育的目的。例如，关于知识技巧方面就可分出若干专题，如保险基本常识、新商品或促销商品的研讨及基本话术、销售案例研讨、实战推销演练、客户开拓训练、增员习惯养成及增员名单建立的训练等，每一专题又可分为若干小专题。因此，早会内容是否丰富多彩、形式是否灵活多样，就看专题项目如何策划并实施，这也是大多数营销主管苦心经营的重点。后面还将对每日专题与总的营销主题之间的关系进行进一步的探讨。

(2) 机动项目

机动项目是依营业单位的具体情况灵活安排的内容。如心得分享、轻松节拍（娱乐活动）、辩论赛、开心故事会、庆生会、消息与制度通告、实话实说等。

① 感性时间或心得分享。让绩优营销员介绍经验，如"我是如何认识保户的……""我是如何克服困难点，如何……""通过这次成功的经历，我给大家提供几点忠告……"也可以介绍学习心得、成功经验等。

② 轻松节拍，也称为娱乐活动。早会可安排各种各样的娱乐活动，如讲故事、幽默小品、脑力激荡、趣味问答、小品欣赏、唱歌、击鼓传花游戏、有奖竞猜等。

③ 辩论赛。各团队就某一争议性话题展开辩论，从而改变认识或深化认识。当然，早会主持人要能驾驭局面，并在最后作简短小结。

④ 实话实说。相比辩论，这种形式显得舒缓从容，可就公司内部及营销员之间存在的行为问题或思想认识问题展开讨论，由营销员主动上台发言，如怎样对待业务撞车、物质丰富与精神文明等问题，把这些常常困扰营销员的问题摆在明面上，由大家公开讨论，从而达到自我教育、自我升华的目的。

⑤ 政令传达，也称为制度通告。即传达政令，传递各种政策信息及管理新动向、新指示，以灌输公司经营理念，了解公司经营方针与政策，遵守各项管理规定，贯彻主管意图。

综上所述，早会的内容可谓丰富多彩。专家对其要素有精辟概括，即"五声"：掌声、笑声、歌声、口号声和读书声。如果一堂早会"五声齐全"，即可算作"满意早会"，参加人员就能各取所需、各得其所。

2. 早会的主题策划

早会的内容可以板块项目的形式自由搭配组合，但其间要有一条主线贯穿其中，这条主线就是主题。没有主题的早会，只会是一盘散沙徒具形式，缺乏灵气与律动。单个独立的早会主题容易确定，即每日专题；但使早会主题保持阶段性的连贯和整体的统一性，则需要进行整体策划。如果把每天早会的专题比作音符，让多个音符有机串联起来，那么每周的早会主题连成一个乐句，每月的主题形成一个乐段，每年的主题则汇成抑扬起伏的优美旋律。

每日、每周、每月、每年的早会都应贯穿一条主旋律，这一主旋律就是早会的总主题，即"理念心态、知识技巧、行为习惯、业务推动"。通过这种主题的贯彻，达到激励与教育的目的，促进业务持续发展。有人提出要"时间有序"经营早会主题的观点，值得推荐。时间经营是指根据不同的时间、不同的环境安排不同的主题。例如，××公司在年前安排"缘故，客户大回访"，年后安排"收心，新年定计划"，在6月以前贯彻"高峰会议宣导"，7月、8月安排"送英雄"及"英雄座谈会"，10月份安排"服务月"，11月、12月安排"冲刺"及"来年计划"等。有续经营，是指把早会总主题即"理念心态、知识技巧、行为习惯、业务推动"穿插安排在每个阶段的单独主题和每次早会的专题之中，使这条主线能萦绕在营销员耳边不致厌倦，这就是一种持续有效的主题经营。用图8-2可表示为：

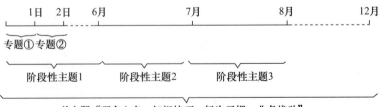

图8-2 早会的主题示意图

（四）早会经营成功的技巧

成功早会的表现是：团队士气高昂、气氛热烈，出勤率高，人员活动率高、人均绩效高，团队目标达成好。为了保证早会的成功运作，不断强化会议效果，营销经理应该不断创新并做好以下五方面的工作：

1. 早会应该有计划地经营

计划的核心内容就是早会的主题，前面所述主题的"时间有序"经营，其实就是指早会主题的计划经营。年初，就要根据公司营销计划拟定全年早会的总主题；每月月末，应该由早会经营者提交下月早会主线，每周主题，每日专题，并制成"早会计划表"。

2. 早会目标明确并进行精心准备

早会一定要有明确的目标，否则就毫无作用。同时，要精心准备，主要包括早会人员的确定和早会用品的事先准备。

（1）早会人员：即早会的主持人、讲师和会务人员，他们组成早会团体。有的公司有专门称呼，如"值星团"（即值班一星期的早会经营团体），具体人员包括主席、组训师（即专题讲师）、投影员、音响员、会场服务员、晨操领队等。这些早会人员一定要事先确定，便于人员各自做好心理调整和工作准备。

（2）早会用品，主要包括：

一是书面资料，如教材、教案、图片等。早会的专题讲师应把每日专题的主要内容整理成教案，以便授课或演讲时使用。这些书面材料积少成多就会形成丰富多彩的专题集和话术大全，还可进一步汇编成早会经营的教材。

二是投影机、电脑、电视机、照相机、音响、麦克风等，各项器材应在开会前备妥并试用，相关人员要掌握各种机器的性能及操作要领。

三是教具，如黑板、白板、粉笔、白板笔、电子笔等。

四是其他用品，如海报、横幅、盆景、茶水等。

3. 早会的环境一定要优美适宜

早会一般在公司举行，公司内部色彩基调应和谐统一，同时要布置张贴、设置激励导语、名言、业绩公布栏等，产生一种美好环境的激励效应。另外，会场最好有隔音设备，以免受外界声响干扰；场内不要设置固定电话，以免打断早会，与会者手机应该全部调至震动状态。当然，也可以根据需要，在户外举行几次大早会，但环境要好；恶劣环境中的早会肯定不会有好效果。

4. 开会一定要准时，不要无故拖延

开会延迟会使按时到会的人失望，以致他们下次也开始迟到，所以开会时间一到就必须准时进行。另外，必须派人在入场口执勤，给予迟到者一定数额的罚款。如有的公司实行"乐捐"制度，即迟到者要捐钱，而且要面带笑容地捐钱。当然，早会也要遵守既定时间，不要无故拖延，否则也会影响早会的效果。

5. 成功把控早会运行

执行主席要成功地把控早会运行，重点是控制好如下事项：

（1）时间控制。早会一般设置为45—60分钟，因此，对每个项目都要框定时间。如果早会的项目不限时进行，早会就显得松散、拖沓，浪费营销员的时间，因此早会主席一定要注重时间的把握。如在某个人发言前或某个问题讨论前，提醒一下时间限制；组训师在专题演讲时往往很投入，主席最好按约定方式在时间到达之前5分钟向讲师做手势，提醒其进行收尾。

（2）节目串联。主席应根据早会进展状况，对各个项目进行有效串联，使整个早会节奏流畅、灵活生动、浑然一体。当然，主席有必要事前准备部分串连词，有效结合临场发挥，做到挥洒自如。

（3）气氛营造。主席应设法使会议生动有趣。主席本人应行动积极、精神饱满，如持话筒跑步上主席台，高声向与会人员问好等，这样才能赢得现场人员的热烈响应。如果主席本人无精打采，心不在焉，其他人当然也不会全神贯注参与。营造气氛的重要手段就是调动众人的积极性，如大家一起做晨操，能够达到全体运动的效果；同唱一首励志歌，可以调动大家的情绪；有计划地留出时间让与会者自由上台发言讨论，为每个人提供展现自我的机会，使每个人都觉得自己重要，这样他们就会主动参与，形成良好的会议氛围。在会议结束时，收尾也很重要。例如，以一段鼓励性的话作为结束语，往往能提高大家的自信，千万不能留给人已无话可谈、无事可议时才结束会议的印象。

（4）维护秩序。如果主席不能控制会议，大家就会自语交谈，会场就会一片混乱。维持秩序要安排专人，但应点到为止，不可苛责或骂人，要注意说话的方式。

（五）二次早会的策划与经营

1. 二次早会的意义与目的

（1）二次早会是指在大早会结束后由营销分部或营销团队再次举行的小早会。与大早会相比，其规模较小，项目比较少，时间也比较短，通常在20—30分钟。

（2）二次早会的意义：二次早会是团队单位经营管理的基础，也是活动管理成败的关键。它既需要兼顾大团队和小团队的管理，也是团队经营精致化的体现，而且能够加快基层主管的成长成熟，及时提升营销员的归属感。由此，二次早会意义重大。

（3）二次早会的目的：再次对公司的重要事项进行宣传和指导；进一步落实活动管理；认真解决团队内部面临的问题，辅导员工、提高产能；再次提振团队士气，凝聚人心，营造积极向上的营销气氛；把业务推动目标进一步落实到队员。

2. 二次早会的功能

二次早会具有以下四项主要功能：

（1）活动管理功能。活动管理是二次早会的核心内容，是"日"经营管理的落实，二次早会也是报表管理的基础。

（2）团队经营功能。二次早会具有教育性、互助性、咨询性。它具有目标追踪考核、新知提供、团队文化塑造等作用，无不体现团队经营的功能。

（3）组织导演功能。二次早会给了营销主管组织和导演的任务，通过有效组织二次早会，有利于主管的自我锻炼与成长，也有利于其领导魅力的塑造。

(4)培育人才功能。二次早会具有全员参与性,通过每日的业务讲解、经验交流、心得分享、自我激励等,有利于提高队员综合素质,培育大量的优秀营销人才。

3. 二次早会的经营策划

二次早会的项目策划,同样分为"固定项目"和"机动项目"两类,可以根据实际需要进行灵活组合。

(1)固定项目:主要有敬业时间、主席报告、经验分享与交流、问题解答及对策、业务联系、欢呼、表报汇集、辅导追踪、团队激励等。其中,敬业时间主要是组员依次报告昨日活动情况,填写昨日活动情况,主管抽查组员的工作日志;分享与交流主要是业务招揽技巧、营销案例、商品研讨、读书等的分享与交流;问题解答及对策主要是解答核保与理赔问题、同业商品分析与对策、商品设计与行销对策等;业务联系主要是组员对拜访计划与协助需求的报告,欢迎新人和来宾,业绩分析、晋升、考核提醒,奖励办法及单位活动提醒,活动拜访安排,工作日志状况反馈,宣布会后辅导人员名单等;表报汇集主要是由主管收回活动日志或相关表报等。

(2)机动项目:依团队的具体情况灵活安排的内容。如心得分享、轻松节拍、业务辩论、庆生会、制度通告、实战演练、实话实说等。

(3)二次早会的经营策划主题一定要鲜明突出,目标明确具体,如我们要去哪里?我们要去干什么?我们什么时候去?我们要怎么去?我们如何促成、完成销售任务?

(4)二次早会的经营形式:可以是普通会议、业务研讨会,也可以是头脑风暴、早餐早茶会、一对一帮扶会、申请支援客串等形式。

4. 二次早会的主持人及注意事项

在二次早会的经营中,为了提高营销员工作效率,一般由团队经理或者业务主管轮流主持会议,并事先做好准备工作,管控二次早会。同时,应该注意避免以下事项:

(1)二次早会目标不明确,没有基本流程,没有相关要求,太过随便或随意性太强;

(2)营销主管把控不好会议气氛,时常一言堂或者气氛太沉重;

(3)二次早会不严肃,流于形式,不见激情和热情;

(4)二次早会的正能量不足,负面声音太大,问题不具代表性或者偏离公司经营的方向;

(5)特殊事情处理得不当,主管语言表达不够准确简练。

四、营销夕会的经营策划

(一)营销夕会的目的及经营重点

1. 营销夕会的目的

营销夕会范围一般较小,在营业组或团队范围内举行,主要解决两次早会没有时间解决或不能解决的问题。其主要目的:一是安慰疗伤,改善队员心态,鼓舞士气;二是加强沟通,活跃气氛,提高团队凝聚力;三是进行工作检讨和业绩追踪;四是强化业务辅导，提高营销工作技巧。

2. 营销夕会的经营重点

营销夕会的经营重点包括以下五方面：一是制定营销夕会的流程；二是提前安排夕会主持人，并做好准备工作；三是有针对性地确定夕会项目，不断提高夕会效果；四是诊断当前存在的问题，并及时予以解决；五是及时追踪夕会的效果。

（二）营销夕会的程序与内容

营销夕会的经营没有固定的程式，会议内容可以安排"固定项目"与"机动项目"。下面提供一些可供参考的策划思路：

1. 固定项目

夕会的固定项目一般包括考勤、业绩统计、活动报告和问题研讨等。

（1）考勤。考勤作为制度应该规定下来，可提高营销员的纪律约束感，便于营销主管对其管理，如果营销员做成单就回公司，没做成单就懒得回公司，营销主管就不能及时发现营销员推销活动中存在的问题并给予相应的指导。

（2）业绩统计。统计项目包括举绩人员数、新保单件数、新收保费数、续收保费数、新开拓客户数、增员数等，以便及时把握本团队的业务动态，并向上级主管通报情况，为下日早会作好准备。

（3）活动报告。含书面和口头报告。书面报告即"访问记录表"（又称为"活动日志"），主要包括拜访量、成交量、保费收入、客户等级划分等。口头报告是由营销员口头报告当日的拜访活动情况，这样做的目的一是营销主管可从这种口头报告中发现书面报告中没有的问题；二是营销员之间可相互明了各自的活动范围和拜访对象，以免"撞车"，避免不良竞争，共同维护团队利益。

（4）问题研讨。即在营销主管的带领下，共同讨论、分析营销员营销理念和技巧方面的有关问题，共商解决的对策。营销主管应做好记录，在会议结束时应提出结论性意见，对较突出的问题，可整理成书面材料下发给团队成员，以供其参考借鉴。

2. 机动项目

在夕会策划上，可根据实际情况灵活安排诸如"心得分享""活动日志点评""角色扮演、话术演练""实话实说"等项目，以提高会议效果。

（1）心得分享。一是由举绩人员介绍其拜访过程、成功经验和建议，内容与早会的"喜讯心得分享"一样。但由于早会有时间限制，上台介绍经验的人有限，而夕会可提供较为宽裕的时间，可以让大家充分进行业务交流。二是营销理念分享，如爱心事业、积极乐观的心态、营销自信心和坚韧不拔的意志等。

（2）活动日志点评。营销主管通过评阅营销员的活动日志，可对发现的问题与营销员进行面对面的分析、辅导，也可进行个案分析以供借鉴。如检查某一营销员的活动日志，发现拜访量明显不足，或全部处于回访状态，那么可以断定其陷入营销低谷，应建议其加大拜访量（如每日15—20访），开发潜在客户；或通过对营销员前后活动日志的比较，发现原来日志上已定的A级客户在后面的活动日志上没有如期再访（一般一周内再访）记录，说明营销员未抓紧火候，应建成提高再访的密度，而非一味地开发新客户,造成资源的浪费。

(3) 实战演练。即角色扮演、话术演练。夕会可成为小组成员实战演练的最佳场所,组员可分别充当"营销员""客户"和"观察员",模拟销售程序及应对技巧,营销主管可先听取各营销员的演练感受及互相评价,然后作总结,指出表现好的地方和表现欠佳的地方。夕会上的这种推销演练,为营销员提供了良好的互相学习和模仿的机会,尤其适合新业务员的成长。

(4) 实话实说。这种活动形式在夕会上也可进行,即由营销员针对某种现象或某方面的问题,如业务撞车、顾客服务、关系营销、团队竞争与合作、条款如实告知、营销主管与营销员、内勤服务人员与外勤展业人员等问题展开讨论,提高认识,摆正心态,并为营销主管进行管理提供启示。

以上关于夕会的程序和内容,仅供参考。但要把握好一点,不论何种会议都始终是手段,不是目的。会议一定要解决实际营销问题,带来实际效果。如果让会议成为一种负担,则不如不开。会议经营者应善于发现营销问题,把握营销脉搏,在灵活的形式里注入有效的内容,精心策划会议,吸引营销员参与会议,让与会者有所得,应参与而未参与者有所失。如此的会议就是行动的动力,而非负担。

(三) 营销夕会经营中应注意的问题

为经营好营销夕会,经营者应注意以下五个问题:

1. 应注重营造"家"的氛围

如果说早会气氛重在热烈,夕会气氛则应重在温馨,让与会人员感觉像回到家一样,非常亲切,从而提高营销员的归属感。要营造这种"家"的氛围,就要改善团队内部的人际关系,成员之间相互关注、相互帮助,既竞争又合作,以诚相待、和睦相处。这种工作要做在平时,团队主管要在团队内部弘扬这种理念,并把具有奉献精神、集体主义精神、表现爱心突出的成员,及时推上表扬栏、授奖台,形成良好的团队风气。

2. 夕会的核心内容要提前通知,事先做好准备

对夕会上的问题研讨、实战演练、实话实说等核心内容,应该在早会上就由各团队主管通知团队成员,引起他们的兴趣,并事先做好参与的准备,从而提高会议的质量。

3. 夕会人员的规模问题

一般来说,营业区、营业部和营业组及营业小组都可举办夕会。但因为夕会注重业务讨论,注重一对一式的工作沟通,并尽量给所有与会者发言的机会,所以夕会通常规模较小,只有在涉及面比较广的情况下,才开较大规模的夕会。

4. 夕会的举办频率

夕会应视具体情况展开。主要看"问题研讨"项目有无实质性内容,营销主管平时要注意搜集情况,整理信息,发现问题,在拟定讨论提纲后即待时机成熟时召开夕会。如果有事没事天天开,徒具形式而没有实质内容,营销员就不会有兴趣。一般来说,一周之内应召开 2—3 次为佳。

5. 夕会的召开地点

夕会一般应在固定的地点召开。与早会的会场一样,夕会也要注重场地,可适当装饰和贴挂一些激励导语,以及设置销售业绩榜等。营销大厅、会议室和营业部办公室,都是召开夕会比较理想的场所。

复习思考题

1. 请简述保险营销经理的必备素质与观念。
2. 请分析说明保险营销经理的职责。
3. 请简述保险营销经理的领导艺术。
4. 保险营销会议的职能与作用是什么?
5. 请简述保险营销会议的类型与内容。
6. 如何策划好保险营销早会?
7. 请分析说明保险营销早会和保险营销夕会的联系与区别。

第九章

保险营销团队建设与管理

本章摘要 本章包括保险营销团队建设概论、保险营销员招聘与解聘、保险营销员培训、保险营销报酬制度与收入管理、保险营销激励制度五节内容。应掌握保险营销团队含义及构成、团队精神和团队文化,保险营销员招聘计划、途径与甄选手段,保险营销培训的内容及方法,保险营销报酬制度种类及建立,营销激励原则和方法;理解保险营销团队的基本职能与作用、团队建设与培育,保险营销员的招聘与解聘,营销培训的必要性、目的及营销培训计划,营销员业绩考评及收入管理,营销激励的时机、营销员的违规处罚等。

关键词 保险营销团队;团队建设;团队文化;团队精神;报酬制度;营销激励

第一节 保险营销团队建设概论

一、保险营销团队的内涵、构成与职能作用

(一)保险营销团队的相关概念

1. 团队的概念

关于团队有多种观点,代表观点有以下三种:

(1)团队是由两个或者两个以上的个体组成,相互影响且相互依赖,共同实现一个特定目标的正式群体。

(2)团队是由一小部分具有互补性技术的人组成的群体,该群体拥有共同的目标,并有一系列运行的阶段性目标和使群体内成员相互负责任的方法。

(3)团队是一个组织在特定的可操作范围内,为实现特定目标而建立的相互合作、一直努力的、由若干成员组成的共同体。

可见,团队都有一个共同的目标,其成员行为之间相互依存、相互影响,并相互合作,目的是追求集体的成功。简言之,团队就是若干志同道合者拧成一团,结成一队,以便共同达成目标。

2. 保险营销团队

保险营销团队是指乐意为实现既定保险营销目标而相互协作,向顾客提供保险产品与服务、知识和技能的专业人群。同样,保险营销团队也有共同的营销目标,其成员行为之间相互依存、相互影响,需要相互协调与合作,最终目的是提高成员的收入、追求集体的成功。

(二)营销团队与群体的差异

营销团队脱胎于群体,但又不同于群体,主要在于营销团队更加强调内部的协调联系。

表 9-1 保险营销团队与工作群体的比较

项目	工作群体	营销团队
领导	明确的领导者	分担领导权
目标	组织的目标	特定的目标(可自己形成)
协同配合	中性	积极乐观
目标结构	共享型	依存型
协调方式	合作型	配合型
产出	个人产品	集体产品
责任导向	分工型	整合型
技能模式	组合型	互补型

(三)营销团队的构成要素

营销团队一般由以下五个要素构成:

1. 团队目标

团队目标具有更广泛和深远的意义。共同的目标可以令团队成员振奋精神,与企业的政策与行动协调并配合,充分发挥生命的潜能。有共同的愿景,才能够使团队成员知道自己的角色和任务,从而真正组成一个高效的群体,把工作上相互联系,相互依存的人们团结起来,使之能够产生合力,更有效地达到个人、部门和组织的目标。如果团队各个成员的目标各不相同,那么,这个团队的前景就可能岌岌可危。团队经理应该为团队设立明确可行、可衡量、达成度高而又有一定挑战性的目标,这样才会让你的团队凝聚成一股绳,共同完成目标。

2. 人员

团队目标一旦明确,随后就要找到合适的人员,并制订团队人员职位的明确计划。这就需要充分了解候选者的技能、学识、经验和才华,以及这些资源在多大程度上符合团队的目标、定位,职权和计划的要求。

挑选队员过程中面临的问题不单单是"谁最优秀",而是"如何为团队提供最佳资源组合并获得最理想的结果"的问题。例如,某人是所有候选人中最有才华的,但因为他无法与他人和睦共处,我们就不得不忍痛割爱。某位候选人可能在技能、学识和经验方面存在一定不足,但是他具有领导才干,也能顺理成章入选。

3. 团队定位

团队定位是指团队在整个组织中处于什么地位。在迈克·波特的《竞争战略》中，定位是一个非常重要的方法。在团队建设中也是如此，但它考察的重点不是外部的竞争环境，而在于企业内部对团队的身份界定。团队如何融入到现有的组织结构中，如何产生新的组织形式，是管理者们应该思考的问题。

在讨论团队的定位问题时，首先要弄清以下问题。例如，团队是什么类型的？团队类型包括建议型、参与性、销售服务型、计划发展型等；团队面临的首要任务是什么？团队对谁负责？依据什么原则决定团队的成员和团队的各种规范？然后再根据上述问题的答案，进行合理定位。

4. 权力

应明确团队的权力多大，对谁应该有权力，然后再决定如何分享和使用权力。

5. 团队计划

计划即完成预定目标的具体方案、辅助计划。团队应如何分配和行使组织赋予的职责和权限？团队应该如何高效地解决面临的各种问题。换句话说，计划工作就是团队成员应该做哪些工作，以及如何做好工作。一份完好的团队工作计划，通常必须能够回答以下问题：

（1）每个团队有多少成员才合适？

（2）团队需要什么样的领导？团队领导职位是常设的还是由成员轮流担任？

（3）领导者的权限和职责分别是什么？是否应该赋予其他团队成员特定的职责和权限？

（4）各个团队是否应定期开会？会议期间要完成哪些工作任务？

（5）每位团队成员应该把多少时间投入团队工作？

（6）如何界定团队任务的完成情况？怎样评价和激励团队成员？

（四）营销团队的基本职能与作用

1. 营销团队的基本职能

营销团队的基本职能是：计划、组织、指导、协调及控制。

计划，即确立发展目标、制订团队发展计划和工作程序。

组织，即建立一个有效的团队组织，完成既定的营销目标。

指导，即通过对下属的激励、在职辅导等按期达标。

协调，即加强团队内和团队间的协作配合，努力达成既定目标。

控制，即通过设定各项标准，在目标和结果之间进行必要的调整和监控。

2. 营销团队的作用

保险营销团队对于保险营销的作用，主要表现在四个方面：

（1）可以充分沟通信息，降低市场的不确定性，获得最大化营销利益。

（2）利于充分利用营销资源，特别是部门冗余资源的充分利用。

（3）可以增强营销组织的效能，提高决策效率。

（4）利于激发团队内在的工作动力。通过决策权的落实与自我实现、标杆效应与社会尊重、参与性管理或者合作式管理，可以实现共享价值，不断提升团队内在的工作动力。

二、保险营销团队的建设与培育

（一）团队建设的基本内容

1. 树立共同目标

树立共同目标能够为团队成员指引工作方向和提供进步的动力。个人目标会使个体努力提高绩效水平。目标也能发挥激励作用，使营销团队充满生机活力。

2. 不断完善成员技能

高效的营销团队需要三种不同技能类型的成员：具有技术专长的人；具有发现、解决问题和决策技能的人；具有较强人际关系的人。基于此，我们必须善于发现团队内的各类人才，并不断强化其专业技能。

3. 分配团队成员角色

提高团队工作效率的重要一点，就是要把个人偏好与团队角色合理匹配，使团队成员各尽其能。否则，团队力量就会分散，难以完成既定营销目标。

4. 建立内部激励机制

除了公司根据个人业绩贡献进行评估和奖励之外，团队还应考虑以队员对团队的其他贡献进行团队评估、激励，并采用其他方面的措施，不断强化队员的团队精神。

5. 积极培养团队精神

团队精神表明了我们为自己也为别人的利益工作，并用语言和行动支持自己的团队；它也表明了指导决策的基本价值观是一贯的、公平公正的。应鼓励队员经常沟通交流，及时说出自己的感受，纠正偏离团队精神的思维，在团队精神的指导下，努力展现自己的才能和作用。

（二）团队建设的阶段

团队的建设通常包括以下四个阶段：

1. 形成期

形成期是团队建设的第一个阶段，这个阶段几乎是主管单向作指示；团队成员间有关工作的沟通交流有限；主要由主管作决策，很少采纳员工建议；团队成员的能力不强，处理人际关系的能力较弱，也不要求有支持团队的能力（如作决定、解决问题等）。该阶段团队的独立性及营销产能一般不强。

2. 凝聚期

凝聚期是团队建设的第二个阶段。团队成员大部分建立了双向交流；决策主要由主管作出，但开始采纳员工的建议；团队成员的技能有所提高，人际关系能力中等，具有初步支持团队的能力（如作决定、解决问题等）。该阶段团队独立性及其营销产能达到中等程度。

3. 激化期

激化期是团队建设的第三个阶段。这一时期，团队成员间的交流很多，主管不会事事以自己为主，而更多地成为主持交流的人；决策方面由团队成员作更多的决定；团队成员的技术面更宽，人际关系能力强，支持团队的能力达到中等程度（如作决定、解决争议、选择团队成员等），该阶段团队独立性及营销产能较高。

4. 收割期

收割期是团队建设的第四个阶段，也是最高阶段。团队成员间经常开展沟通交流，主管更多地与其他主管和其他团队展开交流，以改进团队间的关系；日常决策主要由团队成员来作；团队成员的技术面广，人际关系能力及支持团队的能力很强（如作决定、解决争议、选择团队成员等）。该阶段团队独立性及其营销产能也往往达到最高。

（三）团队建设的基本方法

团队建设的基本方法主要有以下四种：

1. 人际关系法

人际关系法的目的是保证团队成员可以在一种诚实的基础上进行交往。公开、坦诚地讨论团队内部的关系与冲突；形成相互信赖的氛围；进行有效的团队工作。

2. 角色定义法

角色定义法是从各种角色分类和群体过程中抽象出来，使个人对于他们经常讨论的贡献方式有所了解，并明白哪一种贡献可能被团队遗漏。每个团队成员既承担一项责任，又扮演一种团队角色；一支团队需要在功能与角色之间找到平衡，这取决于团队的任务；团队的绩效取决于团队成员认同团队内的各种相关力量，以及按照各种相关力量进行调整的程度；有些成员比另一些成员更适合某些团队角色，这取决于他们的个性；一个团队只在具有范围适当、平衡的团队成员时，才能充分发挥其技术资源优势。

3. 价值观法

价值观法强调团队具有一套清晰明了的价值观的重要性，这套价值观应该由全体成员共享，并指导个人以一种团结合作的方式行动。

4. 任务导向法

任务导向法强调的是团队为了有效完成任务而需要发展或积累技能或资源。人际关系、建立共同目标和团队价值观，是有效完成任务所必需的工具。

（四）团队的培育

团队的培育就是高效团队的培养和育成。在团队培育中，必须明确以下五个问题：

（1）团队培育的对象：主要包括新员工、一般员工、专业技术员工、领导等。

（2）团队培育的内容：主要包括团队价值观培育、团队业务技能培育及其他内容。

（3）团队培育的作用：主要包括能够顺利达成团队目标、实现队员与组织发展的双赢、促进团队的健康发展。

（4）团队队员的成长：主要有缓慢成长、胜任工作的成长、自我成长、扩充的成长、倍增价值的成长。在保险营销实践中，应因人而异，选择不同的成长方式。

（5）团队培育的方法：指导培育的技术主要包括：工作指导培育；共同学习方法；演讲方法；视听方法。在工作实践中也应因人而异，选择不同的培育方法。

三、保险营销团队精神与团队文化

（一）团队精神

1. 概念与意义

团队精神是指团队整体的价值观、信念和奋斗意识，是团队成员为了团队利益和目标而相互协作、共同奋斗的思想意识。也可以说，团队精神就是团队成员为了团队利益与目标相互协作、尽心尽力的意愿与作风。

良好的团队精神是团队的灵魂。其用意在于：有利于实现团队共同的愿景，是高绩效团队具有强大竞争力的根源，也是整合团队力量的黏合剂。团队精神力量的支持远大于金钱的诱惑，人们为钱而聚也必将为钱而散，因而必须依靠团队的精神来凝聚团队成员，发挥集体的合力。

2. 良好团队精神的表现

良好的团队精神具体表现在以下三个方面：

（1）团队成员的凝聚力强。主要表现在：队员有归属感——时刻想团队；有亲和意识——始终爱团队；有责任意识——愿意为团队做贡献；有自豪意识——共同享受团队。

（2）队员具有高度的相互信任与合作意识。

（3）团队士气高昂，精神面貌非常好。具体表现在：成员状态——敬业爱岗；早会氛围——积极向上；人员出勤——自律性强；日常工作——分工明确；展业拜访——动力十足；面对挑战——群策群力；团队发展——高效稳健。

3. 无团队精神的人群

无团队精神的人群具体表现在：（1）像一盘散沙：表现为自私、小团体、帮派严重等。（2）没有作战能力：表现为团队的业绩差、收入低。（3）自律性差：表现为成员出勤率低，被主管求着出勤展业。（4）人来人往但留存率低。

（二）团队文化

1. 团队文化的含义

团队文化是指在团队建设及发展过程中形成的、团队成员共有的价值观、工作态度和行为规范。团队文化是团队成员共同拥有的文明基础、文化心理和文化成就感，也是团队环境和意识的灵魂。

2. 团队文化的内容

团队文化是团队凝聚力和共同动力的根本。它通常包括团队的制度、人际关系（人文环境）、团队价值观、团队精神和口号等。团队文化不是自然而然产生的，它的建立关键在于什么是好的团队文化的表现方式，并无一定之规。只有刻意引导并努力营造，才能使其朝着对团队有益的方向发展。

3. 团队文化建设的八原则

在团队文化建设中，应该遵循以下八原则：

(1) 目标原则——要有一个有价值的团队目标。

(2) 共识原则——所有成员一致认同团队目标。

(3) 整体原则——队员积极配合协作、团结一致。

(4) 卓越原则——通过集体努力不断提高，追求更好。

(5) 成效原则——即奖励机制，包含物质与精神的奖励。

(6) 实证原则——即实事求是地面对困难、解决问题。

(7) 亲密原则——团队成员之间亲密无间、感情融洽。

(8) 正直原则——能够公正对待、及时处理团队的问题。

其中，(1) — (3) 为团队原则；(4) — (6) 为效率原则；(7) (8) 为公正和情感原则。

第二节　保险营销员招聘与解聘

一、保险营销员的招聘计划与途径

（一）营销员招聘计划

营销员招聘计划是由营销业务发展计划决定的。因此，保险企业首先必须根据宏观经济和微观经济发展情况，制订可行的营销业务计划。而后才能根据营销业务计划、已往的营销经验，并在对市场作全面、深入调查分析的基础上，制订恰当的营销员招聘计划。招聘计划的内容一般应包括如下五项：

1. 确定需要招聘的人数

确定招聘人数的依据是：① 根据营销目标，共需要多少营销员？② 已有多少营销员？其中即将晋升、退休、解聘、流失的营销员各为多少？③ 尚需增员多少？所需人数减去调整后的现有人数，即为需要招聘的人数。

2. 确定应聘人员应该具备的条件

营销工作的各个岗位都有其工作说明和工作规范，以明确完成该项工作所需具备的条件和资格。招聘营销员之前，应根据保险营销工作的性质、特点、以往工作经验及要求，制定工作规范，并在招聘区域以适当的方式公布，以免引来不合条件的应聘者而延误招聘工作。

3. 确定招聘的途径、程序与时间

4. 做好执行招聘工作的人事安排

在集体讨论前述事项之后，人事和营销主管要经过协商，安排具体招聘的执行人员，明确分工，各负其责，严格把好各个环节的关口。

5. 资料准备和对工作人员的训练

为了顺利完成招聘计划，必须做到思想、口径、行动的高度统一。为此，有些资料，如受聘人员应具备的条件、公司介绍资料、工作介绍等，要事先准备好，要求工作人员熟记于心；要通过培训，提高工作人员的面谈技巧和招聘能力，并要求他们做好记录，为事后的绩效评估做好准备。

（二）营销员招聘途径

保险营销员同其他营销员有所不同，除应该具备相应的文化知识、工作能力与技巧之外，还必须具有保险监管部门认可的资格证书。因此，保险营销员招聘途径主要有以下几种：

（1）招聘已经取得从业资格证书的各种人员

这是一条最简捷的途径，只要应聘者具备这种资格，又无违纪记录，并愿意为本公司服务，便可与其签订代理合同。

（2）在社会上公开招考

由于已取得保险代理人资格的人不多，远不能满足保险业高速发展的需要，所以，公开向社会招考的办法被广泛采用。包括人才市场、大学校园招聘、增员说明会等是常用方法。其程序是：

① 对报考者的基本条件进行初步审核，进行初次筛选；
② 对基本符合条件的报考者进行专门培训；
③ 文化和专业知识考试，进行第二次筛选；
④ 对考试合格者作全面考查，进行第三次筛选；
⑤ 合格者签订保险代理合同。

（3）发动公司员工及营销员推荐增员

这是一条较为稳妥的途径，因为推荐者对被推荐者比较了解，可减少很多审查工作，并且推荐者又能起担保作用，公司比较放心。同时，被推荐者对未来工作及公司性质也有了解，工作时可以减少因生疏而带来的不安与恐惧，从而降低离职率。尤其是因入职者与大家比较熟悉，彼此容易沟通，都有责任感和较高的工作热情，能够大大提高团队作战的效率。

其程序与公开招考大体相同：① 推荐；② 由推荐者传、帮、带，但被推荐者只能帮助推荐者办业务，不得以个人名义销售保单；③ 当被推荐者达到一定人数时，对他们集中进行专业培训；④ 组织文化和专业技能考试；⑤ 实践考查；⑥ 合格者签订保险代理合同。

二、保险营销员的甄选手段

（一）考试

无论是推荐的还是从社会上招聘的人员，都必须由保险公司主管部门统一命题，进行文化知识和专业技能考试。考试成绩是决定是否聘用的重要依据。

（二）面谈

面谈是对考试合格者进行当面交谈与考核。选才面谈通常分两次进行。

首次面谈是让对方有兴趣与招聘工作人员谈论保险营销工作。一旦对方对这种"相互沟通了解"的安排有兴趣，且年龄、体格、健康状况也基本符合条件，便可要求申请人据实填写申请表，必要时应该让其出示有关证件或资料。通过首次面谈，面试官不仅对应选者的沟通技能、社会经验及对销售工作的兴趣等几项因素有了初步印象，而且根据申请表可获得如下信息：（1）初步断定申请人是否具备销售所需的条件或资格；（2）为下一步深度选才面谈确定提问的内容和方式；（3）便于对申请人所提供的各项资料进行全面衡量。对不具备必备条件者予以淘汰；对具备条件者再作综合考虑，可建立一种科学的计分制度，分数高者排位居前。

第二次面谈的目标和作用是增进相互了解。具体包括以下五点：

（1）核对申请表上的资料，询问更多的相关情况。对申请表上的资料有不明白之处，可利用面谈加以验证，并借此了解申请表上没有的情况，如兴趣、爱好、以往的工作经验等，可据此估计申请人的潜能。

（2）可介绍保险公司及未来工作情况，使应聘者对公司及工作有更详细的了解，并澄清以前可能存在的误解。

（3）听取应聘者对工作的设想，可借此判断其思维、态度、声音及谈话能力。

（4）面谈实际上也是销售工作最重要的部分。申请人会把自己视同其他商品，向对方即面谈主持人进行推销。这样才能使面谈主持人产生好感。所以，面谈实际是对应聘者最切实的考验，据此可判断其未来工作的情形。

面谈结束之后，必须把面谈所得到的资料整理好，并评估该候选人成功的机会有多大。没有成功可能性者，应予以淘汰，以降低招聘成本。

（5）对候选人的综合评估，可使用以下问题：

① 该候选者是否具备从事这项工作的能力、技巧与经验？如果没有，他是否能在短期内获得这些技能？

② 该候选人从事保险营销工作的欲望是否强烈？

③ 该候选人的条件是否适合本公司？

④ 该候选人有过何种销售经验，或有过什么与销售有关的经验？

⑤ 该候选人是否会依循目标努力工作，并从工作中获得成就感？

⑥ 他对工作的性质及专业是否持正面肯定的态度？

⑦ 他对保险、个人财务，以及这两者之间关系是否了解？

⑧ 他是否有能力与人和善且积极地交往？

⑨ 他是否有能力学习并作出决定？是否有能力有效沟通？

⑩ 他是否有能力制订计划，并管理时间及工作？是否可以独立工作，是否需要其他支援与协助？

在回答上述问题的同时，便可对该候选人的优缺点有所认知。同时对其优缺点进行衡量，并作出恰当的取舍。

（三）深层考核或考查

除文化及专业技能考试外，还须进行综合考查。其内容包括：是否具备基本条件、自身素质、家庭情况、是否有违法犯罪记录等方面的情况，以及在参加培训期间表现出来的能力与组织纪律性等。

（四）其他方法

除上述甄选方法外，还有应聘人自述表达法、填写问卷法、观察法等方法。

在招聘实践中，可根据实际情况选择某几种方法，以便对应聘者进行全面考查。

三、保险营销员的聘用

经过考试、面谈、综合考核后的合格人员，必须与保险公司签订代理合同，并领取公司颁发的保险代理证书后才能上岗。

签订保险代理合同的目的在于明确双方当事人各自承担的义务和享受的权利，也便于保险公司对代理人的代理行为实施监督管理。因此，保险代理合同的内容应包括：合同期限，合同变更及终止的条件，代理业务范围，双方的权利和义务，劳务报酬及违反合同的处罚等。择要简述如下：

（一）保险代理人的权利和义务

1. 基本权利

保险代理人的基本权利如下：（1）获得劳务报酬的权利。保险代理人为公司进行有效的销售活动有权得到相应的报酬。至于按什么标准和方式支付报酬，应在合同中进行明确规定。（2）独立自主开展业务活动的权利。保险代理人在保证保险人要求的承保质量的前提下，可以自主选择投保人、业务洽谈方式，在时间安排和地区选择上也有相对的自主权。（3）拒绝违法要求的权利。保险代理人有权拒绝违法的委托代理事项。如保险人要求代理人强迫或误导客户投保等，保险代理人有权拒绝。

2. 主要义务

保险代理人的主要义务有以下六方面：

（1）自觉执行保险代理合同，模范地遵守《民法典》《保险法》《保险代理管理规定》中关于保险代理的规定。

（2）积极勤奋地开展保险代理业务，为保险人多招揽业务。如公司有业务指标要求，要努力实现甚至超额完成业务指标。保险代理人必须按要求开展业务活动：按委托的险种和业务范围进行推销，严肃认真地宣传和解释保险条款，按保险人制定的流程进行操作。

（3）必须按保险人制定的规章制度办事，必须使用保险人印发的各种业务用纸，必须按保险人的要求填制、上报各种单证和报表，必须接受保险人的监督和检查。要做到代理业务账目清楚，账册与凭证齐全，并按保险人的要求及时上缴所代收的保费。

（4）不得擅自将保险代理人的身份转让给他人。

（5）要接受保险人组织的业务培训、考试或业绩考核。

（6）有义务维护保险人的利益、体现保险人的意志。

(二)保险人的权利和义务

1. 基本权利

保险人的基本权利是：(1)有权授予保险代理人代理保险业务种类及业务范围(揽业、代收保费)。(2)有权要求保险代理人按照保险人规定的条款、费率、实务手续开展业务活动。(3)有权监督、检查、指导保险代理人的业务活动。(4)在不损害保险代理人根本利益的前提下，保险人有权单方面改变保险代理合同的某些内容，如代理险种和业务范围的变更，保险条款和费率的变更等。这些内容的变更，保险人不必征求保险代理人的意见，并要求其限期执行。

2. 主要义务

保险人的主要义务有四方面：(1)必须按保险代理合同确定的标准和方式，向保险代理人支付代理手续费。(2)应及时向保险代理人提供开展代理业务所需的保险条款、费率、实务手续及各种单证。(3)对保险代理人进行适当的业务培训与指导。(4)应承担保险代理人合法代理所产生的民事责任。

四、保险营销员的解聘

(一)解聘的原因

(1)营销员主动要求解除聘约。

(2)营销员有下列原因之一，保险公司可以决定解除聘约：① 不具备保险代理人资格；② 有违法犯罪或严重损害保险公司信誉行为；③ 严重违反代理合同规定，损害保险公司或保户利益；④ 经帮助、教育、培训仍不能胜任本职工作。

(3)由于某些特殊事件的发生，当事人双方事实上已无法继续履行保险代理合同。

(二)解聘时应注意的事项

(1)提出解约的一方至少提前30天通知对方。

(2)应及时按规定办理交接手续。代理人员应将经手的账簿、单证、有关资料、办公用品及代理员证件等核对清楚，做好交接清单，由公司主管部门监交。

(3)与保险公司解除代理合同的人员，不得再以保险公司名义进行民事活动，否则后果自负。

第三节　保险营销员培训

一、培训的必要性及目的

(一)培训的必要性

保险营销制度引进我国后，大量新人加入保险营销队伍，使保险营销员的培训变得很有必要。

1. 培训是为了提高销售业绩

保险营销的发展依靠营销员的业绩来支撑，而绝大多数营销员以前并未从事过保险工作，对保险营销知之甚少。因此，必须对他们进行强化培训，使其提高对保险及营销的认知，增强营销信心，学习营销展业技巧，以不断提高营销业绩。

2. 培训是为了人员成长

一个人从其他岗位转到保险营销岗位时，必然有一个从无知、惶惑到熟悉、热爱的转变过程，这样，营销新人就会逐渐成为营销业务骨干。当然，这种转变并非一蹴而就的，其中必然有成功的喜悦、失败的沮丧，有信心百倍的勇往直前，也有灰心丧气的犹豫彷徨。因此，必须通过培训来补充知识、激活潜能、增强信心、提高水平，以加快这种转变的实现，满足人员成长的需求。

3. 培训是为了适应市场变化

保险市场处于不断的发展变化中，以固有观念来应付瞬息万变的市场是不会成功的。只有通过培训、形成与时俱进的动态观念，才能在变化的市场中随机应变，适应不同层次、不同类型的顾客及保险目标市场的需要。

4. 培训是为了组织发展

随着业绩的不断提高、业务规模的不断扩大，营销组织就要不断发展。这必然需要一部分人作为营销主任或者营销经理，在进一步拓展营销业务时承担管理责任。无疑，这必须通过对营销员的提升培训或养成培训，提升其自身的品位和管理能力，从而适应组织发展的需要。

（二）培训的目的

无论是营销新人，还是业务与管理骨干，尽管在培训中要求的程度有差异，但培训的目的都应包括四个方面：

1. 学会做人

世界寿险推销大王齐滕竹之助说过："人们无论干什么工作，实际上都是在进行自我推销。"一个保险营销员在向他人推销保险时首先是在推销自己，推销自己的人品、知识以及能力和水平。在一般情况下，当准保户在了解保险险种的性质、作用、功能后，都倾向于在自己熟悉的人处买保险。因此，作为保险营销员必须学会满腔热情地关心人，以专业及诚信的服务态度帮助人，才能取信于准保户，最终和其成交。必须学会正确地对待自己，才会使自己有一个较强的心理素质，克服消极心态，激发潜能，树立必胜信念，不断超越自己，提高营销业绩。所以，通过培训，首先要让营销员学会做人。只有真诚待人、正确对己的保险营销员，才能取得良好绩效。

2. 学会认知

学会认知包括两方面，一是通过培训向各级营销人员传授大量知识，不断提高其知识和技能水准。比如，对营销新人就要传授保险知识、顾客心理和销售技巧；对高级营销员则要传授保险理论和管理方法等。二是通过培训向营销员传授掌握知识和运用信息的技能，使之获取"思想的源泉"并具有高级认知技能，以保持思维的批判性和理性的创新性。比如，目标市场的评估与选择，营销险种的改造与开发，市场拓展的方法与策略等。

3. 学会做事

保险是一种无形商品，它不能演示或陈列，因而无法为人们的感官所感知。购买保险以外的商品，能让购买者实际受惠；购买保险商品，保户可能实际受惠，也可能不能实际受惠。因为保险是一种赔付承诺，一种保障和服务。所以，让人们认识这种商品并且接受它，比接受其他商品的难度要大得多。对营销员进行培训，就是让其学会如何推销保险这种特殊商品，让人们购买这种商品。通过培训，营销员能够掌握寻找准保户的方法，掌握与准保户进行面谈时如何发问、聆听、交谈的技巧，把握赢得准保户喜欢的时机，了解销售异议处理办法，以及做好售后服务的有关事项。客户千差万别，需求各式各样，营销员要能因人、因时、因地、因情况而异，正确处理。只有通过培训，掌握过硬的本领，才能完成销售任务。

4. 学会共事

尽管保险营销单独行动比较多，但营销工作流程却是一个完整的过程。资源的共享、工作的互依、职能的分工，使营销成为团队的整体行动。因此，要营造一个良好的组织氛围和职场氛围，才能保证组织长盛不衰。工作职责及营销员素质的差异，使大家相聚在一个组织内，必须相互支持帮助、相互谅解。为此，也需要通过培训使营销员学会正确认识自己和他人，认识组织和社会，在与同事的真诚协作、和谐共处中实现共同生存和发展。

二、保险营销培训计划

保险营销培训应根据培训对象的培训需求，制订科学的培训计划。一般包括以下四项内容：

（一）培训目标体系

培训对象不同就会有不同的目标，如保险营销新人、业务骨干和管理骨干培训的目标就有很大差异。同样的培训对象，其培训目标也不是单一的，而是一个培训目标体系。比如，营销新人的培训目标体系就是树立营销理念，学习保险知识，掌握营销方法；业务骨干的培训目标体系是开辟营销新市场，学习营销新险种，掌握营销技巧；管理骨干的培训目标体系就是提升管理思维，学习管理理论，掌握管理技巧等。因此，拟订保险营销培训计划时，首先要确定培训目标体系。确定培训目标体系的方法通常是工作分析和人员分析。

1. 工作分析

由于每项工作的要求不同，培训要求也自然不同。有些工作要求培训实务知识，有些工作要求培训解决问题的方法。要想为某项工作选择合适的培训方法，就要进行工作分析。工作分析是一种程序或方法。一是分析说明组成某项工作的各种活动，以及完成这些活动所需的行为；二是列示获得工作成果所需要的各种要素。也就是说，工作分析是通过查阅保险公司有关资料，细心观察、分析与研究某项工作流程及如何才能完成该项工作，以获得最佳绩效，由此用以确定有效完成工作所需要的知识、技能和态度。通过以上步骤，就可以确定培训的目标体系。

2. 人员分析

人员分析就是对培训对象进行分析，用以确定员工工作时所需具备技能、知识及态度的程度，从而确定培训目标体系。比如，对毫无推销经验的保险营销新人与已有销售经验的营销新人，对保险营销的业务骨干与管理骨干，对营销外勤人员和内勤人员，对营销业务管理人员与行政管理人员等，他们所需的知识与技能各有侧重。

在实际确定目标时，一般把工作分析与人员分析结合起来。通过对工作与人员分析确定培训的目标体系。这样才能使培训收到预期的效果，否则就会劳而无功。

(二) 培训教学设计

教学是培训计划的核心部分。因此，拟订培训计划时，要精心进行教学设计。培训教学设计通常包括培训教学策略设计和课程设置两方面，下面重点讨论培训教学课程设置。

1. 培训教学策略设计

培训教学策略设计是根据培训对象的人员特点和工作特点设计相应的教学形式，选择合适的教学手段与有效的教学方法。显然，对营销新人培训与营销员的提升培训，其教学形式、教学手段和教学方法是不同的，有的采取脱产集训方式，有的采取业余进修方式，有的采取课堂讲述为主，有的则以实际训练为主等。

2. 培训教学课程设置

根据培训教学理论，营销培训教学课程分为三种基本类型。

(1) 核心课程。即把培训班的主要目标作为主题，并以此为核心组织相关学科的内容，形成培训教学课程体系的核心课程，着重对学员进行知识更新的教学。

(2) 广域课程。即着重于培养与提高学员能力的有关课程，它既是核心课程的改进，又是核心课程的更高层次，包括管理能力、策划能力、组织能力等相关能力的课程。

(3) 经验课程，又称技巧课程，指着重培养和提高学员工作技巧的课程。学员对这类课程的学习，主要围绕营销的各个环节进行模拟训练或实演操作，提倡在做中学，从学中做。

培训教学课程设置，通常采取集群式模块课程模式。该模式根据保险营销的通性分析、职业分析、职责分析与任务分析，确定营销工作的知识与能力集群体系。该集群体系的内涵，既包括保险营销职业资格的导向，又包括基本素质的要求，既包括岗位的现实需要，又包括岗位的未来发展。同时，根据各个岗位的职责要求，该知识与能力集群体系又由若干个"活模块"组成，每个"活模块"就体现了相应岗位的专项知识与能力要求，与之对应的是一组相关课程。

可见，在进行营销培训教学课程设计时，要根据岗位职责要求选择相应的"活模块"，进行三种类型的课程组合以满足培训需求。逐步按类型、按层次地进行"活模块"组合培训，就能培养出一批高水平的高级营销员。

(三) 培训过程管理

培训计划中的培训过程管理，主要包括培训方式管理、时间管理、人员管理与费用管理等内容。

1. 方式管理

培训方式管理通常采用以下四种方式：（1）集中培训，即把所有参训者集中在一起，进行专门培训；（2）在职培训，即参训者边工作边抽空进行培训；（3）会议培训，即利用会议的形式确定某个专题进行培训；（4）函授培训，即对营销员采取函授方式进行培训。

2. 时间管理

培训时间的长短要根据培训对象、人员素质、培训目标、培训方式等因素而定。采用集中培训时，时间以一周为宜。

3. 人员管理

人员管理包括对培训者和受训者的管理。

（1）培训者：根据教学课程挑选学有专长又富有实践工作经验者担任培训师。一般应具备以下四个条件：① 对于新授课程应有透彻了解；② 对于培训工作富有高度事业心；③ 对讲授方法应有充分研究，能够灵活运用；④ 随时补充和修正培训教材。

（2）受训者：挑选受训者时应注意以下三点：① 具有相同的培训需求；② 对新任工作富有兴趣，且有完成任务的能力；③ 具备学以致用的精神。

培训者和受训者都要遵照培训的要求，认真完成自己的任务，在整个培训过程中，要求受训者遵守纪律、克服困难、刻苦学习，真正达到学有所获的目的。

4. 费用管理

培训经费是开展培训工作的物质基础，是培训教学场所、教学设施、教师和教材等的资金保证。因此，在拟订营销培训计划时，必须明确培训经费的来源及其合理的分配与使用等有关问题。这里应特别指出的是，加强经费制度管理，即建立健全经费管理制度，培训经费的预决算制度，真正保证经费的使用重点和方向，以便使有限的培训经费发挥其应有的作用。

（四）培训效果评估

拟订培训计划时，一定要确定培训效果的评估办法及标准，使培训计划顺利实施，明确培训的绩效以及下次培训的改进意见。

1. 对培训者的评估

对培训者的评估常采用座谈会的方式征求意见，或者让学员填写教学评估表收集意见；通过对这些意见的分析，了解培训者的工作态度、学识水平、教学方法以及改进意见。

2. 对受训者的评估

对受训者的评估，一般采用考试或考查的方法进行。通过考试或考查，既可以了解学员的学习效果及掌握程度，为学员提供非常有价值的反馈意见；又可以了解是否成功地传授了有价值的信息。对受训者的考试、考查，既可采取书面考试方式，也可采用撰写文章的方式，或者采用实际演练的方式。

3. 对整个培训工作的评估

对整个培训工作的评估包括计划的完整性、管理的严密性等方面。通过整体评估，可以看出评估的绩效。

当然，培训计划中的过程管理，除了上述四个方面之外，还有一些其他方面，如地点管理、时序管理、设备管理、环境管理等。

三、保险营销培的内容

保险营销培训的内容常因工作需要和培训对象不同而异。一般应包含三个部分：一是观念教育，包括政治思想、理想人生、法律法规、职业道德、营销理念、行业认同、公司风貌等。二是业务知识，包括保险的概念及本质、职能与作用，保险合同的基本原理，风险的识别、评估与选择，寿险理论与实务，营销险种条款与组合，营销原则与方法，营销业务管理的流程与技术等。三是能力培养，包括销售技能、人际交往能力、信息搜集与处理能力、新人增员能力、教育培训能力、团队管理能力、潜能激发能力、市场评估与开发能力、业务处理能力等。

当然，上述每个部分都包含很多内容，但并非每个培训班的课程都涵盖以上方面，而是根据培训需求有选择地确定有关内容；即便部分内容会被纳入每个培训班的课程，但也会因培训层次不同而采取递进式逐步深化与提高。下面就对不同人员的培训内容提些参考意见。当然，各保险公司、各地的具体情况不同，也不能一概而论。

（一）营销新人培训

营销新人培训的内容主要包括以下六个方面：

1. 美好事业

（1）保险——人类社会最伟大的爱心事业。重点讲授保险的本质、意义、功能、地位与作用；保险业的辉煌历史、美好现状与光明未来等。

（2）保险公司概况：包括保险公司的历史沿革、公司性质与行业地位、发展现状和未来趋势等。

2. 追逐辉煌

其主要内容包括：（1）时代呼唤保险营销；（2）人生价值展现辉煌；（3）保险营销的成功秘诀。

3. 保险实务

（1）保险商品知识：包括保险费、保险金额、保单的现金价值；公司的寿险商品类型或财险商品种类；国内寿险市场商品比较或财险商品比较分析；保险公司营销的险种介绍等。

（2）保险合同知识：主要包括保险合同的概念与种类、主体与客体内容；合同订立与履行、变更与终止、争议解决等。

（3）保险公司经营运作：包括展业与核保；承保规定；定损、理赔与核赔；再保险、资金运作；业务管理与防灾防损等。

4. 保户开拓

保户开拓主要包括陌生拜访、缘故推销、群体开拓、业务咨询、电话销售、网络销售等各种方法。

5. 销售循环

销售环节包括市场定位→寻找客户→销售接洽→销售面谈→障碍排除→适时成交→保后服务等环节。

6. 提高营销效率

提高营销效率主要包括：（1）每日活动安排；（2）时间管理；（3）客户管理工作；（4）推销计划拟订与实施；（5）经验学习与失败反思。

（二）衔接教育培训

衔接教育培训的内容主要有以下五个方面：

1. 创意营销

创意营销培训主要包括四方面内容：（1）剖析销售行为；（2）创新销售要诀；（3）成功销售体验；（4）追逐高额保单。

2. 时间管理

时间管理培训主要包括：（1）工作规划；（2）科学管理时间等内容。

3. 活动管理

活动管理培训主要包括六方面：（1）出勤卡；（2）准保户卡；（3）保户卡；（4）业绩卡；（5）贵宾卡；（6）工作日志等工具。

4. 客户管理

客户管理培训主要包括：（1）客户管理环节；（2）客户档案内容；（3）客户联络方法等内容。

5. 实务管理

实务管理培训主要包括：（1）核保要则；（2）承保流程；（3）契约保全；（4）理赔实务等内容。

（三）资深营销员培训

资深营销员培训的内容主要包括以下五个方面：

1. 角色认知

角色认识主要包括：（1）角色定位；（2）工作任务；（3）职责要求等内容。

2. 知识深化

知识深化主要包括：（1）保险基本原理；（2）保险保单形态；（3）公司目标市场；（4）公司商品费率；（5）营销险种组合等内容。

3. 销售拓展

销售拓展主要包括：（1）复合投保的方法；（2）跟踪调查的方法；（3）期望投保者的名单搜集和整理；（4）关联者名单的运用方法；（5）有影响人士的运用方法等内容。

4. 顾问销售

顾问销售主要包括：（1）家庭理财规划；（2）家庭生活设计；（3）家庭风险管理；（4）家庭保险计划；（5）企业单位的风险管理与保险规划等内容。

5. 自我提升

自我提升主要包括：（1）公司晋升与奖励制度；（2）成功销售原则；（3）销售生涯规划设计；（4）建立人际网络；（5）确立自己的形象；（6）扩大自己的知名度等内容。

（四）营销主任培训

营销主任培训的内容主要包括以下五个方面：

1. 管理知识

管理知识主要包括：（1）管理的基本要素；（2）营销管理的基本内容；（3）销售向管理的过渡等。

2. 管理实务

管理实务主要包括：（1）目标管理方法；（2）工作计划与总结；（3）阶段经营环节；（4）增员管理要领；（5）营销新人培训；（6）营销员的考核与评估等。

3. 团队建设

团队建设主要包括：（1）塑造团队精神；（2）团队活动策划；（3）人际关系处理；（4）人员激励教育。

4. 工作效率

工作效率主要包括：（1）会议的设计与运作；（2）主任一日工作安排；（3）活动管理督导；（4）目标市场分析；（5）营销业务评估。

5. 提高能力

提高能力主要包括：（1）主任形象塑造；（2）自我销售演练；（3）演讲能力训练；（4）大额保单开发。

（五）营销经理的培训

营销经理培训的内容，主要有以下七个方面：

1. 角色定位：（1）经理任务；（2）经理职责；（3）经理素质；（4）经理形象等。

2. 经营管理：（1）确定经营理念；（2）制定经营目标；（3）业务环节管理；（4）营销活动设计。

3. 增员管理：（1）增员活动企划；（2）新人育成要领；（3）增员评估分析；（4）增员组织管理。

4. 教育训练：（1）教育训练计划制订与实施；（2）职场文化建设等。

5. 督导与激励：（1）督导的方法与技巧；（2）激励的理论与实践等。

6. 经营效益：（1）营业成本预算与控制；（2）人力资源分析；（3）经营指标体系；（4）经营效益评估等。

7. 领导艺术：（1）沟通艺术；（2）会议管理；（3）公共关系；（4）团队建设等。

四、保险营销培训的方法

保险营销培训可以根据实际情况，采取各种各样的方法。下面着重介绍常用的四种方法：

（一）讲授法

讲授法也称为面授法，是最广泛应用的培训方法，是将培训对象集中在一个课堂里，由教师进行面授，培训对象从讲师的讲述中获取知识。这种方式比较流行，究其原因，一是易于组织实施，二是经济实用。根据讲师和培训对象在课堂讲授期间的活动情况，可以把讲授分为三种方式：

1. 灌输式讲授

这是在着重于知识性和资料性传授的营销培训中普遍采用的一种讲授方式，如保险理论知识、营销原理、保险产品培训、经营管理基础知识等。但这种讲授方式的信息输入完全来自教师，培训对象参与程度最低。

2. 启发式讲授

启发式讲授是对新信息和新论点的传授中广泛采用的讲授方式，如保险目标市场的评估等。在这种讲授方式中，学员的参与程度较高。讲师首先提供保险营销的新信息和结论，然后提出问题，以考察学员是否掌握新信息和结论。如果学员没有掌握，讲师应以较容易的表达方式使学员听懂并掌握。

3. 发现式讲授

发现式讲授是指学员在教师的指导下进行学习，并试图得出自己的结论。讲师只提供学员不知道的某些事实，学员要尽可能多地发现。比如，在学习保险营销技巧时，讲师可以给出各种准保户的资料，让学员独立分析，想出自己与准保户交往的方式方法。显然，学员通过自己的努力探求新概念、新方法、新结论，这样的学习效果比较好。

（二）演练法

演练法是指在各种营销培训中，假设一些实际工作中常见的情况，指导学员进行演练，体验实战，提高认同能力、操作能力与解决问题的能力。经常使用的方法有角色扮演法和模拟法。

1. 角色扮演法

在营销技巧演练中，某个或几个受训对象分别担任某一角色，如营销员、顾客、业务领导等，并以所任角色的身份表演从事某个环节工作时的行为，其余受训对象作为观察员和讲师一起观看表演，观察并思考与培训目标有关的行为。演练结束后，进行情况汇报，扮演者、观察者和讲师一起讨论表现出的行为。如营销员培训时，就可以挑选某个人扮演营销员，让他表演如何正确处理客户的异议。

角色扮演法可以展示人际关系与人际沟通中不同的技艺和观念，它为体验各种行为并借此对这些行为进行评价提供了一种有效工具。也就是说，角色扮演法给表演者提供了一个心理和行为实践锻炼的机会，为观察者提供了学习不同行为的机会，为全体受训者分析研究、评价各种行为提供了样板。和讲授法相比，角色扮演法可以使更多的学生参与，更能唤起受训者的感情，激发其参与行为，进一步强化其对知识的理解与掌握，因而它更适用于感情及行为领域的培训。

当然，由于角色扮演中情景设计的人为性，降低了情景的现实性；也由于角色扮演强调个人行为，忽视了集体的作用，因而不利于养成团队合作精神。

2. 模拟法

模拟法就是为受训者提供一个假设过程，但过程中的一切又十分接近现实，这使得受训者在这样一个操作模型中进行决策实践。参与者通过他们的决策和行为影响着模拟活动，比如，在营销主任培训中，我们可以组织进行团队建设模拟、目标市场评价模拟等培训。

模拟法的趣味性能够吸引受训者积极参与，并培养受训者对培训内容学习的高度兴趣，受训者往往为了获得理想的模拟效果积极参与，乐此不疲。

模拟法大多属于团体行为，通过参与，受训者之间的交流增加，相互理解程度更高，从而大大改善受训者集体的人际交流，培养受训者的团队意识与团队精神。模拟法中，受训者学习的东西与直观、复杂的情景相联系，理解和记忆就更为深刻，学到的东西也易于迁移。当然，模拟法比较费时间，尽管模拟意境接近于现实，但毕竟不是现实，甚至比现实要简单得多，所以有时会影响受训者对现实的理解。

（三）研讨法

研讨法是指确定一定的课题目标，让受训者通过研究讨论的方式得出比较一致的看法，从而达到提高受训者素质的效果。研讨法通常采用下面三种方式：

1. 演讲—讨论式

演讲—讨论式即首先由某个专业人士就某议题发表演讲，随后受训者在主持人的主持下，结合议题和前面的演讲进行自由讨论，最后由主持人进行总结，得出培训的结论。

2. 小组讨论式

小组讨论式围绕要培训的问题把受训者分成若干小组。在每个小组中，可指派一人进行发言，然后大家自由讨论；也可以让大家畅所欲言，各抒己见。最后，由小组长汇总报告本组意见，再由主持人总结，得出培训结论。

3. 系列讨论式

比如，对一系列营销险种的培训，就可以采取系列讨论式研讨，逐个分析解决各个险种的问题，最后形成系列培训，以逐步深化学员对此的认识。运用此法时要注意以下四点：（1）要有明确的研讨议题，组织大家围绕议题进行研讨，不允许漫无边际地讨论，以免影响培训效果；（2）做到三控制，即控制人数、控制信息、控制进度；（3）及时处理讨论中的冲突；（4）及时讨论总结。

（四）案例法

案例法就是围绕一定的培训目的，对实践中的其他情景加以处理，形成供受训者思考分析和决断的案例，通过独立研究和相互讨论的方式，以提高受训者分析问题和解决问题的能力。比如，营销培训中关于异议解决、保险赔付等问题，运用案例法就比其他方法的效果好。

表 9-2　讲授法和案例法的比较

	目的	特征	方法	重点	答案	主体
讲授法	传授知识	以理论案	记忆理解	是什么	一元	教师
案例法	培养能力	以案论理	思考创见	为什么	多元	学生

从表 9-2 的比较中，我们可以看出：

（1）案例法的目的是提高受训者分析解决问题的能力，因而有关案例的知识准备过程需要受训者利用课外时间完成。这也说明，案例法是一种较为高级的培训方法。

（2）案例法的学习方式是受训者通过对案例的分析，从中总结出某些规律，它本质上是一种归纳式学习方法。

（3）案例法提供给受训者生动具体的案例，讲师要努力鼓励受训者根据案例积极思考。

（4）案例法揭示了人在某种情景下的行为规律，要求受训者应在讲师的引导下通过思考、讨论，把这些规律总结归纳出来。

（5）案例法提供的情景是具体的、全方位的，保险营销行为可以从多方面进行解释，很难存在一个最优答案。因为在给出答案时，应明确其约束条件。

（6）案例法的主体是受训者。因此，受训者必须经过充分准备、深入思考、热烈讨论，才能获得预期效果。

当然，编制一个成功的案例、进行一次成功的案例讨论要花费较长时间，因而案例法的应用往往有一定的局限性。

保险营销培训的方法除了上述四种以外，还有自学、视听技术、感受性训练等其他方法，各种方法在不同的方面均有其优势。表 9-3 列出了联合国工作人员培训方法的效用比较，可以供保险营销培训时参考。

表 9-3　联合国工作人员培训方法的效用比较

序号	培训方法	知识		态度		分析能力		人际关系		学员接受		知识保留	
		名次	平均值	名次	平均值	名次	平均值	名次	平均值	名次	平均值	名次	平均值
1	案例法	2	3.56	4	3.43	1	3.69	4	3.02	2	3.80	2	3.48
2	研讨法	3	3.33	3	3.54	4	3.26	3	3.21	1	4.16	5	3.42
3	模拟法	6	3.00	5	2.73	2	3.58	5	2.50	3	3.78	6	3.26
4	视听技术	4	3.16	6	2.50	7	2.24	6	2.10	6	3.44	7	2.67
5	自学法	1	4.09	7	2.1	6	2.56	7	2.11	7	3.28	1	3.74
6	角色扮演法	7	2.93	2	3.56	3	3.27	2	3.00	4	3.56	4	3.37
7	感受性训练	8	2.77	1	3.96	5	2.98	1	3.95	5	3.33	3	3.44
8	讲授法	5	3.10	8	1.99	8	2.01	8	1.81	8	2.74	8	2.47

第四节　保险营销报酬制度与收入管理

一、保险营销报酬制度

保险营销员的劳务报酬主要来自于代理保险业务的手续费。由于保险代理人的身份不同，如我国有专业代理人、兼业代理人和个人代理人之分，其经济活动的自由性与经济条件各不相同。同时，基于支付劳务报酬的主导思想和操作原因，各家保险公司向保险代理人支付劳务报酬的方式也不相同。国际保险市场的代理人报酬制度，主要包括以下五种：

（一）纯粹佣金制度

纯粹佣金制度的劳务报酬是与一定期间的营销工作成果直接相关的，即按销售量的一定比率或由营销员的销售对公司利润的贡献确定。佣金的支付方式又可分为以下三种：

（1）保险公司按保费收入把佣金支付给专业代理人，专业代理人再按保费收入金额把佣金支付给其聘请的个人代理人。个人代理人与专业代理人之间也订立契约。

（2）根据保险代理人的考试成绩、业务成绩（保费收入）、业务能力确定等级，保险公司按不同险种和不同代理人不同的等级，支付不同比率的佣金。

（3）分别按所保业务和续保业务的不同比率直接向代理人支付佣金。

该制度的优点：一是有激励作用；二是营销员可获得较高的报酬；三是便于控制销售成本。其缺点是：由于销售业绩的波动，造成营销员收入具有不稳定性，增加了管理方面的困难。

（二）纯粹薪金制度

纯粹薪金制度即通常所说的计时制，其特点是不管营销员的销售额为多少，在一定期间都能获得定额报酬。报酬标准的调整依据主要是营销员的能力、表现及资历等因素。这种制度的优点是：（1）易于理解操作；（2）营销员收入稳定，有安全感；（3）可减少雇佣、依赖思想和敌意。其缺点是：缺乏激励作用，不利于提高营销工作效率。

（三）薪金加佣金制度

薪金加佣金制度的报酬分为两部分：基本薪金和佣金。基本薪金虽不高，但能使营销员有安全感。佣金是按个人保费收入百分比计算的，可连同薪金发放，也可在年终时一次支付。它具有一定的激作用。

（四）薪金加奖金制度

采用薪金加奖金制度，营销员除了可按时领取一定薪金外，还可获得一笔奖金。奖金是为奖励营销员为公司做了显著贡献支付的。采用这种制度可鼓励营销员兼做若干销售管理方面的工作，但直接促成销售业务增长的作用不大。

（五）薪金加佣金再加奖励的制度

这种制度兼顾薪金、佣金、奖金的作用，也就兼顾了营销员和公司双方的经济利益。保险公司除了支付固定的薪金、低比例的佣金之外，还根据营销员超额完成任务的程度、控制销售费用的效果或所获得新客户的数量给予特别奖励。奖励可以是钱财奖励或非钱财奖励。钱财奖励包括直接增加薪金或佣金，或间接的福利，例如，给带薪假、旅游或五险一金等。非物质奖励的方式很多，如授予其一定的荣誉、为其记功、颁发证书及纪念品等。

这种制度的激励作用广泛，能促进销售量的持续增长；但其奖励标准或基础难言允当，如果处理不慎，就可能会引起营销员之间的心理不平衡，造成营销管理方面的困扰。

二、报酬制度的建立

建立什么样的报酬制度是营销管理中的重要课题。从保险精算角度看，营销员的劳务报酬、公司的运营费用及利润，都来自保险的附加保费。附加保费若不加控制，就会损害消费者的利益。保险公司、营销员及客户三者之间的利益互相牵制，管理者要建立一套完整的报酬制度并非易事。况且，即使建立了一套比较好的报酬制度，也可能在经历若干时日之后变得不太理想。这就要求管理者在建立报酬制度之前，将制度必须达成的目标分为长远目标与短期目标两种。凡是报酬制度中的主要部分，应以长远目标为基础，以增加制度的稳定性；报酬制度中的其余部分目标，则应保持适度的弹性，以便根据实际情况的变化及时调整。

（一）建立报酬制度的原则

建立公平合理的报酬制度，必须遵循以下七项原则：

(1) 现实性原则。保险营销员的报酬应在比较合理的水平上，使营销员收入适中，且有一定优势，销售成本也较低。

(2) 激励性原则。报酬制度应能给营销员较大激励，促使其努力拓展业务，并积极参加公司的各项活动。

(3) 吸引性原则。报酬制度应有竞争性，一定要优于竞争对手的同类规定，以吸引优秀营销员来本公司工作。

(4) 稳定性原则。理想的报酬制度应能使营销员每月、每周都有较稳定的收入，不影响他们的生活及工作情绪。

(5) 相称性原则。营销员的报酬应与本人的能力、业绩相称，也与公司内其他人员的报酬相对平衡，不能厚此薄彼。

(6) 灵活性原则。报酬制度应能促进各种保险商品的销售，又能被比较灵活地加以运用。

(7) 可操作性原则。报酬制度应易于为各方了解与接受，且便于在实际中操作和管理。

（二）建立报酬制度的程序

报酬制度的建立程序，主要包括以下五个方面：

（1）详细说明报酬制度必须达成的目标。

（2）确定报酬的项目（薪金、佣金、奖金等）及其水准。

（3）选择适当的报酬计发方法。

（4）试行该项制度，及时吸取经验教训，不断修改、完善该项制度。

（5）实施该项制度。

（三）确定报酬项目及其水准

报酬制度究竟包括哪些报酬项目，整体上应达到什么样的水准，是十分重要的问题。主管人员必须考虑有关因素，尤其要认真研究项目依据。

1. 应该考虑的五项因素

（1）保险公司的经营政策和目标。制定报酬制度是为了逐步落实经营政策，达成原定目标。故在确定报酬项目和水准时，需要认真研究公司的经营政策，认真分析公司的经营目标层次及先后顺序。

（2）财务及成本因素。设定报酬的项目和水准，既不能太吝啬，也不能盲目慷慨，应考虑企业的财务承受能力和经营成本所允许的底线。

（3）行政因素。报酬计算的标准、方式是否易于理解且易于掌握，是否需在实施前征询业务人员及干部的意见，会有什么误解或阻力等，都是必须认真考虑的问题。

（4）管理因素。诸如底薪是否重要，能否起激励作用，能否留住优秀人才，对不同资历、层级、职位的人，是否应给予不同的待遇及奖励，主管干部是否欠缺，是否应予鼓励以使其向干部层次发展等，这一系列的问题都必须认真考虑。

（5）其他因素。诸如公司的知名度如何，要多高的报酬才能吸引人才，产品知识和营销技巧训练的难易程度如何，是否需要培训新的销售观念与技巧，市场情报的提供是否要给予特别奖励，送收服务是否要与报酬挂钩等，对这些问题也须认真加以考虑，才能使所设定的报酬项目、各项目所占比重及整体水准较为合理。

2. 确定报酬项目和水准的依据

确定报酬项目和水准的依据有三个：（1）工作的性质、特点、难度及重要性；（2）同行业类似工种的报酬；（3）公司内其他工作岗位的报酬。

三、报酬制度的实施

报酬制度一经制定，便应向所有人员作详细说明，使大家都知道制度的特点和各项报酬的确定或计算方式。

（1）报酬中不一致的底薪、津贴，应先行落实到各个等级的营销员，其标准的高低，应尽量依据企业所制定的一般薪金制度，不可有歧视或欠公平的地方。

（2）不固定的佣金、奖励等，应根据营销员的考评实绩确定。佣金比率的高低、奖项与奖金的额度，应服从于保险公司的奋斗目标，应能使得营销员关心公司、勇于负责、团结奋斗、积极进取。例如，奖金高低的决定要素如表9-4所示。

表 9-4 奖金高低的决定比率

情况	奖金应占整个报酬的比率	
	较高	较低
销售员个人技能在销售中的重要性	很大	轻微
销售员所属公司的名气	小	大
公司对广告及其他营业推广活动的信赖	小	大
依照价格、品质等竞争的便利	小	大
供应顾客服务的重要性	轻微	大
以整个销售量为主要销售目标的重要性	较大	较小
技术或集体销售的影响范围	小	大
销售员不能控制的影响销售因素的重要性	轻微	很大

四、营销员的业绩考评

（一）业绩考评的目的

为了使营销员报酬的给予有客观公正的依据，尤其使贡献大者获得应有的报酬和鼓励，业绩不佳者受到启发和鞭策，必须坚持定期（周、月、季、年度）考评。通过考评了解营销员工作业绩的高低、服务质量的优劣、工作能力的强弱等。

（二）业绩考评的情报资料来源

业绩考评的情报资料来源主要有两个：一是营销人员的工作报告书和公司的销售记录；二是主管及其他有关人员对营销员的看法，包括顾客的投诉或赞许。

（三）确定考评的标准

要考评营销员的业绩，一定要有公正合理的标准。其业绩标准有两种：一为绝对标准，即就营销员个人每种工作因素制定的特别标准，如周访问次数、平均签约件数或保费收入额等；二是相对标准，即将每位营销员与全员平均业绩相互比较。应注意的是，采用前者时，会碰到区域潜力、区域规模和营销员潜质的差异等问题，若不慎重考虑，其业绩评估可能会欠公平；采用后者时，有些非数量性的标准又很难求得平均值，例如，积极性、协调性、判断力、责任感、情绪稳定性等。因此，管理者既要认真研究营销员的活动规律和时间分配方式，制定较为实用的标准，又要根据已往的经验和公司的要求来判断标准的水平。

（四）业绩考评的方法

业绩考评的方法主要有以下三种：

1. 顺位法

顺位法是最简单的方法：把所要考核的项目都列出来，将全员在各项目中的名次一一排定，各不同名次都确定不同的"得分"，然后把个人的各项分数计算出来，最后就会产生综合的名次。

2. 对照表法

采用对照表法需要分为以下两个步骤来进行：

（1）制作业绩考评表：将每一项要考核的业绩分为若干等级，各等级不是设为抽象的"优、良、中、可、劣"，而是以评语形式出现，并对不同等级配上不同的"得分"，对各考核项目配上不同的权数。

（2）考核人将表中的评语一一与被考核者进行对照，在认为合适的评语栏划上"O"，然后将划"O"等级的"得分"乘以该项的权数即为该项目的考核"评分"，最后将各项的"评分"累计起来，便得到该被考核者的"总评分"。

这是一种很好的方法，但准备过程较长，而且必须上下一致才行。分等级、写评语的工作最好由各部门、各层次分别完成。分配得分和权数，则必须由主管领导来决定。

3. 人物比较法

人物比较法是先挑选出一个标准作为参考，然后将营销员跟他作比较，以评定各人的业绩。该方法的缺点是难以找到一个具有标准业绩的人选。

五、营销员的收入管理

营销员收入管理就是将营销员按"资历"及"职位"列出各人、各组、各分部、各职别的收入，并计算平均收入数、最高收入数和最低收入数。这些数字可以用来激励新进人员，也可用来刺激表现不佳者。同时，营销主管有责任使其下属的收入提高到较理想的水准，如果收入欠佳，主管可以督促他工作更专心、更卖力，这也是对下属的关心。

另外，如果营销员的收入不如自己或公司所预期的目标，则可能同营销员的能力、产品优劣、市场竞争的强弱等因素有关。这时，营销主管就应反省评估、检查这些因素。如果佣金比率不高、收入不够，导致营销员作弊、士气低落或流失，则应采取相应对策，其中就包括提高佣金比率。当然，收入数字都是相对的，也容易以偏概全，有些人不喜欢自己的收入被太多的人知道，所以，个人收入的统计最好以平均数字列出。

第五节 保险营销激励制度

用激励原理来调动广大保险营销员的积极性，就要选择正确的原则、科学的激励方法、合适的激励时机。其目的在于满足、引导或者创造营销员的需求，激发其销售热情，产生积极且有创造性的正确行为，以衰减其不当需要和负能量，减少消极的错误行为，防止产生不良后果。

一、保险营销激励的基本原则

保险营销激励的基本原则是长期营销实践经验的总结提炼，也是行之有效的普遍激励规律。主要包括以下四项原则：

（一）公平公正原则

公平公正是最持久、最有效的激励，也是保险营销激励制度的基石。公平公正是社会进步的保证、现代文明的基石，也是对人格的尊重，可使人最大限度地释放自己的创造能量。反之，如果营销激励制度不公或者实施者心存偏袒，则是对心灵的践踏和现代文明的挑衅，必然出现消极抵触现象，影响团队的安定团结，甚至造成人员流失，从而阻碍保险营销事业的发展。所以，只有公平公正的营销激励制度，才能全面调动营销员工作的积极性。

（二）求实公开原则

求实公开是保险营销激励制度的前提，也是提高激励效果的有效方法。要求任何激励活动都要从营销实际出发，坚持实事求是，不断扩大参与面和影响力。特别是要注意引导营销员物质和精神生活的客观实际需求，并根据实际情况调整保险营销激励方案，这样才能收到良好的激励效果。

（三）多管齐下原则

多管齐下是提高保险营销激励效果的有效保证。在制定和实施保险营销激励方案时，既不要偏袒物质激励，也不要把非物质激励视为灵丹妙药。必须根据保险营销的实际情况，科学组合各种激励方法，适时调整激励方案，不能机械地学习、教条地予以规定。

（四）合理有效原则

合理有效原则是保险营销激励制度的目的。营销激励方案的实施，如果有利于提高团队的凝聚力和战斗力，有利于提高营销员的工作积极性和创造性，则说明该方案是合理有效且达到预期激励目的的。否则就应反馈信息，及时调整激励方案。

二、保险营销的激励方法

在保险营销实践中应用的激励方法很多，通常可分为有形激励和无形激励、外在激励和内在激励。有形激励就是采用看得见、摸得着的方式进行激励，如采用奖金、实物、数据激励等。无形激励就是采取精神、感情的方式进行激励，如榜样、尊重、关怀、发展激励等。外在激励就是利用外部力量进行激励；内在激励是通过激发营销员自身潜能进行激励。由于保险营销工作的多样性与营销员需求的多层次性，因而要求主管人员深入调查研究，选择正确的激励方法，以产生预期的绩效。常用的激励方法主要有以下二十种：

（一）目标激励

一个振奋人心、经过努力可以实现的奋斗目标，可以起到鼓舞和激励作用。目标激励就是把公司的整体目标与个人目标相结合，把长期目标与近期目标相结合，形成目标链。这样，营销人员就会在工作中把自己的行动同整体目标和个人目标、整体利益和个人利益紧密联系起来，产生激励作用。实施目标激励的好处：一是能使营销员清楚自己的价值和责任，一旦达到目标便会获得一种满足感；二是有利于同事之间沟通信息，减少达到目标的阻力；三是能使营销员个人利益与公司的整体目标统一，促使其爱岗敬业、勤奋工作。

目标激励通常分三个阶段进行。一是目标设定阶段，即营销部根据公司的情况设定总目标，营销分部、营销团队根据总目标制定部门目标，营销员根据部门目标和个人情况制定个人目标，从而形成一个目标链。二是目标实施阶段，即根据目标链鼓励全体保险营销员充分发挥各自积极性，努力完成个人目标，进而完成营销部总目标。三是目标评估阶段，即比照目标链对达到的结果进行客观测定与公正评价，总结经验，表彰先进，激励员工为实现更高的目标而奋斗。

（二）强化激励

强化激励就是根据强化理论对保险营销员的某种行为采取肯定和奖励，或者否定与惩罚的做法，使其行为受到正强化或者负强化的激励作用。

对保险营销员"正强化"激励的方法主要是表扬和奖励。为了使奖励真正起到激励作用，物质与精神奖励要相辅相成，但必须因人而异有所侧重。奖励方式也不能一成不变，要不断创新。对营销员"负强化"的激励方法主要是批评和惩罚。批评有直接批评、间接批评、暗示批评、对比批评、强制批评、商讨批评、分阶段批评等多种方式。惩罚的主要方法有行政处分、经济制裁、法律惩办等。为了使"负强化"激励收到更好的效果，要遵循事先警告原则，并在惩罚标准上能够宽严一致，不可畸轻畸重。

"正强化"和"负强化"都有激励作用，使用时两者不可偏废，但应尽量多采用"正强化"激励。国外一家公司曾就激励方式的效果作过分析研究，结果如表 9-5 所示。从表列数据可见，"正强化"比"负强化"的效果要好得多。

表 9-5　激励方式与效果对照分析表

激励方式	行动变化的比重		
	变好（%）	没有变（%）	变差（%）
公开表扬	87	12	1
个别指责	66	23	11
公开指责	35	27	38
个别嘲笑	32	33	35
公开嘲笑	17	36	47
个别体罚	28	28	44
公开体罚	12	23	65

（三）支持激励

营销主管对下属布置工作，方式方法大有讲究。比如，"我指示你这样做"和"我支持你这样做"，虽仅有一词之差，但产生的效果大不相同。一个营销员能否充分发挥其能力，体会上级的意图，听从上级的指挥固然重要，但更重要的是在于他是否能独立思考、有所创造。因为营销工作条件艰苦、任务繁重，没有一定的可循之规，经常会出现一些意想不到的困难和问题。在这种情况下，采取支持激励的方法，一个支持的行动，一句支持的话语，甚至一个支持的眼色，都会使他们挖掘内在潜力，激发强大潜能，克服困难，完成销售任务。倘若他们在犯了错误之后有了改正的表现，这时给予其激励的表示，就能产生催化作用，促进其向好的方面转化。所以，营销主管满腔热情地支持营销员，往往能产生意想不到的激励作用。这种支持主要包括：(1) 尊重营销员的首创精神和独特见解；(2) 信任营销员，放手让其工作；(3) 为营销员创造顺利工作的条件；(4) 支持营销员克服困难，为其排忧解难；(5) 主动为营销员承担责任等。

（四）关怀激励

人们都需要关怀和爱护。营销主管对营销员除了工作上的支持外，如果能在生活上和政治上给予关怀，为其解决实际困难，使之深刻感受到团队的温暖，定会激发其责任感和工作主动性。例如，某地一女性营销员平日业绩很好，后因孩子重病，突然向经理提出辞职。经理闻讯，立即驱车前往其家，帮助她把孩子送往医院就诊。对此，她深受感动。孩子病好之后，她不仅没有辞职，而是以更好的业绩回报经理的关怀。

当然，关怀激励应因人而异，关怀需要也不相同。所以，关怀激励的前提是掌握每个营销员的实际情况，尤其了解其情绪变化是十分重要的。通常可以通过以下途径：(1) 察言观色。上班看脸色，吃饭看胃口，工作看劲头，开会听发言，平时听反映。(2) 谈心家访。见到营销员有下列情况必谈心：情绪低落、与人发生纠纷、受到批评、遇到困难、工作调整等；在遇到以下情况时必家访：逢年过节、生病住院、发生家庭纠纷、婚丧喜事、天灾人祸等。(3) 听群众反映，特别是通过营销骨干了解情况。(4) 数据分析，如根据各项指标的完成情况掌握营销员的情况。

（五）榜样激励

榜样激励即典型示范。优秀榜样的力量是无穷的，它是一面旗帜，说服力最强，最容易让人产生情感上的共鸣。从人的习惯心理来看，人们更容易用眼睛来接受信息。榜样是一种影响力，能使营销员的行为发生改变。营销工作的竞争性很强，有了榜样，就学有方向、赶有目标，号召力最强，所以，榜样是一种催人向上的激励力量。

当然，采用榜样激励应注意三个问题：一是榜样的真实性。即榜样的事迹必须是真实的，能经得起检查和时间考验。人为拔高的"榜样"是起不到激励作用的，反而使人有一种受人愚弄的感觉，只会激起逆反情绪。尤其是营销员业绩是硬指标，他们朝夕相处，相互之间的情况均有所耳闻。二是榜样的群众性。榜样来自群众，为群众所公认，这样才有广泛的群众基础。否则，鹤立鸡群，起不到榜样作用。三是榜样的单一性。即榜样所标榜的是某一方面的事而不是全面的。当然，也有各方面都比较先进的榜样，但营销部这种榜样不多，向这样的榜样学习，营销员会有比较难学的感觉。

需要强调的是，领导的榜样作用。我国历来就有"身教重于言教"，"其身正，不令而行；其身不正，虽令不从"的说法。正所谓："领导就是榜样"。也就是说，领导的行为可能有意无意地被人视为榜样，可能对营销员起到激励作用，甚至引起仿效。英国萨里大学领导科学专业教授丁·艾德欧说："好的榜样具有创造力，特别是当榜样包含自我牺牲的成分时。"他认为领导者树立榜样应注意以下原则：(1)不要求别人做不愿意做的事；(2)确保榜样和共同任务并不抵触；(3)任何时候都应意识到正在树立什么样的榜样；(4)要想方设法树立一些被人仿效时能产生积极作用的榜样；(5)与基层管理人员探讨树立榜样的问题。这五条原则，无疑对营销主管会有启迪作用。领导以身作则、严于律己、勤于学习、勇于创新，就能形成非权力性的影响力，对下属产生无声的激励作用。

（六）荣誉激励

每个营销员都有自尊心和荣誉感，大家都想获得荣誉。获得某种荣誉，表明某方面的价值得到体现，或者某方面的工作成绩得到肯定，或者某种能力得到发展。有了某种荣誉，如星级营销员的称号，可以得到上级的器重，为其升职创造有利条件；也可以使同事另眼相看，同事的仰慕为其工作增添了支持。人各有异，营销员中有的看重物质、有的看重友谊，多数人更看重事业，荣誉是事业成功的一种表征。有的营销员为了获得展业能手的荣誉，克服困难，调动各方面的力量，提高陌生拜访的频度，巧妙运用各种营销技巧，力争取得优异的业绩。获得展业能手的称号之后，他感到欣慰，享受成功的喜悦，但更多的是他证明了自己的能力。因此，他又设定了新的目标，向新的高峰攀登。由此可见，荣誉激励的作用是很大的。

荣誉激励包括个人荣誉激励与集体荣誉激励。个人荣誉激励如评"展业能手""星级营销员"等，集体荣誉激励如评"先进分部""优秀团队"等。为了使荣誉激励达到最佳效果，可以采取多种形式，如颁发奖章或荣誉证书、张贴带彩照的光荣榜、发布表彰通报、举行表彰大会等。当然，在实施中也要注意：(1)荣誉的价值。授予荣誉称号也是表扬，但比表扬又高一个层次。授予荣誉称号时一定要体现荣誉的价值，不能因为太随意而造成荣誉贬值。(2)荣誉的数量。荣誉不可授予太多，多则滥，就起不到激励作用。(3)荣誉的时间性。一般而言，荣誉有时间限制。营销员的业绩达到授予某种荣誉称号标准的时候，要不失时机地加以首肯。荣誉授予时间上的过分延误，也会失去其激励后续工作的潜力，达不到预期的激励目的。

（七）物质激励

物质需求是人的基本需求。据调查，营销员希望增加物质收入以满足其不多的或者更高的物质需求。营销主管在组织营销业务发展中，对营销员的突出业绩给予奖励。针对这一部分人的需求，可以采取物质奖励的办法，如发给奖金、奖以实物等，这些都能起到明显的激励作用。尤其是给予具有一定价值和意义的实物奖励，其作用非同一般。特别是当实物有持久性激励标志时，其激励的效果可能在受奖人一生中起作用，甚至还能起到激励亲人的效果。比如，有位女营销员在月末业绩评比中获得第一名，营销部总经理亲手把刻有"奖给营销冠军×××"的钢笔在营销部大会上发给了她，她感到很高兴。回家后，上小学三年级的儿子看到妈妈的奖品，立刻拿到同院的小朋友面前，不无炫耀地说："这是我妈妈得到的奖品。我也要好好学习，一定要像妈妈那样拿个奖品回来！"听到儿子的话，这位女营销员心里比吃了蜜还甜。有的营销员还把得到的奖杯、奖牌放在家里的电视机旁，让客人一进屋就能看得到。这是物质激励在营销员身上产生的潜在作用。

（八）个人发展激励

不少营销员有着不断提升自己的需求。对此，可以运用个人发展激励的办法，鞭策他们不断成长。比如，带领他们去参观考察或者参加培训班学习研讨；对其中特别突出者，甚至可以送到国外参加会议，到高校进修，让他们更新知识、提高能力，进一步激励他们对更高层次的目标追求。而受过这种特殊礼遇的营销员，一定会加倍回报公司。比如，太平人寿××分公司营销部对100多位优秀的营销主任级以上人员，进行了八天的强化培训。个别白天，他们按照军人的要求参加六个半小时的保险知识学习；晚上，或上课，或讨论，或者军训。不论男女老少，不管刮风下雨都是如此。但是，他们竟无一个人叫苦，也没一个人退缩。因为他们是营销员中的佼佼者，发展和完善自己是他们共同的心声。

（九）参与激励

参与激励是指营销员在不同程度上参与营销部的管理工作中所产生的激励作用。让广大营销员与营销部各级领导一起商讨重大营销问题，如市场分析、营销战略、险种改造、营销目标等，参与各级管理工作的研究，可使营销员感到组织和领导的信任，从而感受到自己利益与组织发展密切相关而产生强烈的责任感。同时，营销主管与营销员在一起商讨问题时，应该畅所欲言，群策群力，这对双方来说都是一个受到别人重视的机会，融和了共同的物质和精神追求，给人一种成就感。尽管各人需求的侧重面不尽相同，但多数营销员因参加商讨与自己有关的行为而受到激励，从而在以后开展业务过程中会有种特别的亲切感，并自觉发挥主观能动作用。所以，正确地参与管理既会对个人产生激励，又为营销目标的实现提供了保证。

当然，运用此方式时也应注意：(1)营销主管和营销员都要端正认识。营销主管必须相信与依靠广大营销员，鼓励他们参与一些力所能及的管理工作，倾听大家意见，进行研究并采纳合理化建议。营销员也应以主人翁的态度主动关心并参与营销管理，贡献自己的智慧和力量。(2)参与方式要多种多样。比如，直接参加营销部决策研究，或者参加小组讨论提出建议，或者参加各种代表会议，或者以口头或书面的形式发表意见等。(3)让营销员参与管理并不意味着营销主管可以放弃自己的职责。尽职尽责是营销主管的基本准则，放弃管理、放任自流是决不允许的。

（十）危机激励

目标是"诱因"，危机是压力，二者都可以产生激励效应。保险本身就是经营风险的行业，保险营销随时都处在危机中。比如，保险市场主体的增加、市场竞争的加剧、市场策略的突变，都会使保险营销产生危机，包括市场份额危机、产品滞销危机、营销目标危机、营销人员危机等。作为营销员本人来说，有可能会产生业绩危机、人缘危机、荣誉危机等。出现危机并不可怕,因为承担风险造成的压力可以激发斗志,鼓舞士气。营销主管应向营销员阐明危机,把其推到竞争里,加强团队整体危机意识。只要大家同舟共济,往往会产生破釜沉舟的激励效应。

要产生危机激励效应,就必须形成利益共同体的共识,尊重和激发营销员的主体意识。将压力转换成动力,是公司凝聚力和员工责任感的生动体现。营销主管通过向营销员灌输大量信息,用公司生存危机来激励员工,能使其奋发图强,发挥超常作用,取得良好的激励效果。

(十一)数据激励

用数据表示营销业绩和贡献,最具可比性和说服力,也最能激励营销员。比如,营销部的各种统计报表的数据,能激励广大营销员。运用数据激励包括许多内容,例如,逐日、逐周、逐月公布各人、各组的保单件数、保费收入,公布营销员的考核成绩,设立光荣册,公布比赛活动中的优胜者名次等,都属于数据激励。常有这种情况,营销员们一到公司,往往先留意业绩公布栏,居前者再攀高峰,落后者奋起直追,从而形成了人人争当先进的氛围。

数据激励并非强制作用产生的,而是营销员自觉心理作用产生的,激励效果也能维持长久。尤其是数据激励与物质激励、荣誉激励相结合,就会产生更强劲的激励作用。

(十二)竞赛激励

保险营销工作极具挑战性,充满艰辛和困难。因此,营销主管要不时给予激励,开展业绩竞赛是一个激励的好方法。因为竞赛能激发营销员求胜的意志,提高整个团队的士气,从而鼓励他们做出比平时更多的努力,创造比平时更高的业绩。所以,营销部常常会根据营销目标,结合实际情况,组织业绩竞赛,如突破奖、星级营销员奖、新人业绩奖等。通过这些竞赛,激发营销员不服输的拼劲,形成你追我赶的团队营销氛围。

竞赛激励也要注意掌握一些基本的原则:

(1)任何竞赛都要设计一个主题。这个主题应结合某个节日或者为了某个特定的意义,主题对营销员来说要有新鲜感和吸引力,使他们感到参与本次竞赛有意义、有价值,从而激发他们想拼想赢的欲望。

(2)竞赛频率要适度,不可一赛接着一赛,使大家疲于奔命,使他们对业务竞赛反感。

(3)竞赛要设置奖励。奖励面要适当宽一点,当然也不能人人得奖,人人得奖起不到激励作用。一般要确保参赛人数的50%—60%有获奖机会。成功的奖励办法能鼓励大多数人,奖励面太窄,会使业绩中下水平的营销员失去信心,对竞赛无动于衷。奖励设置要分层次,这样更能使不同业绩的营销员都能获得合适的奖励,起到更大激励作用。

(4)奖品要精心选择。最好把物质奖励与精神奖励结合起来,并侧重于精神奖励,因为物质有限而精神无价。如果每年都有几次竞赛,也要考虑奖励成本,何况对大家来说，物质重要但更重要的是竞赛中价值与能力的体现。奖品应是有纪念意义的，如奖杯、奖章或者风景胜地游等。

（5）制定奖励颁发的具体标准。标准要客观，太高，难于达到；太低，没有激励作用，因而标准应该是跳一跳，够得着。标准要尽可能量化，过于定性，则难以评估，容易出现问题。

（6）认真做好竞赛的组织与宣传工作。竞赛组织要有步骤，严密可行；宣传形式要多样，如采用每日快讯、每周报道、倒计时、冲刺日报等方法进行追踪报道，渲染竞赛的热烈气氛。

（7）及时总结表彰。业务竞赛完毕应马上组织评估，严格按实际成果颁发奖项，杜绝不公平现象。竞赛结果要公开发布，并立即组织颁奖，召开总结大会。

（十三）信任激励

信任就是力量。正可谓："士为知己者死。"营销员若能时常感受到公司和领导的充分信任，就会产生很强的荣誉感，进而激发其工作上进心和责任心，并开拓创新，潜能得以充分发挥。

（十四）宽容激励

营销主管的宽容品质能给下属良好的心理影响，使营销员感到友好亲切，获得心理上的安全感，从而放开手脚进行工作。营销主管只有具备海纳百川、有容乃大的气度，才会敢于并善于用个性鲜明、比自己强的员工。既能宽容别人的不足，更能发现下属的长处和优点，才能团结一切可以团结的力量，调动一切可以调动的积极因素，最大限度地发挥人才效能，为实现既定营销目标而共同奋斗。

（十五）道德激励

一个人是否有工作动力，从根本说，取决于本人的世界观和人生观，以及由此决定的价值观、理想、信仰和道德。注重团队精神建设，加强职业道德教育，提倡爱司敬业精神，树立积极的世界观和人生观，就能产生强大且持续的工作动力。

（十六）晋升激励

晋升激励是对能力强、素质高的员工的一种充分肯定，并将其纳入"能上能下"的动态管理激励制度。顺畅的晋升渠道给每一位员工提供了不断进步的机会，也使其能在同一起跑线上公平竞争，看到成长的希望。为此，就必须根据员工的不同价值观和职业发展目标，设置多系列、多途径的晋升渠道和标准，建立自下而上的完善升迁制度。

（十七）评判激励

评判激励是通过对下属的行为及时给予公平中肯的肯定或者否定，以影响其思想和行为，使其朝着既定营销目标前进。当然，评判必须客观公正，讲求技巧，才会有效；否则，会适得其反。

（十八）培训教育激励

培训教育激励是通过思想文化教育和技术知识培训，及时提高员工素质、增强进取精神，实现激发工作热情、不断提高团队竞争力的目的。这就要求建立一整套从业务员到讲师，从主管到各级营销经理，包括岗前培训、衔接教育、晋升育成、交叉培训、再培训等制度化的培训教育体系，让员工能够获得源源不断的新知识与成长动力，从而激励他们永续开展营销事业。

（十九）领导行为激励

管理者的言行举动，特别是营销主管的优秀品质和模范带头作用，对下属的行为有极大的激励作用。它具有强大的说服力和影响力，是最好的示范。营销主管全力以赴地投入保险营销的行为，就是对营销员最好的教育和激励。因此，各级营销主管应该努力提高自身素质，注重品德修养，做到大公无私、言行一致、吃苦在前、享乐在后，以自己的模范表率行为，最大限度地激发和调动广大营销员的积极主动性和创造性。

（二十）其他激励方法

在保险营销实践中，激励的方法还有不少，如情感激励、尊重激励、自我激励等都可以采用。在营销管理过程中，可以结合具体情况，灵活采取其他方法激励广大营销员。尤其是当采取多层次、多角度、多方位的全面激励时，会使广大营销员焕发火一样的热情，启迪他们的聪明才智，充分调动销售积极性，不断挖掘创造潜力，产生意想不到的效果。

三、营销激励的最佳时机与注意问题

把握激励的最佳时机，是提高激励效果和营销业绩的重要保证。无论是团队激励还是个人激励，都要因势利导、选择激励的时机。

（一）营销团队激励的最佳时机

团队激励的时机选择也很重要，直接关系激励的效果。其最佳激励时机有以下五个时点：

（1）新团队组建时的激励。当组建新团队时，面临许多新问题和新环境，需要彼此沟通、理解和协调。这时最需要及时激励和引导，以形成安定团结、朝气蓬勃的团队风貌。

（2）新领导上任时的激励。当团队领导更替、新的领导上任时，也要注意适时进行激励，以建立彼此的信任，增强团队的凝聚力和战斗力。

（3）团队取得成绩时的激励。当团队取得某一方面的良好成绩时，适当的激励也是必不可少的。它既能鼓舞士气、增强集体荣誉感，也能防止营销员骄傲自满、固步自封，始终保持团队的战斗力。

（4）团队业绩不佳时的激励。当团队销售业绩不佳、士气低落时，最需要关心、理解、支持和激励。营销经理应主动关心和理解，帮助其分析原因、为其排忧解难，激励团队走出低谷。

（5）团队面临发展困境时的激励。若营销团队面临发展困境，营销主管则应主动

发动群众,依靠集体智慧分析原因、找出对策,激励其发奋图强,走出困境,求得生存和发展。

(二)个人激励的最佳时机

针对个人的最佳激励时机,主要有以下七个时点:

(1)吸收新人时的激励。新入司的员工通常具有较强的自我表现力,以期在公司或团队中站稳脚跟,所以很容易激发其自信。此时,只要因势利导、积极培训、巧妙激励,很容易收到"做出好样子,留下好印象"的效果。

(2)取得良好成绩时的激励。当员工取得一定成绩时,应当及时给予肯定和鼓励,以调动他们不骄不躁、继续拼搏的销售热情,收到"百尺竿头,更进一步"的效果。

(3)销售业绩不佳时的激励。保险销售不可能一帆风顺,当员工销售业绩不佳甚至连月挂"零"时,各级主管应当及时关切和理解,主动帮助其分析原因,给予充分信任和鼓励,从而产生最佳的激励效果。反之,如果不闻不问、顺其自然,则会使得人员不断流失。

(4)举棋不定时的激励。人们的行为选择往往受各种因素与多种力量的影响和制约。当营销员因某种原因面临两难选择、犹豫不决、举棋不定时,最需要力量去鼓励和支持,帮助其作出合理选择。所以,此时的激励效果也最好。

(5)欲改前非时的激励。人非圣贤,孰能无过?一个不犯任何错误的人,肯定是碌碌无为的人。因而,对于一旦发现犯了错而有悔改之意的团队员工,应以包容理解之心待之,对其进行定向激励,帮助其重树信心,朝着正确的方向发展。

(6)面临生活困境时的激励。营销群体中有不少人家庭生活比较困难,特别是遇到飞来横祸,或者家人突患重大疾病陷入生活困境时,最需要团队及他人的关心、鼓励和帮助。这时,各级主管应当及时送去组织的关爱和帮助,激励他们战胜困难,渡过难关,最终完成各项销售工作任务。

(7)有某种强烈愿望时的激励。人们有各不相同的愿望和目标,保险营销员也是如此。当他们表露出某种合理的愿望时,主管领导应尽可能地创造条件,解决其问题、满足其愿望,从而有效保持其高昂的销售热情。

(三)营销激励应该注意的问题

为了不断提高营销激励效果,在实施激励方案之前,一定要注意以下六个事项:

(1)管理者在研究激励方案时,一定要坚持"从群众中来,到群众中去"的工作方法,事先征求团队成员的意见和建议,遭到普遍反对的激励方案坚决不能出台。

(2)保险营销激励的目标要适当,激励的方法要简单明了,不能朝令夕改,不能流于形式,不能让团队中绝大多数成员通过努力之后仍然达不到既定目标。

(3)激励方案不要过多过滥,不要搞重复激励,必须体现"公开、公平、公正"。

(4)团队领导者在激励活动中必须身先士卒,既要激励别人,也要鞭策自己。

(5)激励方案是价值实现的推动器,是广泛有效的深入宣导,要让所有成员都熟知激励方案的详细内容,才能吸引他们积极参与。

(6)不要忽视日常的追踪,激励不能代替追踪,一定要记住:日常追踪永远大于激励。

四、营销员的违规处罚与防范

（一）营销员违规行为的表现形式

从保险营销员管理规定及各地保险营销运行的情况看，营销员违法经营，导致客户抱怨和投诉的主要行为有以下 13 个方面：

（1）欺骗投保人、被保险人或者受益人；

（2）隐瞒与保险合同有关的重要情况；

（3）阻碍投保人履行如实告知义务，或者诱导其不履行如实告知义务；

（4）给予或者承诺给予投保人、被保险人或者受益人保险合同约定以外的利益；

（5）利用行政权力、职务或者职业便利以及其他不正当手段强迫、引诱或者限制投保人订立保险合同，或者为其他机构、个人牟取不正当利益；

（6）伪造、擅自变更保险合同，或者为保险合同当事人提供虚假证明材料；

（7）挪用、截留、侵占保险费或者保险金；

（8）委托未取得合法资格的机构或者个人从事保险销售；

（9）以捏造、散布虚假信息等方式损害竞争对手商业信誉，或者以其他不正当竞争行为扰乱保险市场秩序；

（10）泄露在保险销售中知悉的保险人、投保人、被保险人的商业秘密及个人隐私；

（11）在客户明确拒绝投保后，仍然干扰客户；

（12）代替投保人签订保险合同；

（13）违反法律、行政法规和其他监管规定。

保险销售人员有以上行为之一的，由中国银保监会责令改正，可以对相关保险公司采取向社会公开披露、对高级管理人员监管谈话等监管措施。

（二）保险营销员违规行为的处罚

1. 保险营销员违法行为的法律责任

（1）《保险法》第 172 条规定：个人保险代理人违反本法规定的，由保险监督管理机构给予警告，可以并处 2 万元以下的罚款；情节严重的，处 2 万元以上 10 万元以下的罚款。

（2）我国《保险销售从业人员监管办法》（2015 版）第五章"法律责任"的规定如下：

第二十八条　以欺骗、贿赂等不正当手段取得资格证书的，依法撤销资格证书，由中国保监会给予警告，并处 1 万元以下的罚款。

第二十九条　为他人提供虚假报名材料，代替他人参加资格考试，或者协助、组织他人在资格考试中作弊的，由中国保监会给予警告，并处 1 万元以下的罚款。

第三十条　伪造、变造、转让或者租借资格证书、执业证书的，由中国保监会给予警告，并处违法所得一倍以上三倍以下的罚款，但最高不超过 3 万元，没有违法所得的，处1万元以下的罚款。

第三十一条　未取得资格证书和执业证书的人员从事保险销售的，由中国保监会责令改正，依据法律、行政法规对该人员及相关保险公司、保险代理机构给予处罚；法律、行政法规未作规定的，由中国保监会对相关保险公司、保险代理机构给予警告，并处违法所得一倍以上三倍以下的罚款，但最高不超过3万元，没有违法所得的，处1万元以下的罚款；对该人员给予警告，并处1万元以下的罚款。

第三十二条　保险公司、保险代理机构违反本办法第十三条、第十五条、第十八条、第二十条至第二十三条、第二十七条规定的，由中国保监会责令改正，给予警告，并处违法所得一倍以上三倍以下的罚款，但最高不超过3万元，没有违法所得的，处1万元以下的罚款。

第三十三条　保险销售从业人员违反本办法第十七条、第十九条和第二十七条规定的，由中国保监会责令改正，给予警告，并处违法所得一倍以上三倍以下的罚款，但最高不超过3万元，没有违法所得的，处1万元以下的罚款。

第三十四条　保险销售从业人员有本办法第二十四条规定行为之一的，由中国保监会依照法律、行政法规对该保险销售从业人员及相关保险公司、保险代理机构给予处罚；法律、行政法规未作规定的，对相关保险公司、保险代理机构给予警告，并处违法所得一倍以上三倍以下的罚款，但最高不超过3万元，没有违法所得的，处1万元以下的罚款；对该保险销售从业人员给予警告，并处1万元以下的罚款。

(3) 构成犯罪的，依法追究刑事责任。一是在保险代理业务中欺骗投保人、被保险人或受益人。二是串通被保险人欺骗保险公司。

2. 保险公司对营销员违规行为的处理

(1) 营销员有下列情况之一，公司将给予警告、记过等处分：① 违反公司规定、制度，情节严重者；② 以欺骗、不实说明等手段招揽业务，致使客户或公司遭受损失者；③ 违反保险个人代理人从业守则的行为；④ 其他有损公司形象和利益的行为。

(2) 保险营销员遇有以下情况，公司将解除聘用合同：① 违反国家法律受到刑事处分；② 受到记过处分两次以上时；③ 违反公司规定，给公司或客户造成损失，情节严重的。

(三) 保险营销员违规行为的防范

保险营销员违规行为的防范，重点应该从以下六方面入手：

(1) 招聘保险营销员时，应注意品行考察。保险公司的营销员事关公司形象，因此，在招聘时应注重考察其思想素质，宁缺毋滥。

(2) 在对营销员进行培训的过程中，要注意职业道德和法律法规的教育。应该杜绝未经培训便让营销员上市展业的情况，也要避免只重业务训练、忽视思想教育和法规教育的倾向。通过职业道德和法律法规教育，可以提高营销员依法销售的自觉性，从而减少违规现象发生。

(3) 在投保单和保险单中，对营销员的权限予以明确限制。有的代理违规是由于营销员超出授权范围所致，对此，保险人可在投保单和保险单中，对营销员的行为作出明确限制。

(4) 设立咨询、举报电话。为了有效监督营销员的行为，维护客户的合法权益，保险公司可以在本地设立咨询、举报电话。此举一方面可促使保险营销员依法经营，另一方面也可及时化解业务中的矛盾，维护公司形象。

(5) 加强团队管理，规范代理行为。防范营销员的违规行为，主要环节还是在团队的日常管理，如果保险公司的管理工作做得扎实，有些违规行为就能避免。

(6) 在终止代理关系时收缴业务文件、凭证和证件。在营销员终止代理关系时，保险公司应及时收缴保险条款、实务规定、代理合同、缴费收据、投保单、工作证、识别卡等。如果已脱离公司的营销员凭借这些东西继续展业，保险人就要对其行为承担连带法律责任。

复习思考题

1. 请简述保险营销团队的构成要素与职能。
2. 如何进行保险营销团队的建设与培育？
3. 何谓营销团队精神及团队文化？
4. 如何制订保险营销员的招聘计划？
5. 请简述保险营销培训的主要内容和基本方法。
6. 如何对保险营销员进行科学的业绩考评？
7. 请简述保险营销团队的激励方法。
8. 营销员违规行为的表现形式有哪些？应如何防范？

第十章

保险销售准备

本章摘要 本章包括保险销售准备概论、知识储备、心态准备、社交礼仪与技巧、销售语言表达艺术、职业规划与奋斗目标、销售临阵准备七节内容。应掌握心态准备的概念和意义及方法,保险人的职业规划与奋斗目标,保险销售临阵准备的含义及内容;理解保险销售准备的概念、意义与理念,知识储备及内容;熟悉各种社交礼仪及相关技巧。

关键词 保险销售准备;知识储备;心态准备;社交礼仪;语言表达艺术;销售临阵准备;职业规划与奋斗目标

第一节 保险销售准备概论

一、保险销售准备的概念和意义

保险销售准备是指保险营销员在销售保险商品之前所做的各种预备工作,以提高销售效率,取得更好的营销业绩。

保险销售准备是保险营销的重要内容,也是保险销售工作的前奏和基础。销售准备工作做得好,便能很快适应销售工作,进入销售角色,继而取得较好的销售业绩,达到事半功倍的效果。反之,没有做任何准备工作便仓促上阵,漫无目的地销售,必然到处碰壁,事倍功半,难以实现预定目标,最终被市场所淘汰。

二、保险销售准备的理念

保险销售准备的理念是指保险营销员对销售准备工作应秉持的正确观念和积极态度之总和。贯彻实施这些理念,必然会促进销售准备工作的顺利开展,收到良好的效果。

保险销售准备工作的基本理念是:
(1) 知识就是力量,知识是迈向成功的阶梯。
(2) 有备无患,机会总是留给有准备的人。
(3) 销售保险是销售知识、爱心和服务。
(4) 用爱和责任销售,阻力全无;用知识和技术去销售,才能受到尊敬。

(5) 做人成功，销售才能成功。

(6) 保险销售有技巧，准备工作不可少。

(7) 有了正确的销售理念，销售工作就充满成功的喜悦与鼓舞。

(8) 保险销售是一项长期事业，应秉承长期经营原则，切勿急功近利。

三、保险销售准备的范围与实施

（一）保险销售准备的范围

保险销售准备的范围是指销售准备工作的基本内容。它受销售工作的范围、特点和要求所制约，并为销售工作服务。只要是保险销售工作所需要的内容，都应予以准备。

保险销售准备通常应包括：知识储备、心态准备、销售社交礼仪与服饰技巧的掌握，销售语言艺术的演练，事业规划与奋斗目标的制定以及销售临阵准备等内容。

（二）保险销售准备的实施

保险销售准备是一项系统的素质提高工程，主要通过岗前的突击性培训来实施。另外，自身的经常学习，在岗培训和修炼，尤其是在保险销售实践中的持续学习，也是必不可少的。

第二节　知识储备与心态准备

知识储备是指保险营销员事先学习和准备与保险销售有关的各种知识。它主要包括保险专业知识、经济学知识、法律知识、其他社科知识、自然科学知识，等等。系统广博的知识是销售成功的必备条件。同样，保险营销员也需要积极热诚、乐观进取的心态。因为营销工作压力大、面对的挫折多，每个客户都有各种复杂问题，只有积极乐观的情绪伴随，并一直行销，成功的概率就会大大提高。

一、保险专业知识的储备

保险专业知识是从事保险销售、树立专业人士形象的基础，也是每一名保险从业者的必备条件之一。作为一名称职的保险营销员，应通过各种学习培训，掌握以下专业知识：

（一）保险基础知识和原理

(1) 风险、风险管理与保险；

(2) 保险的概念、本质、对象、职能、地位和作用；

(3) 保险的基本分类与主要业务种类；

(4) 保险的组织机构、保险市场及经营管理知识；

(5) 保险公司、保险基金及种类；

(6) 保险合同的签订、履行、变更及终止，争议解释原则；

(7) 保险费、保险费率及构成；

(8) 保险合同的基本原则与派生原则；

(9) 保险价值、保险金额、保险期限、保险防灾；

(10) 保险精算、再保险、保险监管的一般知识。

（二）人身保险基础知识与险种实务

(1) 人身保险的种类、范围及作用；

(2) 人身保险的承保实务与运营原则；

(3) 人身保险与日常经济生活；

(4) 人身保险的责任准备金、保险费及其构成；

(5) 人身保险合同的内容、签订、变更及终止；

(6) 人身保险的基本险种及管理与操作；

(7) 人身保险的投资、理赔实务及法律规定。

（三）财产保险基础知识与险种实务

(1) 财产保险的种类、范围与作用；

(2) 财产保险的基本原则与承保实务；

(3) 财产保险的保险费、保险费率及构成；

(4) 财产保险责任准备金的种类、计提及用途；

(5) 财产保险合同的内容、签订、变更及终止；

(6) 财产保险的分保、业务管理与防灾防损；

(7) 财产保险的基本险种、内容与操作规定；

(8) 财产保险投资、定损理赔实务及相关规定。

（四）保险经营管理及财务管理的基本知识

(1) 了解保险公司业务经营的简要过程；

(2) 掌握业务管理的全过程及有关规定；

(3) 了解保险财务管理及相关概念；

(4) 掌握保险理财、财务管理的一般规定。

（五）保险法规及相关规定

(1)《中华人民共和国保险法》《中华人民共和国社会保险法》的基本知识；

(2) 交强险条例、农业保险条例的实务规定；

(3)《中华人民共和国公司法》的一般知识；

(4) 保险代理管理规定、保险营销员管理规定、保险经纪管理规定等。

（六）保险营销的一般知识与技巧

(1) 保险市场营销的基本理论知识；

(2) 保险销售程序与相关技巧；

(3) 顾客心理与保险需求知识；

(4) 保险公司的历史、现状、经营特色及发展战略；

(5) 保险公司经营的所有险种及其详细内容与规定；

(6) 其他公司开办的相关险种及销售方面的政策规定；

(7) 熟悉保险法规条例中的有关规定；

(8) 熟悉保险险种的组合技巧；

(9) 熟悉保险业务经营环节与操作过程；

(10) 掌握客户服务技巧及争议处理的解决方法。

二、经济学及法学知识的准备

(1) 经济学的一般知识与规定；

(2) 财务、会计的一般知识与概念；

(3) 投资、避税、理财知识及技巧；

(4) 经营管理学、市场经济的一般知识；

(5) 统计学的一般知识与方法的学习；

(6) 法学的一般知识与概念；

(7)《中华人民共和国消费者权益保护法》等有关规定；

(8)《中华人民共和国公司法》《中华人民共和国税法》《中华人民共和国银行法》《中华人民共和国证券法》《中华人民共和国道路交通安全法》等有关规定。

三、其他社科知识与自然科学知识的了解

(1) 医疗、卫生保健方面的知识和信息；

(2) 心理学的一般知识与原理；

(3) 一般社会知识和信息管理；

(4) 互联网知识、大众科普知识和技术知识；

(5) 社交方法及家庭知识、文体知识；

(6) 美学知识、服饰艺术及文学知识；

(7) 报刊新闻、时事政治及生活信息；

(8) 灾害事故的一般知识、报道和案例；

(9) 与重要客户相关的自然科学知识。

四、心态准备的技巧

(一) 心态准备的概念和意义

心态准备是指保险营销员在事前所作的心理与精神状态的调整，并以积极自信、乐观进取的良好状态投身于保险销售事业。心态调整是指保险营销员对其不利于销售的心理与精神状态，及时进行调整，力求以积极良好的心态投入销售事业。

心态准备是一项非常重要的销售准备工作。因为心态对营销业绩及销售成败有着

直接的、决定性的影响。正如拿破仑·希尔所言:"一个人能否成功,关键在于他的心态。成功者和失败者的差别在于成功者有积极的心态,而失败者总是消极面对人生。"良好的心态是营销员的精神动力,既能使其爱岗敬业、无私奉献,也能激励其战胜困难、勇往直前,取得良好的销售业绩。相反,一个无心理准备、意志不坚定或对保险销售难度认识不足的人,必然会在困难挫折和拒绝面前畏缩不前、心灰意冷,甚至一蹶不振,从而导致营销失败。因此,每一名有志于保险销售者,必须调整好心态,以最佳的精神状态迎接困难和挑战。

(二)心态准备的技巧

1. 正确认识保险销售,积极调整心态

保险作为一种无形的服务商品,属于较高层次的消费,是通过营销员的无数次努力才销售出去的。因此,与普通商品销售相比较,保险商品的销售比较艰难,更需要耐心。同时,保险商品的销售也具有刺激性、挑战性特点,更能显示营销员的勇气胆量、才华和技巧,从而体现自己的价值,同时获得高额的回报。

有了对保险销售工作的正确认识,还要树立"客户永远是正确的"的营销观念,并根据自身的特长和不足,及时调整和端正自己的心态。只有这样,才能正视困难和挫折,正确处理客户与自己、公司及保险商品的关系,表现出良好的专业素养。经验表明:一个善于调整心态,任何时候都能坦然面对自己、面对客户,能与客户的心碰撞的营销员,必会获得良好的销售业绩。

2. 树立必胜的信念,保持良好的心态

自信是强者的宣言,是成功的基石。自信心对保险营销员尤为重要。拿破仑·希尔曾说:"信心是生命和力量,信心是奇迹,信心是创业之本。"优秀的营销员无一不是始终充满自信心,永远保持着旺盛热情和良好心态。

那么,如何树立必胜的信念?一是要相信自己,相信经过不懈努力,没有做不成的事情。在每次行动前,可反复念诵:"这将是我表现最好的一次销售,成功非我莫属!"二是要相信自己的才能。要坚信能者为师,自己具有专业保险知识,而客户不论职位有多高,在保险业务领域他们是"学生",营销员对于任何销售机会皆要尽力争取,不可轻易放弃,对于困难和挫折要勇往直前,并坚信,自己就是最好的营销员。三是要对自己的公司和销售的产品充满信心。

销售市场往往为积极主动的人所掌握。对保险营销员来说,仅有自信还不够,还应始终保持积极乐观的心态。因为积极乐观的人凡事都往好处想,结果就会轻松上阵,以更强的自信心思考和寻找解决问题的方法,把不太可能的事情变为现实。这就是优秀营销员所共有的美好品质。相反,一个消极悲观的人,凡事多往坏处想,结果既影响自己的积极性,也影响顾客情绪,把有可能的事变成泡影,并最终走向死胡同。正可谓:"乐观的人像太阳,走到哪里哪里亮;悲观的人像月亮,初一十五不一样。"

3. 不断磨炼自己的心理承受能力

保险商品是在无数拒绝中销售出去的。营销员从走街串巷，举手敲门，到顾客开门，再到成交告退，每一步都需要付出无数艰辛，甚至蒙受屈辱，当然也有成功的喜悦。营销员有时被辱骂，心态不好的就会垂头丧气，坚强者则把拒绝和辱骂当作磨炼，因此，只有心理素质好、承受能力强、能吃苦耐劳的勇敢者，才能从事这项富有挑战性的工作。若选择这项挑战性的工作，就必须学会在逆境中磨炼意志及心理承受力。要记住：客户的拒绝正是磨炼销售技巧的好机会，未曾遭受拒绝的营销员也肯定未曾成功过！

案例 10-1　被辱骂的马丁·库帕

美国有个叫库帕的大学生毕业后找不到工作，在弹尽粮绝时决定去乔治的公司试试。当敲开乔治房门时，他正在研究无线电话。库帕说："尊敬的乔治先生，我很想成为您公司的一员。"乔治粗暴地说："请问你是哪一年毕业的？干无线电多长时间了？"库帕说："我今年刚毕业，从没干过无线电工作，但我很喜欢这项工作。"乔治粗暴地说："出去吧年轻人，我不想再见到你了。"库帕不慌不忙地说："乔治先生，我知道您正在忙什么，您在研究无线移动电话，也许我能帮上您的忙！"乔治虽感到惊讶，但还是坚决地下了"逐客令"。1973年的一天，库帕站在纽约街头，拿着一个约有两块砖头大的无线电话说："乔治，我现在正用一部便携式无线电话跟您通话。"乔治怎么也想不通当年被拒之门外的年轻人先于自己研制出手机。

分析："人争一口气，树活一层皮"。把羞辱化为前进的动力，就是一种巨大的力量。保险营销员每天四处拜访，常常碰壁，有时被婉转拒绝。其实这很正常，我们也经常拒绝其他行业的营销员。

第三节　熟悉社交礼仪与技巧

一、社交礼仪的意义

社交礼仪是指人们在社会交往中为互表敬爱、友好之意，而约定俗成的个人行为规范。主要包括社交中的基本礼节，个人的仪容仪表，处理人际关系的基本原则与技巧等。

我国是"礼仪之邦"，每个人都有义务遵守社交礼仪。

社交活动是保险销售的媒介和载体，保险销售就是在无数次的社交活动中完成的。因此，社交礼仪对保险销售活动也有着不可忽视的制约作用。在日常销售社交中，一个服饰得体、举止文雅、彬彬有礼的营销员，总是能赢得顾客的好感。正所谓："礼多人不怪。"相反，一个衣着不整、不修边幅、举止言语粗鲁、缺乏教养的营销员，即使知识丰富、销技高明、业务精熟，恐怕也会被拒之门外，更谈不上销售业绩。因此，事先熟悉社交礼仪，也是每个保险营销员的必修科目。

二、销售活动中的基本礼节与技巧

（一）拜会过程的基本礼节

（1）访客时应事先约好时间，并按时拜访，以免空跑或打乱顾客的活动计划。若事先预约遭到拒绝时，也可进行突然拜访。

（2）客户大门无论开或关，进门前均应按门铃或轻轻敲门，然后站在离门稍远的地方等候。切忌不可贸然闯进。

（3）进门后除向顾客点头微笑、寒暄问候外，还应向室内所有人问好或点头致意。

（4）握手时，顾客应先伸手，握手的力度及时间要适中。

（5）待顾客安排并坐下后，营销员方可入座。坐姿应端正，身体稍前倾。

（6）在接、送名片时，务必用双手。

（7）未经顾客许可，不可乱翻顾客的东西，更不宜玩弄名片。

（8）用热诚的态度、柔和的语气交谈；言谈举止应恰到好处。

（9）认真倾听顾客谈话，正视对方的眼睛，并作适当的记录。绝不抢话或打断对方讲话。

（10）答话时多用敬词、谦词及肯定的话语，言语一定要精练。

（11）中途来客时，应该起立问候，并等待顾客的介绍。

（12）会谈不宜过久，不要没话找话、勉强拖延。顾客若有暗示，应及时结束谈话。

（13）临别时，应与在场的人一一握手告别。首次拜会告别时，应先向顾客表示打扰的歉意，感谢其交谈和指教。

（14）主人出送时，应说"请留步"或"请回"等。

（二）接待顾客的礼节与技巧

1. 应有的接待态度

对于上门的顾客，均应同等对待，以礼相待。一定要抱着敬意、诚意及正确的服务态度起身相迎，握手问好或点头致意。随之相互介绍，递送名片，办理有关事宜。

2. 寒暄问候

寒暄问候是人际交往的第一步。一个亲切热情、贴心诚恳的问候，足以感动人心，给顾客留下良好的印象，也显示了自身的高尚人格。正所谓："好言一句三冬暖，和气能赚八方财。"

在寒暄问候时，应根据顾客的性别、年龄、身份、爱好等，使用适当的称呼；应根据时间、地点和场合不同，选用合适的问候语，且态度要自然诚恳，使对方感到亲切和温暖。常用的问候语有："您好""您早""早安""能再见到您真高兴""很高兴能认识您"等。若是远方来客，最好莫过于讲"您好，路上辛苦了""欢迎光临"等。

3. 握手的技巧

握手是一种常用的交往礼节，是友好与欢迎的表示。握手时，应右脚跨前一步，身体稍微前倾并伸出右手，手掌处于垂直状态，且面带微笑，注视对方的眼睛。

此外，还应注意遵守如下规则：(1) 长辈晚辈之间，待长辈伸手后，晚辈才能伸手相握；(2) 上下级之间，上级伸手后，下级才能握；(3) 男女之间，待女方伸出手后，男方才能相握，若男方是长者，也可先伸手；(4) 握手前，若戴有手套或帽子，均应脱下；若天气太冷，双方均戴手套，应说声"对不起"；(5) 握手时间一般为3—5秒，若是好友久违或表真诚热烈，可适当延长并可上下摇晃几下，与女性握手要轻，且忌抓住不放；(6) 握手时用力要适当，过猛或很摇就会显得粗鲁，太轻或仅用指尖去点一点，则显得缺乏热情和诚意，而坚实热情的握手，则代表热诚自信、开放与诚恳；(7) 当伸出手而对方没反应时，也不要不好意思，应主动收回，依然微笑着交谈。

4. 介绍的常识

在接待工作中，经常需要相互介绍，以加深了解与沟通。介绍中应遵循的规则是：先把自己公司的人介绍给顾客，把年轻人介绍给长者，把身份低者介绍给身份高者，把男性介绍给女性。若男性是长辈，女性是年轻人，则先把女性介绍给男性。在介绍时还应注意以下问题：(1) 语言应温和得体，正式场合还应用询问的口气。如："请问先生尊姓大名？""敢问怎样称呼您？""可以介绍您同××先生认识吗？"等等，一般场合则可直率地介绍。(2) 自我介绍时，应讲清姓名、单位及身份，一般不必过多表白。(3) 中途来客时，则应该见机行事，予以灵活介绍或不介绍。

5. 接送名片的方法和礼节

名片是最方便常用的社交工具，也是一种有效的销售工具。精致独特的名片，往往可以显示使用者的品德。因此，优秀营销员的名片都是与众不同、精心设计的。

使用名片的方法和礼节是：

(1) 一般在介绍之后，可互送名片。

(2) 先被介绍者，应先递出自己的名片。

(3) 营销员和晚辈应先递出自己的名片。

(4) 接送名片时，应面带微笑，使用双手并稍欠身。

(5) 接过名片后应先认真看一遍，最好有意重复对方的姓名和职务，以示尊敬及仰慕，然后放入公文包或口袋中。且勿玩弄名片。

(6) 顾客若先递出名片，应表示歉意，待收起对方名片后，再递出自己的名片。若忘带或名片已经用完，应向对方道歉并作说明。

(7) 若和许多人同时交换名片，且皆为初次见面时，可依座位顺序排好名片，以便记忆，也显得从容有礼。

(8) 对方名片中若有看不清或不认识的字，可当场请教，对方一定会高兴地告诉你。

(9) 对某些特定场合由于人太多、不宜使用名片时，营销员就不要递名片。

6. 交谈的基本要求

与顾客谈话时应彬彬有礼，言词谦恭而幽默，讲话简练而有技巧，以体现营销员的专业素养和良好形象。另外，在谈话中切忌注意力不集中，若确有急事，应向客人说明，取得其谅解。

7. 送客的礼节

送客是接待工作的最后一步及重要组成部分，善始善终才能取得顾客的欢心。送客时，一般应待顾客站起时再起身相送，并主动为顾客开门，让其先行。待送至门外或车站码头时，应握手道别，吉言相送，如"一路顺风""欢迎再来""路上走好"等。

(三) 使用电话的礼节

1. 电话的作用

电话是一种方便快捷的通信和销售工具。它不仅是营销员最常用的联络接洽销售的工具，也是其提高营销工作效率的捷径，对销售工作影响较大。但若使用不当，则会给工作造成被动，乃至失去顾客。因此，很有必要熟知使用电话的礼节。

2. 打电话的礼节

(1) 拿起话筒前应做好准备工作，务使通话简明扼要，尽量少占用对方的时间。

(2) 电话拨通后，应热情地向对方问好并告诉你是何人，然后再告诉对方"找谁"。

(3) 若拨错电话，应立即表示歉意。

(4) 若要找的人不在，应请教其何时回来；若留话让人转告，应先说："对不起，请您……"讲完后要道谢。

(5) 通话时应该使用礼貌语言。讲完话后，应等对方挂断电话后再挂断。

3. 接电话的礼节

(1) 电话铃响后，应该立即拿起话筒。

(2) 不等对方讲话，应主动问候，再通报单位名称及本人姓名。

(3) 若对方找别人，应说"请稍等"！

(4) 若代人接电话，应记下对方的姓名、单位、电话号码、内容要点、通话时间和日期，对方希望回电话的时间或对方拟再来电话的时间等，同时将记录放在当事人办公桌上，并及时转告。

(5) 接到的电话不论是谁的，均应热情且有礼貌。即使对方讲话无礼、讽刺、挖苦，也应克制，待冷静听完后，再予以解释。

(四) 其他社交礼仪

除上述基本的销售社交礼仪外，营销员也经常组织或参加其他一些社交活动，如茶话会、宴会、招待顾客吃饭、旅游、喝茶等，这些活动都有各自约定俗成的礼节，因而也需注意遵守。以养成讲文明、重礼节的好风尚，从而赢得顾客的信任，促成保险销售工作的顺利进行。

1. 茶话会的礼节

组织举办或参加茶话会时,应先把茶具、茶叶、水果等招待品准备好,并安排好座次(位)。一般离门口远的位置为客座,长沙发为客座。沏茶时,应按来宾身份高低依次敬茶,气氛要热烈欢快,不可冷落来宾。

2. 赴宴及宴请的礼仪

(1) 赴宴的礼仪

① 收到请柬后应及时回复,说明能否赴邀。

② 已答应赴宴的,务必准时或提前数分钟赶到。

③ 赴个人宴请应适当带些礼品,大型宴会则不用带。

④ 座位一般由主人安排,且莫乱坐。

⑤ 就餐前应调整好座椅,整理好服饰,勿在吃饭时再调整。

⑥ 坐姿应端正,莫将身体贴近餐桌,更不能拨弄餐具。

⑦ 上菜时,主人招呼吃菜后方可进食。别人聊天或祝酒时,应停下来保持一致。口中无食物时再讲话,并尽量不做手势。吃喝时勿出声,进餐速度应与别人及长者保持一致。

(2) 宴请宾客的礼节

① 明确宴请的目的,拟定宴会的程序。

② 确定宴会的时间、地点及宴请的宾客,及时发出请柬。

③ 事先安排好座位,客人到后主动迎接并引导入座。通常,主要客人的座位在主人的上首,并把熟悉的客人安排在一起。初次相识的客人,应逐个介绍。

④ 应礼节性地请客人点菜、酒及饮料,并尊重客人的习惯。

⑤ 席间交谈应围绕主人的话题进行,主人在开场白或祝酒词后需要巧妙引导客人交谈,并给内向的人以说话的机会,以保持席间的友好气氛与良好兴致。

⑥ 宴会完毕后,主人应到门口和客人握手道别,吉言相送。

三、保险营销员的仪表修饰

(一) 仪表的含义与作用

仪表是指人的外表,它是一个人的容貌、服饰、个人卫生、姿态神态等外观形象的综合反映。在社交活动中,人们常以一个人的仪表来判断其内在修养及喜好。因此,一个服饰整洁大方、行为举止有教养的营销员,常会给顾客留下美好印象,并为下一步销售打好基础。实践证明,个人仪表对销售工作有很大的影响,一个仪表端庄大方的营销员,肯定会有良好的业绩。

案例 10-2 原一平衣着不整的教训

日本是礼仪之邦,尤为注重礼节。原一平曾在"仪表美"上碰了钉子。一天下午,他故意歪戴帽子,重访一家上午已与他签约投保的烟酒店老板,刚进门,竟遭老板斥责,这令他惊恐万状,方知失礼,连忙正帽跪地赔礼,平息老板余怒。聪明的原一平知过即改感动了老板,促使他格外"开恩",将原来的 5000 日元保费追加到 3 万日元,给了原一平一个意外惊喜。这件事也给了原一平一个深刻的教训。从此,他处处注重礼节,讲究仪表美。

(二)保险营销员的服饰

1. 服饰的基本要求

销售专家说:"服装是营销员的营销员,是营销员的品牌和徽章,服装甚至左右着营销员的成功","初次见面给他人的印象,90%产生于服饰。"此话一点不假。因为服饰是一个人社会地位、经济状况、内在修养及气质的集中表现。

保险营销员的服饰,不仅体现自我形象,也反映了所在保险企业的实力及信誉。因此,保险营销员的服饰一定要注意,基本要求是端庄大方、整洁高雅、和谐得体。

2. 男士的基本服饰

男性保险营销员的服装,应以西装革履为主、便装为辅。服装颜色可随季节变化而更换,鞋子的颜色应与服装搭配协调,切忌旅游鞋配西装。

领带、衬衫等配套物品的质地、颜色、花纹,也应与西装的颜色线条及肤色相配。衬衫应以白色为主,西服左胸口袋应装饰白色手帕,给人以清洁感。莫要竖条纹西装配横条斑马纹领带、条纹衬衫配圆点花纹领带,左胸口袋不要插笔。

3. 女士的基本服饰

女性营销员的服饰虽可丰富些,但与男士服饰的总体要求一致,即端庄大方、和谐、典雅。女士服饰颜色的搭配非常重要,白色、黑色及灰色是最好配的颜色,也被称为安全色,较为适用。

女性营销员可以适当佩戴帽子、手套、发卡、项链、戒指、耳环等饰物,但越少越好。饰物应和服装颜色、款式相协调,服饰的颜色以较少为好。切忌出现:(1)毛衣扎束在裤子或裙子里;(2)细高跟鞋配牛仔裤;(3)深色服装配色彩鲜艳的短袜子;(4)宽松的长裙与蝙蝠衫相配;(5)细腰者系宽皮带或腰粗者系细皮带;(6)太男性化的服装;(7)戴大耳环或几枚戒指;(8)短颈人戴大颗粒的珠链;(9)公务场合戴太阳镜或墨镜;(10)穿太新潮或太夸张的衣服。

4. 保险营销员着装的选择

保险营销员的服饰除上述要求外,要给顾客留下较深的印象,实现促销目的,还需根据拜访对象、时间不同经常调整着装。即根据将要拜访对象的环境、社会地位、经济状况、文化程度、季节等决定穿着。因为人都有攀比意识,尤其是初次相识的营销员，若服饰与客人差别太大，便会产生距离和鸿沟，甚至产生不信任感，从而拒绝营销员及其商品。

齐滕竹之助就曾指出："作为营销员，至少应该预备春、夏、秋、冬四季的西装各两套，领带 10 条，衬衫 10 件，皮鞋 4 双，休闲运动鞋 1 双，袜子也最好 10 双左右。这些服装要根据时间、地点、场合的不同，经常替换，而且不要忘记衣服应经常烫，袜子要经常洗，不要使他人闻到臭味。"

下面介绍几种拜访服装的不同选择法：

(1) 拜访大公司、大单位或办公大楼

由于在这些场所档次相对较高，穿着讲究，故营销员的穿着不能随便。男性营销员应穿白色或浅色衬衫、深色西服并打上领带；女性则应穿套装或套裙，这样才便于接近顾客，也能展现保险营销员的专业素养。

(2) 到工厂、工地、农村拜访顾客时

此种场合应入乡随俗，宜穿工作装或便装。因为顾客平时上班时多穿工作服或便装。营销员若西装革履则容易产生距离与不信任，沟通起来很费劲。

(3) 走街串巷拜访时

走街串巷拜访时可以随便点，着装应显生活气息。男性可穿夹克衫，女性营销员只要服装整洁大方，搭配得当即可。因为人们在家里都较随意。营销员若穿得太高档，便会格格不入；若服饰脏乱破旧，又会太落魄，当然也不会取得信任了。

(三) 保险营销员的个人卫生

"清新自然、整洁大方"是仪表美的基本要求，为此，就必须搞好个人卫生。否则，将会使个人形象大打折扣。作为一名营销员，必须养成良好的个人卫生习惯，始终保持仪表美。

1. 头发的卫生

无论男女老少，皆应经常洗头，保持头发干净整齐，给人以清爽美感。男性头发不宜留得太长；女性头发切忌太短，太散乱。

2. 胡子及指甲

男性应养成经常刮胡子的习惯。指甲应该经常修剪，不要留长指甲，否则会显得轻浮、松散。女性若要染指甲，应尽量用浅色，以示庄重。

3. 化妆的要求

适当的妆容可给人以清洁健康、朝气蓬勃的印象，并起到扬长避短的作用。因此，女性营销员应养成化妆的习惯。日常化妆时，应根据自身特点，以淡妆为宜，切忌浓妆艳抹。

4. 口腔卫生

保险是靠语言交流来销售的，因而口腔卫生非常重要。应养成早晚刷牙、饭后漱口的好习惯。若有口腔疾病，应及时治疗。

5. 始终保持身体卫生

(四) 保险营销员的姿势要领

1. 站有站相——站如松

站着时，应采取立正的姿态。这样显得稳重、端庄、有修养，易被顾客信任与接受。站立的要领是：脚跟着地，脚尖分开约 45 度；收腹挺胸，脖颈伸直，颔微向前，视线保持水平；两臂下垂，手指平伸，中指贴裤缝，勿耸肩；身体重心应在双腿之间。站着交谈时，勿将手臂交叉抱在胸前，否则会显得漫不经心或有抗拒之感。

2. 坐有坐相——坐如钟

当顾客让座时，应保持良好的坐姿，即身体挺直端正，两腿平行放好。男性坐下后，两膝盖间应张开一个拳头的距离，女性则应两膝合拢，双手放在大腿上。切忌跷二郎腿、膝头分开太大或坐姿歪斜，半躺半坐等。另应注意的是，坐椅子时应坐满整个椅面，并采取稍微前倾的姿势，勿靠椅背。这样既可前后摆动、肯定谈话内容，也能够使顾客下决心购买。坐沙发时，则要靠前一点，不可躺到沙发背上。

3. 行走的步态——行如风

行走时，应有良好的步态，步伐要敏捷、矫健、轻盈自如。男性行走时应昂首挺胸、收腹闭口、肩平身直、双目平视、手臂前后摆动、步态稳重、刚健有力。女性行走时应步正身直、目光平视、自然收腹、两手前后小幅摆动、两腿并拢走成直线、步态自如、轻柔飘逸。另外，无论男女，在行走中切忌斜着身子、晃着膀子走，也莫左顾右盼、躬腰腆肚。

四、销售中的社交原则与技巧

(一) 处理人际关系的基本原则

保险营销员在社交活动中，应自觉遵守以下原则，以提高销售效率，协调人际关系。

1. 平等原则

平等即对所有顾客，无论男女老幼、贫富贵贱，都平等相待、一视同仁、友好相处。切忌以高低贵贱划分顾客，否则会招致顾客反感。

2. 尊重原则

需要尊重是人的天性。一个尊重他人、彬彬有礼的营销员，必然会受到顾客的欢迎，获得应有的回报。相反，一个不尊重顾客的人，也必然会遭到拒绝。

3. 理解原则

理解是人际沟通的桥梁，是对他人言行举止及观念的认可与接受，也是对他人给予充分肯定的表现方式。人们都渴望理解，希望被人理解。营销员只有让顾客充分发表意见，站在顾客立场思考问题，理解其思路和想法，才能与顾客尽快沟通；并在了解其需求的基础上进行有针对性的销售，必然会获得成功。美国保险销售专家吉尔特就是运用此方法的高手，他常对潜在顾客说："我是从事保险的。如果我销售寿险保单，可以问您这样一个问题吗？如果能挥舞一根魔杖来创造一张能满足您所有需求和关心的保险单,您想让它做些什么?"一旦获得顾客的反馈,他便依此设计保险方案,并屡获成功。这正是:"知己知彼,百战不殆。"

4. 利益原则

人们在日常生活中,无时不关心和保护自身的利益。丘吉尔曾说:"没有永远的朋友,也没有永远的敌人,只有永恒的利益。"因此,在保险销售社交中,必须把顾客利益放在心上。只有站在顾客的角度,时刻为其着想,设计最佳保障方案,提供最好的保险服务,其销售便会大受欢迎,也就容易取得成功。

5. 沟通原则

沟通是人们之间的信息、思想及情感的交流与融合,是相互理解的结果。只有经常与顾客相互理解与合作,在沟通中升级人际关系,销售事业才会兴旺发达。

(二)销售中的语言交际原则

语言是销售社交的重要手段,要发挥语言的社交功能,尽快完成保险销售使命,应自觉遵循以下三项原则:

1. 文明礼貌原则

文明礼貌原则,即在社交中应言词谦恭、讲话文明;尽量保持与他人一致的意见和态度,加深对他人的同情理解。同时,还应多赞扬他人,少贬损对方;多讲对他人有益的话,少讲有损他人的话语和意见。

2. 合作务实原则

销售社交的目的是销售保险产品。为此,就必须自始至终与顾客保持密切联系,为其提供足够有益的信息。既要讲真话,又要使话语清楚,避免含混不清。另外,还要围绕销售活动展开会谈,使交谈富有成效。

3. 积极主动原则

积极主动原则,即保险人在销售会谈中,一定要积极、主动,控制好会谈气氛,把握好成交的机会。

(三)迅速树立自我形象的技巧

自我形象对销售成败影响极大。诚实、可信、可亲、可敬,是每一个营销员都应树立的良好形象。那么,如何在销售中迅速树立起良好的自我形象?要诀如下:

(1) 衣着应整洁大方、庄重得体、个体鲜明。道理很简单,衣如其人,良好的第一印象往往来自个人的外表。

(2) 笑意写在脸上。微笑是人际关系的润滑剂,它常显示一种力量、涵养和暗示。真诚的微笑常使人留恋、回味。经常面带微笑的人,必将收获多多。

(3) 访客时,应礼貌而谦恭。言词谦恭、彬彬有礼的寒暄是良好素养的表现,也会使人觉得可信、可敬。

(4) 认真倾听他人谈话。耐心倾听,不打断他人谈话,会使对方感到营销员的涵养、大度及对别人的尊重,从而留下好印象。

(5) 记住顾客的姓名与职务。这会使对方感到亲切、友好,从而接纳营销员。

(6) 说话幽默而有技巧,并不时赞扬或肯定对方的优点。

（7）创意的名片和恰到好处的介绍。名片是自我销售的重要媒介。一张富有创意、与众不同的名片，加上恰到好处的自我介绍，必然给顾客留下好印象。

（8）注意克服社交中的不良习惯。不良习惯会严重损害形象。

（四）遭拒绝或挫折后的应对技巧

在保险销售中，遭拒绝、遇挫折实属正常。对此，应有一种超脱精神及应对技巧，遇到拒绝也不要愁容满面，不顺利时就往好处想。随时保持好心情，微笑面对每一个客户，始终保持良好的形象及心态。

遭到拒绝或挫折后的具体应对技巧：一是始终保持良好的风度，不与对方吵闹、计较。二是不要勉强留下，应及时撤出。三是应及时调整心态，摆脱不良情绪干扰。四是积极做好善后工作，开展新的销售工作。

第四节　销售语言表达艺术

一、概念、作用与要求

（一）语言表达艺术的概念

语言是人类交流思想与传播信息的工具，是人类不断进化的产物。人们无论在生产经营、日常工作，还是居家生活与社会交往中，均离不开语言表达。

在社交活动中，以什么样的方法和技巧表达自己的思想及信息，是一门艺术。高超的语言表达技巧，常能给人以知识和美感，并取得意想不到的效果。正所谓："话有三说，巧说为妙。"因此，语言表达艺术就是指人们在社会交往中的说话方法与技巧。

（二）销售语言表达艺术的作用

语言是保险销售的基本工具，保险销售离不开语言表达艺术。销售语言表达艺术水平的高低，直接关系保险销售的成败。一个长于辞令，善于运用语言的营销员，往往能将自身的知识、魅力更充分地展示给顾客。既可给人以知识和美感，又能激发兴趣及购买欲望，从而在愉快的气氛中完成销售。营销员若不善于运用或不懂得使用语言表达的方法和技巧，也就不会有好的销售业绩。

当然，销售语言表达艺术，可以通过学习和演练提高。若有志于保险销售工作，务必经常学习和演练自己的说话方法和技巧。营销员在与客户接触时也要注意说话方式，只有好事好话都做到、说到位，才能赢得客户的信任和好感，从而密切与客户的关系，达到顺利展业、提升业绩的目的。

（三）销售语言表达艺术的基本要求

1. 语言表达应有明确的指示性

在销售交谈中，营销员的语言必须确切、观点鲜明、内容指向明确。也就是说，讲话中要描述具体、用词确切、指向单一。切忌用语不当、描述不清或含义不明确。否则，顾客会觉得莫名其妙，当然也不会购买保险。

2. 语言表达要有适应性

语言表达的适应性是指营销员应根据每次拜访的环境、对象、条件及需求的不同，巧妙选择讲话的内容、方式和技巧，以取得最佳的宣传效果。如果不看对象、环境、条件及需求，不选择讲话的内容和技巧，老用一套保险销售术语，就达不到预期的目的，甚至闹出笑话。

3. 多用文明礼貌用语，注意风俗，少用方言

在保险交谈中，应尊重对方的风俗和习惯，少用或不用方言，多用文明礼貌用语，这会促进双方的理解与沟通，尽快获得对方的信任，并最终获益。否则，就会适得其反。

二、保险销售中的语言表达方法

保险商品及其内容的特殊性，决定了保险销售中语言表达方法的特殊性与技巧性。保险销售中的语言表达方法，主要有委婉法、第三人称法及启发引导法。

（一）委婉法

1. 委婉法的含义与作用

委婉法也称为婉言法，是指从善意出发，对非我观点的人或事物作出温和而不产生刺激效果评述的方法。也就是对某些人或事物，在不便直说的情况下，使用曲折含蓄的方法表述自己的观点。其要求是：讲话者应态度和顺、谦虚，内容曲折回环，表达含蓄；切忌过分或词不达意等。

委婉表达法的作用是：（1）曲径通幽，既可避免因针锋相对激化矛盾，还可以使矛盾得到缓解。（2）语言含蓄、发人深思。（3）风趣幽默，易为对方接受。

2. 委婉法的特征与技巧

委婉表达的特征可概括为：直意曲达、烘托暗示、隐约闪烁。由此决定的委婉的基本技巧有以下八种：

（1）回避焦点，即对敏感问题应避开正面，从侧面婉转表达意见。

（2）褒贬倒置，就是把批评性的话语以表扬的形式表达出来。

（3）模糊主旨，就是对非原则性问题，当与他人意见不同而这些问题又引起争论的必要时，可以含糊其词，一带而过。

（4）扬长避短。在闲谈中对周围的人宜褒莫贬，多谈自己熟悉的事物。

（5）求同存异，是指在面谈中，应多找彼此的共同点，以求共鸣；同时也适当保留一些意见，使人际关系亲切而有发展余地。

（6）转换生成。若双方的观点、意见与气氛明显相悖，就要设身处地谅解对方，由事实负效应转变为婉言正效应。

（7）自我批评，即通过自我批评达到相互谅解、沟通感情的目的。

（8）婉言期待。若对方的现状不能令人满意，可婉言说出你的向往与期待，并鼓励对方共同努力，争取达到双方理想的情况。

3. 保险销售中语言表达的委婉法

保险销售中语言表达的委婉法是指保险营销员在销售宣传过程中,把保险条款中所列举的、令顾客忌讳的词语及可能发生的灾害事故,用含蓄曲折、婉转巧妙的方式表达出来的一种方法。

在一般保险条款中,令公众忌讳的词语较多。例如,"死亡""残废""双目失明""下肢残缺""几级残废""火灾""爆炸""车祸""雷击"等,不胜枚举。这些词语谁听了都感到晦气,因此,保险营销员必须学会并灵活运用委婉表达的方法。如用"逝世""过逝""遇到不幸""人不在了"等词语代替"死亡";用"腿受伤""脚不能着地""日后无法走路了"等隐喻"下肢残缺""腿断了";用"手脚失去功能""眼睛不管用了"等隐喻"残废"。用"居安思危,有备无患""不怕一万,就怕万一""天有不测风云,人有旦夕祸福"等含蓄的语言,表述保险的作用和意义。这样既能较全面、深入地宣传保险,又能使顾客听得进,听得明白,从而取得较好的宣传效果。

(二)第三人称法

在保险销售宣传中,经常需要列举一些灾害事故或保险理赔案例来说明问题。由于顾客忌讳其中的一些词语或情节,因此,在举例时应忌用第二人称,尽可能运用泛指的第三人称。例如,宣传家财险时可以说:"假如忘了捻灭烟头,导致某人房屋失火了,保险公司将按合同规定予以赔偿。"再如,在宣传意外伤害保险时,可以说:"假如某人因意外事故使双腿受伤以后不能再运动,保险给付金是……"若这些话改用第二人称,便会使听者如临大难,难以接受,甚至认为在诅咒他。

(三)启发引导法

启发引导法是指在保险销售宣传中对那些公众忌讳、难以直言的词句,可引用小故事或较轻的损失启发顾客,引导其联想和意会,以实现销售。

通常,一份完整的保险条款中,对保险责任、责任免除、赔付金额等的限定都是全面、严格而具体的。若宣传中不讲技巧、和盘托出,易给对方以不祥之感,觉得参加保险便会遇到这些事情。因此,宣传中应避免列举条款中令人忌讳的事,若改用启发引导的方法,效果会更好些。例如,宣传学生平安保险的赔付规定时,可以说:"学生踢足球时,若不慎将脚伤了,寿险公司可按规定给付医疗费;如果这只脚不能再着地时,还可以获得一笔赔付金。"依此启发对方联想,激发其投保欲望。

三、体态语在保险销售中的运用技巧

(一)体态语的含义与作用

人的语言表达通常是通过两种渠道来传递的:一是通过文字及声音传递给他人;二是通过身体自身的语言即体态语传递。所谓体态语,是指以人的身体活动姿态来传递思想和信息的一种语言表达方法。人体活动的姿态,主要包括面部表情变化、手势、目光、腿脚及身体转动等动作。

体态语在语言表达,尤其是销售宣传中作用很大。语言学家的研究结果表明,人们在交谈中仅有35%的信息是单纯通过语言表达的,而其余65%的信息,则是依靠手势、表情、目光、腿脚等的动作,以及副词语言表达的。因此,在与顾客洽谈时,每一个营销员都应充分利用其体态语言,来实现强调、对比、鼓励、赞赏、惊讶等情感。再加上富有活力的言辞,便会产生一种无形力量,使顾客跟着你转,从而收到最佳沟通效果。

体态语的表达有一定技巧和规律。只要注意观察、经常模仿优秀营销员的面部表情变化及头、手、足、身、眼等肢体姿态的灵活变化,并在实践中不断改进提高,一定会成为灵活运用体态语进行销售的高手。在保险销售实践中,运用最多的体态语是手势、目光和笑容。

（二）善用您的手势

在体态语中,手势的作用非常重要。善于巧妙运用手势的人,必能提高保险销售效果。那么,营销员如何运用好手势？一是拜访或与顾客告别时,应和顾客热情握手,以示真诚友好,这样能产生亲近感。二是与顾客交谈时,应用适当的手势辅助说明,以提高面谈效果。三是用手指示说明书或销售资料时,应注意手掌朝上；若指示小东西或细微之处,宜用食指指示,手掌同样朝上。四是为顾客带路时,在说"请这边走"的同时,应用手指示方向。切忌：任何时候都不要用手指直接指向对方；应注意避免使用消极的或不良的手势动作。此外,还应掌握以下社交中的其他手势动作：

（1）手心向上：表示坦诚直爽、积极乐观；

（2）单手抬起：表示注意、暂停、静止、肃静；

（3）单手招手：表示打招呼、示意；

（4）单手挥动：表示彼此惜别、互相珍重、依依不舍；

（5）双手挥动：表示呼吁、呐喊、热情澎湃；

（6）两手叠加：表示相互配合、依赖、团结一致、共同奋斗；

（7）双手互搓：表示积极准备、积极参与；

（8）双手互贴：表示请求、拜托、饶恕；

（9）手扶下巴：表示思索、考虑；

（10）竖起大拇指：表示赞赏、夸奖、佩服；

（11）握紧拳头：表示团结奋战、挑战、决心和力量；

（12）紧握双拳：表示拜托、嘱咐、恳求。

在销售社交中,应注意不要使用以下消极或不良的手势动作：(1)手心向下：表示否定、反对、拟制或轻视；(2)单手摆动：表示拒绝、反对、不同意；(3)伸出食指点动：表示指点、说教、指责、教训；(4)双手交叉胸前：表示防范他人；(5)双手托腮：表示漠视客人；(6)双手插在口袋里：表示对他人漠不关心；(7)双手放在背后：表示高高在上、盛气凌人；(8)剪指甲、抠耳朵、抠鼻子：缺乏教养、没有礼貌；(9)抓耳挠腮、捂嘴：表示心虚、有说谎之嫌。

（三）注意目光

常言道：眼睛是心灵的窗户。说的就是目光可以反映一个人的心理活动,展示其喜、怒、哀、乐、爱、恶、欲、情。可见，目光的作用非同寻常。

目光的变换可以代表各种各样的复杂情感，应注意学习并加以巧妙运用。例如：眼睛正视：表示庄重、尊敬、器重；眼睛仰视：表示思索、沉思；眼睛上挑：表示注意、兴奋；眼睛斜视：表示轻蔑、讥讽、嘲笑。

在保险销售中，目光的作用也不可小视。坚定的目光，本身就是一种无声的促销能力。反之，东张西望、目光呆滞或视线不集中等，都会影响顾客的情绪，不利于保险销售。因此，营销员的目光，应该是亲切柔和、自信的。要做到这一点，就要在会谈时放松精神，把目光放自然。正确的视线应该是：与男性会谈时，目光应放在对方的鼻子附近；与已婚女性谈话时，应注视对方的嘴巴；与未婚小姐交谈时，目光应放在其下巴附近。聆听或说话时，可适当移动目光，偶尔注视对方的双眼。切忌：(1)直视对方的一只眼，这会使对方产生敌视的感觉；(2)长时间盯着对方面部或身体某个部位，这会给人以咄咄逼人之感；(3)回避对方目光或东张西望，常给人以缺乏自信或敷衍怠慢的感觉。(4)眼睛不要仰视或斜视。若有这些不良习惯，应及时予以纠正。否则，这将使努力化为泡影。

（四）时常展露笑容

1. 笑容的功能

（1）语言学家说：笑是最动听的语言。

（2）诗人说：笑是心灵的朋友，传达爱意的使者。

（3）笑是长寿之道，能增进健康与活力，医生如是说。

（4）心理学家直言：笑是自信的表现，快乐的源泉。

（5）笑能消除自卑、恢复自信、提高工作效率，销售学家总结说。

（6）微笑是疲倦者的休息室、沮丧者的兴奋剂、悲伤者的阳光、营销员的通行证。

2. 笑容的特点

（1）感染性。笑具有极强的感染性，它既能消除悲伤与不安，使人破涕为笑，也能打破沉寂，活跃气氛。您的笑容越纯美真诚，感染力就越强，效果也会更好。

（2）洞察性。善笑的高手，必会洞察对方的心理状态，及时采取应对策略。

（3）沟通性。会心的笑是相互理解和沟通的表现。纯真的笑、歉意的笑、豁达的笑，既可消除膈核、化解矛盾、打破僵局，也能促进相互理解与沟通，并进一步增进友谊。

（4）效益性。笑是廉价的，几乎不需付出就可收到极好的效果。一个没有笑的地方，基本无工作成果可言，效益更无从说起。

3. 营销员离不开笑容

对保险营销员来说，笑容，特别是微笑是至关重要的。它不仅是接近公众的媒介，是说服顾客的工具，也是消除自卑、树立自信的法宝，是征服客户、提高销售业绩的捷径。正如美国百货大王约翰·纳贝卡的名言："微笑和握手既不费时也不花钱，却能使我们生意兴隆。"

对保险营销员来说，必须经常保持真诚快乐、积极自信的笑。这样可以使新认识的人消除隔阂,也能使老顾客倍感亲切。

4. "保险销售之神"与笑容训练

日本人原一平被称为"保险销售之神",也是保险销售"绩优俱乐部"首任名誉会长、"百万美元营销员俱乐部"终身会员。他自1948年起便连续17年蝉联世界销寿业绩冠军,最多时年保费收入达数亿美元。如此辉煌的业绩,是与他长期艰苦磨炼及不懈努力分不开的。就以笑来说,他曾每天坚持对镜训练。经过艰苦的练习、观察和模仿,终于使自己掌握了近40种笑,且笑容如婴儿般均匀自然、纯真自信、令人着迷。这也是他大获成功的秘诀之一。因此,原一平的笑容被称为"价值百万美元的笑容"。

人天生就会笑,但并非每个人都能用笑容准确地表达自己的思想与感情。如同原一平一样,销售所要求的真诚而自信的笑容,可以通过模仿训练获得。美国销售专家格哈特的笑容训练方法是:"带着微笑保持21秒,并观察你的情绪变化。起初情绪变化,你可能对此感到奇怪,继而你也许会感到这微笑是针对自己的。对镜看时间,当达到21秒时,便做好了真诚微笑的准备。在见到您的下一个潜在保户之前,请试试看。"你不妨也照此训练,看看效果如何。

案例 10-3 发自内心的笑容

威廉·怀拉是美国有名的职业棒球明星,40岁时,他想凭自己的知名度去保险公司应聘推销员。结果出乎意料,人事部经理拒绝道:"怀拉先生,吃保险这碗饭必须笑容可掬,您做不到就无法录用。"怀拉下决心苦练笑脸,天天在客厅里放开声音笑上几百次,致使邻居产生误解,他只好躲在厕所里练。过了一个月,他再去见经理,当场展开笑脸,得到的回答是:"不行!笑得不够!"怀拉搜集很多有着迷人笑容的名人照片贴在墙上,随时进行模仿。还买了一面与自己身体一样高的镜子,以便训练时更好地检查纠正。一段时间后,他又去见经理,经理说:"有进步,但吸引力不大。"他回家继续苦练。一次,他在路上遇见一个熟人,非常自然地笑着打招呼。对方惊叹道:"怀拉先生,几日不见,您的变化真大,和以前相比真是判若两人!"听完评论,他充满信心去见经理,笑得很开心,经理指出:"您的笑是有点意思了,但还不是真正发自内心的那种。"他不气馁,再接再厉,终于被公司录用,不久便成了全美推销寿险的高手,年收入突破百万美元。

分析:发自内心、婴儿般的笑容,极有感染力。保险营销员要有火热的情怀,面对客户时不能板着面孔,要给客户带去好心情。因为热情和微笑是一种巨大的力量,会令客户无法抗拒。无论面临何种困境,都要始终保持乐观的心态。

(五)灵活使用头部动作

头部动作也是常用的体态语,在人际沟通交流中发挥着重要作用。

1. 正确的头部动作

对保险营销员来说，必须学会、用好以下准确的头部动作：

(1) 头部端正：表示自信、正直、刚毅、直爽。

(2) 头部向前：表示同情、理解、倾听、期望。

(3) 头部向上：表示希望、谦逊、积极、乐观。

(4) 轻松点头：表示同意、赞许、答应、认可。

(5) 眉毛闪动：表示欢迎、高兴、关注、情不自禁。

2. 不正确的头部动作

在实践中，应注意避免使用以下消极或不良的头部动作：

(1) 头部向后：表示恐惧、惊奇、退让、迟疑。

(2) 一直低着头：缺乏自信、害羞、胆怯。

(3) 不停地摇头：表示反对、不愿意交流。

(4) 皱着眉头：表示烦恼、不同意、心烦意乱。

四、保险销售中的语言交谈技巧

保险是在沟通交谈中销售的。营销员在掌握了社交礼仪、语言表达方法及体态语运用方法后，还必须在销售交谈中加以灵活运用，这就是语言交谈的技巧问题。交谈技巧的高低，与交谈结果的好坏及交谈能否持续下去关系极大，并直接影响销售的成败。下面就简要介绍销售中的语言交谈技巧。

(一) 保持积极良好的交谈态度

积极良好的交谈态度是交谈成败的关键。要实现这一点，就必须做到以下六点：(1) 服饰得体，仪表优美；(2) 保持谦恭有礼的态度；(3) 真诚相见，用"心"交谈；(4) 坐姿端正，充满自信；(5) 积极热情，微笑交谈；(6) 灵活运用体态语，经常肯定、赞美顾客。

(二) 初次与顾客会面时的交谈技巧

初次与陌生的顾客交谈，因双方均不熟悉，谈话时应谨慎小心，并把握好以下四个技巧：

(1) 有礼貌地寒暄，积极争取交谈机会。

(2) 谈对方感兴趣的话题，消除对方的紧张情绪。据统计，顾客最为关心和感兴趣的话题依次是：家庭与孩子、工作与嗜好、卫生与保健、安全、故乡与就读过的学校、投资与理财、社会地位、时事政治、街谈巷议等。

(3) 适时肯定与赞赏顾客，取得其好感。

(4) 把握说话的分寸及机会，寻机宣传并销售保险。

(三) 沟通交谈中使用语言的技巧

沟通交谈中使用语言的技巧，主要有七个方面：

(1) 多使用赞同、附和对方的话语，可迅速博得对方的好感。

(2) 根据不同的交谈对象，应该灵活运用语言表达方法。

(3) 言简意赅、用词准确，善用风趣幽默的语言。

(4) 避免使用人们忌讳的词语、冷淡而无感情的话语。

(5) 宽容顾客的不良习惯及不当话语，且不要当面指出。

(6) 话语一定要通俗易懂，说话要有魅力。

(7) 灵活运用文明礼貌用语以及成功的保险销售话术。

五、熟悉保险销售的六要点

(一) 找准闪光点

保险营销员面见顾客后，应首先介绍自己的身份，所代表的公司，保险公司目前的经营状况、发展前景等。让客户对公司有基本了解后，若客户愿意交谈并认为把钱投到公司安全、可靠、有效益、有保障，才能谈及下步的签单。因此，保险营销员必须对所在公司的情况了如指掌，可向客户介绍公司近年来的发展速度、每年的客户增长量、灵活的经营机制、可观的人均产能等"闪光点"，以此打动客户的心。

(二) 找准着力点

营销员决不能靠碰运气展业，而应在选准进攻目标之前，对选定的客户多方搜集信息，再制定工作方案，预计客户会提出哪方面的问题，如何对答等，找准着力点，在充分准备的基础上，再登门销售，以免展业时临阵"卡壳"，影响自身形象和展业效果。据调查，凡是准备工作充分、着力点正确的营销员，签单的成功率可以达到40%左右。

(三) 找准亲和点

营销员销售保险切忌开门见山，应采用迂回方式找些客户感兴趣的话题，从而增进彼此友谊，加固感情基础，尽量将客户的服务关系转化为友情关系，以起到水到渠成的效果。特别要注意的是，在客户遇到困难时营销员千万不能溜之大吉，那是难得的亲和机会，应鼎力相助，以换来他们的投桃报李。

(四) 找准切入点

营销员对保险知识的讲解一定要讲究艺术，并非讲得越多越专业越好。因此，对客户的宣导一定要抓住要害，找准切入点。讲解时尽量做到言简意赅，使客户爱听。保险条款不一定为每个客户都一条不漏地全面讲解，而是要摸透心理、因人而异。讲解时要巧妙运用身边最典型、最有说服力、最有教育意义的人和事。

(五) 找准辐射点

当营销员瞄准某一大目标时，一定要选有影响力、有说服力、有辐射带动性的客户作为主干线，若他们能签单成功，这样就带动一片。为此，可分行业、分领域地进行，如针对党政机关、企事业单位，应先做主要领导的工作，后是办公室、文秘等工作人员。这些有影响的人一投保签单，其他人的工作就很容易做了。

（六）找准圆满点

营销员拿到客户的签单，表明保后服务已经开始。一定要以诚信服务为本，保险服务尽快跟上，力争达到服务零距离，特别是有影响、有加保能力的客户，一定要通过诚信服务得到其长期的信任以及认同。

六、保险销售话术与礼貌用语

（一）保险销售中的基本话术

（1）保险就是买未来的时间、保明日的平安。

（2）保险就像雨伞和汽车的备用胎，不一定用，但却是必备之物。

（3）人生自古多劫难，保险可为您去忧患。

（4）生命很宝贵，身体价亦高；若要全家好，保险离不了。

（5）保险有八好，家家离不了；平时当存钱，有事不缺钱；投资稳赚钱，受益免税钱；破产保住钱，遭难领大钱；养老永领钱，生活更美满！

（6）居安思危入保险，遭灾遇难有靠山。

（7）未雨绸缪防天灾，无事投保去人祸。

（8）天有不测风云，投保防患贵在早；人有旦夕福祸，亡羊补牢也不迟。

（9）早投保早盘算岂怕风云变幻，常警惕常防范何惧灾害祸患。

（10）急难之时投亲靠友常犯难，平安之日参加保险免忧患。

（11）富裕人买保险是买身价，普通人买保险是买经济保障。

（12）少抽一条中华烟，万元家财保安全。

（13）买份少儿医疗险，孩子住院不作难。

（14）企业若是保了险，生产经营有靠山。

（15）运输工具保了险，灾害事故有人管。

（16）您若加入养老险，晚年幸福笑开颜。

（17）保险往往是保的时候嫌多，赔的时候嫌少。

（18）保险可以等，但灾害事故及疾病却不等人。

（19）保险会让您付出代价，但不保脸代价将会更大。

（20）保险是金钱的代名词，您可以不买保险，但不会对金钱也无兴趣吧？

（二）常用的礼貌文明用语

（1）宾客到来用"光临"；初次见面说"久仰"；好久不见说"久违"。

（2）看望别人说"拜访，"或者"拜谒"与"拜望"。

（3）向人祝贺说"恭贺"；等候别人用"恭候"；陪伴朋友用"奉陪"。

（4）赞人见解说"高见"；请人指点用"赐教"；求人解答说"请问"。

（5）托人办事用"拜托"；央人帮忙说"劳驾"；求给方便说"借光"。

（6）请人批评用"请教"；批改作品用"斧正"。

(7) 求人谅解说"包涵"或"见谅"、"海涵"。
(8) 中途退出说"失陪";请人勿送用"留步"或"请回"。
(9) 询问姓名用"贵姓"或"尊姓";询问年龄用"贵庚",若是老者问"高寿"。
(10) 对方来信叫"惠书";归还原物用"奉还"。

第五节　职业规划与奋斗目标

在这个世界上,无论哪个行业,总有一些人特别幸运,他们活得非常轻松,也很成功,而另外一些人尽管工作非常努力,但却一事无成或有限成功。这是为什么?答案是:成功有秘诀,人生须规划。凡是成就大业的人,肯定是善于规划人生、有明确奋斗目标的人。

一、制定职业规划与奋斗目标的意义

(一) 职业规划与奋斗目标的概念

职业规划是指人们对其职业未来发展前景的计划与描绘,是指导其行为的基本准则。职业规划通常是由一系列具体目标和完成时限构成的。

奋斗目标是指人们事先确定的在未来一定时期内通过自身努力所要实现的结果。奋斗目标受制于职业规划,也是职业规划的细分和具体化。

(二) 制定职业规划及奋斗目标的意义

制定职业规划与奋斗目标,是每个有志于保险销售者所必须做的工作,也是胸怀大志、欲成大事的体现,是销售前程的指路明灯。相反,一个没有个人职业规划、没有详细周全的奋斗目标的人,犹如一艘无舵的船。既不知航向,又缺少航标,虽在大海中奋力航行,却无法抵达彼岸。可见,职业规划就像人生之舵,奋斗目标则如人生之航标,二者至关重要,缺一不可。

无论是营销老手,还是销售新人,如果想有所作为,获得成功,就必须首先制定自己的职业规划,并依此确定不同时期的奋斗目标及执行计划,进而取得事半功倍的效果。没有奋斗目标及执行计划,做事必然具有盲目性,容易敷衍了事、临时凑合,更谈不上责任感及昂扬斗志,最终的努力也都会白费。

二、保险营销员的职业规划

(一) 制定职业规划的原则

保险营销员在制定职业规划时,应注意遵循以下三项原则:

1. 可实现性原则

有些人往往一辈子都在制订计划,但却很少达到,这可能是目标太高不易达到。也有些人因目标定得太低,很容易做到,以致达成后又停滞不前。正确的方法应该是

从实际出发,根据自己的能力或以高出自身能力的两成作为目标,通过自身努力完全能够实现。

2. 时限性原则

对于规划中的目标及计划指标必须规定完成的期限,如三年内赚 60 万元,五年内升任业务经理等。有了完成期限,就有了约束力和动力,也就可以逼迫自己完成既定的计划目标。

3. 量化性原则

制定个人规划及奋斗目标时,不要用提高销售效率、实现保费收入不断增长、人际关系良好等泛泛之词,而要将一切目标尽可能量化,即用具体数字及其完成时限予以规定。如 2025 年 9 月升任经理,保户发展至 500 户,准保户 1000 人,收入保费 560 万,买一套 120 m² 的住房,参加法律课程培训班等。有了量化的数字目标,也就有了上进的动力,较易实现职业目标。

(二)职业规划的种类与内容

根据时限的长短,通常分为短期、中期及长期职业规划。

1. 短期职业规划

短期职业规划也称为近期职业规划,是指两年以内的个人前程计划。其主要内容是:(1)积极参加培训、自学,尽快精通业务;(2)努力发展客户及朋友,人际关系良好;(3)不断提高销售技巧及工作效率;(4)提高保费收入及个人收入;(5)塑造专业人士形象。

2. 中期职业规划

中期职业规划是指 2—5 年的前程计划。其主要内容是:(1)升职晋级,发挥才能;(2)增加客户及朋友数量;(3)提高保费收入及个人收入;(4)扩展知识,强化销售技能;(5)塑造良好的专业形象。

3. 长期职业规划

长期职业规划是指 5—10 年的个人前程计划。其主要内容是:(1)专业领域的作为;(2)社交发展的规划;(3)个人财务收支目标;(4)个人健康计划;(5)塑造成功者的形象。

(三)职业规划的实施与修正

为了更好地执行职业规划,可将做好的规划打印或抄写好,贴在家中或办公室中最醒目的地方,就可以随时提醒自己。也可以将规划告诉周围的朋友,并请他们督促自己,规划目标就一定容易达到。

计划在执行过程中,有的目标可能超前实现,有的则可能无法达成。这就需要定期反省和检讨,对实在无法实现的应及时修正计划,调整原定指标。这样就不会因为太早达成而不知所措,或者因无法完成导致放弃整个计划,从而确保总体职业规划的实现。

三、奋斗目标的确定与执行

（一）奋斗目标的种类、内容及确定原则

奋斗目标是职业规划的细分和具体化，因而奋斗目标的种类、内容及确定原则均受职业规划制约，并与其保持统一性。与职业规划相对应，奋斗目标的种类也分为：5—10年的长期奋斗目标；3—5年的中期奋斗目标；2年以下的短（近）期奋斗目标。各类奋斗目标的内容有其确定的原则，也与职业规划相同。

在各类奋斗目标中，中长期目标是指导性目标，短期目标则是执行性目标。短期目标受中长期目标的制约，但对中长期目标也有反作用，短期目标的完成情况直接影响中长期目标能否完成。

短期目标通常又分为年度目标、季度目标、月度目标以及周目标和日目标。其中，周目标是最基础的执行目标，此为"不积跬步，无以至千里"的道理。

（二）日目标与周目标

1. 日目标与周目标的作用及内容

日目标与周目标是奋斗目标体系中最基础的执行性目标，也是营销员最基本的行动计划与纲领。营销员只有每天都积极从事销售活动，合理运用时间，每天及每周都检查计划进度及完成情况，才能确保各项奋斗目标的如期实现。

日目标及周目标的基本内容与格式，常用"周目标评量表"考评。格式如表10-1所示。

表10-1 周目标评量表

项目	分数					
	星期一	星期二	星期三	星期四	星期五	总分
（一）接触、电话约访						
（二）会谈						
（三）送建议书						
（四）准保户名单						
（五）保户服务						
（六）签投保单						
（七）收取保费						
（八）资料整理						
（九）询问保险问题						
（十）阅读书籍						

2. 保险营销员每天应做的工作

保险营销员每天应努力完成的工作，主要有以下10项：

(1) 接触、电话约访：营销员每天应至少接触 5 位新客户，或者用电话约谈 10 位准保户，并取得具体的约会日期。

(2) 会谈：每天应该安排与 3 位准保户共进早、午或晚餐，或者相约在办公室会谈。

(3) 送建议书：每天应向准保户至少送出二份寿险建议书或财险投保单，并向其说明保险商品之保障内容。

(4) 准保户名单：每天应从保户那儿至少获得 3—5 位准保户的姓名、地址及电话，这样才能不断累积顾客名单，进而取得电话约谈及会面交谈的机会。

(5) 保户服务：对老保户应该经常进行售后服务，如电话问候、寄明信片或健康资料、看望、组织小型活动等。

(6) 签投保单：每天应尝试与会谈的准保户签投保单，并取得购买保险的承诺。

(7) 收取保险费：应及时收取承诺投保的准保户的保险费。若当日无保费可收，也可尝试家财险、意外险或其他小件业务的成交。若每天都有保费进账，就算达成目标。

(8) 资料整理：信息资料也是财富。营销员应每天做好资料建档、文书管理、整理剪报、有特殊创意的记录、档案的分类等工作，以利查找使用。

(9) 询问保险问题：常言道："三人行，必有我师"。保险是一门既广博又深奥的学问，若每日能抽出 10 分钟向保险前辈及资深业务员请教，即使同一问题也会得到不同的解答，从中找出最适合自己的方式。长此以往，必然获益匪浅。

(10) 阅读书籍：知识就是力量。每天应抽出一定时间学习保险专业知识、经济学及其他知识，并阅读当天的重要报刊，在看完后及时思考、消化与吸收。

营销员最基本的工作是签投保单及收取保险费，每天可根据周目标评量表自行制定分数比率，并严格要求自己每天完成。如果今天没有达成，明天就应该加倍努力，以便迎头赶上。

(三) 奋斗目标的设定与执行方法

(1) 列出急需加强的项目，并排定顺序：专业知识和销售技巧可能是最需要加强的，因此可列第一位，其他则按重要性依次排序。

(2) 确定完成的最后期限，列明每段时间须完成哪些项目：如专业知识项目制订五年计划，可将每半年上哪些课程、读哪些书一一列出；又如在三年欲累积 300 名保户，则每年至少要完成 100 个。

(3) 将目标实体化、形象化：如想买一辆汽车，可将汽车海报张贴起来。若想五年买套住房，也可张贴海报。

(4) 对过去满意程度的评估：可按照表 10-2 将其分成六个等级，分别打分评估，若对某些项目的执行情况不太满意，应及时调整或加强。

表 10-2 满意度评估表

项目	满意程度					
	0	1	2	3	4	5
专业知识						
销售技巧						
保户数量						
工作习惯						
财务管理						
学习新事物						
资料整理						
人际关系						
时间掌握						

（5）将计划告诉所有的朋友：计划若只是个人偷偷地想，不久便会忘记，甚至丢到"垃圾桶"里。但若告诉所有的朋友与同事，他（她）们会关心你、盯着你、督促你，使你最终实现人生目标。

（四）销售大王谈销售目标

寿险销售大王坎多尔弗在谈自己的销售目标时说："作为一名营销员，必须制定能够达到的实际目标。当实现了这些目标时，就把目标再提升一点，并再努力完成。如果仅仅制定了长期目标，而无配套的中短期目标，则长期目标会变得遥遥无期，甚至难以达到，使人泄气，只得撒手作罢。比如，为某些重要而长远的目标进行艰苦奋斗时，我认为，一系列小小的胜利也极富有现实意义——运用这种方法，就能实现长期目标。"

"数十年来，我为自己制定日和周销售目标，从而使我有能力完成我的长期目标。我所要达到的就是每周一定的销售量，并制定若干目标达到这些目标的计划。有了销售目标及实施计划，就会为你指明方向，并监控计划方案实施，使你取得更大成效。"制订科学的计划及目标，再加上超乎常人的勤奋努力，终于使他成为世界顶级销售大王。仅 1976 年，他的销售额（保费收入）就达到 10 亿美元。

案例 10-4　日本首席保险营销员的一天

为实现"全日本第一"的奋斗目标，齐滕每天 5 点即起床看书，思索销售方案；6 点半就往顾客家中打电话，最后确定访问时间；7 点吃早饭，与妻子商谈工作；8 点到公司上班；9 点开始销售；下午 6 点下班回家；晚上 8 点开始读书，反省自己，制订新方案；11 点准时就寝。这就是齐滕最普通的一天。他总是这么从早到晚，一刻不停地工作。功夫不负有心人，1959 年，齐滕终于登上"日本第一"的宝座，创造了月收保费 2.8 亿日元的纪录，成为日本首席保险营销员。

第六节　保险销售临阵准备

一、临阵准备的意义

临阵准备是指营销员临行销售前所做的最后准备工作。临阵准备是销售准备的最后一环，也是非常关键的一环。

常言道："磨刀不误砍柴工""临阵磨刀三分快""不打无准备之仗"。可见临阵准备的重要性。不难想象，当一名营销员站在你面前，手忙脚乱地翻着你所要的资料，或者临成交时，却未带有关单据、文具等物品，顾客还会相信他（她）吗？因此，每一名营销员都应在临行前认真做好每一项准备工作，以免"大意失荆州"。

临阵准备的内容主要包括拟定拜访路线、准备拜访理由、准备销售单证与资料、准备销售工具、准备个人证件及用品、个人形象准备与心态调整等。除形象准备与心态调整应在当天起床后进行外，其他工作均应在前一天晚上准备，免得手忙脚乱、丢三落四而影响了行程。

二、临阵准备的内容

（一）注意事先确定拜访对象和路线

保险营销新人在临行销售前，应根据本周工作计划及每日的工作行程，事先确定当日将要拜访的顾客及最佳拜访路线。拜访路线具有很强的方向性和时限性。若能合理安排，可大大节约路途时间，从而提高销售工作效率。每天的最佳拜访路线应该是，所要拜访的顾客都在同一个方向、同一条线路上。

（二）提前准备顾客资料，做到知己知彼

根据次日将要拜访的顾客名单，保险营销员应找出已掌握的详细情况及有关资料，做到知己知彼，对"号"销售。顾客的资料主要包括：(1)单位名称、性质、地址、领导人、电话、传真、微信等；(2)单位的经营概况、资产与负债、风险及防灾情况、保险需求与购买情况等；(3)个人家庭地址、工作单位、家庭成员及收支情况；(4)顾客的年龄、职业爱好、文化程度、家庭资产、对保险的认识及需求情况、投保情况；(5)顾客的其他资料及竞争对手的公关情况。

（三）注意准备访客理由，积极寻找销售突破口

无论是拜访新顾客还是老顾客，都应事先准备访客的理由或借口，一定要明白"我为什么要去拜访顾客"。因为这是接近顾客，激发其购买欲望的有效方法之一。寻找访客理由也是一项煞费苦心的事，完全依靠经验和丰富的想象力。寻找方法有二：(1)假设我是一名顾客，业务员向我提出什么问题时，我才会感兴趣。(2)应从自己销售失败的事例中，认真反思顾客为何没购买保险产品。

（四）提前准备销售单证与相关资料

销售单证与资料也是销售必不可少的，应在事先准备齐全，以免在关键时刻影响

成交。它主要包括：（1）投保单证类：含投保单、保险建议书、预收保费收据、费率表（手册）、职业等级表等。（2）销售宣传资料：含保险公司宣传资料、险种宣传资料及条款、典型案例、宣传图片、灾害事故统计资料、视频、保单复印件、投保顾客名单等。（3）竞争对手及顾客的有关资料。（4）给顾客的推荐信、介绍信、感谢信等。

（五）注意保险销售工具的检查与准备

销售工具是保险销售工作中的必备条件，保险营销员应事先检查准备，以免影响正常销售。销售工具主要包括以下三类：（1）文具类，如手提电脑、计算器、钢笔、圆珠笔、记事本、通讯录等。（2）礼节用品，如自备礼品、印有公司标志的小礼品、香烟与打火机、口香糖等。（3）交通及通信工具，指业务员代步用的汽车、摩托车、自行车等，以及手机，均应事先检查准备。

（六）提前准备身份证明与个人用品

身份证明是证明业务员身份的各种有效证件，包括身份证、上岗证、保险代理人资格证或经纪人资格证、个人名片等。它们既可证明业务员的身份、消除顾客疑虑，也可作为销售工具（如名片）。个人用品是指日常工作中的自用物品，包括手帕、餐巾纸、钱包、化妆品等。这些物品虽小，但关键时刻却能帮顾客忙，成为有效的促销工具。

（七）注意个人形象

个人形象是业务员能否得到保户信任的"敲门砖"。第一印象的好坏，是事关销售能否成功的大事。所以，保险营销员在外出时，要精心打扮一下自己，这种打扮并非是去美容，只要打扮得体，给人一种整洁卫生、精神饱满、信赖诚实的感觉即可。

（八）提前调整好心态

常言道：心态决定成败。保险营销员心态正确与否，关系营销员能否签单，甚至事业能否成功。所以，作为保险营销员一定要注重随时调整好自己的心态。既要正确对待顾客的拒绝、无理甚至恶言，也要注意克服恐惧、战胜畏难、不怕挫折、勇于迎接挑战，更要以自信、快乐、包容、进取的积极心态投入每一天的工作。这样才能勇往直前、有所作为。

复习思考题

1. 请解释保险销售准备、保险销售准备理念、知识准备、心态准备、社交礼仪。
2. 营销员的个人卫生及姿势要领有哪些？
3. 处理人际关系的基本原则是什么？
4. 销售中有哪些语言交际原则？销售中遭拒绝或挫折时应该怎样做？
5. 何谓销售语言表达艺术？其要求和表达方法有哪些？
6. 保险销售中如何调整好心态？你认为怎样迅速树立自我形象？
7. 事业规划及种类有哪些？何谓销售临阵准备？包括哪些内容？

第十一章

保险销售技巧

内容提要 本章包括保险销售技巧概论、寻找准保户的技巧、销售接洽的技巧、销售面谈的艺术、销售障碍的排除、适时成交的诀窍六节内容。应掌握寻找准保户的各种技巧,保险销售接洽的含义及方法,保险销售面谈的艺术,适时成交的各种诀窍;理解保险销售循环与销售技巧的概念,保险销售的作用以及理念,销售障碍的种类、排除的原则与方法。

关键词 保险销售循环;保险销售技巧;准保户;销售接洽;销售面谈;销售障碍;适时成交

第一节 保险销售技巧概论

一、保险销售循环与销售技巧

（一）保险销售循环

保险营销员最重要、最基本的工作,就是积极主动地向保户及准保户销售自己所属的保险公司、自己和保险商品。从第一次销售活动来看,都须经过寻找准保户、销售接洽、销售面谈、障碍排除、适时成交及保后服务等基本环节。从整个销售活动来看,保险销售则是上述六个环节的反复重现、不断循环,是一个永不停息的动态循环系统。因此,保险销售循环,就是指从保险销售总体观察,始终是一个自寻找准保户开始,依次经过销售接洽、销售面谈、障碍排除、适时成交直至保后服务的反复再现、不息轮回的动态过程。

（二）保险销售技巧

保险销售技巧是指在销售保险活动中必须掌握的销售方法、基本技能和诀窍。它是无数优秀营销员长期销售经验和智慧的结晶,是提高销售效率、实现自我价值的捷径,也是每个保险营销员及从业者必须掌握的核心技能。

与销售循环的六个环节相对应,保险销售技巧也分为：寻找准保户的技巧、销售接洽的方法、销售面谈的艺术、障碍排除策略、适时成交的诀窍以及保后服务的艺术,后面将分别进行论述。

二、保险销售的作用

（一）对保险公司的作用

保险销售对保险公司的作用主要表现在以下三方面：

1. 保险销售是保险经营的基础

保险产品的特殊性决定它只有通过销售才能被卖出去。因此，没有保险销售活动的保险公司，其产品必然滞销，业务经营必将难以为继。而重视保险销售工作、产品畅销的公司，企业经营必然兴旺。

2. 保险销售有利于提高保险公司知名度

销售所属保险公司的保险单，是每个营销员每天都在做的基本工作。随着保险销售工作的深入，必然会有更多人了解保险公司的信誉和实力，知名度从而不断提高。

3. 利于迅速扩张业务，提高市场占有率

一支规模庞大、管理有序的营销员队伍，是保险公司服务顾客、迅速占领市场、扩大业务量，进而提高市场占有率的有效捷径。

（二）对顾客的作用

保险销售对顾客的作用主要有以下三方面：

（1）有利于加强顾客的风险意识和保险观念。保险销售工作是在反复大量的宣传动员、咨询解答中展开的。即使顾客没买保险，也会不同程度地接受保险理念和风险分析，有利于强化保险观念及风险意识。

（2）帮助顾客认识风险、选购保险，解除后顾之忧。

（3）购买保险有助于提高顾客的社会地位。

（三）对营销员自身的作用

（1）保险销售是一种富有挑战性的事业，能充分施展销售者的才能，实现其价值和理想。

（2）保险销售是磨炼自身意志的战场，是强者的竞技场。

（3）保险销售是提高自身素养、丰富人生阅历的"大学"。

（4）保险是爱人，销售是助人，自己也是受益人。

三、保险销售的基本理念

（1）保险销售是一份爱护和帮助他人的高尚事业。

（2）保险是无形的服务商品，必须依靠营销员销售。

（3）做人成功，销售才能成功。

（4）保险销售就是替顾客寻找购买保险的理由。

（5）用知识和技巧销售，必能受到尊敬。

（6）一流的营销员创造需求，二流的营销员满足需求，三流的营销员送货收款。

（7）没有不买保险产品的客户，只有卖不出保险产品的营销员。

(8) 客户"点线面",市场必无限。
(9) 越是难缠的顾客,其购买能力也越强。
(10) 拒绝是销售工作的开始,保险产品就是在无数拒绝中销售出去的。
(11) 每次拒绝的后面都隐藏着成功的机会。
(12) 成功者创造机会,失败者等待机会。
(13) 世界上没有失败,只有放弃成功。
(14) 最困难的时候,往往是离成功最近的时候。

第二节　寻找准保户技巧

一、寻找准保户的意义和态度

(一) 保户、准保户及顾客

保户通常也称为客户,是指已购买保险产品并享受保险公司服务的单位或个人。保户既是保险公司经营的基础,也是提供保险服务的对象。

准保户通常也叫准客户,是指具备投保条件但尚未购买保险的单位或个人。准保户是营销员寻找和销售保险的主要对象,也是大力发展保险事业的潜力与希望。

顾客则是指与保险公司、保险代理人或营销员有业务往来或者联系的单位与个人。也就是说,顾客既可能是保户,也可能是准保户或非准保户,但大多数是指准保户。

(二) 寻找准保户的意义

寻找准保户是保险销售的第一个环节,也是销售工作的关键和基础。因为准保户就是保险销售的对象。准保户的质量高低与数量多少,直接影响营销员的个人业绩与自身收入,也会间接影响保险业的发展速度。因此,每个营销员都须重视并随时开展寻找准保户的工作,从而积累庞大的准保户数量。

(三) 寻找准保户的应有态度

对每一位保险营销员来说,寻找准保户应持有以下三种态度:一是积极进取,千方百计寻找准保户。二是持之以恒,坚持长年累月寻找准保户。三是保持信心,不畏艰难困苦,寻找准保户。

二、准保户应具备的条件

对保险营销员来说,只有已购买保险产品的和未购买保险产品的两种人。其中,未购买保险产品的人正是其销售的主要潜在对象。在未购买保险产品的顾客当中,总有一些不具备购买保险产品条件的或者无法接近的,营销员为了提高销售效率、避免浪费时间,应及时将其剔除。那么,准保户应具备哪些条件?一般来说,合格的准保户应同时具备以下三个基本条件和三个辅助条件,否则为不合格准保户。

(一)准保户应具备的基本条件

1. 有保险需求

一般来说,绝大多数人都有潜在的保险需求,只不过他们没有觉察到保险的紧迫性。只要营销员能及时加以宣传引导,指出其面临的风险,就能引发其兴趣,进而产生保险需求。而有了风险意识和保险需求欲望,就会产生购买动机,并带来销售机会。否则,再好的产品他们也不会买。

2. 有投保的资格

投保资格是指准保户及其投保的财产或者人身必须符合保险投保的有关条件。投保条件通常因投保险种不同而略有不同。在投保财产保险时,最根本的条件就是投保人必须对投保财产具有一定的经济利益。在投保人身保险时,不仅要求投保人对被保险人有经济利害关系(即保险利益),而且被保险人必须身体健康。此外,在不同险种中,对投保资格还有很多具体规定。一个理想的准保户,应当符合有关险种规定的投保资格。

3. 经济条件较好,有缴付保费的能力

保险是一种比较昂贵的特殊产品,要购买就需要有较好的经济条件,要有相应的购买能力,即要有一次缴清或者连续缴付保险费的能力。如果单位或个人的经济基础差,没有缴付保险费的能力,营销员再努力也不会成交。因此,作为保险消费主体的准保户,应是经济条件较好的单位或者收入比较稳定的个人。

(二)准保户应具有的辅助条件

基本条件是准保户必须具备的根本条件,三个条件缺一不可,否则即为不合格保户。辅助条件则是依附于基本条件的非原则性条件,且随时可能发生变化。但辅助条件会直接影响准保户能否转化为保户,即关系销售工作的成败及效率,因此,有必要进行介绍。

1. 有投保决策权

有无投保决策权直接关系销售工作的成败。因此,在销售中应注意寻找有决策权的准保户,这样会少走弯路,提高保险销售效率。

2. 有责任感

购买保险是社会及家庭责任感的一种体现。准保户若有社会责任感或家庭责任感,必然有购买保险的兴趣,进而达成交易。反之,一个对家庭没一点责任感的决策者,必然会拒绝购买保险,营销员就要找适当的时机启发引导。

3. 有接洽的机会

保险销售是在与顾客接触洽谈中开始的。即使有些顾客具备上述条件,但若无法拜访、接近,就不可能有收获。因此,一个完全合格的准保户还应有接洽面谈的机会。

三、寻找准保户的途径和方法

寻找准保户是一项重要且艰巨的工作。那么,如何在茫茫人海及无数单位中,寻找准保户？这就要营销员用准保户的条件去衡量，并灵活运用方法寻找。

（一）缘故寻找法

1. 缘故寻找法的含义与对象

缘故寻找法是在与自己有亲缘、友缘、学缘及其他熟人中寻找准保户的一种方法。

缘故法寻找的对象是自己熟悉和认识的人，通常包括：（1）家人与亲戚；（2）同学、朋友、校友、战友及网友；（3）邻居；（4）同事及工作交往中的旧识；（5）通过家属及子女所认识的人；（6）参加社团及业余爱好所认识的人；（7）时常付款以及日常购物所认识的人；（8）公共场所经常接触的人。

2. 缘故寻找法的优点及适用对象

缘故寻找法与其他方法相比具有以下优点：（1）易于接触，能迅速进入销售面谈；（2）不易遭到拒绝，销售成功率较高；（3）能很快产生业绩，增强营销员的工作信心；（4）能磨炼销售技巧。

由于具有上述优点，故缘故寻找法适合新营销员使用。因为只有熟人接受你了，陌生人才可能逐步接受你。

3. 克服心理障碍，大胆运用缘故寻找法

在日常销售中，不少营销员不敢向熟人销售保险，其实这是一些错误思想在作怪。他们一是认为销售工作不体面，怕丢面子；二是认为"兔子不吃窝边草"，不能赚自己人的钱；三是认为高超的销售技巧应体现在与陌生人或团体业务上面。有上述思想的营销员应及时予以纠正，因为灾害事故及疾病是不会选择人的。忽视了相熟的人，就是对他（她）们不负责任。因此，每一个营销员都应克服心理障碍，纠正错误观念，大胆运用缘故寻找法去销售。

（二）熟人介绍法

1. 熟人介绍法的概念与特点

熟人介绍法也称为连锁介绍法，是指营销员利用老保户及熟人关系介绍发展新顾客，再通过新顾客来寻找其他新顾客，如此不断开展业务的一种方法。由于此法犹如化学中的连锁反应，故又叫作连锁介绍法。

熟人介绍法的最大特点是从小部分熟人起步，可以源源不断发展和培养准保户，使销售事业兴旺发达。经熟人介绍他人的最大优点是被介绍人有信任感，利于接洽和面谈，而这正是销售成功的第一要素。

2. 请求熟人介绍他人的方法

营销员在请求熟人介绍新顾客时，应根据不同的对象及喜好，采用不同方法和说辞。（1）对坦诚直率、乐于助人的熟人，可直言要求介绍，或者写一些简单的介绍信及介绍卡（事先应准备好），以增进被介绍者的信任感。（2）对于不便直言的人，可婉言提问获得新顾客。只要有了良好的开端，即可进一步了解家庭及个人等详细情况，为日后拜访打下基础。

3. 运用熟人介绍法的注意事项

（1）当介绍人推诿时，可说："我了解您的感受，您若把朋友名字告诉我，我保证为您保密。"

（2）与被介绍人面谈时，不要陷入关于保险的讨论中，应多争取成交。

（3）若被介绍人询问信息来源时，应为不愿透露姓名的介绍人保密。并肯定地说："我的工作就是与人打交道，每天要处理很多保密材料，只要我的确知道您就行了。"

（4）无论拜访被介绍人的结果如何，都应如实告诉介绍人，并表示真诚谢意。

（三）个人社交开拓法

个人社交开拓法是指通过积极参与各种社交活动，主动结识新人，培养准保户的一种方法。

个人社交开拓法是营销员迅速扩大准保户队伍的重要方法。保险营销员只有抓住并参与各种社交活动，才能实现这一目标。营销员常见的社交方法有：同学会、团体旅游、有关单位的座谈会和庆祝会，各种社交沙龙、兴趣爱好团体等。

（四）群体开拓法

群体开拓法是指营销员选择经济条件好、经营不错的企业或团体销售各种保险，达到以点带面、全面销售的一种方法。其特点是：可直接深入企业、团体同众多的客户见面，宣传销售保险。此法既省时又省力，又能同时销售团体保险和个人保险，且销售效果好，续保率也较高。

运用群体开拓法不可急功近利，应找准关键人物，勤于拜访、联络感情、耐心介绍，取得他人的理解支持，并使自己融入该群体，设身处地为对方着想。

（五）利用公共资料法

利用公共资料法是指通过搜集查阅各种性质的信息资料寻找准保户的方法。其特点是可以迅速掌握大量单位及个人的信息资料，然后再有针对性地去拜访销售，从而避免工作盲目性，提高销售成交率。保险营销员通常可以利用的资料有以下几种：

（1）电话号码簿：详细载明了本地区各机关团体、企事业单位的名称、地址、邮编、电话与内部机构，也记录了部分私人住宅电话，营销员可以从中寻找准保户。

（2）统计资料：各行业、部门、单位及统计机关每年都要编制各自的统计资料，可从中挑选有价值的信息情报。

（3）工商企业名录与工商管理公告：列明了企业名称及其简要情况，可加以利用。

（4）各种报刊书籍提供的有关资料。

（5）各种广告、公告及项目简介。

（6）各种专业名册、募捐及宗教性捐款名单。

（7）各种视听媒体、微信群、网站等提供的信息资料。

（六）上街咨询业务法

上街咨询业务法是指通过上街设点认识顾客、寻找准保户的一种方法。这种方法简便易行、效果较好，但需要他人配合实施。基本做法是：约集同事一到两人，选择公园、居民生活区、商业中心等人员集中的公共场所，摆桌设点，散发宣传材料，接受顾客咨询，介绍险种，解答疑问。对有投保意向的准保户可以预约拜访的时间、地点，或将单位、住址、电话记下，以便安排拜访。当场成交的，应及时办理有关手续。这种方法尤其适合新营销员，可迅速扩展准保户队伍。但应注意相关的布置及着装，应热情大方，谈吐得体，以诚待客。

（七）巧用他人销售法

巧用他人销售法，是指积极利用名人、其他营销员或雇用助手协助自己寻找准保户进行销售的一种方法。这种方法适用于有经验和实力的老营销员。其通常的做法是：(1) 巧借一些名人及地位较高者的影响和信用。这使得营销员在高起点上销售，若方法得当、工作努力，必会很快取得成功。(2) 与其他营销员合作销售。这是一种扬长避短、迅速扩展人际关系的方法。但若合作不好，则会适得其反。(3) 雇用助手专门寻找准保户。此法运用得当也能迅速提高营销员的销售业绩。

（八）随机观察寻找法

随机观察寻找法是指保险营销员随时随地观察外界、捕捉信息、寻找准保户的一种方法。

人人都可能是顾客，准保户也许就在你身旁。因此，保险营销员一出家门，就应随时搜集有用的信息，寻找销售机遇。也可以随机走访附近的单位和个人，尝试销售保险。如果没有随机拜访意识，不积极利用吃饭、走路、乘车等业余时间，可能会有许多准保户与你擦肩而过，从而失去宝贵的销售机会。例如，有一天，正在赶路的齐滕看到一辆凯迪拉克轿车，便上前直夸车子漂亮。正在擦车的司机听了很高兴，也使劲炫耀主人的地位和实力。于是，齐滕无形中又多了一位准保户，不久后即签了大额保单。

（九）陌生拜访寻找法

1. 陌生拜访寻找法的概念

陌生拜访寻找法指保险营销员走街串巷、挨家挨户向素不相识的人销售保险理念，从中寻找准保户的一种方法。它是寻找准保户的基本方法，也是最直接的销售方法。

2. 陌生拜访的特点和作用

陌生拜访的最大特点是不受时间和空间的限制，可以迅速拓展顾客群，建立自己的营销网络。缺点是较难取得顾客的信任，易遭到拒绝，成交率较低。

陌生拜访的主要作用是：可以短时期接触大量顾客，找到一大批准客户；若长期不懈努力，则可开发无限市场，完成超人的业绩；陌生拜访还能培养营销员的随机应变能力，迅速提高自己的保险销售技能。

3. 陌生拜访的地点选择

陌生拜访虽然不受限制，但为了提高销售效率，也应该注意地点的选择。通常应选择经济繁荣、人口集中的地区沿街拜访较好。一是商业繁荣的街区，挨家拜访公司行号。二是城市小区、居民区或商住区。三是顾客聚集的地方，如医院、学校、机关、工厂等处人群集中，准保户也会较多。

4. 陌生拜访的最佳时间

为了降低陌生拜访的盲目性，事先确定最佳拜访时间也是非常必要的。根据营销实践经验，以下是陌生拜访有关行业及家庭的最佳时间：

(1) 百货商店、鞋店及药店（房）：可在整个上午拜访。

(2) 酒店、客栈及宾馆：可在上午10时至下午2时拜访。

(3) 咖啡厅、饭馆及其他餐饮业：上午10时或下午3时前后较合适。

(4) 单位领导的拜访时间：上午9：00—10：30和下午3：00—4：00。

(5) 公司员工，应在上午11时或下午5时进行拜访，也可以在晚上7：00—9：00拜访。

(6) 家庭主妇的最佳拜访时间：上午10：00—11：00，下午3：00—4：00。

(7) 医院、诊所的医务人员：应在周二至周五下午三时后。

(8) 银行职员、教师、工程人员：应在下午3：00—5：00拜访。

(9) 加油站、停车场、药房、食品店：可在下午1：00—3：00拜访。

5. 陌生拜访的技巧及注意事项

(1) 拜访前应调整好心态，认真做好各项准备工作。

(2) 热诚自信，整洁大方，给顾客留下良好的第一印象。

(3) 迅速判断顾客的家庭状况与经济条件，以便进行针对销售。

(4) 除非已进门入座，否则不要轻易谈论保险。

(5) 自我介绍得当，以幽默拉开谈话序幕。

(6) 恰到好处的赞美能加快沟通，赢得对方好感。

(7) 若对方已购买保险，勿批评其现有的保险计划。

(8) 挨家拜访能够制造气势，会带来意想不到的收获。

(9) 去住宅区拜访时，可公告将在×月×日×时前去进行保险咨询服务，这也会收到良好效果。

6. 陌生拜访经验诗

倾听第一招，微笑打先锋；人品作后盾，赞美价连城。

(十) 信函寻找法

信函寻找法是指通过向从未联络过的人寄发信函及保险宣传资料寻找准保户的一种方法。此法较直接，可免去不必要的尴尬，并有打预防针的作用。

寄发的信函有三种：一是根据各方面搜集到的名单和地址，有针对性寄发，信函应郑重大方；二是利用各类名录和居民地址，以寄发宣传资料为主，并承诺赠送详细资料或小礼品，若有回信，再行寄送或登门拜访。三是通过电子信箱寄发电子版保险宣传资料、信函，寻找顾客。

信函的内容主要是介绍自己、公司和提供的险种与服务，以及带来的好处。在信函寄出数天后，再电话联络他们，以便订下会谈的时间和地点。若再有机会接触顾客，则已非完全陌生人了。

案例 11-1　巧用明信片销售的柴田和子

> 1970 年，已有两个孩子的柴田和子踏入保险界。她刚进公司就被要求写出 300 位熟人的名单。在这之前，柴田和子是名普通家庭妇女，认识的人还不足 100 人，最后为了过关，她乱编了 300 个名字，连过世爷爷和未出世的儿子柴田壮一郎的名字都在其中。过了第一关，过不了第二关，她的主管问她："那 300 人进展如何？"柴田和子只好硬着头皮，每天给她的客户寄明信片。明信片上写着："也许你很讨厌保险业务员！但为了我的工作，请务必赐教。"结果出人意料，在这些名单中，她竟然签下 187 件保单。第二个月，柴田和子再接再厉，一口气签下 3000 万日元保单。入司一周年时，她的保费收入竟达到 68 亿日元，公司同事对她刮目相看，觉得简直不可思议。

（十一）网络寻找法

网络寻找法是指利用互联网上的各种信息，寻找准保户的一种新方法。

2019 年 8 月，中国互联网络信息中心发布的《第 44 次中国互联网络发展状况统计报告》显示，截至 2019 年 6 月，我国 IPv6 地址数量为 50286 块/32，已跃居全球第一位。我国 IPv6 部署不断加速，IPv6 活跃用户数达 1.3 亿，基础电信企业已分配 IPv6 地址用户数为 12.07 亿；域名总数为 4800 万个。我国网民规模达 8.54 亿，互联网普及率达 61.2%；我国手机网民规模达 8.47 亿，较 2018 年年底增长 2984 万，网民使用手机上网的比重达 99.1%。截至 2019 年 6 月，我国网络购物用户规模达 6.39 亿，占网民整体的 74.8%。网络购物市场保持较快发展，下沉市场、跨境电商、模式创新为网络购物市场提供了新的增长动能：在地域方面，以中小城市及农村地区为代表的下沉市场拓展了网络消费增长空间，电商平台加速了渠道下沉；在业态方面，跨境电商零售进口额持续增长，利好政策进一步推动行业发展；在模式方面，直播带货、工厂电商、社区零售等新模式蓬勃发展，成为网络消费增长新亮点。由此可见，网络寻找法前景广阔、潜力无限。

（十二）电话寻找法

电话寻找法简称电销，是指保险机构或营销员利用固定电话、移动电话及网络电话，通过拨打电话寻找、培养准保户的方法。

（十三）自媒体寻找法

自媒体寻找法是指营销员事先利用自己的网店、微信、微博等媒体，广泛结交好友，达到寻找顾客目的的一种方法。在自媒体高度普及的今天，此法简便易行，收效较好。

（十四）服务寻找法

服务寻找法是指利用固定机构向社区群众提供各种便民服务，或通过随机便民服务寻找培养准保户的方法。

四、如何保持准保户的稳定增长

准保户是保险销售的主要对象，也是保险商品的潜在购买者，寻找准保户则是销售工作的关键和基础。保险营销员的业绩取决于准保户的多少。一个欲成大业的营销员，必须长期建立和保持一支稳定增长的准保户队伍。否则，他的销售事业便不会兴旺发达。那么，如何长期建立和保持一支稳定增长的准保户队伍？具体方法如下：

（一）制定准保户增长的长期目标，并及时落到实处

常言道：凡事预则立，不预则废。凡事应有计划、有目标，寻找准保户也一样，应事先制订计划与目标。营销员每天除了按时拜访准保户外，还应按计划，通过各种渠道获得准保户名单。若能长期坚持、不断补充，准保户队伍必能稳定增长，销售事业将会兴旺发达。

（二）不断培养寻找发掘准保户的能力

寻找准保户是营销员的一项基本功。不但要找准路子，选准对象，注意方法和侧重点，还须经常学习和借鉴好的方法、经验，不断提高寻找、发掘准保户的观察能力。这种观察鉴别力是多年经验的积累，是不断培养锻炼的结果。实践证明，营销员与顾客的共同点越多，则沟通越容易，达成共识的可能性就越大。只有做好调查研究，提高观察力，才能捕捉顾客的想法和动机，找到更多的准保户，进而进行针对销售，取得最佳营销效果。

（三）保持热情，养成随时寻找准保户的习惯

在日常生活中，准保户无时不在、无处不有。只要营销员始终保持旺盛的斗志及高昂的热情，养成随时观察、处处寻找的好习惯，就会发现许多准保户，取得很多销售机会，进而成为销售高手。正如销售之神原一平所述："营销员必须随时处于战备状态。就像一台灵敏度极高的雷达，不论走路、搭车、驾车、购物、读书、交谈时，随时随地应注意别人的一举一动，必须仔细聆听别人的谈话。有时在电车内，坐在你身旁的人可能是绝好的准保户；有时在理发厅内，会听到一条珍贵的线索；有时在与别人的交谈中，会获得宝贵的资料。因此，视而不见、听而不闻的人，根本没资格当营销员。"

五、准保户的科学管理

（一）科学管理准保户的意义

准保户的科学管理是指通过建立准保户档案，系统搜集信息资料并进行整理归类、及时补充及科学利用的一系列工作。准保户的档案通常由准保户资料卡及顾客记录单构成。

科学管理准保户，是为了更系统、更有效地开展销售工作，实现保户及准保户队伍的稳定增长。同时，也能方便与准保户的联络，为其提供更好的服务，促进保险

销售。

(二)准保户资料的基本内容

应掌握和搜集的准保户资料,主要包括以下 13 项:

(1) 准保户及其家人的姓名:若能一见面就叫出对方的姓名,会给准保户留下深刻印象。

(2) 详细地址与电话:这会给拜访和服务带来很大方便。

(3) 准保户及其家人的出生年月:应尽量查清,以便设计投保计划,提供有关服务。

(4) 公司名称、职业及职务:便于会谈及销售有关险种。

(5) 教育背景、个人经历、学历:它会影响顾客对保险的认识,对症下药,对号销售。

(6) 个人专长及兴趣爱好:可能相互产生共鸣。

(7) 性格与为人:可从他人口中打探,以便与之沟通。

(8) 社团、交际及职务:准保户若参加社团较多,必是活跃人物,应充分利用。

(9) 家庭状况:如与父母同住、子女就学等情况。

(10) 家庭经济收支:每月收支、存款、有无房贷、家产等均影响保险金额及投保险种。

(11) 健康、运动状况及家庭病史:可能会影响投保的险种。

(12) 秘书的姓名。

(13) 保险意识与投保状况:对保险有何看法、是否投保、已购买哪些险种。

(三)准保户资料卡及其使用

1. 准保户资料卡的基本格式

表 11-1　准保户资料卡

一、准保户的资料			
姓名	年龄	出生年月	职业
工作单位			电话
家庭住址			电话
配偶姓名	年龄	子女姓名	出生年月
工资收入	预期收入	额外收入	配偶收入
全家储蓄	其他投资	债务	不动产
简要经历			
兴趣爱好			
信仰			
性格特点			

健康状况	
保险意识	
险种需求	
已保险种	
二、营销员拜访情况	
约访时间、地点及拜访内容	
访后印象	
险种需求	
成交原因	
失败原因	

2. 准保户资料卡的应用

(1) 应把每天获得的人名和有关资料及时登记入卡，并建档保管。

(2) 每晚应对次日拜访的准保户卡进行整理，按顺序排好，以备用。

(3) 当天没拜访的顾客，应将其准保户卡留至第二天再访。

(4) 当天已拜访的，应登记拜访情况；对已接触，但未拜访的，应将其准保户卡放回原处，记录日期及简要情况。

(5) 及时记录"影响力中心"资料，并为新的有可能成为"影响力中心"的准保户登卡建档，并放到显著位置。

(四) 准保户资料的不断扩充

1. 准保户资料的扩充与管理

不断扩充准保户资料是一项非常重要的工作。只有坚持利用各种渠道和方法，坚持不懈搜集有关准保户的信息资料，才能更好地与准保户沟通。做到有的放矢，进而取得"百战百胜"的销售战果。

2. 准保户资料的管理

准保户资料的管理是指营销员对已搜集到的准保户资料进行系统分级归类、科学调整、筛选及有效利用的行为过程。其具体内容如下：

(1) 准保户的分级：根据准保户的资料及拜访情况可以分为六级：A级，即将投保的准保户；B级，因某种因素暂不能投保的准保户；C级，因健康原因暂被公司拒保者；D级，身体健康但经济状况不太稳定者；E级，对保险尚认识不足者；F级，一年内很难升级者。

(2) 准保户的归类：在对准保户分级的基础上，可对其档案资料作出相应标识并进行归类管理，也可以按姓名、行业、街区等归类，以方便日后查找和使用。

(3) 准保户资料的调整：在销售实践中，准保户的情况会发生变化。因此，资料评估得出的结论与拜访或者深入调查后所作的结论出入较大，这就需要我们定期对原分类作适当调整，以利于之后的销售部署。

(4) 准保户的筛选：客观情况千变万化，随着时间推移，准保户的情况也在不断变化。这就需要营销员根据现有资料及新近拜访后获得的资料,不定期地对准保户进行评估筛选,以确保其数量和质量的稳定。一是及时降低准保户等级;二是淘汰那些明显不符合投保资格的人;三是放弃那些屡次拜访却无法沟通的准保户。

第三节 销售接洽技巧

一、销售接洽的目的与意义

（一）销售接洽的概念

销售接洽是指保险营销员在正式拜会前同准保户所作的预约,以达成销售面谈的安排。也就是营销员在寻觅到准保户之后,还应主动与他们接近,以便安排下一步的销售面谈,全面开展销售工作。

（二）销售接洽的目的

成功的销售常需要在一个理想的环境和时间内进行。销售接洽就是事先安排这一理想的时间和环境。也就是说,销售接洽的目的在于,通过联络与接触,使准保户对面谈产生兴趣,并获得面谈的机会,从而安排合适的销售约会。

（三）销售接洽的意义

销售接洽是销售循环的第二个环节,也是一项非常重要的工作。接洽工作的好坏会直接影响销售效率和个人业绩。其意义在于：

(1) 事先预约既可避免拜访扑空导致浪费时间,又不会扰乱对方的工作安排;

(2) 事先预约是尊重客户的表现,可以避免突然拜访时常遇到的婉言谢绝或公开拒绝等情况;

(3) 事先接洽会使准保户有思想准备,并初步了解所销售的保险,有利于创造轻松融洽的面谈气氛,促进销售工作的顺利开展。因此,只要有可能,营销员都应事先进行预约,切忌盲目进行拜访。

二、销售接洽的基本内容

销售接洽的基本内容是：约见的对象、约会的理由、拜访的时间和地点。简称为"四何",即"何人""何事""何时""何地"。

（一）确定约见的对象

在销售接洽中,首先应明确约见的对象——准保户。那么,如何在众多的准保户中挑选约见的对象？通常的做法是先易后难,即先挑选情况较熟、易于拜访和接洽的准保户进行预约,后约见情况不太熟悉、接洽难度大的准保户。另外,营销员至少应知道约见对象的姓名、性别、年龄、长相及职务等基本情况。

（二）准备约会的理由

约会的理由应事先准备好,方法见第十章。营销员在提出约见请求时,应明确告知准备好的约会理由,切莫支吾不清。若因为和对方较生疏怕遭拒绝,也可找些别的理由当作借口,但莫故弄玄虚。否则,就会弄巧成拙,适得其反。

(三)敲定拜访时间

拜访时间的约定应根据准保户的工作特点与生活习惯来确定,详见前文陌生拜访的最佳时间。其总体原则是:尽量选择在准保户较为空闲的时间,确定一个确切的时间。应守时守信,最好正点或提前5分钟到达约定地点。

(四)明确约会地点

约会地点通常应选在顾客的办公室、家里或公共场所,如公园、饭店等。对较为重要的顾客,应选在环境良好、免受干扰的地方;对普通顾客则宜选在人群密集的地方。

三、销售接洽的方法与技巧

销售接洽不仅有独特的方法,也有一定的技巧。兹介绍如下:

(一)电话接洽及其技巧

1. 电话接洽的优点

电话是最便捷的人际沟通交流手段,电话销售也是重要的销售方式之一。利用电话进行接洽有四个优点:(1)迅速快捷、沟通效率高;(2)针对性强,便于了解对方的需求及空闲时间,以便进一步联系;(3)尊重对方,人情味浓,便于沟通和拓展人际关系;(4)电话接洽技巧性强,运用不好很容易被顾客拒绝。

2. 电话接洽的原则

在电话接洽时,必须遵循以下基本原则:(1)通话简练,理由充分;(2)语气平稳,能引起对方的兴趣;(3)口齿清晰、用词恰当、段落分明,能给人以好印象。切忌吐字不清、心绪不宁、语气逼人,这样会使顾客反感。

3. 电话约谈的基本方法

在利用电话进行接洽约谈时,要注意做好以下工作:(1)准备好欲联络的准保户名单及有关资料;(2)准备好保险宣传资料、各种速算表、记录本及笔;(3)保持环境安静、精神放松,选好通话时间;(4)始终保持微笑,语言热忱、优美而自信;(5)讲话逻辑性强、有技巧;(6)切忌莫谈详细保险计划;(7)通话时间应控制在3分钟为宜。

4. 电话接洽中的约谈技巧

保险营销员在电话接洽中,不仅要把握好以上原则和方法,而且要用活以下接洽技巧,才能不断提高约见率。

(1)解决问题约见法:即本着为顾客着想,以解决其存在问题的态度,引起顾客的兴趣,从而促成约见。例如,"汤经理,我们想请您看看这次的新构想,肯定会比现有规划节省更多时间和经费,是个一石二鸟的好办法。我想单独说给您听,并请教一下您的意见,所以,必须见您一面。"

(2) 信函预寄约见法：即先寄保险宣传资料给顾客，待其收到后再打电话，以征求意见为理由与其约见。此法既可使顾客因其受到尊重而对营销员产生好感，也能通过"跟进销售"而避免前功尽弃。例如，"王先生，我们寄给您的保险资料想必您已看过，我们想进一步了解有关情况，征求您的意见，您看今天下午四点，还是明天上午十点有空？"

(3) 过关介绍约见法：当营销员打通电话后，却遇到一些代言人（秘书、门卫或家人）答话时，就需采用此法。即先设法说服这些代言者，再达到约见准保户的目的。

例如，某营销员电话约见成先生："成先生在吗？我是文××。"成先生的秘书若以为你是熟人，就会脱口而出："在，有什么事吗？"答："现在三点，我三点半准时到贵公司，劳您通报一声好吗？"成先生的秘书若说："成先生恐怕不想见你。"答："我相信他一定会见的，我今天来找他的目的，是想转告他一件很重要的事情，也是他很想知道的。总之，见不见随你们，不过贵公司将来若受损害的话，可别怪我。请代向成先生问候一声。"这段话软中带硬，挡驾者为避免承担责任，一般会安排两人会面。再如，您早上约见某公司梁总，若秘书问你："有什么事情吗？"则应答："这是有关梁总工作上的事情，劳您转告一声，说我今天上午来看他。再见！"若对方以没时间为由而拒绝，则应反问："那么，下午三点钟见面好不好？"这段话会使秘书以为你和梁总是很熟悉的朋友，从而达到约见的目的。

(4) 心怀感谢约见法：即真心实意地感谢老保户的支持，使之心情舒畅，再为销售新险种而提出约见要求，顺理成章。此法多适用于约见熟悉的老保户。

(5) 熟人介绍的电话约见法：对经熟人介绍的顾客，在电话接洽时，应先向对方介绍自己，并说出介绍人的名字，夸奖对方后再寻求见面的机会。例如，"某某先生在吗？您好！我是刘某某，服务于××保险公司，前几天和您的朋友薛某谈起您，知道您的事业很成功，为人也很好，很想拜访认识您。不知您今天下午还是明天上午有空？"

如果介绍的朋友不愿被提及姓名，应为其保密。可改说："前几天在朋友桌上看到您的名片，听了您的创业经历，很想结识您。不知您明天早上十点或后天早上十点，哪个时间有空？"在时间约定上采用二选一的战略，成功率相对高些。对方若以工作忙没时间作托词，可回答："我知道您很忙，不过听朋友说您是个值得学习的朋友，他希望我务必与您见一面，当面向您请教，您明早十点有空吗？"或者回答："像您这样事业成功的人肯定很忙碌，所以才事先打电话向您请示，没您的同意我是不会贸然拜访您的，您明天中午还是下午有空？"

(6) 录音电话应对法：遇到录音电话时，应咬字清晰，语调温和有礼，遣词简洁有力，复述事先准备的应对简言。

(二) 信函接洽的技巧

1. 含义与特点

信函接洽是指对于路途远、无电话或不易联络的顾客，采用书信方式与其联系约见的一种方法。信函接洽的优点较多，主要表现为：（1）形式庄重，能引起顾客的足够重视；（2）内容系统全面，能充分表达自己的思想，可信度高；（3）可作为下次直接拜访的理由和话题。

2. 信函内容与写作技巧

信函联络的内容主要是：要求约谈的内容及公司简介，有关险种的说明材料，针对顾客初拟的投保建议书等。

在写作信函时，应该把握运用好以下技巧：（1）写信函时，应简练生动、通俗易懂，以打动顾客、引起共鸣；（2）言词表达恳切、委婉，显示良好的素养，以博得对方的好感；（3）应把握好主动权，切忌以"盼您回答"作结尾，应写作："过几天我将冒昧与您联系，了解一下为您提供的资料是否详尽，您还需要哪些信息。"这样的结尾收效会更好。

3. **诱导顾客拆阅信函的技巧**

再好的信函也是写给收信人看的。如果发信技巧掌握不好，则收信人可能连信拆都不拆就扔了。若要顾客拆阅信函，就应掌握以下技巧：（1）应用特制信封或普通信封，勿用公司统一信封；（2）应选择一个最佳发信日期。如节日、生日、发工资日等，不要让约见信与其他收费账单（如水电费、电话费等）同时收到；（3）勿盖"邮资总付"图章，应按一般信件贴邮票或挂号，这样更能吸引顾客拆阅。

（三）自媒体接洽法

自媒体接洽法是指营销员事先利用自己的网店、微信、微博等媒体，说明营销员将在几日几时上门进行保险咨询服务，达到约见目的的一种接洽法。此法简便易行，收效也比较好。

（四）他人引荐接洽法

他人引荐接洽法是指保险营销员利用顾客的知己好友销售和介绍，进行约见的一种方法。这种方法可排除顾客心理上的疑虑，也有利于接洽和成交。

（五）委托约见接洽法

委托约见接洽法主要适用于对陌生人戒备心强、态度冷漠、直接约见较困难的顾客。营销员可通过顾客的亲朋好友或熟人先行同其预约，再依约进行拜访。

（六）利用调查表接洽法

调查表接洽法是采用事先印好的专业调查表，在厂矿企业、办公楼、居民区等处进行随机访问接洽的一种方法。它既可在短期内收集较多的准保户资料，又可兼作广告宣传，乃至直接销售保险。

（七）公告接洽法

公告接洽法是指事先在人口密集的街区或居民小区张贴醒目布告，说明营销员将在几日几时上门进行保险咨询服务，达到约见目的的一种接洽法。此法简便易行，可消除人们的戒备心，收效较好。

（八）慕名约见及其技巧

1. 慕名约见的含义

慕名约见即指营销员根据事先得到的信息，在顾客毫无准备的情况下，按其单位或者家庭地址直接上门约见的一种接洽方法。

2. 慕名约见中让顾客开门的技巧

（1）熟人报姓法。即营销员按门铃按钮或敲门后，若传来"谁呀"的问话声，就回一句："我是小李呀！"对方若再问哪个小李，还是故作不解地回答："就是小李嘛！"等对方开门探望时再详细解释。

（2）对讲机约见法。顾客若说"现在没时间"，不开门，则应趁机说："那下午三点半我再来拜访好吗？"

（3）敲门的下方。顾客若问："谁呀？"不要吭声，敲门下方会认为是邻家的小孩，因此而开门的也大有人在。

（4）礼貌用语。要是顾客问："你有什么事？"就回答："我是某公司派来的，有事打扰一下！"这"打扰一下"很有效，对方若有时间自然会开门。

第四节 销售面谈艺术

一、销售面谈艺术概述

（一）销售面谈的含义与意义

销售面谈是指保险销售过程中，营销员根据接洽约定或陌生拜访中直接和顾客会面，并进行具体商谈的过程。简言之，销售面谈即营销员与顾客的直接会面与商谈。销售面谈的艺术就是指与顾客会面和商谈时的基本方法与技巧。这是营销员应熟练掌握的一项基本功。

销售面谈是销售过程的一个重要环节，标志着销售工作已进入实质阶段。同时也说明寻找准保户、销售接洽等工作做得不错，已有良好的回报。没有与顾客的销售面谈，就不可能有真正意义的保险销售。因为只有通过面谈，才能充分认识顾客，了解其需要，并在商谈中消除障碍，建立深厚友谊，从而达到销售的目的。

（二）销售面谈的基本原则

在销售面谈中，保险人除了掌握必要的方法和技巧外，还应自觉遵循以下四个原则：

1. 微笑面谈原则

微笑是信赖和友诚之本，是沟通人际关系的钥匙，也是面谈成功的催化剂。保险销售中少不了微笑，面谈更离不开微笑。若能在面谈过程中，不时回报对方一个纯真自然的微笑，必然会取得事半功倍的效果。因为微笑会使自己快乐，也会感染对方。

2. 有效倾听原则

常言道："说话是人生的需要，倾听是人生的艺术。"销售专家也指出：一次成功的谈话，75％靠的是营销员的有效倾听，仅有25％靠语言来表达。此即"说三分，听七分"的销售原则。有效倾听是收集信息、了解顾客心理和需求的重要途径。由此可见，一个营销员纵有伶牙俐齿，若不懂得有效倾听的艺术，就不会激起顾客的购买兴趣和欲望。

那么，怎样才能做到有效倾听？

（1）努力做个好听众。应全神贯注，对顾客的谈话表现出极大兴趣，并将重要信息及时记录下来。这是对讲话者最大的尊重。

（2）应把握好会谈的方向，利用对方停顿或其他良机及时询问对方，将话题引入与销售有关的内容中。

（3）多使用鼓励性言词及眼神、点头等体态语肯定、赞许对方，以期获得更多的信息。如："是这样啊！""嗯，有道理！""后来呢？"等，引导对方多说一些有用信息。

（4）复述、引导对方谈话，不要急于下结论。例如，"您刚才的意思是……""您的话是不是可以这样理解……"

（5）倾听要有耐心，不要随意打断讲话人，避免使用"你应该""绝对"等武断言辞。

（6）应设身处地为对方着想，控制好自己的情绪，勿发火，不辩驳。时刻牢记"顾客永远是对的"。

3. 以情动人原则

人是感情动物。当营销员真诚地为对方着想时，他就走进了对方的心灵世界。神奇营销术的灵魂就是爱、关怀、真诚。营销员若能全身心投入销售面谈，对顾客晓之以理、动之以情，建立信任和友情，必能激发顾客的购买兴趣，并使之转化为购买欲望。要做到"以情动人"，必须注意以下几点事项：

（1）措辞得当，语调适度。在保险销售面谈中，恰当的措辞和适当的语调能使双方更好地沟通，达成共识。适当的语调应酌情运用：该快则快、该慢则慢；在对方兴奋时，可嗓音高些；需以柔克刚、化险为夷时，嗓音应低沉些；吸引对方注意力时，音调可短促些；欲令对方精神放松时，音调可平长些。

（2）语意清晰，重点突出，多为对方着想。在销售面谈中，应多为对方着想；说话突出重点、语意清晰、语音分明，必要时可重复强调要点，这样必然会赢得顾客的信任。

（3）巧用体态语肯定和赞美对方。体态语是一种无声的语言和无形的力量。善用表情、眼神及身体等体态语，充分表达其鼓励、赞赏、强调、对比、惊讶等感情的营销员，更受顾客的欢迎，常会收到意想不到的效果。

（4）时刻关心对方的利益，多为顾客着想。保险营销员若能立足于顾客需求，从其利益保障角度进行交谈，发掘其面临的困难和问题，设计出花钱少、保障范围大的投保方案,必能赢得顾客信任,最终实现既定的销售目标。

4. 随机应变原则

在保险销售过程中,随机应变至关重要,营销员必须善于察言观色、及时引导、灵活促销。只有使销售工作随时适应顾客购买,并围绕购买需求的变化而灵活运用促销技巧,及时对顾客的言行作出反应,才能使顾客对销售的保险产生兴趣,并将保险销售工作做活。

(三)爱达(AIDA)公式与保险销售

1. 爱达公式(AIDA)的含义

AIDA(爱达)是英文 attention、interest、desire、action 的缩写。它们分别表示顾客的注意力、购买兴趣、购买欲望和购买行动,反映了顾客购买心理与行为的发展变化规律。该公式最早起源于美国,并为销售界所普遍接受。

2. 爱达公式与保险销售的关系

保险销售是在与顾客交流中进行的。从营销员的工作过程看,保险销售要经过销售接洽、接近顾客、销售商谈、协商成交及保后服务等环节。但若从顾客角度来观察,正是爱达公式所揭示的规律。因此,爱达公式与保险销售是个辩证统一的运动过程,是同一事物的两个不同方面。保险销售离不开爱达公式的指导,营销员应以爱达公式作为行动指南,逐步开展销售活动;爱达公式也只有在销售活动中,才能显示自身的价值。两者的关系如图 11-1 所示。

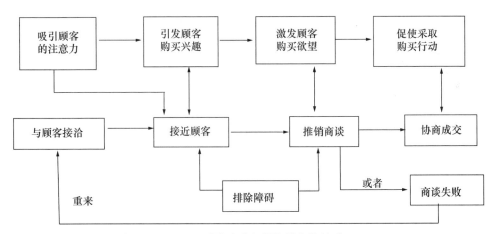

图 11-1 爱达公式与保险销售的关系

3. 爱达公式在保险销售面谈中的应用

爱达公式主要适用于针对非主动型顾客的销售。在销售面谈中,自接触非主动顾客开始,营销员就应以爱达公式作为行动指南,逐步开展销售活动。一个经验丰富的营销员,常能在销售面谈中随时向自己提出四个问题:一是"我的销售谈话是否立即引起顾客的注意"?二是"我的销售谈话能否引起顾客的兴趣"?三是"我的谈话能使顾客意识到他需要我所销售的保险商品,并使其产生购买的欲望"?四是"我的谈话能否使顾客最终采取购买行动"?然后再根据回答,随时调整行动,积极引导顾客的思路和行动。如果营销员能把顾客的注意力吸引到销售的保险商品上，并使其产生兴趣，激起购买欲望，促使其采取购买行动，就说明他会使用爱达公式了。

对保险销售新人而言，应在销售前作好拜访理由准备，销售中依据上述四个问题及时调整自己的行动，引导顾客的思路，事后应不断总结经验教训，提高灵活运用的能力。

（四）销售面谈前应做的基本准备工作

在销售面谈举行前，我们应做好以下五项准备工作，以提高面谈成功率：

（1）确定面谈对象及合适的时间，准备好拜访的理由与说辞。

（2）确定合理的拜会路线，减少无谓的路途时间浪费。

（3）准备好销售必需的单证资料、工具及个人身份证明和用品。

（4）根据拜访对象不同，作好个人服饰形象的准备。

（5）作好心理准备，积极进取、满怀信心地投入销售面谈工作。

二、巧妙接触——吸引顾客注意力

（一）巧妙接触顾客的意义

有了良好的接洽，并非可以同顾客随便交谈。除了准时赴约外，还需及早做好相关准备工作，掌握一定的接触技巧，这样才会在会谈中省去不少力气。反之，就难以吸引顾客，甚至吃闭门羹，丧失销售的机会。因此，营销员若能找到轻松愉快的接触顾客的方法，掌握一定的接触技巧、创造良好的商谈气氛，必能收到良好的效果。

（二）顾客类型与应对方法

在接触顾客前，应该摸清顾客的所属类型，并掌握针对不同商谈对象应采取的应对方法，以消除彼此的紧张情绪，进而取得理想的结果。

1. 沉着冷静型

拜会对象若属于沉着冷静型的人，营销员则应以极大的耐心从其嗜好入手，积极进行理论宣传、数字说明及实例开导。只有经过多次交往，才能取得积极进展。

2. 直率反应型

对于这类顾客，保险营销员应持温和友好的态度，做个好听众，并不时称赞对方的优点。千万莫惹对方生气，尽量避免与其辩论，否则就有可能不欢而散。

3. 社交大方型

对于此类拜会对象，营销员应提防被其社交手腕所蒙骗，而应以更高的社交技巧应对。方法是勤宣传、巧用幽默和技巧，快速交谈必有效。

4. 自作聪明型

对于这类顾客，保险营销员应采取低姿态表情，应设法让其明白，贪图便宜、注重细节会有损形象。另外，还可注意市场行情的变化，随时进行比较说明。

5. 积极独断型

对于积极独断型的顾客，营销员应利用其自尊心使其高兴，再进行快速会谈，以情义说服他。另外,应察言观色,灵活应对,但勿说话太多。

6. 孤立排他型

这类顾客较难接触,保险营销员应该与其勤来往,多进行情感交流,并站在对方立场上考虑问题,协助其作出选择,切勿触怒对方。

(三) 发掘资料,寻找接近点

发掘资料,寻找接近点,是销售面谈的一项重要工作,其目的是为销售商谈创造条件和气氛。营销员应积极利用各种渠道尽可能多地搜集资料,从中寻找双方的共同点,以便进一步接触与沟通,并为成谈作好准备。保险营销员与顾客的接近点如图11-2 所示。

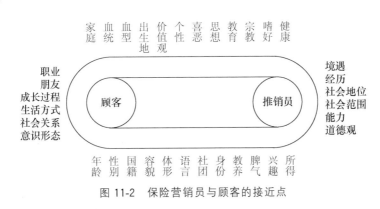

图 11-2 保险营销员与顾客的接近点

图 11-2 是将顾客和营销员比喻为两个独立的车轮,他们本无联系,差异也很大。当两者相互交谈时,两个车轮便被联结起来。其动力就是营销员利用各种资料及方法寻找双方的共同点、接近点。因此,要使两轮恒久稳固地转动,使双方的关系牢固地发展,就须不断发掘顾客的资料,积极寻找双方的共同话题、共同兴趣和思想,增进双方的友谊。

营销员怎样发掘顾客的信息资料? 除了通过各种信息传媒及公共资料等获取外,也可以通过熟人及自己接洽、观察取得,还有一个重要渠道,就是在整个销售过程中可通过主动提问、仔细聆听及细心观察获得相关资料。

(四) 接近顾客的基本技巧

接近顾客是营销员的日常工作。只有每天想方设法接近大量顾客的人,才会有骄人业绩和大好前程。

据销售专家验证,营销员与顾客最初相遇的 10 秒为两者接近的时间。这 10 秒非常短暂,但极可能决定销售的成败。因此,欲取得销售的成功,就必须掌握接近顾客的技巧,设法引起顾客的注意。也就是说,要使顾客在初见面的 10 秒内喜欢上,或至少不讨厌,这就必须掌握并运用好以下接近顾客的技巧:

1. 外表形象接近技巧

外表形象是指个人的容貌、服饰、卫生、姿态、神态等外观形象的综合反映。保险营销员的外表形象如何,直接影响顾客的好恶,是接近顾客的无声语言。因为人们在社交中，常以他人的外表形象来判断其修养和喜好，进而决定是否同其交往。一个长相英俊、风度翩翩、举止优雅的保险营销员，就很容易吸引顾客的注意力，获得其好感，使销售商谈得以顺利进行。尤其是两性之间，一个充满活力和自信的保险营销员，能使异性顾客倾心相悦。若能顺势引导，必会大获全胜，取得销售佳绩。即使相貌欠佳或青春不再，也无需多虑，只要服饰得体、装扮适宜、知识渊博、气质超群，也会赢得顾客的欢欣，获得销售面谈的机会。相反，谁愿同一个仪容不整、服饰邋遢、动作粗鲁的保险营销员交往？

对保险营销员来说，应树立诚实可信、和蔼可亲、专业可敬的良好形象。为此，应从以下方面做起：（1）衣着整洁大方、庄重得体、个性鲜明。道理很简单，衣如其人，良好的形象首先来自于个人服饰。（2）面带微笑。这是人际关系的润滑剂，也是力量及涵养的展示。（3）礼貌而谦恭。彬彬有礼的态度、言辞谦恭的寒暄、热情的握手，都是良好素养的表现，也会使顾客感受到营销员可信可敬。（4）牢记并热情称呼顾客的姓名与职务。这会使对方感到亲切、友好和重视，从而接纳营销员。（5）洗耳恭听他人谈话。耐心聆听、不打断他人谈话，会使顾客感受到营销员的大度、涵养和尊重，从而留下好印象。（6）说话幽默而有技巧，多用"您"字提问，养成随时赞扬和肯定他人的好习惯。这既显得亲切友好，又能吸引对方注意力，使人感觉到被关心和尊重。（7）及时改正有损自我形象的不良社交习惯。

2. "第一句话"接近技巧

在保险销售拜会中，营销员讲的"第一句话"非常关键，往往决定着面谈的成败。因为顾客对营销员的"第一句话"很在意，听第一句话比听第二句及后面的话时要认真得多。许多顾客常在听完第一句话后，就会马上决定是继续会谈，还是把其尽快打发走。由此可见，保险营销员在拜会时讲的"第一句"开场白至关重要，应说得巧妙、富有创意和吸引力，才会赢得销售机会。反之，用任何道歉词或者废话作为开场白，都会使您的努力化为灰烬。那么，如何说好"第一句话"？

（1）赞美接近

赞美是畅销全球的社交通行证。在日常生活中，人们大多爱听赞美之词，喜欢同赞赏自己的人接触。适度称赞对方与众不同的穿着、成就、品德、家居、办公室、公司等优点，就会使人心情愉快，不断增进友谊，并将您视为知心朋友。

赞美接近是指保险营销员讲的第一句话就是赞誉顾客，以引起其注意力，进而接近顾客的一种方法。在赞美顾客时，一定要诚恳、掌握好分寸，看准对象并选好表达的方式和内容。话讲得很一般，无法引起顾客的注意；赞美过头，又可能适得其反或者刺伤顾客。赞美的对象可以是顾客本人，也可以是其家人、孩子、房子、汽车、单位、职业，等等。在赞美异性时，要用抽象的、模棱两可的多义词，不宜用很具体的赞美词，这样既可避免出现尴尬，又能使对方往好的方面想。另外，切忌把赞美歪曲成拍马溜须、阿谀奉承、戴高帽子等奸商做法。因此，只有把握好赞美之"度"，在事实的基础上适当夸张，才会赢得良好的面谈机会。

（2）提问接近

俗话说：善问者走遍天下，不善问者寸步难行。销售高手大都善于提问，且问得精妙，令人难以拒绝。提问接近是指保险营销员讲的第一句话，就是向顾客提出其所关心的问题，借此引起顾客注意的一种接近方法。但所提的问题必须明确、具体、有针对性，而且是顾客最为关心的问题，才会有效。顾客通常最关心和感兴趣的话题有：安全与尊严；家庭与健康；家乡、职业与社会地位等。有位营销高手的首次拜访语就是："您好！我是××保险公司的业务员，今天专门给您来送存折，不知可有时间接收？"这句提问几乎屡试不爽，能立刻引起顾客的兴趣。

（3）好奇接近

常言道："好奇之心人皆有之。"好奇接近就是营销员利用人们的好奇心理，第一句话便是激发顾客的好奇心，进而引起注意的一种方法。此法如能运用得当，往往会收到神奇效果。

营销员在运用此法时，应使带来的奇物、所讲的奇言、所做的奇事、所举的奇例等，与所进行的销售活动和险种有关，且应合乎情理、奇妙而不荒诞庸俗。切忌危言耸听、发表奇谈怪论或讲俏皮话，否则会引起顾客的反感。也不能总用一件奇事去接近所有的客户，要不断推陈出新，方能出奇制胜，引起顾客的好奇与兴趣。例如，有位保险营销员常用的第一句话便是："说实在的，我一提起它，您也许会把我赶走。"顾客自然会作出如下反应："噢，为什么？"这样便引起了顾客的注意和兴趣，并带来了销售机会。

（4）求教接近法

求教接近法是指保险营销员以请教知识和问题的机会吸引并接近顾客的方法。此法迎合了顾客好为人师的心理，容易受到人们的欢迎。资历较浅的年轻营销员尤为适用。但在使用中应注意使用以下技巧：① 态度诚恳，言辞谦恭，少说多听；② 赞美开路，求教为后；③ 求教在前，销售断后；④ 注意分析顾客讲话的内容，寻找其保障需求和销售资料。

（5）计谋接近

计谋接近是指保险营销员通过事先策划、巧设计谋以引起顾客注意，或使第一句话突然性强且具有神秘色彩，在顾客尚未反应过来时，顺势对其加以引导的一种方法。例如，有个营销员想接近一位商店的老板娘，便走过去抓起商店的公用电话假装打电话，他反复打了几遍，20分钟过去了仍没人接。这时老板娘主动说："怎么这么久还没人接？""是啊，这家人约我给孩子办保险，可是现在还没回来，工作一定很忙……""你是保险公司的？""怎么办保险？"营销员就这样用计谋引起了老板娘的注意，并成功地签了保单。

（6）建议（利益）接近

建议（利益）接近是指保险营销员的第一句话就是向顾客提出对其有益的合理化建议，以此引起顾客的注意，达到接近的目的。此法迎合了顾客的求利与需求满足心理，使用效果自然也好。如果保险营销员能将保险之利、险种特色，与顾客最关心的问题和利益密切联系，并用资料和案例进行证明，就会成功。例如，一位营销员初见顾客的有效说辞是："大叔，您好！我是××保险公司的业务员×××，今天特来拜访并给您带来了我们公司最新的产品计划，我想对您的家庭非常有益。我曾把这些计划提供给与您一样的成功人士，他们都接受了我的建议，所以也想占用您5分钟，为您说明这项计划的内容，仅5分钟时间，您不会介意吧！"

（7）调查接近法

调查接近法是指保险营销员使用公司事先印好的调查表，以调查研究之名寻机接近顾客的方法。此法在应用中可直接向客户提出调查要求，说明调查目的是了解营销险种是否符合顾客愿望，能否解决顾客的具体问题。此法能让顾客看到营销员认真负责的工作态度、热诚服务的敬业精神，容易获得顾客的信任和支持，实现接近他们的目的。

在实践中应注意以下事项：① 营销员应以专业知识提出具体的调查对象和内容；② 尽量消除顾客的戒备心理，多了解相关销售信息；③ 灵活使用科学的调查方法和技巧。

（8）旁证提示接近法

旁证提示接近法是指保险营销员的第一句话便是引用旁言他证，提起顾客熟悉的人名来使其注意，从而达到接近的目的。许多有经验的保险营销员，常在其老顾客中挑选一些合作者，并以他们的名字充当销售保险商品的旁证。例如，一位营销员与新顾客见面时常说："某先生有一次谈起了您……"或者说："是唐老师介绍我来的……"这样的开场白很灵验，很快便把营销员与顾客联系在一起。在运用该技巧时，提起的人员可以是自己的顾客，也可以是别人的顾客。但切忌引用假证、伪证，避免招致他们反感。

（9）搭讪与聊天接近法

搭讪与聊天接近法是指保险营销员利用各种机会主动与客户打招呼进而聊天，并由此转入销售面谈的接近方法。其方法是：① 先锁定目标、找准客户；② 选准时机，应在客户独自一人而无干扰的地方，如散步、观景、晨练、等人或等车等；③ 应充满自信，主动上前搭讪；④ 闲聊不要漫无边际，应紧扣主题并尽快转入销售面谈。有一位产险销售高手就很擅长用此法，只要有机会，就能迅速与车主或驾驶员搭讪上，问有没有买保险，买了哪些险种，何时到期，并互留电话，不少车主就这样成了他的客户。

3. 动作接近的技巧

外表及第一句话接近技巧固然重要，但若能辅之以适当的动作来吸引顾客，则会收到最佳销售效果。动作接近的技巧主要有：送礼（馈赠）接近法、购物接近法、服务接近法、兴趣接近法等方法。

（1）送礼（馈赠）接近法

送礼（馈赠）接近法是指保险营销员拜会顾客时，利用赠送小礼品的方法来引起顾客的注意，达到接近顾客、相互沟通的目的。此法符合顾客心理，极易形成融洽的气氛。赠送的礼物应因人而异，投其所好，既可以是实物，也可以是书籍、资料和信息、计策等。可以赠送一些有公司标志的小礼物、保险宣传资料、报刊书籍、商业信息、致富信息等，或者给顾客的孩子买个小玩具、小食品等，花钱不多，效果却很好。但在送礼时应注意选好对象、选好时机、巧妙赠送；礼物价值不能太高，以避行贿之嫌。

（2）购物接近法

购物接近法是指保险营销员在拜会商界顾客时，可通过购买其商品的办法来赢得顾客欢心，达到销售目的的销售方法。例如，保险营销员通过买冷饮可接近摊主或店主；吃饭时可以接近饭馆老板、服务员；买服装、首饰、化妆品、日用品、理发等，都可接近许多潜在顾客。因此，一切有意或无意的消费机会都应珍视，切莫白白浪费这些接近顾客的良机。

（3）服务接近法

服务接近法是指保险营销员巧妙运用各种服务手段来吸引、接近顾客的一种方法。比如，在公共场合主动帮助他人，带路、主动让座、见义勇为等，都是接近顾客的好时机。

（4）兴趣接近法

兴趣接近法是指保险营销员灵活运用自己的各种兴趣，积极加入相关群众性团体或集体性活动，达到接近大量准客户的目的。例如，文艺爱好者可加入当地的合唱团、歌舞团、自娱团；书法爱好者可加入当地的书法者协会；体育爱好者可加入当地的篮球协会、足球协会、羽毛球协会等；摄影爱好者可加入当地的摄影者协会等，并通过积极参加其活动达到接近准客户的目的。

总之，接近顾客的方法很多，要在实践中不断发掘、提炼和推广，以切实提高保险销售成功率。

（五）接近顾客时应注意的问题

在接近顾客时，为了尽快引起其注意，还要注意以下问题：

（1）面带微笑、讲究礼节，与顾客保持适当距离，不时注视其眼睛。这是吸引顾客注意力的有效方法。

（2）多用"您"字提问。例如，"您是否……？""您已经……？""您想……？"这样既显得友好亲切，又能吸引顾客注意力，使其感到被关心和尊重。

（3）话语精炼，不要占用顾客太多时间，这样才会收到更好的保险销售效果。

（4）禁用任何道歉词和废话作为开场白。拜会顾客时，应开门见山、多用技巧、少兜圈子、不讲废话。如"我正巧路过这里……""我顺道……""很抱歉，打扰您了……""您大清早上哪去呀……""我来是想告诉您是否……"等，这些话既显得毫无诚意，又会刺激顾客，可能导致面谈失败。

（5）自我介绍恰到好处，给人留下好印象。

① 对社会地位高的成功人士、领导或商界老板等，在初次拜访而无人帮助时，应采用朴实的自我介绍法。介绍时应保持自信、面带微笑、语气饱满，控制好面谈气

氛。例如，"×先生，您好！我是××保险公司的业务员，今天特来送您一份东西，相信您一定会感兴趣的……"

② 对他人介绍或自己熟悉的人，可多一些亲密气氛的介绍词，以增强信任和理解。例如，"您就是金经理吧！久闻大名，我是××保险公司的×××，今天有幸拜访想向您讨教几件事。""老钱，您好！多日未见可真想你呀！老余前几日从我这里买了一份保险，感到非常满意，我想您一定也会感兴趣的……"

③ 灵活运用幽默的介绍词也可收到良好效果。但一定要注意对象，切忌弄巧成拙。

三、多用技巧，激发顾客的购买兴趣

在有了良好的开头并引起顾客注意后，营销员必须控制好会谈气氛，引导顾客心理。即通过谈顾客感兴趣的话题，了解其背景和思想，摸清潜在风险及保险需求，进而有针对性地进行宣传讲解，从而引发顾客的购买兴趣。

（一）巧谈对方感兴趣的话题，控制好会谈气氛

在引起顾客注意后，要保持良好的会谈气氛及顾客的注意力，就必须多谈顾客关心及感兴趣的话题，进而了解其想法和需求。顾客通常关心和感兴趣的话题主要有以下五方面：

1. 金钱或者利益

金钱或者利益是人类行为的原始驱动力，几乎没有人不感兴趣。因此，若能从下述问题入手展开会谈，必能很快抓住顾客心理，使其保持浓厚兴趣。

（1）迅速致富的信息或赚钱的方法；

（2）节省费用开支、科学避税的经验或方法；

（3）经营管理或持家的合理建议；

（4）股票、基金、债券、外汇、房产、黄金等投资的操作知识与经验；

（5）税率、税种、存贷利率调整及其他重要经济信息。

2. 家庭与健康

家庭及健康也是大家共同关心的话题。人们都希望有幸福的家庭、健康的身体。若能从家庭责任与义务，幸福家庭的条件，家庭成员相处技巧，家庭保健，子女教育，治病良方，家庭风险等方面结合保险展开话题，必定能够吸引顾客。

3. 安全与尊严

居家安全、个人安全及尊严也是人们关心的话题。若能做到以下几点，则成功概率较大：

（1）介绍家庭防灾、防盗知识及预防对策；

（2）多谈人生风险、安全知识及预防对策；

（3）认真倾听顾客的辛酸经历、创业之路或人生经验；

（4）多赞赏对方的优点；

（5）多观察了解对方，给予对方讲述得意之事的机会。

4. 职业及社会地位

职业和社会地位也是令人关心和感兴趣的话题。尤其是新认识的朋友，更爱问各自的职业及职务、社会地位等，并以此展开话题。若能根据顾客的职业特点开展销售宣传，或者从提高与巩固顾客社会地位角度介绍保险商品，或在赞赏顾客的成功及荣耀后再销售，可能会取得满意的回报。

5. 热门消息与顾客的兴趣

人们既有各自的兴趣爱好，又有好闻猎奇之心。若能在面谈中适当谈此类话题，并顺势引至保险商品上，也可以激发顾客的兴趣。此类话题主要有以下几种：（1）个人运动及体育赛事；（2）热门影视、旅游及热门游戏；（3）流行风尚及装饰；（4）流行音乐与文化娱乐；（5）健康饮食与健美运动；（6）热门消息、同行消息；（7）名人轶事、详尽内幕。

（二）发掘顾客需求，令其困惑与联想

营销员与顾客谈其感兴趣的话题，既能促进相互了解与沟通，又能掌握顾客的基本资料与思想，并大致得知其需求和兴趣。在此基础上，营销员可以运用技巧，进一步发掘顾客的问题与需求，使其困惑并产生联想，为进一步商谈打好基础。

1. 顾客的共同需求

人们生活在一个充满风险的世界中，风险无时不在、无处不有。无论是企业单位还是个人及家庭，都需要共同的风险保障。

（1）企业单位的保障需求

企业单位的风险保障需求，主要表现在：① 灾害事故造成的财物与利润损失的补偿；② 偿付贷款、欠款以及作为贷款的抵押；③ 为公司或股东提供充裕的资金；④ 为员工提供福利计划的资金；⑤ 员工伤残、死亡时的补偿金；⑥ 因合伙人的意外造成经营管理的困境；⑦ 法律责任与信用损失等。

（2）顾客个人及家庭的保障要求

顾客个人及家庭的保障需求，主要有：① 灾害事故造成的财物损失的补偿金；② 英年早逝导致的家庭费用不足；③ 疾病或意外的治疗与康复资金；④ 丧失工作能力后的生活费及养家费；⑤ 子女成长所需的巨额教育金、婚嫁金；⑥ 失业或突遇经济困难所需的资金；⑦ 寿命过长导致的生活费、护理费用的不足。

2. 顾客的特殊需求

顾客的特殊需求也即个别需求，它是相对于普遍存在的共同需求而言的，是共同需求在不同个体上的特殊表现。其含义有五种：（1）共同需求所不能涵盖的；（2）顾客尚未意识到的；（3）顾客虽已意识到但尚未解决的；（4）没能力或不知用何办法解决的；（5）在发展中出现的新问题。

一般来说，顾客有哪些保障需求，营销员在前期工作或者在面谈观察中即可探个大概，当然也可运用其他技巧得到确切答案。例如，顾客是企业家，便对企业的安全运营、长久发展及员工福利较敏感；若顾客是自由职业者，则医疗、养老问题较突出；而对工薪阶层来说，失业、养老、伤残、医疗、子女教育等，都可能成为首要问题。由此可知,不同顾客有不同的需求,也需要有不同的解决办法。

3. 确定顾客特殊需求的技巧

在初步确定了顾客的特殊需求后,为了进一步摸清其真正思想和需求,或者在顾客尚未意识到其保险需求的情况下,营销员要积极开发其需求,则应采用下列方法和技巧,即可获得有效答案。

(1) 提问的技巧

提问是营销员引导顾客心理、接近顾客内心世界的有效方法。它不仅能找到顾客的真正需求,也能更透彻地了解顾客的感觉、动机和顾虑,促使销售面谈顺利进行。

销售面谈中的提问是有一定技巧的。营销员每说完一段话,应间歇一两分钟,给顾客发表意见及思考的机会,或多提问与顾客有关的问题。正如保险销售大师班·费德雯所言:"销售的关键在于会谈,而会谈的关键在于扰人的问句。"这样既可让顾客积极参与,产生亲近感,又能掌握其真实需求及思想动态,从而对症销售。

提问的方式和技巧应因人、因时而异。其一,若是陌生访问,则提问是为了取得对方的信任,争取交谈机会,因而提问的方式能引起顾客的好奇和兴趣。其二,对经熟人介绍的准保户,可采用开门见山的提问方式,直接转入正题。其三,面谈中的提问是为了弄清顾客的疑虑和需求,让顾客真正懂得保险的作用及险种的内容。应不时使用"我这样讲,您清楚了吗""我还有没讲清的地方吗""您说是吗"等问句。其四,面谈结束前的提问,主要是为了增强顾客购买的信心,促成保险交易。如:"您只要在这儿签个字,这张保单即从零时起生效了。""您看保险费是年缴好还是季缴好?""这张保单对您是再好不过了"。其五,面谈中应多问些开放式的问题,可以更好地了解顾客的思想和需求,成交的机会也会更大。如:"请问贵单位投保情况如何?""未来的子女教育、医疗及养老您是怎样考虑的?""您认为这个问题的原因何在?该用什么方式解决?"等等。其六,预约复访的提问,在于让顾客进一步相信营销员及其公司,且更了解保单内容。可以问:"您什么时候能见我?""下周三上午9点,还是周四下午3点好呢?"

(2) 聆听的技巧

有效的聆听也是搜集资料、掌握顾客心理活动及需求的重要途径。在正式面谈中,保险营销员必须学会做个好听众,掌握一定的聆听技巧。只有以顾客为中心,让其多讲,营销员多听多问,才能随时了解顾客有什么疑问、想法以及需求,进而采取有效措施促成销售。"说三分,听七分"之销售原则就是此意。

如何做个好听众?首先,应面带微笑、全神贯注地面对侃侃而谈的顾客;其次,应不时对顾客的讲话表示认同和赞赏,并适当加以引导;再次,应认真倾听真正的信息,并记录有用的资料;最后,应以清醒的头脑反复体会、仔细分析顾客的话语,找出其真正的问题所在,以采取对策。

积极有效的倾听非常重要。其方法有二:一是仔细分辨顾客讲话的真假,找出真正的信息或问题。因为对同一问题,顾客会有四种不同的回答。即如实回答,推诿性回答,虚实参半的回答及谎言或无意义之词。只有认真分辨,才能领会顾客的真意,找到有用的信息。二是复述提问法，即对顾客回答不清、意思含混，或对某些问题应加以强调和深入讨论时，可用此法加以明了。如"您的意思是……""听起来您好像是……""您的话是否可以这样理解……"此法的目的也是探明虚实，将话题引到能获得更多信息的具体问题上，并控制谈话的进程。

聆听的技巧可通过日常训练和培养得以提高。方法是在社交场合练习少讲多听；不抢话、不插话或打断他人讲话；不听、不传播是非，不计较他人言语中的错误或偏激的观点；及时询问不清楚的话语，避免误解；适当鼓励、肯定和赞扬对方的讲话；保持热情、耐心，应全神贯注倾听；不贬低他人，不使用情绪化语言或急于下结论；要注意改正其他不良倾听的习惯。

4. 令顾客困扰并产生联想

保险营销员在掌握顾客的基本资料，摸清顾客的思想、疑问或需求后，还应进一步启发、强调并揭示所面临的特殊风险、个别问题及经济保障的必要性，促使顾客不得不深思这些问题，并联想这些问题可能会导致的严重后果。令顾客困扰并产生联想的基本方法如下：

（1）多用问句和假设句。这样既可启发引导顾客去思考和感受，又不会伤害其感情，便于客户接受。

（2）直截了当，一针见血。应抓住顾客的心理，着重讨论他最关心的问题及最敏感的事情，这样更易打动客户，使他同意。

（3）巧用激励故事。在面谈中可以巧插一些激励顾客的真实故事、新近发生的事等，这能进一步加深顾客的印象和困扰。

（4）使用辅助工具。如平板电脑、手机视频资料，自制的灾害事故画册、剪贴资料册，也可直接用笔和尺子以图表的方式展示给顾客，更直观地令顾客困扰或产生联想。

（三）阐述保险利益，提出解决方案

通过上述销售工作，顾客不但明白自身面临的切身问题，而且产生困惑。这时，营销员应抓住时机，宣传保险的功用和有关险种的内容与利益，提出解决其切身问题的投保方案以供选择。

1. 说明保险的功用

有经验的保险营销员，一般都会从保险的功用入手，引导顾客认同保险，相信保险是解决问题的最佳方法，为介绍保险商品、设计投保方案打好基础。

保险的基本功用主要表现在六方面：（1）保全保险财产，及时补偿损失；（2）解除经济忧患，确保家庭幸福美满；（3）积累财富，提高身价和信誉；（4）子女教育有保障，意外灾害有补偿；（5）看病不愁，养老无忧；（6）保险就是互助共济，大家共同渡难关。

也就是说，保险是人生的必要准备，不是花钱而是保证将来有钱花，就是确保在未来不可知的日子里有一笔可知的、可用的钱。一是储蓄金：拥有保险后，在没有发挥作用的时候，它可以作为持续增长的储蓄金。二是保障金：当风险降临时，保险既可用作流动资金,也可用作高额的风险保障金。三是储备金:在人生的不同阶段,它可以作为自己创业、将来婚嫁、孩子教育的储备金。四是养老金:年轻时就提前规划养老,到晚年时可获得丰厚的养老金。五是遗产金:某些保险具有一定的避税避债功能,还可以作为高额的遗产金。

2. 介绍保险商品

(1) 保险商品的种类

保险商品的种类很多。通常按其需求效用不同,可以分为保障型保险、投资型保险、储蓄型保险、医疗型及少儿型保险;按其保险对象不同分为财产损失保险、责任保险、信用保险、保证保险及人寿保险、健康保险、意外伤害保险,每一小类又可分为若干个险种。营销员在向顾客介绍时,应根据已掌握的情况及顾客的特殊需求,选择一些有针对性的险种加以介绍。介绍时,应多与顾客目光交流,同时注意随机应变,勿与顾客争执。

(2) 介绍保险商品的技巧

① 借用险种宣传资料介绍说明。宣传资料通常由保险公司统一印制,常用通俗的语言,简明扼要地介绍某一险种的各项利益、险种特点、投保条件、保障责任范围、保险费及保险期限等重要内容。保险营销员借此宣传,更易让顾客接受和了解险种的内容。切忌把保险条款过早介绍给顾客,这会使其无所适从,难以接受。

② 用保险建议书说明。对已了解保险的顾客,应根据其需求制作专门的建议书,把其需求与推荐险种对应起来逐一说明,以求尽快促成销售。

③ 巧用图表及资料加以说明。营销员还可以利用图表将有关险种的利益及功用,更形象直观地展示给顾客,使其感性认识更强烈。另外,还可以利用电脑、剪辑的资料册及图片册,作为辅助工具加以强调、说明或比较,以提高顾客的投保兴趣。

④ 突出优点及利益介绍法。即集中保险商品的效用、优点及对顾客的各种利益,逐一进行介绍宣传、引证说明。

3. 拟订投保方案或保险建议书

经过有针对性的保险宣传和险种介绍,接下来便是进一步引导顾客产生兴趣,根据其经济能力及特殊需求,拟订一个令顾客满意的投保方案或易于接受的保险建议书,供顾客选择与采纳。由于拟订投保方案的数据资料均由顾客提供,有很强的说服力,因此,只要投保方案是实事求是的,顾客都易信赖与接受,成交也只是迟早的事。

四、刺激购买欲望,达成购买承诺

(一) 刺激顾客购买欲望的必要性

1. 购买欲望是购买心理发展的高级阶段

顾客的购买心理,是由"保障需要→购买兴趣→购买欲望→购买行为"等一系列心理活动构成的。顾客之所以会购买某种商品,是因为它能满足顾客某一方面的需求。顾客一旦有了某种需求,就会对相关商品产生兴趣,进而产生购买欲望,促成购买行为。由此可见，需求是购买心理的起点，是购买行为的原动力，而购买欲望则是购买心理发展的高级阶段，是购买行为的直接动力。经验表明，顾客的购买心理是可以引导的。

2. 购买欲望是需要刺激的

顾客有了购买欲望，并不表明他一定会购买保险。因为购买欲望和购买行为是两个不同的阶段、不同的心理活动，且受外力的影响较大。一般来说，顾客的购买欲望受到良性刺激后，便会迅速转化为购买行为，反之则很难转化。因此，当营销员将投保方案或保险建议书递交给顾客，并向其初步解释后，还应积极采取措施刺激顾客的购买欲望，促使其及早作出购买承诺。否则，可能会失去销售良机。

（二）刺激顾客购买欲望的方法

1. 典型理赔案例引导法

此法是对保险比较认同，但又心存疑虑或有误解者，在初步解说后，可引用新近发生的典型案例，或未及时投保而遭受巨额损失的案例来劝说顾客，以及时消除其疑虑和误解，增进彼此信任，实现成交目的。当然，所用案例必须事先备好，既要有针对性，也要真实可靠并有说服力。

案例 11-2　两男身故，一妻子抱 500 万元哭，一妻子抱枕头哭

> 小浩父亲和大鹏父亲在出差途中不幸发生车祸，两人当场殒命。大鹏父亲由于只有社保，无商业保险，最后只获得公司给的 8 万元抚恤金。小浩父亲因风险管理意识强，购买了终身寿险、定期寿险、大病保险以及 300 万元的意外保险，事故发生后保险公司迅速启动了理赔，500 万元赔款打到了小浩家的账户上。
>
> 反思：两人同在一家公司，同是工程师，身价相差如此大，身价不是身家！身家上亿的人，身价可能是 0，人的生命靠什么体现？保额！身价保障越高，生活压力越小，幸福指数就会越高！让保险为我们肩负未来生活保障的任务，生命的尊严，幸福的责任，生命虽无价，保险可定价！

2. 巨灾图片及事故惨案资料刺激法

此法是指保险营销员针对顽固不化或心存侥幸者，可利用新近发生的、社会影响重大的灾害事故图片及有关剪报资料等让顾客过目，用事实教育他们，使其产生恐惧心理或保障意识。同时，应强调购买保险的时效性，促使顾客尽早认同保险并作出购买承诺。

3. 熟人投保刺激法

熟人投保刺激法是指利用人的从众与模仿心理，强调其周围的人或其了解的人都购买了有关保险，以此激发其自尊心及好强心，达到保险促销的目的。例如："您隔壁（或单位）的成先生和丁大姐也都购买了这几种保险，您不用再犹豫了！"运用此法时，必须说真话、具体，否则会适得其反。

4. 激将法

激将法是指用刺激性话语或反面话语鼓动某人去做原来不愿做或不敢做的事。它包括过激刺激、温和刺激和间接刺激三种方法，适用于性情刚烈、意气用事及优柔寡断、顽固不化的顾客。适当运用激将法，可以使举棋不定、犹豫不决的顾客下决心购买保险，尤其是自恃有钱的准保户。例如，有一位有钱的顾客说："我有的是钱，用不着保险！"对此人可用激将法反问："您是有钱，但遗憾的是没一份大家都有的保险！"或者说："即使您愿意投保，我们公司还不一定会接受呢！"。

在运用此法时，应注意把握好分寸：（1）没十成把握勿轻易使用。因为稍有闪失，就会全盘皆输。（2）要对使用对象作出准确判断，且在拜访数次无果后才可以使用。（3）应与"微笑"结合使用，否则将难以收场。

5. 强调利益法

针对回报率较高的投资与分红类保险、万能保险，或缴费少、保障高的保障型保险产品等，可以通过再次强调其高额利益或回报的方法，激发顾客的购买欲望。

案例 11-3　亨曼的推销术

> 亨曼被派到美国新兵培训中心推广军人保险。听他演讲的新兵全都自愿买了保险，从来没人能达到这么高的成功率。培训主任想知道其推销术，就悄悄来到课堂听他对新兵讲什么。"朋友们，我要向你们解释军人保险带来的利益保障。"亨曼说："假如发生战争，有人不幸阵亡了，他生前若买了军人保险，政府就会给家属赔偿20万美元。但若没投保，政府只会付6000元抚恤金……""这有何用，多少钱都换不回我的命。"有位新兵沮丧地说。"你错了。"亨曼和颜悦色地说："想想看，一旦发生战争，政府会先派哪种士兵上战场？买了保险的还是没买保险的？"大家恍然大悟，纷纷投保。

第五节　销售障碍的排除

一、销售障碍概述

（一）销售障碍的含义

销售障碍是指顾客阻碍保险销售正常进行的各种疑问、抱怨、反对意见及拒绝等不利行为。销售障碍是顾客设置的，是其复杂心情的一种正常反映，也是保险销售中经常遇到的，且必须设法排除的一项重要工作。

（二）排除销售障碍的意义

1. 销售障碍是一种正常销售现象

在保险销售的各个环节，尤其是销售面谈中，随时都可能碰到顾客设置的销售障碍，这是很正常的事情。因为绝大多数人接触陌生事物时，总是先抱着排斥的心理观望。特别是在采取购买行动之前，顾客都会从正反两面认真考虑，权衡得失，故任何一个投保方案或建议，无论条件多么优越，都可能遭到顾客的挑剔。否则则表明顾客对您的保险销售根本不感兴趣。

2. 销售障碍是购买的前奏

俗话说得好：嫌货者才是购货人。人们在买东西，尤其是贵重东西时都会心存疑虑，生怕决策失误或上当受骗。因而就会制造各种借口或障碍，以求万无一失，买个实惠。同理，保险作为一种昂贵的无形商品，顾客在选购时必然会慎之又慎。即使对保险商品已有所了解，对投保方案也有兴趣，也会找些借口或设置障碍拖延购买，以求稳定情绪，深思熟虑。这时，就要求营销员助顾客一臂之力，帮助其消除疑虑、排除障碍，并引导其购买。从这点来说，顾客的销售障碍正是其有兴趣的表现，是其购买保险商品的前奏，保险营销员应该为此而高兴。

3. 排除障碍是成交的必由之路

销售障碍是顾客购买前的一种本能反应，是普遍自然的销售现象，也是对营销员的又一次考验。没有顾客的抱怨、异议、反对及拒绝，就不会取得销售的成功，也不会有销售这一职业。因此，每一位保险营销员都应明白：拒绝是销售的开始，障碍是销售成功的阶梯，排除障碍是成交的必由之路。必须正确认识，认真对待各种销售障碍，发掘其根本原因，并有效排除销售障碍。经验表明，一个优秀的保险营销员，必然也是排除销售障碍的高手。

（三）排除销售障碍的基本原则

保险销售障碍千姿百态、多种多样。在排除时，既要因人而异、讲求策略、灵活应对，也要遵循下列基本原则和技巧：

1. 诚恳自信、正确对待原则

当顾客设置销售障碍时，营销员应以诚实恳切的态度高度重视、泰然处之，以消除其顾虑、获得其信任。同时，应以高度的自信心和丰富的专业知识，积极排除障碍，劝说顾客早日投保。只有迎难而上、积极进取的人，才能到达顶峰。

2. 细心聆听、避免争论原则

无论顾客的言论是否中听，营销员都应洗耳恭听，仔细分析其真实意图和想法，充分了解其需求，进而加以灵活处理。应树立"顾客永远是正确的"观念，切忌与顾客争吵和辩论。因为在争辩中取胜的同时，也失去了顾客，输掉了销售。

3. 理解体谅、灵活应对原则

在认真听完顾客的言论后，不论结果怎样，均应表现尊重与体谅之情，使顾客感到你是个理解及关心他的人，从而增强信赖感。同时，应该灵活运用各种技巧，巧妙引导顾客在不失体面的情况下逐步改变想法，树立正确的保险观念。

4. 提出方案、尝试成交原则

在灵活引导顾客思想的同时，还应及时根据顾客的情况让其体会保险计划的必要性。也可通过讲述保险激励故事，促使顾客作出购买决定或成交。若没有成交，则可协商下一个面谈时间或要求对方介绍几个新顾客。

（四）销售专家的排障箴言

（1）顾客的抱怨是一面镜子，若能站在顾客的立场上面对它，许多问题便迎刃而解了。

（2）在保险销售中，顾客的抱怨或反对是难免的，要将其看作正常工作中的问题来解决。

（3）处理顾客的抱怨，重在效果而非形式。

（4）顾客的异议并非都是正确的，但让他感觉到他是正确的则既必要也值得，因为这也为营销员提供了成交的良机。

（5）不要与正在发怒的顾客讲道理，应先平息其怒气，恢复其理智。

（6）处理抱怨一定要宽宏大量、因人而异，任何时候都应让顾客感觉到营销员是真诚的。

二、销售障碍之缘由探析

顾客提出问题、设置障碍，必有其缘由。营销员若能及时分辨其真伪，找出其真实动因，便能轻松处理。

（一）销售障碍之真假辨别

对顾客的异议或拒保，切莫急于处理，应先辨其真假。对不真实的或不能成立的可以避开，另找途径；而对真正成立的，可灵活予以处理。

1. 不成立的异议或拒保

不成立的异议或拒保，主要有以下三种情况：

（1）顾客异议或拒保并非出自内心，仅是一种借口，应寻找其真实动因。

（2）带有玩笑或习惯性的异议或拒保，可视为不成立，不必理会、不要责备。应报之一笑，转移话题，继续销售工作。若顾客重复发问，可予以简要回答。

（3）若顾客只是疑问，且准备在后面讨论，可向其说明，以确保顾客能把注意力集中在正在讨论的问题上。

2. 成立的异议或拒保

成立的异议或拒保是指真正围绕在顾客头脑里的忧虑和困惑。它是销售中真正的障碍，营销员必须灵活反应，并及时认真处理。

（二）销售障碍的真实原因

顾客设置销售障碍的原因多种多样，分析、寻找的目的在于对症处理，及早说服顾客。其根本原因可概括为以下七点：

（1）本能排斥：人们对陌生事物的初次接触，都有一定的排斥心理，因此会设置相关障碍，这正是其恐惧不安的流露。

（2）自然防范：许多顾客喜欢自主购买商品，对上门销售者防范心理很强，并因此设置障碍。莫说是无形无味的保险，即便是销售有形商品，也会时常遭到拒绝。

（3）缺乏了解：有些顾客找借口打发营销员，是因为对自身的风险和需求了解不够，认识不足或者对保险及营销员的建议计划缺乏了解。这表明顾客尚需要更多的信息，以对保险加深了解。

（4）迷信与偏见：不少顾客受错误观念及偏见影响，也会提出拒绝或反对意见。如认为保险不吉利，保险是骗人的，无利可图等。也有的顾客可能吃过亏或受他人教唆形成错误观念，认为保险靠不住。此时，应采取迂回策略，多宣传介绍、启发引导，逐步改变其看法。

（5）延缓之计：许多人面对决定时都会犹豫不决、感到不安。这时提出反对意见，多是为了回避或延迟作出决定，并非对销售的保险不感兴趣，应采用激励手段引导其进行选择。

（6）缺乏购买力：若顾客确因经济困难、无力购买，也会提出反对或拒保，应予以理解，待其经济状况好转时，再寻机销售。

（7）保险营销员素质太差：这也是招致顾客反感的重要原因。如强行销售，欺骗误导，缺乏礼貌，不注意服饰与卫生，专业知识贫乏，投保方案不合理等，这些都可能遭到顾客的拒绝。

三、销售障碍的种类

根据产生的原因不同，销售障碍可分为以下六大类：

（一）需要障碍

需要障碍是指顾客认为自己不需要销售的保险商品而设置的障碍。它常由于顾客的认识水平、心理成见或营销员不了解顾客情况等造成。需要障碍的通常表现如下：

（1）我已有各种社会保险和团体保险。
（2）我已经买了多种商业保险。
（3）我们单位的福利待遇很好，也有了足够的积蓄。
（4）我们会找到其他生活方法，对保险没兴趣。
（5）我们年老时有子女养老，也有一定退休金。
（6）我年轻健康无须保险，想年龄再大一些时投保。
（7）我刚结婚不久，想等有了孩子后再投保。
（8）我们单位效益好、风险小，多年无事故，没必要买保险。
（9）以前没保险都过来了，现在为什么要买？

（二）购买力障碍

购买力障碍指顾客认为无钱购买保险而设置的种种障碍。顾客借口购买力不足，并非真的无力承担保险费，只是不想购买。应设法让顾客明白，购买保险并不昂贵，普通人也能够负担。保险既能提供经济保障，也能稳定资产和经营。其主要表现是：

（1）我刚下岗，付不起保险费。
（2）我们日常开支很大，无力买保险。
（3）我们目前经济困难、效益不好，暂不买保险。

(4) 我暂时不想有额外的经济负担。

(5) 我们正准备买房（或装修），顾不上买保险。

(6) 等我还清贷款后再说。

（三）购买权障碍

购买权障碍是指顾客以无购买决策权为由打发营销员。通常表现如下：

(1) 这事我做不了主。

(2) 这事我得与其他领导商量。

(3) 待我和家人商量后再说。

(4) 我爱人不同意投保。

(5) 我家人不同意投保。

（四）购买时间障碍

购买时间障碍是指顾客在销售中有意拖延时间，希望延缓作出决定的一种做法。应向顾客指出拖延可能带来的危险后果，强调马上投保的重要性，并举例予以说明。购买时间障碍通常表现为：

(1) 我想再考虑考虑。

(2) 我跟妻子商量后再说吧。

(3) 我现在很忙，下月再答复你。

(4) 不用急，待我们研究后再打电话给你。

(5) 这项保障计划很好，待有空时再说。

（五）认识偏见障碍

认识偏见障碍是指顾客因他人误导或认识上的其他偏见而设置的销售障碍。常见的偏见如下：

(1) 保险都是骗人的。

(2) 保险不吉利，谁保谁倒霉。

(3) 我朋友说保险不能买。

(4) 不买保险没事，一买保险事全来了。

(5) 保险不合算，买了无利可图。

(6) 保险是马后炮，人死后才给钱。

(7) 保险对我没什么用。

（六）销售信任障碍

销售信任障碍是指顾客对保险营销员及代表的公司、销售的产品缺乏信任感或因无信心而设置的销售障碍。解决方法是多交谈、多沟通、多宣传、多关心顾客，使其相信营销员，相信营销员所代表的公司和销售的产品都是一流的，是值得信赖的。

1. 对保险公司的疑义

对保险公司的疑义如下：

① 保险公司是否是皮包公司？有无法定手续？

② 保险公司的历史及运营情况如何？
③ 保险公司的位置、公司的形象如何？
④ 保险公司的注册资本、各项准备金有多少？
⑤ 保险公司的员工有多少？服务质量如何？
⑥ 保险公司的业绩是否正常？营业额及效益可否增长？
⑦ 保险公司是否发生过不良事件？偿付能力怎么样？
⑧ 保险公司的经营理念与特色是什么？万一破产了怎么办？

2. 对保险商品的疑义

对保险商品的疑义主要如下：
① 保险有哪些种类？
② 保险产品是否优良？与其他公司相比有何特色？
③ 价格、性能和用途怎样？
④ 市场竞争力如何？有信誉保证吗？
⑤ 保险费是否可以优惠？保额是不是太低了？
⑥ 保险责任范围太小、除外责任太多。
⑦ 保险期限长（短）。
⑧ 保险限制条件太多、免赔太多。
⑨ 其他公司的产品是否比你们的好？我们需要比较。

3. 对营销员及保后服务的疑义

对保险营销员及保后服务的疑义主要如下：
① 投保前说得好，投保后就不见人了。
② 营销员变动太快，我们以后怎么办？
③ 公司的理赔是否公正及时？听说拖得很久。
④ 投保后能否中途退保或换人？
⑤ 万一发生战争或政局变化怎么办？
⑥ 若有理赔官司，对顾客很不利。
⑦ 听说保险理赔是十赔九不足，索赔也很烦琐。
⑧ 保险公司破产或解散，我们找谁？

四、排除障碍的基本方法

排除销售障碍是营销员一项重要而艰巨的工作，也是一个良好的成交机遇。大凡销售高手都善于利用这一机遇，利用相关方法巧妙解决各种难题，在不使顾客难堪和丢脸的情况下，说服其购买保险商品。若想成为销售高手，请学习掌握及灵活运用好下述排障方法：

（一）事先预防法

事先预防法是指保险营销员在面谈前做好充分的准备工作，面谈的内容严谨、逻辑性强，谈吐生动、引证有力，不给顾客发问和拒绝的机会。

（二）转移回避法

若顾客的异议难以给出正确答案，硬性处理又会走入"死胡同"，则可运用此法转移话题，或以微笑转移其注意力，也可以"稍后答复"为借口，避实就虚、继续宣传。例如："万一发生战争或时局变化怎么办？"答："人算不如天算，若在时局未变或战争未发生前，家庭生活已出现问题、陷入困境，该怎么办？因此，担心家庭生活的变化才是最重要的。"

（三）肯定否定法

肯定否定法是指首先附和赞同顾客的意见，紧接着转换话锋，明确提出自己的观点说服他。其核心是："是的……但是……"此法经常被运用，适合于很多场合，又不会得罪顾客。例如，"我对保险没兴趣"。答："是的，您可能对保险没兴趣，但是我坚信，您希望妻子生活有保障，孩子能受到良好教育，您退休后仍有稳定收入，这些都是我希望与您讨论的。"

（四）回返说服法

回返说服法是指首先认同顾客的意见，然后再利用顾客的意见作为需要保险的原因。此法的核心是："是的……所以……"对顾客言不由衷、随意找借口或歪曲事实时宜用此法。例如："我年轻健康，用不着保险。"答："是的，正因为您年轻健康，才劝您投保。等您年老体衰时，想投保也来不及了。"

（五）直接询问法

直接询问法是指对多次宣传解释无效的顾客，可直接发问其拒绝的原因，找出真正的疑义，以便及时处理。例如："您既然同意这份保险计划很合适您，为何仍然拒保？能否说出真正的原因，好使我明白？"

（六）反问法

反问法也称为质询法，是指保险营销员先用谅解的口气接纳顾客的拒绝，然后复述顾客的疑义，并将其迅速转化成问题反问，迫使顾客分析其疑义的错误，达到不攻自破的目的。例如："保险都是骗人的。"答："您为何认为保险是骗人的，能否就此请教？……其实……"再如："保险公司在用我们的钱赚钱。"答："是的，保险公司收了保费后不经营，用什么来支付巨额赔款？赚钱就是为了能保证赔得起所有的投保人。"

（七）例证劝保法

俗话说：喊破嗓子，不如拿出样子。对于犹豫不决的顾客，营销员可利用正反两个方面的典型案例、灾害事故统计资料、图片等，来引导其投保，这样效果最好。同时，应使顾客明白立刻作出投保决定是一项明智之举。

当然，刚投入这一行案例少或几乎没有，怎么办？应注意收集或积累这方面的案例。如果有本地典型案例，就不要选择外地的；如果没有本地典型案例，则要收集外地的。

五、障碍排除的应对策略

（一）需要障碍的排除

（1）"我是单身，没必要投保。"

答："我了解，这就像我们求学时对一大堆书也无好感一样，但它们却是我们未来求职的资本。现在劝您投保，也是着眼于您的未来，使您以后受益，终生平安。"

（2）"我有丰厚的劳保福利，不用再投保。"

答一："恭喜您有这份劳保福利。但您可知道，我国目前的劳保即社会养老保险，仅保证退休后的基本生活水平，如同现在的下岗工资一样。您若想晚年生活得更好，就必须再买一些商业养老保险或其他寿险作为补充。"

答二："我想就劳保请教您几个问题：一是劳保能完全满足您未来的需要吗？二是成年人每天仅喝一碗稀饭合适吗？三是万一有个意外，维持家庭生活的各种开销、子女教育费用从何而来？"

（3）"我已买了多种保险或投保团体保险。"

答一："您已入保，说明您已了解保险，对保险有信心，请问您的保额是多少？（等对方回答后）如今您的收入与家产都增加了，又有了孩子，因此保额也应增加。这就像孩子长大了，就要经常购买合身的衣服一样，在适当的时候也应提高保额，以获得充分的保障。再说，孩子是未来的希望，为了孩子的未来，也应再买些保险。"

答二："您有团体保险，不过，谁能担保一生不换单位？况且团体保险保额较低、期限又短，很难达到安定家人生活的目的，而购买寿险及家财险等，则可弥补其不足。"

（4）"我对保险不感兴趣。"

答一："若有人卖空气给您，当然不会有兴趣，但若有人卖钱给您，可就不一定了。如果有人在我们不能赚钱、而身边又无钱的时候，提供给我们十年的生活费用，您是否有兴趣？"

答二："我完全理解您在不了解一项事情前，会对它产生兴趣。今天来拜访，就是为了向您解说保险是怎么一回事。您若能给我 10 分钟时间，相信您一定会对它感兴趣的。"（随后，可以谈健康保障、孩子教育、意外伤害、退休养老、交通工具、财物保障等问题）

答三："在您对我们公司及产品未了解之前，不敢期望您会有兴趣。如果要一个人硬去做不感兴趣的事，的确很难受，但有些事却不如此，如吃饭、睡觉、穿衣等。保险也是一样，它不是兴趣问题而是生活中的必需品。"

答四："其实我对保险也无兴趣，因为保险谈到的是生老病死伤残、灾害事故等，没有人对此感兴趣。所以，保险不是兴趣，而是需要问题。我相信您一定去过住院部，若问问住院患者想不想保险，回答一定是非常愿意的。"

（5）"我有很多钱或积蓄，用不着投保。"

答一："我知道您精明能干，拥有万贯家财实属不易，是您多年辛劳的成果。但您可否知道寿险可可免交遗产税,并能完整保存财产的好办法。现在许多富人都买保险,目的是分散投资,保全财产。因为遗产传给子女前,要缴高额的遗产税,若仅留下财产而无现金,一旦发生不幸,子女手头无现金,便会变卖财产以缴纳遗产税,我想您不希望这样吧?"

答二:"储蓄虽好,但寿险既有储蓄又有保障功能。储蓄的目的是为大家未来的大额开支作储蓄,如养老、买房、汽车等。在长年累月的储蓄中,若发生意外就不能如愿以偿。但若购买保险,从投保时起就有了保障,且每次只需缴付少量保险费。万一发生不幸,家人即可获得一笔特定的保险金,以备不时之需,甚至可以领回所交本息,所以保险远胜过储蓄。形象地说,银行是晴天借伞、雨天收回,而保险是晴天不借伞、雨天有伞拿的地方。"

答三:"保险赔的那点儿钱对您现在来说是九牛一毛,可将来呢?假如说将来您富可敌国,它就是锦上添花;假如风云不测,它可是雪中送炭啊!"

答四:"有句话叫'富不过三代',以前在中国是因为挥霍、在外国是缴税所致。而现在呢?保险对有钱人来说,其实是最好的保全财产和节税的工具,肥水不流外人田嘛,您说对吗?"

答五:"其实保险就是给有钱人准备的。保险本来就是很多有钱商人想出来的,是相互减少损失的一种办法。可对富人来说,那是多少心血?保险就是保住胜利成果的一种办法,您说是吗?"

(6)"老来有子女养老,不必保险。"

答一:"我们都是中年人,上有老下有小,为了买房子,让子女享受重点学校的良好教育,我们每天都要努力工作,甚至加班。尽管我们孝敬长辈,把奉养双亲作为己任,但却时常感到力不从心。父辈们因种种原因把养老担子压在我们身上,我们还忍心让子女重步我们的后尘吗?"

答二:"老来靠子女养活的确是一种选择,但养儿防老、反哺报恩的观念,随着时代的发展而逐渐消失。在这种情况下,难道不应增加新的养老措施吗?我们何不现在用零钱养个"保险儿子"?它不仅花钱少,而且绝对忠实可靠!"

(二)购买力障碍的排除

(1)"保费太高了,我负担不起。"

答一:"如果是这样,您就更需要保险。在销售保险中我深深体会到:有钱人并不一定真的要保险,而没钱人万一生病或家人生病,用什么支付巨额医药费?保险就是以最少的投入,提供最大的保障。只要平时节俭一点,普通人也买得起保险。"

答二:"买保险不存在贵或便宜的问题,真正花钱的是衣、食、住、行等,保险是为自己囤积保障,为明天作准备,也是一种最省钱的经济保障方式,少抽烟即可买份保险,消除您的未来忧患。"

答三:"保险并非昂贵的奢侈品,而是与衣、食、住、行一样的日常消费。我们每月拿出60元买保险,不但不会影响正常生活,还能保障您全家的生活。真正昂贵和付不起的是失去劳动能力后家庭的生活费、子女教育费、医疗费。"

(2)"我很穷，没钱买保险。"

若遇到这种情况，先弄清楚原因是否真实。如果真的没钱，就不必多费口舌；否则，应继续做工作，动员其投保。具体方法之一："恕我冒昧问一句，您上周是不是花了500元，而这本来是可以省下来的？"随后盯住顾客等他回答。回答若是否定的则罢，若是肯定的，则接着说："花钱如流水呀，您并非无经济能力，而是怎样看待用钱。难道花点钱买个保险，使您的家庭更有保障不更好吗？"顾客往往会屈服。

方法之二："您放心，我今天不是让您花钱，恰恰是帮您解决这个问题。现在少许的投入并不会影响您的生活，但会帮您未来天天有钱花。"

(3)"我已经债务缠身了，等还了债再说吧。"

答一："您太客气了，任何人或多或少都有债务，就是国家也会有内外债，何况个人？寿险正是有计划地偿还债务的良方。当保单期满，积少成多的保险金正好用于还债。若遇不幸，更不会因债务使家人的生活陷于困境，所以，有负债更应投保，以协助您解决债务问题。"

答二："这份寿险实际上是将您的部分债务及责任转移给保险公司。若有不测，保险公司会替您承担责任；当您年老退休时，也无须为日后生活而忧虑。您看保险不但没增加负担，而是减轻了您原本负有的债务和责任，这正是我来见您的目的。"

答三："既然这样，您就更应投保了。假如有三长两短，公司给您的保险金即可还债。现在您缴的保费仅是负债的一小部分，投保后您的信用要相应提高，生意会更兴隆。说不定还会扭亏为盈，既可还清债务，还会有很多财富。"

(三)购买权障碍的排除

(1)"我跟妻子商量后再说吧。"

答一："我们刚才讨论的是您的家庭保障问题，难道您妻子会有反对意见吗？"

答二："您如此尊重妻子的意见，你们一定很和睦恩爱，那就更应给妻子买一份保险，送给她您真诚的爱。"

答三："一个人买礼物送给妻子，肯定不会商量后才去买，这样可给她一个意外的惊喜。买份保险也同送礼物一样，是疼爱妻子及子女的表示，何必非要妻子同意呢？"

答四："我明白买寿险并非一个普通的决定，我们可以安排一个时间与您妻子详谈，我想她详细了解后一定会感兴趣的。今晚或明晚可以到府上拜访吗？"

(2)"我家里人不同意投保。"

答一："看来您是一个忠于家庭的人，真难得。但您要知道，投保是为家庭寻求可靠的经济保障，提供最有说服力的爱，怎会担心家人责备呢？家里人若知道您的决定后，肯定会以此为荣，因为您给了他们'全能'的保障。"

答二："作为一家之主您有权作这个决定，也有能力作。我们既要供给家人必要的衣食住行用品，还要确保一份爱心，一份全能的生活保障，而这点除保险外没更好的表现方式。为家人提供可靠的保障与爱心是我们的责任，家人高兴都来不及，怎能不愿意？"

（四）购买时间障碍的排除

（1）"我现在很忙，以后再说吧！"

答一："我们知道有些事情可以等，但有些事情却不能等。灾害事故何时发生我们无法预知，但却会对我们及家人造成经济损失或人身伤害。因此，投保是刻不容缓、不可等待的，因为等到那时，可能已经来不及了。"

答二："我也希望有机会再来拜访您。但以后谈投保远不如现在来得好，因为现在购买对每个人来说是最恰当、最有利的。"

答三："我知道您很忙，因而更应抽点时间坐下来谈谈。现在大家都只忙着为家庭及自己的生活奔波，却很少或根本未分析过到底能为家庭提供些什么。我已为许多人分析过他们的个人需要，设计过家庭经济目标。我只需要10分钟，便可把这项服务介绍给您。"

（2）"这项计划很好，等有空再买吧！"

答一："我知道您非常忙。保险其实就是买时间，您既然同意这项保险计划很好，就应抓紧时间立刻购买。"

答二："您知道在商场上果敢决断是成功的重要因素，日常生活中也是如此。您既然认为这是个称心的保险计划，为何不快下决心，让这份计划立即生效呢。"

（3）"先别急，让我再考虑考虑。"

答一："深思熟虑有必要，但有时果断更重要，正所谓：机不可失，时不再来。买保险也是如此，有钱即可随时投保。但生活中常有许多人因一时延误而后悔莫及，乃至永远丧失投保机会。您若犹豫不决，只怕也会丧失机会。常言道：有备而无患，入保便无险。您还是应尽早投保。"

答二："作决定固然需要慎重考虑，但这并不能减少您及家庭对保险的需求。相反，在作决定之前，万一有不幸发生，谁来承担由此引发的家庭经济危机。您现在作决定，对您和家庭都是百利而无一害。"

答三："我们今天谈得很好，您对保险也有了较深的认识。同时，我给您的建议书您也赞同，保险费也负担得起，为何不再跨一步，使您的保险从今晚零时就开始生效？望您再莫延迟了。时间对大家都很宝贵，我们应把有限的时间用在发展事业上，而把非您专业的保险问题交给我帮您处理。何大夫，请相信我能成为您最合适的保险代理人，您愿意给自己和我这样的机会吗？"

答四："我知道您没跟上帝签约，上帝也没保证我们下次仍在平安友好的气氛中愉快地谈话。灾害和意外随时随地都可能发生，即使上帝也无法阻止它不会发生在我们身上，赶快投保、莫再犹豫。"

（4）"我年纪太大，投保不方便。"

答："正因为您年纪大了才应抓紧机会投保。年纪大并不代表您对收入中断或老年生活费已有充分准备。年纪大了、可准备的时间短了，所以才要靠保险来解决。再说，您现在不买，以后再想买保险公司还不一定接受呢！"

(五)认识偏见的排除

(1)"保险不吉利,还是不谈的好。"

答一:"根据有关部门统计,在每天发生的灾害事故中,有90%以上的财产和人员都没投保,那么请问是投保者吉利,还是不保者吉利?"

答二:"如果说保险不吉利,那么医生、消防队、地震办等也不吉利吗?因为他们在等人生病,恭候着火灾的发生。但仔细想想,难道没医生前就没有人生病?没消防队前就没火灾吗?所以,投保和不吉利是没有关系的。相反,保险恰恰是一种防灾防损、互助友爱、共渡难关的好方法,是幸福吉祥的象征。"

(2)"保险是不买没事,一买啥事都来。"

答一:"您知道人出事都是偶然的,谁会喜欢呢?同样,保险是分散风险、分摊损失、稳定生活的好方法,是化解风险,而非制造灾害事故。保险有多大本领可使人常出事呢?"

答二:"人以后会怎么样,谁都难以预料,这和买不买保险没有关系。相反,买保险的人有了靠山,生活得更安心;而未保险的人既无安全感、也无经济保障,更经不起风吹浪打,这就是差别。"

答三:"世界上先有医院还是先有病人?世界上先有风险还是先有保险?请那些迷信的人常到医院去看看,很多得癌症的人都没有买保险,难道他们就'不出险'吗?"

(3)"保险都是骗人的,买不得。"

答一:"保险公司是由国家投资设立的,由国家有关部门审批成立的金融机构,而且是在严密的监督管理下开展业务的,绝非街头小贩,怎么会骗人呢?"

答二:"您也许不太了解保险,或听了一些片面之词才会这么想。您能否告诉我'保险何以骗人,又怎么买不得?'我们一起讨论。"

(4)"保险是马后炮,人死后才给钱。"

答一:"您说此话说明对保险有一定了解。的确有些险种是人死后才给钱的,但也有许多人活着时也给钱的保险,您一定会感兴趣的,下面就给您详细介绍。"

答二:"保险的真正意义无非是一份责任和爱心。有许多人心烦时,常想一死了之,但若想想还有家庭、子女、父母及许多牵挂的人,我们就必须面对各种困难和风险。假如我们事先没准备好处理各种风险,万一有不测,活着的人岂不是要受苦吗?人身保险并不能取代一个人的生命,但可以取代他的收入,保障其家人经济生活的安定。"

(5)"保险不合算,不如投资、存款与炒房。"

答一:"保险的主要目的是提供经济保障,也是一种投资方法。当您投保并缴纳首次保险费后,即可获得全部经济保障,中途若发生不幸事故,便可领到多倍于所缴保费的保险金,这是任何一种投资方法都难以比拟的。谁也不希望遇到不幸事故,但它却总会不期而遇,为害无辜。投保便能有备无患,所得到的安全感更无法用金钱估算,何况寿险满期后还可得到相当于保额的现金价值,这能说保险不合算?"

答二:"买保险是一种爱心和责任的表示,缴付的保费也仅是收入的小部分,并不影响投资和经济状况。何况保险也是一种以小钱换大钱的投资,万一有灾害和意外降临,保险赔付款会超过您投资的许多倍,完全可以进行其他生意。其他投资投入很多获利有限,保险则只需存入几百元或几千元,便可创造出几万元、几十万元的经济保障,同时还不用交税。您看合不合算?"

答三:"我了解您的感受,您比我更精通投资。但经济学家分析说,家庭投资应多元化平衡进行,若将所有钱投资在一个地方是很不安全。而可靠的各种保险便是家庭投资计划的基础和保障,它会使您的家庭更安定、更幸福。"

答四:"其实投资需要分散,就像常说的'鸡蛋不要放在一个篮子里'一样,作为投资,炒股、买房与保险一样。因为前两项您赚了,正好可以把盈利放入保险'篮子',既可免遗产税、赠予税,又有了保障。"

（六）销售信任障碍的排除

(1)"待我与其他保险公司的产品比较后再说吧。"

答一:"其实各保险公司的产品都差不多,大同而小异。主要是保障、增值、理赔及各项给付等略有不同。因此,建议您先确定投保目的,再作客观比较,最后选择最适合您的投保方法。依您的实际情况,我愿为您设计投保方案。"

答二:"您的想法不错,但您能肯定自己有时间去研究比较吗?当您正在花时间研究比较时,若突然发生了意外,您会怎么办?您既然同意保险的重要性,但尚未比较完却发生了意外,您的保障又在哪里?"

答三:"您的确是一位做事谨慎、有主见的人,相信您下决心购买保险后,一定会很满意。在您作比较前,我有一份各保险公司的产品对照表供您参考,相信专业人员的分析会使您有一个完整的概念。"

(2)"时局变化,保险岂不泡汤了。"

答一:"常言道:人算不如天算。在时局未变之前,而家庭生活却发生了各种意外的事例不胜枚举。因此,操心家庭生活是否安稳,比担心时局变化将更现实、更重要。"

答二:"保险最大的好处就是保障日常生活的安定性与安全感。我们若整天操心这种不可能发生的事件而延误了保险,万一在时局未变前而发生了意外灾害事故,您和家人岂不要承担损失!所以,我们必须面对现实,及早购买相关保险。"

答三:"即使时局有变化,您的钱无论放在家里、银行,或投资于有价证券、做生意等,同样有风险,而不会只有各种保险有风险。何况您投保所交的保险费仅是投资总额的小部分,那绝大部分怎么办呢?"

(3)"我怕通货膨胀,将来货币贬值了岂不白保?"

答一:"我们公司的保险种类很多,也考虑到通货膨胀因素,如各种增额人寿保险、投资分红保险等,即可全面满足您的需要。如果担心因钱贬值而不投保,万一灾害事故发生而使人先贬值了,吃亏的是自己的亲人啊。"

答二:"货币是由国家财政和金融管理部门来共同调节的,而保险也是受国家法律和中央银行保护的,岂能说变就变?稳定货币是国家的大政方针,纵使货币贬值,不投保同样也一样。"

答三:"担心通货膨胀是很正常的。有人说得好:贬值不过是生活标准提高的代名词而已。在货币贬值的演变中,人们的收入也会相应增加,保费负担也就相对减轻,因而也不会影响个人的经济状况。"

(4)"保险公司在用我们的钱赚钱,万一倒闭了怎么办?"

答一:"保险公司是企业,收了钱不投资赚钱,用什么赔付保户的保险金?挣钱是为了增强自身实力,更好地承担和履行经济赔付义务,与保户一同分享投资收益。"

答二:"保险公司是特殊企业,是按照法定程序设立,保险公司拥有雄厚的资本金和保证金,并受银保监会等部门的严格监管,依法经营,不可能倒闭,即使发生撤并、清理整顿等,也会按照有关法律程序进行,并将未到期保险合同转移到其他保险公司,保户的利益是不会受到损害的。"

(5)"我喜欢在原来的保险公司投保,不想再换了。"

答一:"原来的保险公司的确不错,但我的这份保险计划却更适合您,且收费低廉。另外,保险也是一种投资,不应只投向一个目标,只有分散投保方为上策。"

答二:"既然如此,我就将您以前保险单的一些特点,如所能享受的福利、保障等作一整理分析,再据以设计出一份最适合您,能让您享受最大福利和保障,也不会因投保公司不同而产生麻烦的综合保单。"

(6)"保险公司的业务员变动太快,以后我该找谁呢?"

答一:"有一天招揽保险的业务员若离开公司,公司会提前通知保户,并安排新的业务员为您服务的,这点您尽管放心。"

答二:"业务员只是保险公司的业务代表,买保险是顾客与保险公司之间的一种合同行为,是受法律保护的,因此,保险公司会对顾客负责到底。即使业务员变化,公司也会安排新人接替他,顾客也可直接找客户服务部门或理赔部门寻求服务。"

(7)"保险期限太长了。"

答一:"我们的保险种类很多,期限有长有短,您想买几年保险期的产品?我可以给您详细介绍几个短期保险。"

答二:"您这话倒让我出乎意料。本来投保寿险费用就不高,保障期限却这么长,该高兴才对呀。要知道,有很多人想买长期保险,但因身体欠佳,无奈只能买短期保险。"

答三:"买保险本来就是为了健康和安定。只要您身体健康,交费应该没问题。年轻时买保险,期限长些便可将保费分摊得较低,每次交付得更少些。相反,若买短期保险,到期后若再续保,保险费会随年龄增加而调高,且能否投保还要依自己的身体状况由保险公司作决定。常言道:年轻便是本钱。我们应把握好机会,把未来的长期风险交给保险公司,您才能放心干事业。"

(8)"还是买国外保险公司的产品比较放心。"

回答:"考虑得真周到,其实许多外国公司现在已经进入国内了,可90%的人都是在我国的保险公司购买保险。目前，我们公司的产品销售得非常火爆，我们一个营业部上个月就销售了1000多万元，是平时的很多倍。"

(9) 顾客既不说话也不表态。

遇此情况时就不要久留，应找借口退出；然后再分析原因，寻找对策，以便下次再拜访。

第六节 适时成交的诀窍

一、适时成交概述

（一）基本概念

成交是指促成销售或达成交易。成交既是销售工作的目的，也是一个销售过程的终点。

适时成交是指保险营销员在销售商谈中，巧妙把握购买时机与信号，及时促成保险交易。也就是帮助顾客解决问题，引导其下决心购买保险。这一过程包括顾客购买、签署投保单及收取（首期）保险费。

（二）适时成交的意义及必要性

1. 适时成交的意义

适时成交是销售过程的关键一环，成败在此一举，意义非同寻常。它犹如"黎明前的曙光""临门飞起的一脚"，令人兴奋。因为营销员的一系列努力，都将在此环节见分晓。要取得最后的胜利，营销员还必须调整好心态，积极创造成交条件。同时，也要把握好成交的时机与信号，积极运用成交技巧引导、敦促顾客作出购买选择。否则，一个疏忽大意都会造成销售的失败。

2. 适时成交的必要性

经过营销员的不懈努力，在激起顾客的购买兴趣和欲望，排除销售障碍后，似乎顾客理所应当购买了。然而，在欲望和购买行动之间却常有一些距离，即使购买欲望强烈的顾客，也会处于激烈的矛盾之中，不会轻易购买，需要适时成交。其必要性有三方面：其一，顾客在购买利益与付出代价的矛盾中都会有恐惧或疑虑，害怕购买决定带来的变化，尤其是经济利益损失，因而需要营销员协助顾客克服恐惧、达成交易。其二，许多顾客在成交中比较被动，营销员必须主动进行成交，协助其踏出第一步。其三，不少顾客在面临选择时会犹豫不决，习惯拖延，营销员有义务说服顾客，引导其早日购买保险。

（三）积极创造适时成交的基本条件

适时成交一般应具备下述条件，否则，营销员纵有高超的成交技巧也难以发挥。因此，每位营销员都须积极创造适时成交的良好气氛和条件。

(1) 安静的洽谈环境。这对能否成交很重要，若有他人介入，则会打乱或改变销售程序，分散顾客注意力，甚至使顾客改变购买决定。因此，有必要创造安静、单独的洽谈环境。

（2）顾客必须相信营销员及其代表的保险公司。信任是销售的前提，只有客户信任营销员，他才会敞开心扉，接受保险产品对他的意义与价值，从而激发其购买欲望，进而采取购买行动。否则，顾客不会购买保险产品。

（3）顾客已完全了解保险产品及其利益。否则，他也会拒绝购买。营销员不妨用"对这些险种您还有什么意见吗""我的说明能使您满意吗"来测试顾客是否已完全了解保险方案。

（4）顾客必须有购买的欲望。因为欲望是购买的动力，无欲望必无成交可能。

（5）简洁的保险建议书或投保方案、说明书。它能使顾客一看即懂，从而减少保险成交的疑虑和困难。

总之，若基本具备上述五个条件，便可以充分展示营销员的销售才能，灵活运用成交技巧达到销售目的。

二、如何准确把握成交时机

保险销售中的成交面谈是紧张刺激、激动人心的，在每一次面谈中，都会有成交的高潮和低潮。那么，究竟何时才是成交的大好时机？如何迅速捕捉购买信号，准确把握这一成交良机？实践经验表明，保险成交应在下述三种情况下尝试进行：

（一）在营销员提出解决顾客问题的办法之后

在成交面谈中，当营销员揭示顾客的具体问题令其困惑，进而提出保险是解决其问题的最佳办法后，便可以大胆尝试成交。假若成交不成功，也不必气馁，应按原步骤进行工作，寻求再次成交的机会。

（二）解释投保方案（建议书）之后

当营销员按步骤制作投保方案或建议书，说明已进入保险产品销售的关键阶段，只要顾客同意便可随时成交。因而解释建议书（投保方案）时，必须把顾客的需求与建议书的特色联系起来，突出解决其主要问题，并充分掌握和运用解释的技巧，这样成交就会顺利得多。解释投保方案的要诀如下：

1. 充分准备，有条不紊

制作投保方案（建议书）时，应实事求是，对症下药。制作好后应仔细检查，杜绝疏漏，并为顾客可能提出的异议作好准备。在解释投保方案（建议书）时，应简明而有条理，同时简要重复顾客的个别问题，引导其确定理想的保险方案应具备的要点，再证明该建议就是其心目中的理想计划。解释时还应专心，切忌被岔开话题，可在解释完后再回答顾客的疑义。

2. 有针对性地解说

顾客的购买动机是多种多样的。当营销员在介绍解说投保方案的利益时，应针对顾客的特殊风险及个别需求进行说明，强调投保计划是解决其问题的良方。顾客一旦认识到投保计划对他的重要意义和作用，必然会积极购买。

3. 注意察言观色，忌用专业术语和计算

在向顾客解释计划时，应深入浅出，尽量不用或少用专业名词、较复杂的计算程序，可适当利用图表及文字协助说明，加深其印象。同时，在解说中应注意观察顾客的动作、表情及话语，随时捕捉购买信号并尝试成交。为了吸引顾客注意力，应不时停顿或询问："我讲清楚了吗？"直到顾客完全明白为止。

（三）在购买信号出现时

购买信号是指顾客在销售面谈中所表现出来的购买兴趣和意向。它往往通过顾客的语言、行为或神情表现出来，只要留神观察，便可准确把握。

1. 语言或提问信号

顾客购买的语言信号主要表现在四方面：（1）频繁询问保险商品的功能与利益时，就是被激发购买欲的征兆。（2）开始询问投保手续及交费方式与数额时，可视为购买的前奏。（3）顾客询问保后服务的有关事项时，便是尝试签约的良机。如顾客询问保险公司的服务、信誉、理赔、退保、变更受益人等问题，在给予答复后便可尝试成交。（4）询问保险与其他投资方式相比较的优缺点，或者反复询问某一个问题时。当上述任何一种信号出现时，营销员都应抓住良机及时引导并尝试成交。

2. 行为信号

当顾客对保险产品感兴趣并产生购买欲望时，必然会通过以下行为表现出来：（1）把营销员请进客厅坐下来详谈；（2）摊开双手，身体前倾，不断靠近营销员；（3）反复查阅保险宣传资料、说明书；（4）触摸投保单证或摸头、抓耳；（5）频频点头。当出现这些行为时，说明顾客已有购买意向，应及时尝试成交。

3. 表情信号

若顾客有了购买冲动，也会从表情及神态方面表现出来。比如，顾客忽而双眉紧锁、陷入沉思，忽而又神采飞扬、表情开朗，或者态度更加友好、眼神放光，不时流露出赞同的微笑等，都可看作顾客将被说动，并已有购买冲动的外露，可及时加以把握。

4. 评论信号

顾客若对营销员的宣传介绍比较满意，并有购买意向，也会用适当的评论语言表述出来。例如："这方案不错，能够解决我的问题！""这些险种真像你说的，倒是挺好的！""这个问题一直找不到解决的好办法，看来您的建议是个解决办法。""这个方案正是我（或我们单位）所需要的！"等等。若听到这些评论，应该顺势引导，积极尝试成交。

总之，当你发现顾客有上述某些表现时，不要再滔滔不绝，应随机应变，大胆尝试成交。而且要表现得平易近人，运用技巧自然引导。切忌操之过急而影响成交，从而给顾客留下不好的印象。

三、灵活使用适时成交的方法

当营销员发现成交讯号，把握成交时机后，为了使顾客作出购买决定，还必须灵

活掌握运用好适时成交的方法。

（一）请求购买法

请求购买法是在成交时机已成熟时，可用简单明确的语言直接请求顾客购买。这种方法简单明了，既可节省展业时间、提高签单效率，也有利于缓解顾客不愿意主动成交的心理障碍，加快顾客购买决策的过程。

（二）决定小节法

决定小节法是指对犹豫不决的准保户，营销员可以化大为小，引导其先作出一些投保小节的决定，并逐步累积为购买保险的大决定。因为人们面临重要抉择时都会犹豫不决，但若要他决定一些小节则会容易得多。例如："明天起保好吗？""给您保三份咋样？""受益人写您妻子可以吗？"等等，使准保户由小决定入手，最终自然形成购买保险的大决定。

（三）暗示默许法

暗示默许法是指准保户已基本接受营销员的观点和方案后，营销员主动提出一些试探性问题，督促其默认并达成成交的目的。例如："能否看一下您的身份证？""您的地址和电话是……"等，若顾客毫不介意地回答，则暗示其同意投保，可为其填写投保单。若顾客回答是"不"或者阻止即时成交，则可继续进行销售宣传，巧妙运用其他技巧尝试成交。

（四）挑选成交法

挑选成交法也称为二择一成交法，指营销员同时提出两个成交的不同方案，让顾客选择其一进行成交。也就是直接向准保户发问是购买甲保险还是乙保险，买一份还是多份，是一次缴清保费还是分期缴付，并将准保户的精力引导到成交方案上，促成交易。这种方法能使顾客轻而易举地作出选择，并在不知不觉中成为你的保户。因为无论顾客选择哪一种方案，都表示他已同意购买保险。

（五）总结式成交法

总结式成交法也称为突出优点法，是指当营销员解说完毕而顾客仍在犹豫不决时，可用总结的口气阐述保险方案的优点，复述保单的利益，强调投保的意义，并同时尝试成交的一种方法。例如，在复述保单利益后可以说："如果没什么问题，就开始填单吧！"这时尝试成交的成功率较高。

（六）冷淡成交法（欲擒故纵法）

若销售对象恃才傲物，自以为无所不晓、无所不能，可以用冷淡的态度压住其盛气，进而运用技巧使其在不知不觉中成交。其具体技巧是：（1）运用挑衅话术引起顾客的重视；（2）待顾客态度转变时，再运用热情法则去感染、激励及恭维顾客，规劝其投保。

（七）激励成交法

对已知保险的好处与利益，但却以各种借口拖延投保者，可用其熟人投保的事例，或者众所周知的灾害事故图片、案例、保险理赔故事等，使其改变看法、及时投保。

(八) 赞美成交法

赞美成交法是以赞美肯定的言辞坚定客户的购买决心，进而促成签单的方法。赞美是一种无形的动力，它能使犹豫者变得果断，拒绝者难以启齿。采用此法的前提是，必须确认顾客对保险方案已产生浓厚兴趣，而且赞美必须发自内心，语言淳朴、态度诚恳。要注意把握好赞美之度，过度的赞美往往会适得其反。

(九) 排除异议成交法

顾客拒保的理由主要有五条：(1) 暂时不想要；(2) 认为不需要；(3) 支付能力不足；(4) 对营销员及其代表的保险公司不完全信任；(5) 犹豫不决或莫明其妙地拖延。

排除异议成交法就是指销售面谈进展顺利，投保方案也已设计好，而顾客仍不愿意购买时，可逐一对照上述拒保理由进行排除，敦促顾客尽快达成交易。

(十) 五次成交法

保险销售工作是艰难曲折的，很少一次成功。因此，每位保险营销员都应准备好几个成交步骤，多次帮助顾客作出投保选择。在成交面谈中，由于顾客会犹豫不决，营销员应至少尝试五次成交，给顾客五次下决心投保的机会。营销员在五次尝试中，应随机应变，灵活运用上述方法，也要善于运用激励故事和成交技巧，切莫轻易放弃。

四、有效运用成交技巧，不断提高销售效率

(一) 灵活运用成交的有效动作

(1) 挑选便于书写和解说的座位，缩小与顾客的距离感。
(2) 有序展示宣传资料及投保建议书，适时拿出投保单。
(3) 巧妙探询对方的年龄等资料，请求其出示身份证。
(4) 征询交费方式，引导其确定保险受益人。
(5) 向顾客传递手中的笔，引导其在投保单上签名。
(6) 准确填写保费收据。

(二) 巧妙使用适时成交的辅助工具

在保险销售中，营销员若能巧妙利用下列辅助工具，也能使保险成交更富成效：

1. 投保单

在成交面谈中，可利用投保单进行销售说明。一边询问顾客的收入、健康程度、出生年月等个人资料，一边填写投保单，设计投保方案，适时成交。

2. 保险销售图片及视频

保险销售图片及视频，包括天灾人祸的图片、幸福家庭的生活图片、销售险种的有关理赔照片、企业安全生产的照片等，可在必要时让顾客观看，使其下决心购买。

3. 销售资料剪辑

例如，汇总全国乃至全世界的自然灾害、重大事故、交通事故等的统计资料及有关保险情况的宣传资料；恶性疾病的资料及保险资料；因投保而拯救整个家庭的资料；著名人物曾经富有而晚年贫困的资料；各险种的典型案例，名人投保及评论保险的逸闻趣事等。

4. 顾客已购保单的复印件及表扬信

例如，当地一些名人及要人的各类保单复印件，营销员及其家人购买的相关保单复印件，顾客熟人所买的保单复印件，有关顾客写的表扬信、感谢信等。适时展示这些资料，也能有效消除顾客的疑虑，赢得其信任并立即成交。

5. 保费暂收据

适时开出保费暂收据，也能帮助顾客下决心购买。

（三）把握好适时成交中的火候

在保险营销中，一定要把握好适时成交中的火候：

(1) 时机尚未成熟时，不要急于尝试成交。

(2) 面谈中应掌握好谈话主动权，并坚持到底，莫轻言放弃。

(3) 应该当好顾客的参谋，积极引导并协助其决策。

(4) 抓住成交机会，快速签单。一有成交机会应迅速签单，白纸黑字会让人感到事情已定，顾客也会在不自觉中默认。

(5) 成交后应向顾客恭喜，以消除其心里不安或忧虑，切莫忘乎所以，让顾客有上当受骗或失落的感觉。

(6) 收取首期保费后不可久留，以防保户反悔。顾客的时间也很宝贵，过多占用也会使其不快。

（四）适时成交的有效话术

在适时成交过程中，灵活运用简明通俗的话术，也能够有效提高成交效率。例如：

(1) 您现在不买保险，还有别的原因吗？

(2) 您不是买保险，而是给配偶争取一笔终身收入，给孩子储存一笔教育基金，给您准备一份退休金；您只是购买一份心灵的安全、快乐、平和与满足。

(3) 没有比灾害事故更不确定的东西，也没有比保险更确定的东西。

(4) 身体的伤残并不可怕，收入的损失才更加可怕。

(5) 保险既是一种保障手段、一种储蓄和投资的方式，也是一种长期保障、理财与投资计划。

(6) 您活着，保险就是储蓄；不幸发生时，它就是经济保障。

(7) 若不幸发生，银行只会付给客户存款加上利息，而保险公司却会付给他想要的数目。

（8）您事先准备多少，退休时就会得到多少回报；今天投保越多，未来的回报也会更多。

（9）买保险并未把您的钱花掉，只是放在一边，当您真正需要的时候便可以拿来使用。

（10）太太们或许不信寿险，但寡妇总是深信不疑。我从未见到一位寡妇说她的先生保险买多了。

（11）诺亚造方舟的时候并没有下雨，成功人士都知道防患未然。

（12）保险是为了明天美好，您今天不作决定，也许会后悔一辈子。

（13）保险就是买时间，您关照"今天"，"未来"也会关照您和家人。

（14）人们无法预知未来的风险，那么，最好是今天就买保险。

（15）我们愿为孩子奉献一生，为何不给他们买些保障？

（16）父母疼爱子女最真挚的表达方式，莫过于为自己和子女买份合适的保险。

（17）您有权跟自己的未来赌博，但是否有权拿全家人的未来幸福做赌注？

（18）您可以说自己不需要保险，但能说您的家人将来也不需要保险吗？

（19）假若有人不幸住院，他希望您送一张慰问卡还是一张支票？

（20）如果一个人一帆风顺，便可自己完成其职责，假若他不幸不走了，保险公司则可接替他照顾其家人。

（21）保险是您忠实的朋友，它能完成您所承诺的每一个给予保证：给予您太太美好的晚年，给予子女一笔足够的健康和教育费用。

（22）没人愿意比别人差，但您现在不买，就会和别人产生距离，我想您不希望这样吧。

（23）假若您近期下岗会怎么样？没了收入您的家人还会过得幸福吗？

（24）当您退休时，曾赚过多少钱已不重要，重要的是能留下多少。您是否想到继续拥有一份较高的收入，保持晚年生活的稳定和尊严？

（25）只要您在这里签个名，便可创造出比别人一生所创造的财富更多的财富。

（26）买保险不是增加负担，而是承担责任、减轻负担和减少损失。

（27）常言道："身体健康是最宝贵的财富。"那您何以不保障健康，而去保障次要价值的东西？

（28）买定期保险就像在漏雨的屋内放个水桶，仅是暂时的解脱；只有终身保险才是长久之计。

（29）买养老保险就像养个孝顺儿子，会在您最需要时拿钱来，并为您奉养天年。

（30）每天都有人拒绝保险，也有很多人买它；每天都有人怀疑保险，也有人取得保险的利益。

五、成交失败的反思

(一) 失败很正常,需要经常反思

俗话说:失败是成功之母,反思则是成功之父。世界上的成功者并非都是一帆风顺的,成功者总是从失败中走出来的。同样,没有失败过的营销员,也肯定没有成功过。在同一个地方被绊倒两次的人,是笨拙而难成大事的。因此,保险销售失败很正常,也并不可怕,可怕的是不反思和改进,这样最终只有被市场淘汰。

(二) 超级营销员会经常反思,用心营销

三流的营销员只知道在后端用力,促成、促成,再促成,终因对方心门的封闭而折戟沉沙;二流的营销员只知道在中端用力,说明、说明,再说明,最终也只能是事倍功半,收效甚微;只有一流的营销员才善于在前端下功夫,温馨、舒缓、浪漫,让对方心动,从而顺利达成签单的目的;超级营销员则经常反思,用心营销,他们只谈论价值观,只谈论人生的美好和美好的未来,他们相信自己可以为他人创造更美好的人生和未来,于是,客户都成了他们的追随者。

(三) 成交失败的主要原因

根据销售经验,成交失败的原因主要有以下 20 项,每位保险营销员都应引以为鉴,随时改进,不断提高保险成交效率。

(1) 销售观念不强,自信心不足。

(2) 保险专业知识欠缺,销售准备不足。

(3) 保险险种不熟悉,解释不全面或有错误。

(4) 形象欠佳,服务态度生硬。

(5) 言谈夸张,宣传不切实际。

(6) 销售技巧不精,成交经验不足。

(7) 没努力尝试成交,或不会把握成交良机。

(8) 解释技巧不高,难以引起顾客的兴趣。

(9) 销售中对顾客的反对意见处理不当或不及时。

(10) 销售面谈过长,闲话太多,好与顾客争论。

(11) 险种说明过于复杂和专业,顾客听不懂。

(12) 投保方案设计欠周详,不符合顾客需求。

(13) 畏惧胆怯,被顾客的声势震慑住。

(14) 销售中过分贬低或批评其他保险公司,引起顾客的反感。

(15) 没有掌握成交面谈的主动权,销售话术不熟练。

(16) 价格说明不够巧妙,请求顾客签单的方法不当。

(17) 拜访时间不妥,干扰顾客工作。

(18) 说话吞吐、急躁或声音不洪亮。

（19）缺乏文明礼貌，不注意社交小节或热情不够。

（20）面谈中不会察言观色，随机应变能力差。

 复习思考题

1. 请解释保险销售技巧、保险销售循环、准保户、销售接洽、销售障碍、适时成交。
2. 准保户应具备的基本条件是什么？寻找准保户应有的态度是什么？
3. 寻找准保户的方法有哪些？怎么才能保持准保户队伍的稳定增长？
4. 销售接洽的基本内容是什么？其基本方法有哪些？
5. 何谓销售面谈？其基本原则是什么？
6. 请简述接近顾客的基本技巧及应注意的问题。
7. 为何要激发顾客的购买欲望？其方法有哪些？
8. 销售障碍包括哪些种类？排除障碍的基本原则和方法有哪些？
9. 请简述适时成交的基本条件以及基本方法。

第十二章

保后服务艺术

本章摘要 本章包括保后服务概论、保后服务的特点与要求、保后服务的范围与方法、在保后服务中扩大销售四节内容。应掌握保后服务的含义、特点与要求、范围与方法；理解如何在保后服务中扩大销售；熟悉保后服务的理念与重要作用、保后投诉的处理等内容。

关键词 保后服务；优质服务；劣质服务；保后投诉

保险营销是一个循环往复、永不停息的过程。保后服务即是其中一个非常重要的环节。它既是营销过程的终点，又是下一轮销售活动的起点，对整个保险营销成败及个人营销业绩好坏影响极大。

第一节 保后服务概论

一、保后服务的概念

保后服务也称为售后服务或营销后服务，是指保险人及中介人在保险交易达成后、自觉履行承诺义务，并向客户提供的各种专门服务。

保险是一种无形的服务商品，是保险人对客户开出的"远期支票"的承诺。因此，保险交易达成后不是销售工作的结束，而是另一项更重要的工作——保后服务的开始。提供优良的保后服务既是保险人及中介人的履约守信行为，也是其最基本的工作职责。而享受保后服务不仅是客户（被保险人）购买保险的初衷和基本权利，也是保险商品使用价值及保险信誉的重要体现。

在保险销售循环中，保后服务占据非常重要的位置。它既是一次完整销售活动的终点，也是下次销售活动的起点，并对整个营销事业产生巨大影响。保后服务工作做得好，不但可提高保险企业信誉，提升其市场竞争力和占有率，也能够坚定客户的信心，不断提高续保率，并获得更多的新保单及新客户，从而确保整个保险营销的良性循环。

二、保后服务的基本内容

保后服务是保险营销的重要一环，也是一项基本工作，因此，应对其进行系统全面的分析和论述。本章根据国内外保险营销的业务实践及内在规律,拟从保后服务的基本理念与作用、特点及要求,保后服务的范围与方法,在保后服务中销售等方面进行详细阐述。

三、保后服务的重要作用

保后服务的作用是指保险人及中介人在履行承诺义务、实施保后服务过程中所产生的客观效果与社会效应。保后服务的作用是从另一个角度阐明了它的重要性和必要性,是保险双方及社会各界所期望发生的。故从以下四方面论述保后服务的作用:

(一)保后服务的社会作用

保后服务的社会作用是指从客观总体角度观察保后服务过程所产生的各种客观社会效应。主要表现在六方面:(1)保障国民经济健康有序且科学发展。(2)确保国家财政收支计划和信贷收支计划平衡。(3)保障外贸和国际交流顺利开展。(4)保障社会的安定团结,促进社会主义精神文明建设。(5)促进全社会的防灾防损工作,减少社会财富损失和人员伤亡。(6)促进新技术在经济社会发展中的应用与推广。

(二)保后服务对客户的作用

保后服务是保户的基本权利,也是其购买保险商品的动因。因此,保后服务的优劣对其影响极大,也是最敏感的问题。保后服务对保户的作用,是指保险人及中介人在保险交易达成后,通过对保户提供保险宣传咨询、防灾防损、定损理赔等各种服务,而对其生产经营、日常工作及生活所产生的客观影响。其作用主要表现在以下五个方面:

1. 保障企事业单位生产经营及日常工作的顺利进行

企事业单位购买相应的保险后,即以较小代价将生产经营中的灾害事故等风险转嫁给保险公司,并获得其经济损失补偿的承诺,免去了生产经营中的后顾之忧。保险合同生效后,保户还可以得到保险公司在防灾防损、安全生产等方面的配合,乃至资金、技术及物资援助,确保其生产经营顺利进行。特别是客户遭受合同约定的灾害事故侵扰,导致生产经营中断而急需资金恢复时,快捷优质的保险理赔服务可以提供其急需的资金,从而保障企事业单位生产经营的及时恢复和日常工作的顺利进行,把灾害事故造成的损失降至最低限度。

2. 促进保户加强风险管理工作,减少物质财富损失及人身伤害

保险公司从自身及社会利益出发,对保户的风险管理及防灾防损工作非常重视。如经常组织风险管理指导,防灾防损检查,参与并资助社会防灾、安全教育宣传等活动,对防灾防损工作搞得好,无事故发生的保户给予奖励等,均可促进其加强自身风险管理及防灾工作,加强安全防患意识,从而降低社会物质财富的损失及人身的伤害。

3. 有利于安定群众日常生活，增进社会福利

其一，保后服务可以保障企事业单位生产经营及日常工作的顺利进行，也稳定了人们的工作，使其收入和生活有了保障。其二，对参加各种人身保险、家庭财产保险及家庭综合保险的保户而言，保险公司良好的防灾理赔服务，能发挥"雪中送炭"作用，从而稳定家庭成员的经济生活。其三，对各种公众责任保险而言，良好的保后服务可以保障受害人的经济利益，降低无辜者的财物损失和人身伤害。所有这些均有利于安定民众日常生活，有利于增进社会福利。

4. 有利于加深公众对保险的认识，提高其保险意识

顾客在购买保险后，还有一个继续学习和反思的过程。良好的各种保后服务，进一步咨询、指导，可以使保户更了解自己的权利及参加保险的好处，进而向其家人及周围的人宣传保险，有利于公众保险意识的不断加强。

5. 树立续保信心，扩大投保范围

经常与保户联络，及时提供各种保险服务，并与其成为真正的朋友，不但能建立保户对保险公司及中介人的信心，树立专业化形象，还能够坚定保户进一步购买保险的决心，从而提高续保率，或进一步扩大投保范围，甚至介绍一些新客户投保。

（三）保后服务对保险公司的作用

保后服务对保险公司的作用是指保后服务工作的好坏对保险公司经营管理、声誉及业务发展等所产生的影响。保险是一种服务形态的信誉商品，保后服务是其使用价值的体现，也是保险人的一种履约守信行为。因此，保后服务的好坏，对保险公司的信誉、业务经营及未来发展影响极大。主要表现在以下四个方面：

1. 保后服务是维护保险公司信誉、树立企业形象的关键

良好的公司形象及信誉是一种无形资产，关系保险公司的生存发展和经营成败。保后服务则是保险公司形象及信誉好坏的主要表现。良好的保后服务本身就是一种优质产品，一种无形广告。它能使保户感到自己被尊重和理解，进而拉近与保险公司的距离，成为忠实的客户，甚至动员他人投保。相反，劣质保后服务则会令客户"牢骚满腹""倒胃口"，甚至进行反面宣传，从而有损保险公司形象和声誉，导致业务滑坡，甚至造成经营困难。

2. 良好的保后服务是企业永续经营、战胜竞争对手的法宝

保险属于服务行业，保险市场竞争的实质是服务质量的竞争。只有建立优质高效的保后服务体系，保险公司才能树立良好的形象和信誉，进而招来更多业务，战胜竞争对手，保持永续经营。

3. 有利于检验险种优劣，指导保险业务发展

保险业务要发展，优质险种是关键。公众能否接受某些险种，反应如何，必须依靠良好的售后服务来征求保户的意见，及时反馈信息。保险公司应该根据信息反馈及市场调查以检验险种的优劣，进而作出相应的决策，调整并指导业务的发展。

4. 优质售后服务能够密切与保户的关系，巩固并扩张业务

企业重视售后的保户维系，一方面，可以留住老客户，使客户重复惠顾，接受公司的产品和服务，增加购买次数与购买金额，从而创造更大的业绩和利润。一个老客户可比一个新客户为企业多带来30％以上的利润。另一方面，良好的保后服务有助于扩张业务。业绩优异的保险企业，大多数新客户就是通过老客户推荐获得的。因为良好的客户关系为保险企业赢得良好的口碑。

（四）保后服务对营销员的作用

保后服务对营销员的作用，是指保后服务对销售人员业绩与个人收入的影响。

1. 良好的保后服务可巩固老客户，确保个人收入的稳定

营销员的收入与其销售业绩成正比。要确保个人收入的稳定，就必须巩固老业务，不断发展新业务。为此，就必须提供优质的保后服务，同保户建立良好的个人关系，才能提高续保率，不断巩固老业务，进而确保个人收入的稳定增长。

2. 依靠老保户，拓展新业务

依靠老保户是扩张业务的一条捷径。满意的保后服务和良好的个人关系，会令老保户自愿加保或将他的朋友介绍给营销员，从而省去陌生拜访中的许多环节，便可直接进入销售主题。经验丰富的营销员都有这样的体会：优良的业绩主要来自保户的推荐和重复购买。

3. 劣质保后服务的恶果

一个保险营销员如果不注意其保后服务，或不懂得保后服务的技巧和方法，必然会影响个人的销售业绩与收入。劣质的保后服务通常会引起保户的反感和不满，造成保单失效、退保和纠纷；这不但无法巩固老业务，也给新业务蒙上了阴影。因此，必须以开拓新业务的态度开展保后服务，它不但不会浪费时间，反而会省时省力，并收到意想不到的销售效果。

表 12-1 优质服务的效果与劣质服务的后果比较

优质服务的效果	劣质服务的后果
每个满意的顾客会平均告诉 5 个人	每个不满的顾客会平均告诉 10 个人
有效帮助顾客解决问题，95％的人会成为永久顾客	1/5 的顾客会平均告诉 20 个人
开发新顾客比维系老顾客要多花 5 倍时间和成本	一次劣质服务需要 12 次优质服务来修正

四、保后服务的基本理念

要做好保后服务工作，相关人员必须树立以下服务理念，并落实到行动中：

（1）保险属于服务产业，信誉是生命，服务就是天职。

（2）保户是上帝和衣食父母，服务是保险人的本分。

（3）服务带动销售，成交仅仅是保险销售的开始。

（4）保险人销售的是服务，服务也是为了销售。

(5) 保户是挖掘不尽的资源，每次服务必获回报。
(6) 保险是无形服务商品，必以服务来培养顾客的信心。
(7) 完美的保险商品＝产品＋特色＋优质服务
(8) 服务是保险公司生存的命脉，提供优质服务的公司才能永续经营。
(9) 保后服务是有规律、有技巧的，掌握它必能事半功倍。

第二节 保后服务特点与要求

保后服务对保户、保险营销员、保险公司和保险行业均有重要意义。但保后服务应根据不同险种的固有特点来展开，才能抓住重点，使保后服务工作行之有效。

一、保后服务的特点

（一）人寿保险与非人寿保险

人寿保险是非人寿保险的对称，是指以人的生命及身体作为保险对象的一类保险。非人寿保险简称非寿险，是指人寿保险以外的其他保险的总称。它包括财产损失保险、责任保险、信用保险、保证保险、意外伤害保险及健康保险。由于两类保险在性质、期限、经营管理等方面差别很大，受其制约的保后服务也各具特色，故分别加以论述。

（二）人寿保险保后服务的特点

1. 长期性

寿险产品的保险期一般较长，多为中长期保险，最长可达人的一生。寿险产品一旦售出，即使该险种日后不再销售，原保单仍将继续有效。因此，对寿险业务员而言，在售出寿险商品时，即向客户允诺了将由自己负责这种长期性的保后服务工作。假如业务员中途变化，应及时指派他人继续负责客户的保后服务工作，以维护保险企业的信誉。这一特点也决定了每一位公司员工都应树立长期为客户服务的思想。

2. 复杂性

寿险产品的结构较为复杂，通常由无数保险条款及客户的陈述等组成。这一特点决定了其保后服务也具有复杂性。一是营销员在承保后仍要针对合同内容向客户作口头或书面解释，直到其完全弄懂、理解并记住。为此，要求保险营销员拥有丰富的专业知识、讲解技能，并能针对不同的对象作出具体灵活的解说。二是投保后客户会有种种针对保单的请求，只要是适当的，业务员也须及时、准确地代为客户处理。业务员只有充分了解公司的不同规定、操作程序及办理渠道，才能使客户满意。三是寿险产品所具有的金融特征，要求业务员要掌握一般金融知识，了解其操作程序，以满足客户的特殊需求。四是业务员应熟悉理赔知识及程序，积极协助客户进行索赔。

3. 艰巨性

保后服务工作繁杂多样，异常艰辛。业务员需要花大量时间和精力与客户保持联络，了解对方的最新动态。特别是把保险公司的新规定、新产品、新变化及时报告保户，让其了解保险新情况。另外，还应为保户提供保全、防灾、理赔、咨询、递送、更改等服务，并且不断开拓新业务。

（三）非寿险保后服务的特点

非寿险保后服务除具有一定的复杂性和艰巨性外，还具有及时性、参与性等特点。

1. 及时性

非寿险保后服务的及时性是由非寿险中灾害事故发生的偶然性、迅猛性及损害的严重性决定的。要求业务员严把核保关，严格遵守规定，及时收费，按时递送保单；及时勘查、理赔，及时帮助保户恢复生产经营及日常生活。

2. 参与性

在非寿险经营中，灾害事故一旦发生，往往会造成巨大损失和人员伤亡，导致巨额赔款发生。为此，要求业务人员经常参与保户的防灾防损活动，促使其加强风险管理，做到防患于未然。若灾害事故不幸发生，则要求业务员迅速赶赴现场，积极参与抢险救灾，协助抢救受伤人员，尽量减少事故损失和人员伤亡。

二、保后服务的渠道

保险公司的保后服务工作，通常由公司内设的专门部门及保险营销员实施的。

（一）公司内部的专门部门

公司内部的专门部门，主要是指理赔部门、防灾部门、客户服务部门。若没有详细的部门划分，则主要依靠客户服务及业务部门实施。其主要工作是：(1)受理保户的索赔案，并公正、迅速地予以处理。(2)接受保户的投诉，及时协调和处理。(3)受理保户的一般请求，如咨询、解说、转账、退保、更改等。(4)积极协助保户做好防灾防损等工作。

（二）保险营销员

保险营销员是发展业务的重要力量，是联结公司与保户的桥梁，因而也是保后服务的主要角色。营销员与保户接触较多，保户的一般请求应由他们协助处理。在保后服务中，营销员主要承担沟通解说、递送、安抚、防损等工作。他们的形象往往代表保险公司的形象。因此，他们应与公司有关部门通力合作、尽职尽责，创造良好的保险公司形象，通过提供优良的保后服务，增强保户投保信心，促进各项保险业务的发展。

三、保后服务的基本要求

保后服务在保险营销及经营管理中的重要作用，决定了对保后服务机构及人员的要求较高，并以此促进保后服务质量的不断提高。其基本要求如下：

（一）树立正确的保后服务理念

详见本章第一节保后服务的基本理念。

（二）把"顾客至上，服务第一"真正落到实处

一是心系保户，时刻为保户着想。尤其是保户遭受挫折与打击后，更要及时关心、予以安抚。

二是应有时间观念和品质意识。要按时在既定时间内做好保后服务工作，也应表现出专业素质，积极提供一流服务，尽量使每一个保户满意。

三是要有不断改善和提高服务质量的意识。要使保后服务尽善尽美、令人满意，还应在实践中不断寻求最佳的服务态度和方法。为此，应定期参与研修、自我充电，不断提高销售理念、服务态度与技巧，逐步成长为保险营销高手。

（三）不断提升保险服务品质

个人素质和修养是不断提升保险服务品质的关键。要提高个人素养，就须从以下五个方面注意培养和提高：(1) 个人品格修养；(2) 注意学习和吸收各种知识；(3) 自觉充实保险专业知识；(4) 不断提高保险业务技能；(5) 熟练掌握客户管理的方法。

第三节　保后服务范围与方法

一、成交时的保后服务

成交时的保后服务是指营销员和客户已达成购买保险协议并开始签约时至销售过程完全结束后这段时间内，应为客户提供的各种服务。主要包括以下五个方面：

（一）感谢客户投保，重申保险的必要

当营销员成功售出一份保单后，保险服务也随之展开。这时，应首先感谢投保人的明智选购和支持（电话或答谢信件也可），并重申保险对客户的重要性，坚定其保险的信心和决心，以免其反悔。同时，也为以后的续保、扩保等奠定基础。

美国保险销售泰斗坎多尔弗对每个成交的客户，都会亲自写一封感谢信，他是这样写的：

亲爱的杰克：

我要恭喜你今天下午购买了人寿保险。这当然是你为未来建立稳固财务基础最重要的一步，我希望我们这次见面只是未来长远关系的良好开端。再次感谢你，祝你事业顺利！

最诚挚的坎多尔弗

（二）仔细检查投保单等资料，及时报送公司核保

投保单等资料是客户购买保险的意向书，也是保险合同的重要组成部分。为了减少纠纷、避免差错，业务员应仔细检查投保单的各个项目，并立即将投保单及预收的

保险费等交回公司财务部门。对不符合投保条件的，应该及时进行解释，以消除误解。另外，还应提供公司核保所需要的资料，认真处理公司发出的核保通知书，以加快核保速度。

（三）签发保险单证，建立保户档案

保险单证是保险合同的基本凭证。它是在核保工作结束后，对符合保险承保条件的客户，由公司出单中心签发的。

业务员在接到保险单证后，应全面检查，细心核对单证上所载资料是否准确。对不准确或有错误的地方，应及时指出，并尽快予以纠正。同时，应尽快登记"承保登记簿"，及时建立保户档案，以方便日后的续保、收费及提供其他保后服务。

保户档案应逐户建立，并本着方便灵活、便于归类保存的原则来实施。活页档案卡资料是较理想的选择。保户的档案资料主要包括：（1）单位名称、姓名、地址、电话；（2）个人家庭成员构成、姓名及出生日期；（3）单位的资产构成、生产经营运作情况、财务状况、保险状况、未来购买潜力；（4）学历、家庭经济状况、健康状况、保险状况；（5）家庭成员的专长、兴趣、生活习惯、身份证号、特殊纪念日等情况；（6）每次拜访、保后服务的情况。

（四）亲自递送保险单证

就客户的购买心理而言，只有在拿到保险单证，并进行研读后心理才踏实，购买才真正实现。因此，保险公司签发保险单证后，营销员应尽快交给保户，避免不必要的纠纷。

在递送保险单证过程中，还有许多重要工作等着业务员来做。同时，为了联络感情、扩展业务，增强保户的信任感，应该亲自递送保险单证，切不要邮寄或代转，以防止丢失。

由于递送保险单证是保后服务的第一个重要事项，因而这一服务很关键，要尽快送到保户手中。另外，还须注意技巧和程序。例如：

（1）应电话预约递送时间，以免白跑或扰乱保户的工作安排。

（2）事先预备和保户交谈的话题，避免冷场。

（3）恭喜保户的明智投保，亲手递交相关保险单证。

（4）再次重述保险的必要及保单利益，使保户更明了保险条款内容及自身的权益，以提高续保率。

（5）重申对保户的服务承诺，增强保户的信任感。

（6）详细介绍交费、续保及索赔的相关手续。

（7）恳请保户能够介绍一些熟人和朋友。

（五）对核保中拒保或要求体检、加费客户的服务

在核保过程中，总有少量业务被拒保，或者要求一些客户体检或增加保险费，营销员应耐心做好这些客户的解释及服务工作。

1. 被拒保客户的服务

在财产保险业务中，若隐瞒欺骗、管理混乱、灾害事故已发生或已处于危险状态等不符合有关承保条件的业务，则均为拒保的对象。在人身保险中，从事危险活动、身患疾病或其他不符合投保条件的人也会被拒保。拒保对营销员来说，是劳而无功、吃力不讨好的事情。但应从公司大局出发，不要计较个人得失，尽力做好客户的解释工作，舒解其心中的不满和怨气。

2. 需要体检客户的服务

在人身保险中，要求客户体检的原因很多，既有核保中的抽样体检与高保额体检，也有理赔后的体检与残疾体检。针对不同的体检要求，营销员应做好下述四项服务工作：一是做好客户及公司（医院）双方时间的预约工作；二是陪同客户带好证件材料进行体检，以舒缓其紧张情绪；三是将体检结果尽快告诉客户；四是对体检后不符合承保规定被拒保者，应及时解释和安慰。

3. 需增交保险费客户的服务

在人身保险中，根据不同体检结果或客户工作或生活中危险程度等情况，均会要求其增交保险费。在财产保险中，对防灾设施不健全、堆放在江河边、低洼地区的财产，露天或简易罩棚下存放的物资等，也会要求其增加保险费。增加保险费意味着客户要增加支出，故应做好解释工作，使客户能够谅解。

二、日常保后服务

日常保后服务是指在保险合同有效期内，保险公司及相关业务员应向保户提供的一般性服务。其目的是加深双方的信任和友谊，确保合同的有效性及保险标的的安全，并为进一步扩保和续保打好基础。日常保后服务的事项，主要包括以下五方面：

（一）日常拜访，联络感情，反馈信息

客户投保后，营销员应不定期走访保户，征求其对保后服务、购买险种等方面的意见和建议，协助解决遇到的困难，并将有关信息及时反馈公司，以不断改进和提高服务质量。特别是逢年过节或客户的生日、结婚纪念日等特殊日子，应向客户表示祝贺，寄一份贺卡或送一份小礼物，以加深与保户的友谊。

（二）及时收取续保费，巩固业务不流失

寿险产品的保险期限较长、收费较多，故保户多采用分期交付保费的办法。为了巩固业务，营销员除了与保户经常联络外，还必须按时催收后续保费或提醒保户按时交费，以免因保户忘记而使保险合同失效。非寿险的保险期限较短，多在一年左右，需要年年续保。由于市场竞争激烈，只有提供一流服务，提前主动做好续保收费工作，才能确保业务不流失、销售业绩不下降。

（三）随时解决保户的问题，通报公司的变化

在较长的保险合同有效期内，保户因情况变化可能提出退保、降低保险金额、调

整保险期限、更换受益人、变更地址、电话等问题。这时，营销员应做好保户的工作，尽量避免退保，并协助保户办理有关手续。另外，若公司有新险种推出或更换办公地点和电话等，也应及时通知保户，以方便联络。

（四）协助保户搞好防灾防损工作

搞好防灾防损工作可以有效减少保险事故发生，降低保险财产的损失率和人身伤亡率。因此，防灾防损是一项对保户、保险公司及社会都有益的工作，也是保后服务的一项重要内容。每个营销员都应重视防灾防损工作，经常走访保户，检查灾害隐患，宣传安全生产、防灾防损、交通安全、家庭防灾防盗、个人卫生保健等方面的知识，主动协助保户搞好这项工作，确保其生命财产的安全。若保户不幸遭遇了灾害事故，还应全力参与抢险救灾，尽量减少相关损失。

（五）"孤儿保单"的维护服务

"孤儿保单"是指已在保险公司登记列明，因各种原因造成保后服务障碍，有可能脱缴或失效的保单。其主要原因是经办服务的业务员流失、疏忽遗漏、工作太忙或无法与客户联系等等。"孤儿保单"的出现会损害保户利益，影响保险行业及承保公司的声誉，不利于以后的营销。因此，对其及时进行维护服务至关重要。保险公司应及时指派新业务员、收展员进行维护服务，或及时联系、寻找客户，或对疏于服务的相关人员进行批评教育，不断增强其服务意识，提高服务质量。

三、保险理赔服务

保险理赔是保险商品使用价值的本质体现。它是在保户发生灾害事故后，由保险公司按合同规定给予一定的经济赔付。保险理赔工作通常由公司内专门机构进行或由业务部门处理。营销员在理赔中主要是为理赔人员及保户提供相关服务，协调关系及处理赔后事宜。具体服务如下：

（一）详细告知客户理赔的程序及应提供的单证

当保险事故发生并接到报案后，营销员应尽快通知保户或其家人所需要的各种单证材料及索赔方法，并积极进行抢险救灾，保护好事故现场。

财产保险索赔的单证资料主要包括保险单、事故证明、损失清单、费用单据等。若是交通事故，还应提供事故责任认定书、事故调解书、判决书等。

人身保险的索赔材料主要包括理赔申请书、保险单、被保险人身份证明、住院证明、客户病历、医疗费用原始收据等。若是重大伤亡事故，还应出具单位或公安部门的事故勘验报告、死亡证明、消户证明等原始凭证或复印件。表12-2为某保险公司客户申请理赔应备的文件。

表 12-2　某保险公司客户申请理赔应备的文件

申请项目	应备文件项号	文件明细
疾病住院医疗	1、2、3、4、5、12	1. 理赔申请书 2. 保险单 3. 被保险人身份证明 4. 诊断证明/出院小结 5. 住院费用原始发票及费用明细清单（津贴给付型医疗险无需此项） 6. 门/急诊病历/手册、门诊发票及费用清单或处方 7. 病理及其他各项检查报告 8. 伤残鉴定书 9. 意外事故证明（若是交通事故须提供交通管理部门出具的交通事故责任认定书；若是工伤事故需提供相关单位的工伤证明等） 10. 死亡证明书、户籍注销证明 11. 用以确定申请人身份的相关证明（见注解） 12. 受益人（监护人）银行账户复印件 13. 公共账户使用授权书 14. 被保险人护照、境外急性病或意外相关证明资料、境外身故使领馆证明
疾病门诊医疗	1、2、3、6、12	
意外伤害医疗	1、2、3、4、5、6、9、12	
重大疾病	1、2、3、4、7、12	
意外身故	1、2、9、10、11、12	
疾病身故	1、2、10、11、12	
意外残疾	1、2、3、8、9、12	
疾病残疾	1、2、3、8、12	
免交保费	1、2、3、8、12	
年金领取	1、2、3、12	
失能收入损失保险	1、2、3、4、8、12	
长期护理保险	1、2、3、4、12	
第三方管理医疗	1、2、3、5、6、12、13	
境外意外及救援	1、2、12、14	

注：当申请人为被保险人、指定受益人本人时，需提供申请人本人身份证明；当申请人为被保险人的继承人时，需提供该申请人具有合法继承权的相关证明；当申请人为无民事行为能力或限制民事行为能力人时，需提供该申请人为无民事行为能力人或限制民事行为能力人的证明；当申请人委托代理人代为办理时，应提供合法的委托代理手续；当监护人代理被监护人办理时，监护人需提供具有合法监护权的证明，由监护人在申请人处签字，并注明与申请人关系；当申请人为其他人时，公司将按照法律法规的规定，根据实际情况要求申请人提供相应的文件。

（二）敦促公司迅速查勘定损，积极参与抢险救灾

根据保户的报案，若属于保险责任事故的，业务员应协助公司有关部门尽快赶赴现场，迅速查勘，及时确定责任与损失。若灾害事故尚在进行中，应该先积极参与抢险救灾，控制灾情，救死扶伤。对于重大事故，还可以应保户的请求预付部分赔款，以解燃眉之急。

（三）看望伤病员，参加保户葬礼

当得知保户因意外受伤或因病住院治疗时，营销员应及时前去探望、安慰。若自身经济条件许可，还应买些营养品或慰问品，使保户感受热忱和关心。同时，业务人员作为公司的第一理赔员，在探视中可以进一步了解案情、判明责任、明确是否可以获赔。若无法判明，可与理赔部门联系，并将意见及时告知保户，使保户心中有数。

如果保户不幸死亡，应主动参加其葬礼，并安慰家属。若遇家境贫困者，可进行力所能及的捐赠，以显示高尚的人道主义情怀，树立良好的营销员形象。如果可能，应尽快将赔款送到保户的亲人手中，以扩大保险公司及行业的影响。

（四）协助保户索赔，尽快赔付结案

灾害事故发生后，营销员应催促保户准备索赔材料，并在收齐材料后及时送交理赔人员审核，协助处理赔案。理赔申请通过后，大宗赔案应及时通知保户，并陪同其领取保险赔款。对于小宗赔款，也可转账或代领后及时送交保户。

（五）耐心细致地做好保户的思想工作

保户的索赔若未能顺利进行，而是由理赔员调查研究后依条款作出拒赔或部分赔偿的决定，此时应耐心做好保户的思想工作，化解其怨气和不满。若赔案处理有欠公平，也可为保户挽回一些损失。

对于一些有争议或疑问的赔案，通常要持续较长的时间来处理。在经过有关部门详细调查、医疗部门鉴定，乃至报上级公司审议批准后，承保公司才会作出最终理赔决定。因此，营销员在此期间应与保户多联系，多做解释工作，并帮助指导其办理必要的手续。

四、保后投诉的处理

（一）投诉处理的重要性

保户在购买相关保险后，可能会因各种原因而抱怨、不满乃至走上法庭。投诉的发生，说明保险双方的关系已不和谐，保后服务难令其满意。常言道："亡羊补牢，为时未晚。"如果再不及时改善工作方法、提高服务质量，修补已破损的双方关系，必然会危及业务发展，损害保险公司的形象和声誉，进而危及公司的生存和发展。因此，妥善处理保户投诉，化解其抱怨和不满，及时修复双边关系，是保后服务的重要内容，也是事关全局的重大问题，每个从业者都应积极做好这项工作。

（二）投诉产生的原因和种类

1. 保户投诉产生的原因

保户投诉产生的原因主要有八方面：（1）营销员的道德品质和保险商品知识欠缺；（2）营销员的宣传解说不够清楚；（3）销售礼貌不周、服务不到位或讲话方式不当；（4）保险公司的商品本身品质不合保户的预期需要；（5）保险公司对保户的首次投诉处理不当，产生二次投诉；（6）保险公司核保或定损理赔等方面的纠纷；（7）投资、分红类的保险产品亏损或回报率过低；（8）保户自身的误解等等。

2. 保户投诉的类型

保户的投诉可以分为潜在型和显在型两类。潜在型投诉是指保户虽然心中不满或有怨言但一般不会投诉，而是向身边的亲朋好友及熟人发牢骚，并选择以后永远不会再买。该类型的顾客约占总数的96％。显在型投诉，是指保户不仅有怨愤情绪，还会直接向有关部门投诉或上诉。该类型的顾客约占总数的4％左右，也是应该重点及时处理的投诉。否则，就会造成重大的不良社会影响。

（三）处理投诉的基本法则

处理保户投诉，应该自觉遵循以下基本法则：

（1）低姿态法则。工作人员应放低姿态，以微笑迎送顾客，认真倾听其诉说，好言劝说多感谢。

（2）三变法则。一是变换当事人，使保户的诉怨转移；二要改变场所，使双方的紧张气氛缓和；三应改变时间，使保户的怨气渐消。

（3）"先处理心情，再处理事情"法则。只要顾客的心情变好了，怨气消失了，其他事情也就好处理了。

（四）处理顾客投诉的态度与方法

（1）以微笑面对顾客，并适时表示真诚的歉意。

（2）耐心倾听保户的申诉，并认真做好记录。

（3）绝不辩解、不打断对方的讲话。

（4）认真分析投诉的原因，尽快研究解决方案，并予以诚恳说明，争取顾客的谅解。

（5）高度重视并迅速处理保户的每个投诉，不可露出不悦之情。

（6）无论处理结果如何，均应主动告知顾客，千万不可再引起新的投诉。

（7）完善保险公司服务考评体系及责任制度，不断提高服务品质，积极防范保户的各种投诉。

第四节　在保后服务中扩大销售业绩

一、保后服务也是销售

保险销售是一个永不停息的循环。保后服务就是该循环的基本环节和重要阶段，也是转动这个大循环的轮子和动力，是挖掘不尽的销售之源。

现代保险市场竞争的实质是服务质量的竞争。因为消费者永远信奉的是"同等质量比价钱，同等价钱比质量，同质同价比服务"的购买法则。与其说顾客购买保险商品，不如说是购买保险公司的服务承诺。保险商品本身就是一种无形的信誉型服务商品，保后服务与其未来销售息息相关。优质高效的保后服务必然令消费者满意。而一个满意的消费者不但自己会继续投保，还会介绍其家人、亲戚及朋友们投保。这就是"销售是服务，服务也是销售"的真谛。谁若忽视了保后服务工作，无异于自毁营销前程。

每一位营销员都应该时刻牢记：签新约仅仅是成功的起点，保后服务也绝非浪费时间，而是开发新市场、扩大营销业绩、获得丰硕回报的开端。销售成功的诀窍就是：服务、服务，再服务！

二、保后服务中销售时机的把握

保后服务的范围很广、方法很多，因而销售的机会也很多。能否再次成功销售，关键在于能否创造并把握服务中稍瞬即逝的销售机会。

现代保户在寻求更多更好的保险产品时，对保后服务的要求也越来越高。有要求就有机会。一个知识丰富、品德高尚、态度热情、乐于全心全意为保户服务的营销员，永远受保户的欢迎，因而再次销售的大门也始终为他敞开着。那么，如何创造再次接近保户、打开销售之门的机会？

（1）定期拜访保户、电话问候或再次聚会时。

（2）逢年过节、保户及家人生日、升迁或其喜庆之日前去恭贺时。

（3）递送保单、公司函件、理赔金等等之时。

（4）保险合同内容、保险费率变更或逾期保单复效时。

（5）投保企业生产经营扩大、顾客生意兴隆、资产大幅增加时。

（6）保户及家人住院治疗，前去探望时。

（7）原来的保额过低，已不符合保户身份时。

（8）保险公司推出新险种、新政策向保户通报、宣传时。

（9）赶赴事故现场查勘定损、协助保户抢险救灾时。

（10）单位投保不足，而其经营情况明显较好时。

（11）向保户提供防灾防损咨询服务时。

总之，保后服务中再次销售的良机很多，只要积极把握、主动争取、巧妙促销，随时都可以扩大成交。即使未实现成交，也销售了保险理念，为下次成交打下良好的基础。

三、保后服务中的销售对象

保后服务中的销售应有一定的目标，那就是保户自身、保户的家庭成员和亲朋好友、保户的企业单位和熟人以及保户的交通工具等。

（一）保户自身

在团体保险、企业保险中，保户单位若没有保足保全，或者生产经营规模扩大、资产大幅增加、经营效益提高时，可不失时机地再次销售相关保险险种。

在个人保险中，若客户只是作为投保人为家人和子女投保，而自己没有投保，或者客户虽然已投保，但保额过低、险种较少，已与其身份明显不相符时，均可前去再次进行销售。

（二）保户的家庭

如果保户仅为自己投保，而其家人和财产等都未投保时，也可以寻机向其销售相关的保险。

（三）保户的亲朋好友与熟人

保险营销员若能够服务到家，并令保户满意，保户就可能愿意牵线搭桥，帮助介绍或动员其亲朋好友与熟人购买保险。这种销售省时省力，很容易成交。保户的熟人主要是其同事、同行、同学、邻居、老板、客户等。

（四）保户的企业单位及交通工具

如果保户拥有自己的企业，或者对其他企业拥有控股权、经营管理权，而又投保不足时，也可以借保后服务之机，向其销售各种财产保险和团体人身保险。这不仅有利于保护他们的财产安全，稳定其生产经营，也有利于调动员工的工作积极性，增强投保企业的凝聚力。只要保户明白了这些道理，也就乐意购买相关保险。

 复习思考题

    1. 请简述保后服务对保险公司及营销员的作用。
    2. 保后服务及特点是什么？其基本要求有哪些？
    3. 成交时的保后服务包括哪些内容？怎样做好日常的保后服务工作？
    4. 何谓保户投诉？如何处理好保户投诉？
    5. 保后服务中的销售对象有哪些？如何把握再销售的时机？

第十三章

保险营销明星之路

一、"推销之神"的成功秘诀

原日本明治保险公司理事、身高仅 1.45 米的亿万富翁原一平，颇有传奇色彩，被誉为保险"推销之神"。

原一平小时候是个叛逆顽劣、恶名昭彰的顽童。原一平 23 岁时只身到东京打天下，历尽了磨难。27 岁时，他进入明治保险公司，做一名"见习营销员"。他曾免费工作，穷得连午饭都吃不起，无钱搭车只好步行上班，甚至因付不起房费而露宿公园。但在他的内心却时刻燃烧着一把"永不服输"的火，激荡着一股越挫越勇的斗志。1939 年，在他 36 岁时，终于创下了全日本保险推销业绩的纪录，并一度保持 15 年之久。他不但靠推销保险而成为首屈一指的亿万富翁，还被日本天皇颁赠"四等旭日小绶勋章"，被美国"百万元圆桌会议"授予终身会员称号，更被誉为日本的"推销之神"。在保险推销界，迄今仍无人敢与之比试。那么，他成功的秘诀是什么？

（一）追求事业，忘我拼搏

27 岁的原一平初到明治保险公司时，仅是个免费工作的见习营销员，办公桌还得自备，而且时常遭同事们讥讽。由于是无薪推销，因此生活异常拮据，每日饥寒交迫。为了生存，他节衣缩食，住窄屋、睡公园；为了推销保险，他每天起早贪黑，访遍千家万户。尽管常吃闭门羹，他却从不气馁，不厌其烦地拜访，令顾客纷至沓来，使他的客户队伍不断壮大，业务突飞猛进。真是皇天不负有心人，33 岁时，他已声名鹊起、保险业绩排行全公司之冠，位居全国第二。

（二）谦虚谨慎，戒骄戒躁

原一平说："每个人一生当中最要紧的是，什么时候发现自己的劣根性，并有效地剥除它。"基于这一思想，即使业务有了长足发展，他也不居功自傲，而是静心反思。大文豪歌德的"依赖观察无法认识自己，只有依赖实行才能认识自己"这一名言，又进一步开启了他的心扉。他由此破天荒地举办了"原一平批评会"，此后，他每月邀请一次自己的保户，让他们当面指出自己的不足，并虚心接受建议，该活动连续 6 年从未中断。后来，他还觉得不过瘾，又特邀了一些朋友、客户和雇用的征信所职员，向外界广泛调查、评定原一平的举止、公司形象、公司信用等，供自己不断改正。尤为值得钦佩的是，他对赞美之词一眼瞥过，绝无沾沾自喜；而对责骂之言，则一一细嚼，并立刻改正。难怪人们说他天天在进步，业务在倍增。

几十年来，对原一平的责骂、批评与日俱减，但他的"外调"工作却日月不止。正因如此，从45岁开始，原一平连续保持15年全国寿险业绩冠军的纪录。

（三）广揽群朋，浇铸基石

原一平走向成功的秘诀之一，就是靠众多朋友的鼎力相助。原一平在惆怅、落魄的时候，他听了朋友小泉校长的话："你是从事与'人'的关系最密切的保险行业，所以必须重视每一个认识的人，要与每一个认识的人建立长期的友谊。唯一的方法就是喜欢别人，同时，喜欢别人会使对方产生信心，所以你要像喜欢自己一样喜欢人。"从此，他将此话视为座右铭，主动频繁登门拜访，深交老朋友，广结新朋友，对社会名流与平民百姓一视同仁。

在50多年的销售生涯里，原一平网罗了2.8万多个准客户。同时，他极为珍视友情，与一些保户建立的友谊维系长达二三十年。正是善交朋友，为他的成功奠定了坚实的基础。65岁时，他成为美国百万元圆桌会议的终身会员。

（四）以"赞美"对方开始访谈

每一个人都渴望别人真诚的赞美。因此，懂得赞美的人，肯定是会推销自己的人。

有一次，原一平去拜访一家商店的老板。"先生，您好！""你是谁呀！""我是明治保险公司的原一平，今天我刚到贵地，有几件事想请教您这位远近出名的老板。""什么？远近出名的老板？""是啊，根据我调查的结果，大家都说这个问题最好请教您。""哦！大家都在说我啊！真不敢当，到底什么问题呢！""实不相瞒，是……""站着谈不方便，请进来吧！"

就这样轻而易举地过了第一关，取得准客户的信任和好感。原一平认为，这种以赞美对方开始访谈的方法尤其适用于商店铺面。

那么，究竟要请教什么问题呢？一般可以请教商品的优劣、市场现况、制造方法等。对于商店老板而言，有人诚恳求教，他们大都会热心接待，会乐意告诉你他的生意经和成长史。而这些宝贵的经验，也正是营销员需要学习的。这既可以拉近彼此的关系，又可以提升自己，何乐而不为。

（五）强化修养，注重礼仪

日本是礼仪之邦，尤为注重礼节，而"礼"的含意极为丰富。原一平处处注重礼节，讲究仪表美。他也意识到：保险推销是一门深奥的学问，必须具备市场学、心理学、口才学、表演学等多方面的知识。为了提高自身的修养，他坚持每星期六下午到图书馆苦读；为了能更好地贴近保户，他掌握了多种谈话技巧，练就了38种"笑"。

这些都使他在推销中受益匪浅。

1976 年，73 岁的原一平，因努力提高保险营销员地位的卓越贡献，荣获日本天皇颁赠的"四等旭日小绶勋章"。

二、从小报童到保险巨头

美国联合保险公司董事长、亿万富翁克里蒙·斯通是一位传奇式人物。请看克里蒙·斯通的成功之路。

（一）相依为命的孤儿寡母

1902 年 5 月 4 日，斯通出生于芝加哥市的一个贫苦家庭。不久，其父又因病离开人世。孤儿寡母从此不得不相依为命，艰难度日。为了生计，斯通的母亲曾做了多年的缝纫工，常常累得腰酸腿疼。为了减轻母亲的负担，机灵的小斯通很早就开始卖报。他总是在人群中钻来钻去，熟练地兜售各种报纸，并经常在与同伴的地盘争执中获胜。

（二）小报童改卖保险单

斯通的母亲很会勤俭持家，也很有经济头脑。几年后，她省吃俭用积攒了一小笔钱，并全部投向了底特律的"健康——意外伤亡保险公司"。之后，她也做了这家保险公司的营销员。

就在斯通参加完高中升学考试后的那年暑假，母亲说服他改卖保险。按照母亲的指点，斯通来到一幢办公楼前，这个未成年的孩子有些害怕了。但他一看到母亲的期望，想想当报童时的勇气和胆量，他镇定了，毅然走进了那幢办公楼。

斯通沿楼而上，逐层逐间拜访，劝说人们购买意外伤害保险。他甚至不敢有片刻的停留，唯恐畏惧感会乘虚而入。他跑遍了整个办公大楼，并最终争取到了两位客户。这两位客户虽算不了什么，但对斯通来说却至关重要，因为他们造就了一座人生里程碑和一颗耀眼的保险新星。初试成功，令斯通信心大增。随着推销次数的增加，他的经验越来越丰富，销售兴趣也越来越浓，只要有空，便去拉生意。顺利时，他一天能拉十几个，甚至 20 多个客户，他所得的佣金也相当可观了。

（三）年轻的百万富翁

正当斯通在保险推销界崭露头角时，学校校长奚落了这位比自己收入还多的学生。斯通也一气之下退了学，专为母亲所在的保险公司搞推销。这时，这位十几岁的孩子，竟能每天在底特律拉到 30—40 位客户，显示了自己卓越的推销天赋。

斯通刚满 20 岁，便只身回到老家芝加哥开始创业。他在此设立了仅有他一人的"联合保险代理公司"。公司开张头一天生意就很火爆，竟有 50 多人投保。此后，该代理公司的生意越来越好，信誉也越来越高，有一天居然有 120 多位客户投保，令人难以置信。

在斯通的精心经营下，公司的营业范围越来越大，客户数量越来越多，人手不够成了主要问题。于是，他通过公开招聘，从临近各州聘用了几名营销员。随后，他又在印第安纳州和威斯康星州设立分支机构，开展保险业务。再后，又在附近各州设点征聘营销员。到 20 世纪 20 年代末期，已有 1000 多名保险营销员为他工作。为了强化监管，斯通先后任命了各州分支公司的负责人及区域性总负责人。自此，公司经营基本在全美打开局面，但此时的他还不到 30 岁。

就在斯通的保险代理公司蓬勃发展之际，美国发生了空前的经济危机，对保险业打击也很大。许多代理人对不景气的保险市场失去了信心，纷纷要求辞职。斯通便激励员工士气。他告诉员工两条成功的秘诀：第一，当遇到麻烦或处于困境时，若能用决心和乐观的态度对待，必有利益可得；第二，推销能否成功不完全依赖于市场的好坏，关键在于营销员的态度是乐观进取还是悲观失望。他还亲自实践，带头赴纽约推销保险。后来，公司营销员虽只剩下 200 余人，但他们却完全掌握了"积极乐观的工作态度"法，工作业绩居然比 1000 多人时还要好。到 20 世纪 30 年代后期，年仅 36 岁的斯通已是远近闻名的百万富翁。

(四) 自立门户，成就大业

成为百万富翁之后，斯通并未满足，而是决定成立自己的保险公司，大干一番事业。

那时，正赶上经营不景气的宾夕法尼亚伤亡保险公司准备出售，售价为 160 万美元。对斯通来说，这是个千载难得的好机会，但他却没有那么多钱。聪明的斯通采用向保险公司的所有者——巴尔的摩商业信用公司贷款的办法，解决了资金的不足，实现了自己的夙愿。

斯通买下宾夕法尼亚伤亡保险公司后不久，即将其改名为美国混合保险公司。起初，该公司的经营规模并不大，但在他的精心经营管理下，公司规模日益扩大，经营范围越来越广，分支机构不但遍及美国，而且扩展到海外，成为一家跨国保险公司。到 20 世纪 90 年代，该公司已拥有 5000 多名营销员，而且他们受"积极乐观的工作态度"之影响，干得都很出色，并有 30 多名员工跨入百万富翁行列。该公司的年业务收入达数十亿美元，公司总资产达上百亿美元。

(五) 多种经营，聚财有方

斯通除主营保险业外，对利润高的其他行业也感兴趣。早在 20 世纪 50 年代中期，就积极实施多种经营战略，与他人共同创立了"阿波特·柯维尔化妆品公司"。该公司后来发展极快，到 20 世纪 60 年代末，斯通投资的数十万元股金已增值到 3000 万美元。

在推销保险之余，斯通也推销其思想信念及使人成功的方法。他先后出版了《以积极的精神态度获得成功》《永不失败的成功之道》两本书，且都很畅销。1960 年，他还斥巨资买下霍斯恩出版公司，并创办了《无限成功》杂志，成功进入出版领域。至此，斯通已身兼三职：美国混合保险公司董事长、霍斯恩出版公司董事长及阿波特·柯维尔公司董事，成为富甲一方的大老板。到20世纪70年代，他已拥有4亿美元的个人资产，成为美国最富有、最成功的人士之一。他的成功完全归功于他的那股闯劲、坚忍不拔和乐观向上的工作态度。

三、世界首席推销员的成功之路

（一）老人的无奈

齐滕竹之助1919年毕业于日本庆应大学经济学系。同年进入日本三井物产公司，后任三井总公司参事，直到1950年退休。

1951年夏季的一天，57岁的齐滕竹之助由于参加参议院议员竞选落选而欠下一笔320万日元的重债，他不得不去他的老同学——朝日生命保险公司总经理行方孝吉那儿借钱。谁知老同学听了他的来意后，友好地说："我这里的周转资金都是顾客的。尽管我是总经理，也不能擅自决定借出去。依我看，像你这样的性格，又善交际，若从事保险推销，区区300万元轻而易举即可挣到。"齐滕就这样在走投无路之时，无可奈何地做了生命保险推销员。此后，他断断续续开始了保险推销。1952年1月，齐滕正式登记成为朝日生命保险公司的保险推销员。

（二）我要争第一

齐滕进入朝日生命保险公司后就暗暗发誓，要成为首席推销员。目标既定，他便找来各种推销书籍用心阅读，反复训练。他甚至把最喜爱的《我是如何在销售外交上获得成功》一书带在身上，一有空便阅读，潜心研究，以提高自己的推销技巧，并决心和书的作者、美国寿险推销大王弗兰克·贝德格一争高低。

齐滕拜访的第一个单位是他的朋友佐佐木经理所在的东邦人造丝公司。佐佐木经理热情地会见了他，并介绍他与总务部长详谈。当他与总务部长谈完后，方知号称日本第一的保险推销老手渡边幸吉也来了。望着渡边乘坐的"凯迪拉克"，他感到有一种压力。是迎难而上，还是知难而退？他最终选择了前者。

回到家中，齐滕反复推敲、制订了一份近乎完美的保险计划。次日清晨，他带上计划再次拜访总务部长。尔后几天，齐滕天天都打听情况，并反复背诵"不论多么困难的推销，只要以诚意和热忱相待，就必定能成功"。

终于，他接到通知后来到佐佐木经理的办公室，并受到经理和总务部长的迎接。佐佐木经理握住他的手说："齐滕君，让你多次奔波，辛苦了。由于你的保险计划很出色，所以决定同你签订2000万元保险合同。祝贺你！"此时的齐滕早已激动得热泪盈眶，他为瞬间的成功，为战胜竞争对手流泪。

在拜访东邦公司的同时，齐滕还访问了其他行业的顾客，其中有大公司的领导、中小企业的经理、企业员工及家庭主妇等。只要有一线希望，他就一个个推销，从不放过一个机会。

推销初期，齐滕的生活异常艰苦，甚至连车费都不够。一天，他去青山学院推销团体保险，上车后因开小差而鬼使神差地提前下了车。当他发觉时已没钱再乘车，只好步行去了青山学院。因口渴，他从收发室员工手中接过一杯水便一饮而尽，但还未解渴，只好以要吃药为借口，再要了杯水。生活虽艰苦，但"要成为首席推销员"时刻激励着他，因而他也就不觉得艰苦。

（三）攀登寿险行销"王座"

经过不懈的努力，齐滕终于赢得了朝日生命保险公司"首席推销员"称号。就在这一年，他还清了所有借款，生活也逐渐富裕起来。这时，齐滕已62岁了。面对成绩和荣誉，这位老人没有满足，而是加倍努力工作，把保险推销看作他的第二人生。齐滕又制定了更高的奋斗目标：力争在全日本85万名推销员中成为首席推销员。

为了实现"全日本第一"的奋斗目标，他总是从早忙到晚，一刻不停地工作和推销。功夫不负有心人，1959年，齐滕终于登上"日本第一"的王座，创造了月入保费2.8亿日元的新纪录，成为日本首席保险推销员。

（四）向世界冠军冲刺

成为日本首席推销员后，齐滕又确定了更高的奋斗目标——登上世界首席推销员宝座，并在生命保险业的各方面都成为世界第一。目标确定后，齐滕又怀着必胜的信念，向这一目标发起冲刺。1963年，他的推销业绩已达到12.26亿日元，被美国的"百万美元推销员"俱乐部吸收为会员，并连续四年作为亚洲的唯一代表四次出席例会，最终被认定为该俱乐部的终身会员。此后，他的推销纪录年年刷新。1964年为17亿日元，1965年高达27亿日元，并一直保持日本首席推销员的殊荣。1965年，他签订了4988份保险合同，收取保费27亿日元。也就在这一年，这位72岁高龄的老人终于登上了世界冠军宝座，成为世界首席保险推销员。

齐滕常说："我之所以有今天，就是靠坚定的信念从而焕发斗志，动脑筋、想办法、不断创新，顽强地使推销获得成功。"他的成功处方是：积极研究竞争对手的策略和方法；努力学习竞争对手的优点，不断改正自己的缺点；学会赞美你的对手，不要攻击对手；深入了解竞争对手曾犯过的错误，避免自己重蹈覆辙。

四、无敌推销王柴田和子

（一）家庭主妇走上保险行销路

柴田和子1938年出生于日本东京深川。她10岁时，父亲便不幸离开人世，母亲是一位不屈不挠的人，顽强地担起了家庭生活的重担，柴田和子也深受母亲的影响。

母亲经常对她说:"别人提问我们 100 个问题,即使 99 个不正确,只要有一个是正确的,也要心存感谢。如此,方能长保喜悦面容。"由于家境贫困,因此她读完高中就进入"三阳商会"就职。1966 年,她与同事结婚后,当了四年的全职家庭主妇,哺育两个幼儿。当时,全家 4 口人挤在两间租来的只有 6 个榻榻米大小的房子里,生活很拮据。

1970 年,柴田和子这个其貌不扬,而且已有两个孩子的她在朋友的说服下,踏入日本第一生命保险会社新宿支社,开始了寿险推销生涯。柴田和子很快调整了心态,除了对工作和生活的积极态度外,还有一个秘密,那就是渴望拥有自己的房子。而从事保险推销,柴田和子想象它也许是上天给自己的一个机会,如果好好地利用它,也许就会实现自己的梦想。

柴田和子进入保险公司的第一件事,就是写出 300 位认识的人的名单。由于从业之前,柴田和子是名普普通通的家庭妇女,认识的人不足 100 人,最后,为了蒙混过关,她乱编了 300 个名字,连已过世爷爷和未出世的儿子的名字都在其中。

过了第一关,过不了第二关。主管天天追问:"那 300 人进展如何?"柴田和子只好硬着头皮,每天给她的客户寄明信片。明信片上写着:"也许您很讨厌保险业务员!但是为了我的学习,请务必赐教。"结果出人意料,她竟然连续签下了 187 份保单。

(二)从头号训练生到世界保险行销第一

在她进入公司的第 2 个月,公司首次开办"女子训练班",柴田和子便成为头号训练生接受了一个月特别训练。课程主要传授"如何无预约造访陌生客户"等。从课堂上学到的理论与技能,使柴田和子耳目一新。她不断有新的体会与理解,并与自己的实践相结合,进一步深刻了解如何推销保险和保护自己的利益与自尊,这些对她日后的保险推销工作大有裨益。就在当月,柴田和子再接再厉一口气签下 3000 万日元的保单。到进入公司一周年时,她的保费收入竟达到惊人的 68 亿日元。这时,公司同事都对她刮目相看,觉得简直不可思议。

更不可思议的是,柴田和子从 1978 年起便连续 16 年蝉联日本保险销售冠军。1988 年,她创造了连续 9 年获得日本寿险推销"三冠王",以及世界寿险销售第一的业绩,并担任年度"百万圆桌会议"会长。柴田和子因此荣登当年出版的吉尼斯世界纪录。此后,她逐年刷新销售纪录,至今仍无人打破。1991 年,柴田和子推销的团体保险为 1750 亿日元,个人寿险为 278 亿日元,合计 2028 亿日元。这些数字相当于几千位"第一生命"保险公司的营销员一年所创下的业绩。她当年的个人收入也达到创纪录的 37 亿日元(约 3 亿人民币)。她与西方的保险泰斗班·费德雯一起被称为人寿保险的奇迹,可谓"西有班·费德雯,东有柴田和子"。

(三)"疯女人"的勇气

约谈是成功销售的开始。柴田和子自从获得"全国第一"以及登上吉尼斯世界纪录后,虽然约谈较从前顺利,但也有人会用另种方式拒绝她,如送一些礼物给柴田和子,但是绝不谈保险。

愈挫愈勇是柴田和子的个性,每当遇到一些"高明"的拒绝后,她总是思考如何突破并采取什么样的方法。有一次,柴田打电话给一家公司经理,跟他谈见面的时间,对方说中午 12 点比较合适。中午 12 点整,柴田和子准时出现在公司里,因为她不知道正面坐的就是公司经理,她说:"对不起,请问经理在吗?""喂!哪有人午餐时间来的。"随即把柴田和子骂了一顿,柴田和子反问他:"那么,您所说的中午是几点?""中午就中午。""您说中午来,所以我准时 12 点到,因为我照您的吩咐 12 点到并没有错。"经理看着柴田和子,心想:今天怎么碰上了一个顽固的女人。柴田和子转了口气:"那么 12 点半好吗?""可以。"

柴田和子到快餐店点了一份意大利面,吃完后提前 3 分钟抵达公司。12 点半到了,柴田猛然冲进经理办公室,大声说:"我是'第一生命'的柴田和子,初次见面,请多多指教!"这位经理给人一种压迫感,因此其他业务员拜访他时,由于过于谦虚而谈不到正题。而柴田和子是他碰到的第一个敢于当场反驳他的"疯女人",经理接受了柴田和子的建议,当场签署了 2.8 亿日元的保单。从此以后,这位经理便成了柴田和子的朋友,为她介绍了很多的客户。

(四) 企业老板的投保方案

柴田和子并没有过人的才能,长得也不出众,只是她能紧紧地抓住营销命脉,合理、合适地为企业老板设计投保方案。讲话有凭有据,勇于挑战高额保单也是她的秘诀之一。

许多人都会遇到同一个问题,那些富裕的企业老板,应该投保多大的保额或交多少的保费比较合适。柴田在为企业老板制作建议书、设定保额时,会以公司一年支出的薪资总额乘以 3。

"老板,贵公司有多少位员工?""有 20 名。""他们的平均年薪大约是多少?""大概是 400 万日元吧。""那么,您一年必须准备 8000 万日元作为员工的薪水了。再加上主管的部分,大约是 1 亿 1000 万日元吧,请问,是否可以为您设计 3 年薪资的保险金额?"

光是空口要求顾客投保多少是难以说服对方的,必须确实拿出要他投保这么高金额的理由。对于资金不充裕的企业老板,可以建议设保 1.5 倍年支出薪金的总和;对于资金充裕的企业老板,则综合各种险种,为他们设计年支出薪金总和的 3 倍为保额。

(五) 抓住客户的心

顶尖寿险营销人员,必须能牢牢抓住客户的心。

柴田和子有一段这样的经历。一天,一位担任设计师事务所社长的客户来电话:"我想为太太投保,请派一位秘书或任何一位工作人员来就可以了。因为好久不见了,柴田小姐您大概已经忘了怎么来我们公司了吧!柴田立刻回答:"说哪儿的话,我可是牢记得很,您的办公室是在赤阪消防署附近,对吧!"社长听了柴田的话,颇为感动地说:"您可真没忘记!"这位社长是在距第一次签约8年后,第一次打电话给柴田和子。因此,营销员千万不要只顾着眼前的事情,而忘了花心思去思考如何使客户更加感觉快乐。

遇到客户的生日,可送一些价钱低廉的礼物,同时附上最诚挚的贺卡以表心意。若是耳闻客户要出外,不妨到寺庙求个护身符,保佑他平安。最昂贵的礼物不见得就能取悦于人,游乐园的入场券,只要附上一张小纸条写上:"我可没忘记你哟!"这样就可以收到预期的效果。

柴田有时拜访一些公司,顺便会买上几盒寿司前去,一进去便说:"哇,今天都在加班,真是辛苦了。因为一年只来这么一趟,所以我特地买了些寿司,这可不是钱的问题,而是一路捧来的重量问题,各位了解我的心意吧!好了,这个办公室里还没有投保的人,请举手!"

"看在我这寿司的份上,还有我远道努力捧来的这份情面上,总有几位要投保的吧!请帮我找一找。喂,请帮我把寿司搬一下,今天我可不空手而归。最近,我几乎不做个人保险,可是今天例外,我可要努力签几张保单回去。"平时要多花心思在客户身上,客户绝不会"移情别恋",不论隔多久,还是会再度签约的。让客户知道你在乎他,并保持与客户的密切接触。

(六)柴田和子的"时间管理"

柴田和子即使有了终身事业,也没忘记自己还是家庭主妇,是人妻、人母,并没有因为有了工作,就将家事置之不顾。家庭是每个人的生活港湾,她每周都要抽时间与家人共聚。

柴田早上5:20起床,大约在9点10分到9点30分之间到公司,上午是按定好的行程办事,下午有时也会赴约,否则就处理其他业务。客户多的时候,柴田一天会和30多位客户面谈,出门巡回拜访,一天最多会去60个地方。大部分拜访的对象都要特别用心经营,而且每次谈话的过程都非常紧凑,因此只要转三个地方,她就会累得快要瘫下来。

柴田和子在拜访客户时,往来的交通工具是电车,驾驶汽车容易受路况影响而无法掌握抵达的时间,所以,电车是最恰当的选择。有必要的话,下了电车再搭计程车也很方便。

周末对柴田和子而言,就是拜访亲朋好友或是出席各种聚会的时候,柴田和子工作多年,交际广,这些机会就特别多。整理办公桌也成了假日工作之一,如果不整理的话,书信、传真等必须处理的文件很快就会堆积如山。

(七)机智幽默的保险行业协会会长

柴田和子从1992年就担任MDRT日本分会会长,1995年起,担任日本保险行业协会会长。虽然公务应酬繁忙,但其销售业绩依然骄人,早已超过世界上任何一个保险推销员。柴田和子说话机智幽默、为人搞笑、衣着奇特，已经成了当今营销精英们心中的偶像。

柴田和子把自己的成功总结为两个字——服务。每年的感恩节来临，她都会为自己的客户送上一只火鸡。因此，人们都亲切地称她为"火鸡太太"。她的成功秘诀：只要你想要，没有什么不可能的；服务永远是销售制胜的关键。

五、保险巨星在小镇升起

1912年，班·费德雯出生于美国一个小镇。1942年，30岁的费德雯加入纽约人寿保险公司，成为一名保险推销员。费德雯极富销售天赋，就单份保单销售而言，他曾做到2500万美元，单一年度销售业绩曾多次超过1亿美元。他一生中售出了数十亿美元的保单，这个金额比全美80%的保险公司的销售总额还要高。

在这个专业化导向的行业里，连续数年达到100万美元的销售业绩，便能成为众人追求的、卓越超群的百万圆桌协会会员。而费德雯却连续做到将近50年，年均销售额达到近3000万美元的业绩。放眼现代寿险发展历史，没有任何一位推销员能赶上他，真可谓保险推销奇才。而这一切是在他家方圆40里内，一个人口只有1.7万人的小镇中创造的。

1956年，费德雯的年度销售业绩超过1000万美元。1959年，2000万美元的年度销售业绩被认为是遥不可及的梦，是那样的不可思议，以致保险从业者连想都没想过，但费德雯却是例外。1960年，他把2000万美元的梦想变成了事实。1966年，费德雯冲破了5000万美元的销售大关。1969年，他再缔造了史无前例的1亿美元的年度销售业绩，往后更是屡见不鲜，不断刷新他创造的世界纪录。1984年，他获得保险业的最高荣誉——"颁罗素纪念奖"，成为世界闻名的保险营销泰斗。

费德雯说："我的成功没有任何秘诀！"其实他早已把他的"秘诀"公之于世。多年来，他总是从早上到晚上，从周一到周日，不间断地努力工作。他认为："对自己的生活方式与工作方式完全满意的人，已陷入常规。假如他们不想使自己成为更好的人，或使自己的工作更杰出，那么他们便是在原地踏步。而正如任何一位业务员会告诉你的，原地踏步就等于退步。"

费德雯的成功秘诀就是：积极进取，不断挑战自己的极限。

六、推销超人及其制胜法宝

乔·坎多尔弗是全美十大杰出保险业务员，也是历史上第一位一年内销售超过10亿美元保费的超级寿险推销大师。

（一）苦难的青少年

乔·坎多尔弗出生在美国肯塔基州。他的父亲是外国移民，在他移居美国后不久，便与一个意大利姑娘结了婚。

坎多尔弗常常自豪地说："我的父亲是一位勤劳、能干的人，他常告诉我，在美国，你可以随心所欲地干你愿意干的事，但对你来说，从商是最好不过的事情。"

坎多尔弗12岁时，母亲患癌症去世。在读中学的时候，父亲也不幸离世。失去父母后，坎多尔弗陷入难以忍受的痛苦之中。之后，他先后进入美国军事研究院和迈阿密大学数学系学习。

（二）弃教从保，勤奋推销

1958年，他从迈阿密大学数学系毕业后，成了一名职业棒球运动员。1959年，他告别棒球队，和妻子卡罗一道来到佛罗里达。在那里，他成了一名数学老师，并利用业余时间做些辅导工作。当时他的月收入仅为238美元，非常拮据。1960年，他的第一个孩子出生，使得生活更加困难。

1960年夏天，坎多尔弗在妻子的鼓励下改行进入保险公司，开始尝试推销人寿保险。他仔细推敲并背熟保险公司给他的长达22页的保险条款说明书，并和妻子卡罗日夜不停地排练推销保险的每一句话术。坎多尔弗极富耐心，他一心一意不断努力，在第一个星期就签了9.2万美元的保单。他每天5点起床，6点钟就开始一天的推销工作，直到深夜10点。如果当天工作进展不好，就省掉一顿饭。由于勤奋努力，他第一年的个人收入就高达3.5万美元，相当于他当老师12年的收入。

坎多尔弗恨不得把吃饭、睡觉的时间都用来工作。他说："我觉得人们在吃睡方面花费的时间太多了，我最大的愿望就是不吃饭、不睡觉。对我来说，一顿饭若超过20分钟，就是浪费。"他还说："在销售过程的每一个环节自信心都是必要的"。"在工作时间，我不做与推销无关的事。即使是吃饭也一定和推销有关。我常和客户一起吃饭，如果不是客户，也是一位能帮我赚钱的人。此外，当我一个人独自用餐的时间，一定是边吃边看专业性刊物。一天有24个小时、1440分钟，我把握每一分钟，将分分秒秒都用在推销上。"自1966年开始，坎多尔弗连续10年的销售额都超过8亿美元，成为美国最富有的推销员之一，被人们尊称为"寿险推销大师"。

1976年，坎多尔弗的保险销售额高达破天荒的10亿美元，并成为百万圆桌会议终身会员。他一年的销售额，超过了绝大多数中小保险公司一年的保费收入。

（三）演讲会销售

坎多尔弗真正的秘密在于使用全新的销售方式——演讲会销售。自从20世纪70年代中期以来，坎多尔弗就使用这种行销方式，既可节省大量时间，而且效果很好。

坎多尔弗在演讲会前会事先发送邀请函。在演讲进行到尾声时，会收回那些有兴趣深入讨论人寿保险的邀请函。事后再仔细了解他们的需求，然后打电话给他们。

演讲会销售成败的关键在于目标人员的选择。为了提高销售效率必须谨慎选择听众，否则，那些对保险没兴趣的人会白白浪费时间。他选择的销售对象一般是公司老板。他会从邮件或宣传件中找出一些有用信息，当然也通过一些私人企业协会获取有价值的名单。坎多尔弗曾经在《今日美国》及《华尔街日报》上刊登演讲会的广告。他认为：不要害怕花费，花费的目的是要投资金钱来赚钱。

（四）与客户一同成长

坎多尔弗在从事寿险事业之初就对自己发誓，每年都要对客户加以追踪，使自己与客户一同成长。

有一天，坎多尔弗给一位19岁的年轻人签了一张保单，年轻人将为人父。他的保额是5000美元，保费是每年24美元。在坎多尔弗看来，无论大客户还是小客户，他们都会从自己身上获得相同的服务。他常这样说："我有义务为他们服务一辈子。"他卖给年轻人的除了一份保单外，还有一份服务契约。这位年轻人后来搬到了戴脱纳海滩，与他的岳父合伙做生意，他岳父是戴脱纳赛车场的老板，并且是美国最大的赛车制造商。

坎多尔弗与年轻人一直保持密切的联系，即使他暂时不需要再买保险，坎多尔弗也依旧把他当作自己一生的客户。只要他的保险依然有效，坎多尔弗就会为他服务，以关心他的生活做为自己的义务和责任。多年以后，年轻人继承了岳父的事业。后来，他向坎多尔弗购买了720万美元的人寿保险，每年的保费是16.8万美元。坎多尔弗说："年轻营销员可以从年轻的客户开始开发，然后与他们一起成长。"

要关心小客户，并且保证他们受到的服务品质。这是坎多尔弗的经验之谈。因为你绝对不知道谁会成为富翁，客户在成长，你也在成长。

（五）我需要您的帮助

真正的销售是在与成交客户之后，索取转介绍是快速发展准客户的有效方法。

坎多尔弗年轻时，曾拜访过一位先生。他曾是一名很有名气的书商，后来因为酗酒，风光不再。在他家里，坎多尔弗看到许多徽章及奖杯。于是问他："这些徽章和奖杯是如何得来的？""我曾获得美国最佳书商称号。""您是如何成为第一名的？""因为我知道神奇的格言。""什么神奇的格言？""我会向客户说'我需要您的帮助'，当您诚心诚意地向别人求助时，没有人会说不。""您要求什么帮助？""我请他给我三个朋友的名字。"

坎多尔弗知道了这位先生当年成功的秘密，就是向客户索求三个被推荐的名单。为什么是三个？而不是五个、十个呢？根据心理学家分析说，人们习惯性用"三"来思考。此外，很少人有三个以上的好朋友。一句"我需要你的帮助"的确帮了坎多尔弗许多忙。在取得三个朋友的名字之后，坎多尔弗会向客户了解他朋友的年龄、经济状况等。然后在离开之前坎多尔弗会对客户说："您会在下周前与他们见面吗？如果会，您愿不愿意向他们提起我的名字？或者是，您会不会介意我提到你您名字？我会用我与您接触的方式，与他们接触。"

"我需要您的帮助"的确是一个好方法。针对被推荐的准客户名单进行开发，比直接搜寻客户容易得多。您可以寻求其他客户及准客户的协助，这有利于您积累准客户的资源。

（六）推销超人的制胜法宝

坎多尔弗谈到自己的成功时说："我成功的秘诀相当简单，为了达到目的，我可以比别人努力一倍，艰苦一倍，而多数人不愿意这样做。"其实，他也有自己的一套制胜法宝：

（1）第一印象很重要。

（2）业务员应该花两倍于说话的时间在倾听上。

（3）当客户说话时，一定要看着他们的眼睛和嘴巴。

（4）千万不要表现出对顾客不感兴趣或不尊重，不管是语言还是行动。

（5）在开发客户时，应主动与客户预约会面的时间，而不要期望想要立刻见到客户。

（6）告诉准客户你想和他们"分享一个想法"，这才是你所要销售的，不管你从事的是哪个领域。

（7）你若能在客户的事业领域表现出你是个专家，便可以增加可信度。

（8）早上销售成功的比例较高。

（9）你开发的客户愈多，成交的概率就愈大。

（10）针对被推荐的准客户名单进行开发，比陌生拜访寻找客户要容易得多。

（11）如果准客户不想见你，试着问问他们是否不想接受新的想法。

（12）准客户要见你时，以自己的资质作为开场白，让他们多了解你，当他们信任你了，就会购买保险产品。

（13）在试图推销任何产品之前，先问准客户一些问题，以便真正了解客户的需求及想法。

（14）大部分营销员都反其道而行，试图强迫将保险产品推销给客户，这是销售大忌。

（15）卖给客户他们想要的东西。在他们了解并且信任你之后，就可以卖给他们真正需要的东西。

（16）在保险完成交易后寄一张感谢函给客户，让他知道你是他们所信任的人，是最正确的人选。

（17）向你的客户承诺你一年至少会拜访他一次，让他们可以掌握最新资讯。同时，想法让他们成为你的忠实客户。

（18）善于使用演讲会销售。这样做可以节省大量时间，而且效果很好。

七、保险营销顶级大师

戴维·考珀是世界上最成功的保险营销大师之一。他曾是保险业界百万圆桌协会最早的顶级会员，并担任过协会顶级会员年会的演讲人，曾任寿险代理人协会会长以及加拿大寿险协会税制和立法委员会主席。

但谁曾想到，他1958年开始自己的保险推销生涯时，却已经接近破产，并且连续三个月没有卖出一份保险，后来却售出过价值1亿美元的单笔保单。他认为自己的天赋并不高，但他独创的营销策略却展示了一个保险人的骄傲和乐趣所在。每一次推销都是一次精神交锋和智慧历险，掌握其中的要诀就能胜出，无论怎样，一个卓越的头脑都能给人带来启发和感悟。

（一）巨型铅笔的故事

考珀没进入保险业之前曾做过涂料推销员，当时，史蒂文公司是他一直想与之合作的大公司。因为这家公司部分归属于新英格兰涂料公司，因此其使用的涂料自然完全由新英格兰涂料公司供应。但该公司所提供的涂料经受不了冬季寒冷的气候，考珀的一家供货商正好有合适的涂料，所以他一直向史蒂文公司推荐这种产品。但史蒂文公司的负责人约翰却一点都不改变态度，他们与新英格兰涂料公司的合作如此紧密，使别的供货商根本无法插足。

考珀并不放弃，他每隔几个星期都会带着咖啡、糕点和约翰见一次面，他们相处得很愉快，但约翰却从不提买涂料的事。考珀绞尽脑汁，他告诉约翰关于这种涂料的优点，但要促使约翰签单购买，他做的似乎还不够，还缺什么呢？

一次在去史蒂文公司的路上，考珀无意中发现路边一堆废弃物中，有一支长约4米、作为展示品的巨型塑料铅笔模型，他捡起这支巨型铅笔。当约翰看见这支巨型铅笔时，非常惊讶。考珀说："就让这支巨型铅笔帮助你签一下涂料采购订单吧。"约翰笑了，这支巨型铅笔似乎表明永不放弃。当然，约翰也签下了这张订单。考珀认为，约翰决定签订该合同的并非那支巨型铅笔，那支铅笔可以是能带来帮助的任何一种事物，成功需要的是以创新的方法去冒险的勇气。

（二）迟到的第一笔保险交易

进入保险业后，考珀并非很快就取得了成功，相反，他一路坎坷，犯过不少错误。但在最初的几个月里，他明白了一个道理："创造性才能求生存。"

纽约人寿保险公司面试的第一关，就是要求写下100个熟人的名单，即100个很容易接近并能把保险卖给他们的名单。问题不大，考珀第二天带着名单来到纽约人寿公司，他被录用了。

随后，戴维·考珀参加了为期6天的培训课程，而这次培训则要求他对所列出的100个人尝试保险销售。他联络了名单上所有的人，除了部分人已经有了保险代理人，另外一些人根本不愿意买保险。后来，他开始搜索电话号码簿，而得到的回答没什么两样，如："我不需要什么保险，不要再打电话了。""我已经有代理人了，谢谢！""不，谢谢！""我爸爸不在家。"这种糟糕的情形一直延续了快3个月。然而，就在最后两天时间里他却时来运转，终于销售了一笔迟到的保单，这也意味着要在两天内完成两个多月都不曾完成的任务。

最后一天下午的 5 点,考珀还是没有做成一笔保险销售。在回家的路上,恰巧他看到一个人在卡车后面放置梯子,便快步赶上前。

这是个穿着破旧牛仔衣、看起来很疲惫的中年男子,一个修理屋顶的瓦工。看见考珀迎向他走来,感到很惊讶。考珀和他随意打了个招呼,问今天怎么样。他说感觉累极了。考珀又问:"做屋顶这样的工作是否必须要有良好的身体状况?如果有一天突然从屋顶摔落下来该怎么办?"屋面工耸耸肩说,去医院。考珀继续问:"那谁来照顾你的妻子和孩子呢?"屋面工沉默了一下说:"不知道。"于是,考珀为他提出现在有一个特别为瓦工设计的保险计划,在出现意外的情况下,他的妻子和孩子都会得到充分的照顾,而且他还会得到应得的工钱。第二天,考珀满怀喜悦地带着第一笔保险销售款走进公司。

(三)永远保持热情才能成功

许多保险营销员在职业生涯中,都会经历具有特殊意义的时刻,也就在这个时刻,他们意识到自己所销售的保险对于客户多么重要,并永远点燃他们推销的热情。考珀也是如此。

一次,考珀去拜访一位刚从意大利移民到美国,名叫托尼的准客户,他在一家工厂工作,妻子在家操持家务并照顾 3 个孩子。考珀向托尼讲解了为他量身定做的保险计划,如果他每年能抽出一小笔钱投保,在他离去时家人就会得到很好的照应。托尼听了很满意,但是他妻子玛丽反对。玛丽认为,与保费投入相比,生活其他方面的开支更大。最终托尼只好婉拒保险计划。

时隔几年后,考珀偶尔经过托尼的住所,看见他家房子的草坪上摆着一块"待售"的牌子,于是他再次拜访了这里。几年不见,玛丽一身灰暗的衣服,头发也有些花白了,比那时要憔悴很多。原来,托尼几个月前离开了人世,他生前没有购买任何保险。他的妻子玛丽既没有收入也没有积蓄,却必须独自承担抚养 3 个孩子的责任。

玛丽带考珀看了墙角边一台绿色的大冰箱,当时,她就是用托尼原打算投保的钱买了这台冰箱,但是现在因为偿还不起这栋房子的贷款,她只能将房子卖了。考珀几乎要与玛丽一起落泪。这是他保险销售职业生涯中的重要时刻,如果他再坚持的话,就不会让悲剧发生。

这件事永远改变了他对推销的保险、客户以及他在他们中所起的作用的看法。要成功销售保险产品,仅仅了解产品远远不够,只有对销售的保险承诺始终充满热情,并始终保持这种热情,才能使保险商品成为改变人们生活的重要工具。

八、保险令她见证生命奇迹

(一)执着信仰:做传递爱心的信使

2003 年之前,李玉珍做生意赚了些钱,在厦门买了数套房产,在 2007 年房价高涨的时期,她的房产市值已接近千万元。有朋友开玩笑说:"你就是坐在家里吃利息,这辈子也够花了。"然而,一次偶然的机会,她参加了中国人寿保险公司的早会,竟然被这个行业深深地吸引了,"或许做保险的激情和我创业做生意的激情是相通的吧"。其实,她身边的人都知道,李玉珍是一个充满爱心的人,正因为她与生俱来的爱心特质,与保险这个传递爱心的行业特质相吻合,或许这才是她加盟中国人寿保险公司的真正原因。

加入中国人寿保险公司以后,李玉珍将自己创业时掌握的各种技能充分展示出来,很快就成为所在分公司交单量最多的营销员,以后的几年,更是蝉联支公司年佣金收入第一名。支公司领导对她评价是:"勤奋、真诚,更重要的是她非常善良。"

2006年年底,李玉珍被查出患有间质性肺炎,该病无传染性却具有致命性。这种在国际上尚无治疗办法的病魔似乎向李玉珍下达了生命判决书,医生告知她最多只有两年的时间。伤心过后的李玉珍却乐观地面对命运带来的磨难,她甚至会忘却自己的病情,把更多的精力放在她周围人的身上。有一次,她在医院病床上和朋友聊天中得知以前的一个客户家中遭窃,客户丈夫因追赶窃贼不幸摔成重伤,李玉珍不顾自己刚刚恢复一些的虚弱身体,连夜赶到客户家中进行安慰,在得知这个朋友经济上遇到一些困难后,又塞给朋友1000元,并表示有困难时要和她说。这个朋友非常激动:"你自己都病成这样了,还过来帮我呀!"李玉珍的回答仅仅是笑一笑。

(二)赤诚敬业:把办公室搬到病房

有些业务精英在名气大了后,眼中只会盯着大单,根本看不上80元和100元的学生险、吉祥卡业务,认为保费收入极低、理赔服务烦琐,李玉珍却不这样想。"虽然麻烦点,不过当你看到那些学生躺在病床上等待救助的样子,当你把理赔金送到他们手上为其解决现实问题时,你就会明白花费这些工夫是值得的,也会明白需要有人去坚持不懈地宣传这80元的学生险和100元的吉祥卡。"

2005年年初,厦门某村发生一起意外事故,一名妇女在自家的卫生间中滑倒导致颅内出血死亡。当家属处理完后事,才想起遇难者买过一张100元的吉祥卡,由于缺乏对保险的了解,加之担心多花费用,家属没有及时报案,也没有把遇难者送往医院。李玉珍得知消息后非常着急,因为没有医院的死亡证明,保险公司将无法赔付。李玉珍当即联系遇难者家属和公司理赔人员,并驱车几十公里前往当地了解情况,由于情况特殊,李玉珍前后跑了许多趟,最终才把事情圆满解决。当遇难者家属拿到几倍于全家年收入的10万元理赔款时,全家人万分感激。这件事在当地农村也产生巨大影响,很多村民坚信了保险的保障利益,事后都找李玉珍买了保险,还有一些人则直接跟着她加入了中国人寿保险公司。

2006年年底,李玉珍患病住院期间,始终没有忘记与客户的沟通。"你等我几天啊,等我出院了,就去给你送一份'美满一生'的计划书。"放下手机的她在丈夫的帮助下,重新躺回病床上。丈夫对她说:"你都这样了,还惦记那份计划书啊?""人家主动打电话过来,我自然得言而有信。"听说要在病房住上较长的时间,她甚至把自己的笔记本、客户资料本、保单、险种宣传页等都带到了病房。只要一有空，她就忙活起来。很多次，护士看到李玉珍如此拼命地工作，就略带批评地责备她："都把办公室搬到病房里来了，你不要命啦。"她知道大家都是为她好，只是笑笑说："我希望能在我有限的生命里做更多的事，让更多的人了解保险，这样我就非常快乐了。"病房的主治医生、护士小姐全被感动，主治医生说："人家都是来这里调养的，她却把这里当成了第二办公室。"结果医生护士们主动要求李玉珍为她们上保险课，就连隔壁病房的病人也过来听课，最后全部找她买了保险。用她的话说："处处都是保险宣传阵地，我们要做的就是保险生活化。"

（三）真诚服务：80元换来250万元

对李玉珍来说，除了要具有基本的专业、勤快等素质外，更重要的还是真诚服务。"我和玉珍是十几年的朋友了，她最大的特点就是以诚待人。我原来投保的是亲戚所在的另外一家保险公司，10年了，被玉珍感动了，现在终于改投玉珍门下了。"李玉珍的客户林女士是一家服装代理公司的负责人，被她10年来的真诚坦然所感动，主动要求购买12年期交的"美满一生"产品。"她几乎没有和我说过保险的事，完全把我当朋友交往了10多年。人有的时候无所求却往往能有所得，关键是你是否'心诚'。玉珍就是这样的心诚之人。"

2005年9月，厦门思明区的一位客户打来电话咨询学生险业务。那时已是晚上9点多，李玉珍得知后立即联系这位客户。在得知这位客户离自家有近半小时车程后，李玉珍立即打的前往客户家，要知道80元学生险的个人收益只有几元钱，而光车费都远高于这个数。她的敬业精神让这位客户十分感动，两人便聊了起来，竟然十分投机。让李玉珍没有想到的是，这位从80元学生险买起的客户，最后竟然投保了250万"鸿瑞"趸交险，这也成为她保险生涯中最大的一笔保单。对此，李玉珍解释是偶然因素，但大家都清楚，偶然是必然的积累，没有执着勤奋和真诚的服务态度，这样的偶然永远不会发生。

（四）家人支持：82岁的婆婆做"后勤总管"

不像朝九晚五的职场经理人的工作，保险营销员的工作弹性较大。有的营销员可能一个下午都没事干，有的营销员可能忙得连回家的时间都没有。李玉珍就属于后者。她儿子回忆说："自从她从事保险业以来，几乎把大部分时间都花在客户身上。有很长一段时间，我们都已经习惯了她不在家吃饭，我记得有一次在中午她突然回到家里，家里人都感到很惊讶，以为出了什么事，原来她是回家来吃午饭的。"或许受了母亲的职业精神影响，儿子一心想早日体验职业工作，硕士毕业后，他放弃了保送博士的名额，毅然参加工作，让人感慨的是，他从事的也是保险业。

李玉珍能取得如此出色的成绩，家人功不可没。她的丈夫虽然没有明确表态，但他内心一直在支持妻子；儿子、女儿自然不用说；更可贵的是，李玉珍82岁的婆婆竟然也给予她坚定的支持。自从李玉珍加入中国人寿保险公司后，待在家里的时间越来越少，家务活大部分都由老太太包揽，并且打理得井井有条，没让她操太多心。对于李玉珍所从事的职业，老太太非常支持："玉珍做得好，是我们全家人的光荣，我脸上也有光啊。"每当谈到这里，李玉珍都会内疚不已，"我最对不住的就是我婆婆，她太不容易了。我亏欠家人太多。"她哽咽地说道。

由于真诚待人的品质、严谨专业的业务风格、细致入微的后续服务，让李玉珍在中国人寿保险厦门分公司营销员队伍中出类拔萃，连续几年在分公司年度业绩排行榜上位列第三名，FYC 排名多次位列所在支公司第一名。加入中国人寿保险公司的这几年，李玉珍个人总保费共 800 多万元。出色的业绩也为她带来了无数荣誉：MDRT 美国百万圆桌会议成员、全国销售系统精英二级金质奖章、厦门市首届十佳寿险营销员。

或许是老天对李玉珍眷顾有加，两年多来她的病情没有恶化，反而有逐步好转的迹象。残酷的病症丝毫没有阻挡李玉珍保险事业的步伐，她说："我要把有限的生命化作无限的热情，为我的客户、公司、为我所从事的保险行业奉献更多的能量。我会在中国人寿保险公司这个大家庭里见证生命奇迹。"我们有理由相信，凭借顽强的生命力和意志力，李玉珍在她的保险道路上，将会做得更好、走得更远，见证更多的奇迹。

2009 年 3 月 19 日，中国人寿保险集团杨总裁在厦门分公司视察时，得知有位营销员患上间质性肺炎，只能用 1/3 的肺进行呼吸，仍然忘我地奔波于展业一线。杨总裁亲切慰问了李玉珍，并称赞道："像这样突出的先进事迹，应该在全系统进行宣传推广！"

她拥有资产近千万，拥有令人羡慕的家庭，但却出人意料地投身保险行业。病魔并没有让她止步，反而激发出她更为坚毅的热情，令她在保险之路上越走越远……她就是中国人寿保险厦门市分公司优秀营销员——李玉珍。

（摘自 2009 年 4 月 16 日中国保险网，作者刘黎明，改编唐金成）

九、屡创辉煌的营销总监

廖海伦是广西太平洋保险公司（简称广西太保）第一位资深总监，在广西太保已工作 21 年。从一个普通业务员晋升为资深总监，一路上受过冷嘲热讽，也得过贵人相助。廖海伦刚走上寿险营销道路时，辛苦拜访了 4 个月也没卖出一份保单，还丢了 6 辆自行车。可以说她的寿险营销之路正是从挫折和困难开始的，但她从未想过放弃。她相信，万事开头难，只要坚持就会成功。她始终激励自己，一定要成为寿险团队金字塔上最闪亮的那颗明星。

廖海伦经历无数次拒绝后，终于有了第一批客户。她对于这些信任自己的客户无比感恩，将他们视若珍宝。每当公司有新产品上市，或者有活动，她都会第一时间告知客户；每当自己在公司取得了成绩和进步，她都第一时间与客户分享，并对他们表示感谢。客户生日，她会及时送上温馨的祝福；客户孩子满月，她会带去纯棉的小衣服；拜访客户时看到客户家里灯坏了而男主人又不在家，她会马上出去买个新的当场帮客户换上；客户太忙没时间接孩子，她会亲自开车去接；至于临时帮客户看孩子或者给孩子辅导功课，廖海伦也早已轻车熟路。她常说，客户的经营是"人心"工程，你付出了真心自然就会得到客户的真心。她还说，老客户家里有黄金，只要你心里有客户，时常去他们家里坐坐，一定有意想不到的惊喜。每月1号，她一定会率先出单，在管理着近千人销售团队的情况下，她个人每年的长险件数都超过100件，连续两年当选广西太保的"件数王"。2017年3月，更是创下单月签下62张保单的记录。21年间，在她手里购买保险的客户接近1500位。此外，她还在服务和跟进近2000位客户。她对自己与客户的关系无比自信，并说："我与客户之间是交情而非交易，以心换心，我的客户谁也抢不走。"

  2010年6月起，廖海伦组建了自己的团队，她要把自己的销售技能传授给更多人，将保险保障送到更多客户身边。她每天开车带下属下乡走访，不断去走街串巷进行陌生拜访，宣传保险知识，她见人就谈保险，即使遇到白眼和讽刺也不在意。一路走来，她始终在用自己的行动引领和帮助团队的伙伴，教他们经营客户的方法，在他们遇到挫折时予以鼓励和帮助。在她眼中，保险是个非常伟大的事业，是个成人达己的事业，既能帮助客户拥有保障，还能帮助属员获得事业的成功。

  有了庞大的团队后，廖海伦更忙了，但对于自己的客户却没有丝毫怠慢。她对客户说："我的团队很大，还有很多客户要服务，我很忙，也许没有办法时时在你身边服务，但当你需要我的时候，我一定会第一时间来到你身边，我的电话24小时开机！"她会为客户筹办温馨的生日会，会邀请客户到家里一起包饺子，会不定期地举办感恩答谢会，将客户和他们的朋友组织起来开展各种活动。对于100位核心客户，她始终保持每个季度至少见一次的服务频率，对于每一位客户，节日和生日的祝福从不间断。在其精心服务下，客户都很乐于参加她组织的活动，并源源不断地给她介绍新客户，因此她总是有签不完的保单。

  廖海伦在朋友眼里是个热爱寿险、乐于助人的好心人。在同事眼里，她是个工作勤恳、爱岗敬业、关心下属的团队领头人；在家人眼里，她更是一个工作狂人和爱家达人。

  对廖海伦而言，寿险之路无捷径，只有坚定目标、脚踏实地、坚韧不拔地干下去，才能最终达到目标。2017年，她成功入围太平洋保险群英会的四项"蓝鲸奖"，分别是"广西件数王""增员蓝鲸奖""个人三级蓝鲸奖""总监二级蓝鲸奖"。谈起获得的荣誉，廖海伦总说要感恩公司给她如此广阔的舞台，这才成就了她。展望未来，她将继续带领她的团队，以昂扬的斗志迎接新挑战，不断创造新的辉煌。

十、亿元保险团队"姐妹花"

  如果不是张经理介绍，真不敢相信坐在自己面前两位文静内敛的女子，竟然是连续两年带领团队夺得南京市人保财险公司年度销售冠军、实现了年度亿元保费收入的

"姐妹花"。姐姐叫何文艳，沉稳而干练；妹妹叫蔡琳，自信而阳光。她俩没有血缘关系，但长期的和谐相处、默契共事，早已让她们情同姐妹。

2009年是这对保险"姐妹花"绽放的一年，她俩携手带领着一个团队一举突破年度保费收入亿元大关；2010年，是这对保险"姐妹花"怒放的一年，她俩一分为二，正各自带领自己的团队奋力冲刺亿元目标。姐妹俩对实现这一目标，充满着激情、自信与期待。

一对年轻姐妹何以能聚积这么大的能量，创造如此优异的业绩？让我们走近这对"姐妹花"，领略她们的艰辛与甘苦、成长与美丽吧。

（一）执着：连做梦都在谈业务

在江宁支公司，何文艳和蔡琳是出了名的"工作狂"。她们说："尽力只能完成任务，尽心才能完成好任务。不怕大家笑话，我们甚至连睡觉做梦都想着做业务、收保费。"

原来在"见费出单"之前，一年几千万元的保费，需要姐妹俩一笔一笔催收，无论保费多少，往往总要折腾几个回合。为这事她们俩没少吃苦头，经常拖着疲惫的身体很晚才回家，躺在床上翻看催收记录，计划着明天该收哪一家，迷迷糊糊，就在梦中收起保费来。在她们心中，做好业务才是硬道理。有时为了一笔业务，她们付出的不仅有汗水，有时还伴有泪水。

一次，她们得知某大品牌车行与原先的保险合作伙伴因纠纷而解约，保险业务正处于真空期。机会难得，姐妹俩闻风而动立即介入。不料，该车行作为某大汽车品牌在苏皖地区的销售总代理，挑选合作伙伴有着独特的标准。加上之前保险合作中不愉快的经历，对于后续的保险公司要求格外严苛。车行的销售部经理是个个性独特、做事严谨甚至有些苛求的人，会不断地挑出这样那样的问题，对她们俩粗言训斥。姐妹俩哪见过这种阵势，经常是前一天痛哭流涕回单位，第二天脸上又挂着笑容继续赶往车行。一连3个月的时间里，她们往这个车行跑了40多趟。

精诚所至，金石为开。她们的坚持和执着，感动了该车行的所有人，得到了他们的理解与认可，终于签下了第一张保单。如今，与她们团队合作的4S店总数已增至26家，所做业务的续保率达到60%—70%。

成功往往躲藏在坚持的背后，考验的是耐力与韧性。姐妹俩谈起这段经历，至今仍难掩满脸的成就感。正是凭着这种坚韧的精神，她俩的业务越做越大、越做越好，终于登上亿元台阶。

何文艳说："最忙时一天要出60多份保单，白天在外面跑，只好等下班后，用公司当时仅有的3台电脑，滚动操作出单，一忙就是几个小时。"即使在采访过程中，她们每隔几分钟都要接一次手机，应对自如地处理客户的问题。由于长期超负荷的忙碌以及持续不断的工作压力，这对年轻的姐妹都患上了不同程度的胃病和失眠症，她们的办公桌上放着一堆药瓶。

"工作这么投入，家庭能顾得上吗？"面对提问，何文艳打开了话匣："要做好业务,不能只靠每天 8 小时的投入,必须保持 24 小时迅速响应的工作状态。丈夫的工作也很忙,孩子又正上小学,全家一直希望我改行干个内勤,腾出点精力照顾家庭和孩子。但想到手上的工作是自己热爱的事业,想到业务取得突破时那份无可替代的喜悦,想到公司领导的信任和团队员工的期待,工作上再多的付出也就值了。眼下,只能把对家庭的亏欠深埋在心底,先敬业再顾家,用今天的辛苦换取明天的幸福吧。"

付出终有回报。姐妹俩的汗水,终于在事业上获得了补偿。蔡琳先后获得中国保监会、中国人保优秀共青团员、省公司先进事迹网络评选第一名等荣誉称号。何文艳也多次获得省、市公司的展业标兵称号。2010 年 5 月,她们还出席了中国人保财险井冈山销售精英峰会。

(二)温情:当员工的知心大姐

在江宁分公司,她们团队每年所做的业务占据公司的半壁江山,这得归功于江宁分公司领导的睿智和果断。

女性的肩膀虽然柔弱,照样能挑起"过亿"重担。公司领导适时引入竞争机制,充分发掘潜能,为这对"姐妹花"搭建起竞相绽放的新舞台,毅然决定实行"良性裂变",将姐妹俩的团队一分为二,一个人带一个团队。团队虽然分立,但单个团队任务指标仍然是过亿。由一亿变两亿,摆在这对"姐妹花"面前的压力骤然增加。

市场如战场,不进则退,勇者必胜,容不得丝毫的畏缩与懈怠。姐妹俩终于理解了领导的这份良苦用心,十分珍惜这次挑战自我、超越自我、实现自己人生价值的机会。

如今,这两个团队共有 23 人,绝大多数都是 80 后、90 后年轻人。这些年轻人各自为战,几乎都找不到合适的时间进行团队交流。怎么办?

扶上马必须送一程。姐妹俩对待新员工总是手把手、心贴心地传帮带,并坦诚地与他们交流自己的创业感悟与教训。新员工为了能赶时间参加业务技能培训,姐妹俩主动为他们报销路费。每当公司有经营政策和策略调整,再晚也要传达到每一名员工。在这些 80 后、90 后员工的心目中,何文艳、蔡琳这两个团队领头人首先是知心大姐,然后才是领导。

团队里,谁的家里遇到难处、谁这几天和男友怄气,这些看似琐碎的小事情,姐妹俩都能记挂在心上。不管怎么忙,她们都会想方设法挤出时间,找个茶楼,分头陪这些小妹妹、小弟弟们聊天。有时,她们还会抽出时间,进入员工们的 QQ 空间踩踩,围绕热点话题、八卦新闻、明星趣事、时尚潮流,说上两句,顶一下、赞一个。个别小女生甚至成了两位"知心姐姐"的"闺蜜",推心置腹、无话不谈。有了这份信任与情感做基础,不知不觉中,"家"的氛围形成了,管理的功能也在其中得到了体现。即使是批评、管束,对方也能欣然接受。

形散神聚。在知心"姐妹花"的带领下,团队成员每天都铆足劲投入繁忙的工作中。加班加点是家常便饭,正常午休和按时下班对他们来说往往是一种奢望。尽管如此,在团队推行"一对一"的专管专营模式下,每个人始终把服务保户放在第一位,他们主动与各家4S店取得联系，积极为对方提供双赢的合作方案，把前台销售与后台维修、承保与理赔全流程有机结合在一起，并从细节入手，将优质服务贯穿于工作的始终，不间断地与客户保持良好的沟通和交流。

在这两个团队里，几乎人人都养成了手机24小时开机的习惯，以便客户遇到问题能随叫随到。随机打开两个驻店员的手机，可以发现她们内存的号码绝大多数都是客户的，为了方便快捷，她们在客户的电话前加上"客户"两个字，只要手机一响，来电的客户是谁，一目了然。

如今，这个团队的年轻人都是保险行家里手，个个都能够独当一面。说起这个成长和变化过程，两位"知心姐姐"的方法很简单，就是对80后、90后不带任何偏见，以平等和宽容的心态对待其工作中的失误，全力以赴地帮助补救，并加以总结。

（三）聪慧：见识比头发更长

俗话说：头发长见识短。但从这对"姐妹花"身上更多地感受到一股灵性与悟性、一种聪慧与睿智。她们以出色的业绩展示出职业女性特有的精明和长远的商业眼光。"会算大账，头脑精明，看问题比较远。"这是公司领导对"姐妹花"的评价。

先做人，再做事。这是姐妹俩从市场的磨炼中和多年的工作中总结出的"真经"。

在拓展业务过程中，她们也和大多数保险业务员一样，从陌生拜访开始，在客户的怀疑、犹豫、拒绝中磨炼自己，用女性特有的柔性与真诚赢得客户的信任和支持。一次，蔡琳冒着大雨赶着去为客户送一份保单，路上摔了一跤，但为了不影响客户审车，她不顾满身泥水，也顾不上打理容颜，坚持在约好的时间里把保单准时送到，客户非常感动，连声说，这么守信用的人值得信任。事后，这个客户又接连主动介绍了多笔业务给蔡琳。

她们说，做人做事不能太功利，善待客户是我们的本分。一次，何文艳发现一个女性客户气色不好，几经询问才得知她得了一种妇科病，思想负担较重。何文艳记在了心里，她动用自己的人脉资源四处打听，终于帮她联系到一名这方面的专家，经过及时治疗，客户的病痊愈了。现在她和何文艳以姐妹相称，经常抽空一起逛街、购物、喝茶，甚至连买什么化妆品也要耳语一番。姐妹俩就是这样，通过与客户的工作交往升华了友情，逐渐积累起一批知心好友兼忠诚客户，在感情上相互交流，生活上相互关心，事业上相互支持。有时，当何文艳或蔡琳在保费任务上遇到难处时，这些客户朋友甚至反过来主动帮她们想办法拓展业务。有一次，季度任务指标序时进度吃紧，一个4S店的销售经理主动提出搞一个主题促销活动，双方一起策划方案、张贴广告，一起现场营销，终于达到了预期效果。还有个4S店的销售经理，跳槽到了100多公里的其他县区，但冲着"姐妹花"的信誉，仍坚持把业务介绍到她们的团队来做。

在这对"姐妹花"的眼中，做保险业务只有互利双赢才能持久，才能做大。她们凡事都坚持换位思考，既从公司立场考虑问题，也要站在客户角度思考服务中的缺陷以及改进方法。在与4S店的合作中，她们做的每笔业务都会从对方立场考虑，及时调整服务策略，以期"双赢"。用她们的话来说："要在市场经济中大发展，双方首先不应该是对手，而应该是朋友。"

"姐妹花"的两个团队分设以来，2010年前5个月，何文艳带领的团队实现保费收入7700万元；蔡琳带领的团队实现保费收入5200万元，双双超过了序时进度，且业务质态良好，简单赔付率37%，迈上了效益型可持续发展的路子。

这对"姐妹花"从含苞待放，经过阳光的照耀和风雨的考验，终于盛开怒放，创造出骄人的业绩，散发出沁人的芳香，展现出迷人的风采。

十一、公交车上的展业高手

新华保险辽宁分公司李欣华是一名营业部经理，她将每天4个多小时的公交车时间发挥到了极致，7年来，她在公交车上所做的保费高达500万元，累积了2000多个客户。

（一）初识保险业——这是一项救命救人的事业

在加入新华保险公司之前，李欣华是一位大型合资企业的常务副总经理。

1998年，李欣华所在单位的一个同事被检查出肝癌晚期，好在当时单位给每人都投保了10万元保额的重大疾病保险。这在李欣华心中留下了"保险是救命救人的"印记。然而10万元在短短一星期的时间里就消耗殆尽了。后来，她发动全公司捐款，共筹集7万多元。不过，在这7万元还没用尽的时候，病人已经离开人世，年仅29岁。这件事让李欣华感触颇深：每个人都应该有充足的保险保障，这样当面临意外灾难的时候，不仅可以挽救个人的生命，还可以让家人的生活不陷于艰难。

当年，她考取了保险代理人资格证。2002年，新华保险筹备辽宁分公司，李欣华毅然决然地放弃了原来的工作，成为新华保险辽宁分公司筹备组的一员。

（二）踏足保险业——从公交车开始展业

对于李欣华而言，离开原单位的她只能依靠公交车上下班。

在公交车上，如果遇到比自己年长的人，李欣华是绝对要让座的；如果是年纪相当或者比自己小的人站在旁边，李欣华也会帮着拿一下东西。正是这样的热心肠，让她与很多经常搭乘同一辆公交车的人熟悉起来。于是，当获悉李欣华是保险公司的经理时，她们就会把家庭财务中遇到的困难向李欣华请教。李欣华说，她从来不会向客户提"你买保险吧"，而都是由客户主动提出。同时，李欣华也会给他们最专业的指导，从而也改变了很多人"卖保险的都是骗人的"不良印象。

李欣华讲述了一件非常有意思的事情。有次在公交车上，穿高跟鞋的李欣华一不小心踩到身后一位男士的脚上。正当这个人要大发雷霆时，李欣华满含歉疚地将他扶下公交车，并主动提出要送他去医院。看到李欣华的态度这么好，这个人也表示不用去医院了。于是，李欣华把他送回了公司，并带去了水果慰问。由于李欣华的真诚，两个人很快成了朋友。熟悉之后，李欣华获悉这个人竟然是一家公司的老板，当天只是因为车坏了才搭公交车的。后来，这个人为自己和家人都投了巨额保险，可谓是"一脚踩出来的百万保单"。

（三）经营保险——给客户带去太多感动

保险卖出去了，也就失去联系了，这是很多保险营销员的做法。但李欣华却选择和客户成为生活上的长期朋友。只要获悉客户家中发生大事小情，李欣华一定要参加。逢年过节和特别的日子，李欣华也一定会送上特别的礼物，虽然会破费一些，但她认为值得。客户也愿意把她当成知心姐姐，说说心里话。

2007年的正月十五，是一个客户的生日。李欣华临出门前，她儿子提醒她有特大暴雪，让她别出门了。但本着"我必须让客户满意"的宗旨，她还是走出了家门。儿子无奈，也只好陪着执着的母亲。但是那场暴风雪之大，超出了所有人的想象。上午9时出门，下午4时才到客户家中。当客户打开门，见到已经变成冰人，却还紧紧抓着礼物的李欣华时，感动得流下了眼泪。她经常对下属说："越是在家人团聚的日子，客户越需要我们的贴心服务。要时时刻刻想到客户的利益，宁可自己少得一点，也要让客户感到满意，让他们对你感激，这就是真诚和博爱。"

正是凭借这份真诚和博爱，李欣华在保险事业中演绎出了精彩的人生，也完成了自己从企业高管到优秀寿险经理的完美转身。

十二、年收入百万元的营销达人

2008年的金融风暴导致42岁的唐瑜不得不关闭了自己的企业，离开了打拼15年的深圳，回到家乡桂林重新创业。他做过货车司机，与别人合伙开过店均以失败告终。一次偶然的机会，经朋友介绍，唐瑜夫妇两人同时进入了太平洋寿险桂林中支区域拓展部，从此开始了寿险营销生涯。十多年来，他凭着一颗坚韧不拔、努力进取的心，从普通业务员晋升为管理1500多人的联合行政区总监，从一无所有到年收入百万元的老板，从破产失业者到全国标杆，他不断挑战和刷新着自己创造的纪录，书写着人生一个又一个新辉煌。

（一）打造团队文化

成功有捷径，在经营团队过程中，他一直非常重视打造团队文化。唐瑜团队的文化就是"家文化"和"感恩文化"。他的办公场所布置得非常温馨，让伙伴们感受到大家是相亲相爱的一家人，而他则是一位大家长，每位家人都在这个"家"里享受着温暖关怀。他常说，寿险业没有优秀个人，只有优秀团队。团队讲的是协作，克服困难并非个人的事，成功是大家共同努力获得的。

唐瑜团队的第二个核心文化是"感恩文化"。团队的新人培训班不但要举办开班仪式，还有结业典礼。结业典礼上有两个重要环节：跳"感恩的心"晨操，新人向师傅拜师敬茶，师傅向新人赠送司徽。新人从入司伊始就切身感受到团队里感恩、和谐、友爱、尊师的氛围。

在优秀团队文化的吸引下，唐瑜团队吸引了大批优秀人才加盟，其中有大学教师、医生，还有企业高级管理人员。团队中大部分都是有梦想、有抱负的年轻人，其中 80 后人数超过 700 人，90 后人数超过 300 人。团队非常年轻、富有活力和创造力。

（二）用好激励制度，关注每个人的成长

刚开始进入保险行业，很多人都抱着试一试的心态，并没有全心投入。唐瑜激励大家来公司是创业而非就业。鼓励大家借助公司平台和资源，全力以赴地投身进来，自己当老板。他要求每个人每季都要有明确的晋升目标，把每一位有发展意愿的伙伴都锁定为主管来培养。他告诉营销员，在寿险行业无业绩就做不下去，组织发展才是长远之路。他非常善于用基本法制度去点燃每个营销员组织发展的梦想。用基本法引导每位主管与准主管的发展方向，帮他们做好职涯规划。同时，他心思细腻，观察能力超强。他对团队近 50 位经理的脾性了如指掌，并能及时捕捉到每位主管与准主管的心态变化，对于主管和营销员来说，他像兄长，更像良师益友，身上永远传递的是正能量。他的敬业精神，大家有目共睹，要求别人做到的，自己一定能做到。他是大家追随的领导者，团队伙伴都亲切地称他为"老大"。

（三）发挥典范的带动作用

榜样的力量是无穷的。唐瑜通过树立团队中的标杆，让大家知道自己跟标杆的差距，激励自己不断努力，从而一步步接近并超越自己的目标。同时，让大家学会学习、学会复制别人的成功，从而让更多的人获得成功。

（四）建立定期沟通制度

唐瑜会定期与每位主管进行面谈，以此让所有主管明白"定时报到"的重要性，激发他们的归属感、充分调动其主观能动性。定期沟通制度有利于增进各团队之间的团结，避免产生隔阂，同时也能让他及时了解和解决每个团队存在的问题。对于每个遇到问题的主管，唐瑜会及时对他们进行疏导，带他们尽快走出低谷，重新设定目标。针对从业信心不够坚定、业绩不稳定、缺乏清晰目标的业务员。他会要求其推荐人进行家访，获得其家人的信任及支持。他会请业务员到办公室喝茶聊天。"人生没有等出来的精彩，只有逼出来的辉煌，做个敢于逼自己不断成功的人"，这是每一位团队营销员的创业信念。

唐瑜是寿险行业腾飞的见证者和受益者，更是行业发展的推动者。他用独特的经营理念走出了一条传奇之路。他对于未来信心满满，决心不断扩大队伍规模，切实提高业务人员的销售技能，牢牢把握市场主动权和主导地位，以实际行动去实现"做大做强"的目标，并在新起点、新征程上绽放异彩。

十三、"三高"主席的谦卑营销

"初见祁彬,第一印象就是个子高,再了解,知道她以保险界少有的博士学历在短短 6 年内迅速崛起,并且开创了令人赞叹的保险事业。个子高、学历高、成就高,这就是'三高'的祁彬!"友邦保险中国区首席寿险业务执行官这样描述和评价祁彬。

(一)积累——归零——积累

在祁彬的照片中,经常会出现父母和西湖。她说:"人生最大的幸福是做了你们的女儿,是你们给了我跳动的生命、成熟的心智和人生路上的悉心指导。"如果说她的父母赐予了她生命、智慧,那么杭州的水则赋予了她独特的性格,江南的水赋予了祁彬温婉儒雅与坚韧不拔并存的独特气质。

祁彬的职业生涯在旁人看来一直很顺利,但她总在积累过后给自己一次次归零的机会,然后再重新开始。

大学毕业时,她和 200 名大学生一起被分配到中国计量学院,因为是唯一的中共党员,祁彬的第一份工作是团委书记。但不久后,更乐于走上讲台的她便调入浙江省某高校担任应用心理学教师,开始了历时 8 年的讲台生涯。结婚生子后,祁彬与同为教师的丈夫感到经济有点拮据。此时,她给自己的事业做了第一次归零,毅然来到深圳投身于改革开放的大潮中。同时,她也开始了 3 年的复旦大学经济学硕士的学习,毕业后进入机关工作,成为一名国家公务员。之后她再次给自己充电,开始了自己博士生涯的学习。在女儿 13 岁那年,祁彬已入不惑之年,公务员的生涯几乎可以望到尽头,她发现这份工作已经不能满足她内心的渴望。在明确目标后,她又将自己"重启"了一回,而这次的起点正是友邦保险。

攻读经济学硕士时,祁彬就曾对保险有所关注。她认为,随着城乡居民消费观念和健康意识的逐步转变与提高,越来越多的人接受商业保险,而寿险更是前景光明。就在这样对自己前景的确信中,祁彬开始了自己的友邦之路。

(二)用智慧化解挫折

挫折是每个保险营销员在初期都会遇到的,很多人因为受不了这份屈辱,觉得没有地位而放弃。确实,在刚开始做保险时,她也受到了客户的不信任、拒绝、轻蔑甚至是厌恶。在装修自己的房子时,祁彬很关心装修工人,但收到一句"别对我这么好,我不会买你的保险"。曾经去拜访一位客户,但见面的第一句话却是"我不是已经买了你的保险了吗?还有什么事吗"?当时的那种沮丧和彷徨是每个人都能想象和体会到的。

作为一名高学历女性,祁彬善于从知识和书本中汲取力量。《读者》杂志中一篇名为《羞辱是一门选修课》的文章让祁彬领悟到,羞辱无疑是人生的一门选修课,心胸狭窄者把它演绎成包袱,而豁达乐观者则会把它看作"激励"。《从优秀到卓越》这本商业著作中，她明白不能把信念与原则搞混。明白要成功就必须面对现实中最残忍的事实，无论它是什么。在弘法寺内，僧人妙答，面对世间挫折只是忍他、让他、由他、避他、耐他、敬他，不要理他，再待几年且看他。这更是给了她坚定的信念。

除了从书本中获得精神的支撑外，祁彬还非常善于将自己所积累的专业知识和业务结合起来。在销售保险产品的过程中她发现，很多客户虽然购买了产品，但并没有认可保险，只是一个人情的交往。她认为这是由于忌讳、侥幸等心理特征造成的。祁彬根据马斯洛的需求层次论，根据不同客户状况不同，选择满足他们需求的产品。她一直认为，客户是不会拒绝给自己提供保障的需求的。

（三）"险峰"上的感恩明灯

"全球百万圆桌会2010年中国区主席""全球百万圆桌会顶尖会员"，祁彬几乎囊括寿险营销员应该得到的所有荣誉，这一切她用了将近10年时间。站在保险事业顶峰的祁彬和其他寿险人一样，一直把感恩放在心头，但她的理解似乎更加深入和生活化。中国人形容一个人命好，总说其有贵人相助。祁彬最初的贵人就是她的父母、丈夫、哥嫂、姐妹等家人以及同学和同事。祁彬的感恩没有太多的言语，只用细致周到的行动去回馈家人、回馈客户及那些在生命中给予她支持的人。在她的潜移默化影响下，她的女儿也在大学毕业后加入友邦保险，将祁彬的感恩文化给予传承。祁彬是一个非常注意细节和周全的女性，她会悉心检查客户的理赔情况，尽一切力量帮助客户完成理赔，哪怕是很小的一笔款项；她会知道客户忙，而帮助客户做一些她力所能及的事；她会用自己的专业知识去帮助客户设计理财计划；她会用她的心理学知识开导客户解决生活上的矛盾与不快；她会毫无保留地将自己的成功，分享给那些需要得到经验和帮助的人。

祁彬认为，人生最重要的是对生命过程的触摸、审视和享受。在人际交往过程中，建立信任、友谊和关爱；帮助别人，祝愿别人平安幸福。这也许就是很多保险营销员心目中的保险精神。"无论何时我都会像一头充满动力和激情的羚羊，在草原上不知疲惫地奔跑、前进，享受着工作与生活无处不在的快乐。"

成功的光环总是耀眼的，头顶光环的祁彬总是告诫自己"谦卑"，她永远保持谦卑的态度，驰骋在中国寿险事业的光辉大道上。

十四、打造共同致富的"钢铁团队"

柳惠芳是太平洋寿险江苏宜兴分公司的一位经理，她于1997年加盟太平洋保险，1998年开始组建团队。从2010年太平洋寿险蓝海百强业务部排行榜上看，柳惠芳团队位列蓝海十强业务部第一，2010年年缴保费达到1700多万元，成为蓝海业务部的"大姐大"。

(一)坚定信心,敢于挑战世俗眼光

在江苏宜兴的工业企业里,许多企业家及市、镇领导们早就认识柳惠芳。在1997年前,柳惠芳一直在一家私营工业企业里担任办公室主任,外交事务、洽谈业务、联系税务等,她都能一一办妥。一次偶然的机会,柳惠芳加入了太平洋保险公司,当时许多人不理解,认为吃苦的日子在后头。柳惠芳却认为,为别人打工永远是帮别人做事,其结果是成就别人、累着自己。为什么不能自己主宰自己的命运,自己当老板做主人?

柳惠芳加盟太平洋保险以后,不顾朋友和亲人反对,一心扑在保险营销事业上。一天,他在官林镇拜访客户,正巧碰上一名担任镇政府干部的同学,过去他们关系很融洽,每次见面都有讲不完的话、聊不完的天。这次,这位镇干部见到昔日同窗好友背着展业包,穿梭在大街小巷,她感到茫然,见面后说不上三句话就借口走了。柳惠芳当时心里又难过又气愤。难过的是保险营销员为什么会被别人看不起;气愤的是社会上许多人对保险营销员有蔑视的态度。一向不甘被人瞧不起的柳惠芳此时反而更加激发了她的斗志,她不由自主地大声喊道:"公务员有什么了不起,总有一天,我让你刮目相看,不信咱们走着瞧。"从此,柳惠芳一边认真学习保险知识,研究太平洋寿险的新产品;一边扩大拜访量,扩大准客户范围。即使在工作中遇到难题和困难,她也能想方设法克服和解决。有时为了签单和增员,她一天拜访10多个客户,就是刮风下雨也不停歇。

柳惠芳凭着执着的敬业精神和之前积累的人脉关系,凭着一颗热爱保险事业的诚心,她的业绩如日中天。2009年,她的个人收入达到百万元,团队人均年收入超过10万元。柳惠芳成了宜兴市的名人,许多企业家请她理财、请她策划。从此,她也改变了生活质量,不但去世界各地旅游,还买了别墅,车子换了三次,一次比一次高档。柳惠芳还编了几句顺口溜:"十年打工还打工,十年梦想一场空,十年保险大不同,十年收入成富翁,十年梦想已成功,名车开到别墅中。"

说来也巧,有次在餐厅里,柳惠芳见到曾蔑视过她的那位镇干部,那位镇干部见到开着名车,请来宜兴市名人一起赴宴的柳惠芳,感到自惭形秽。他说:"我当了十多年的镇干部,还是老模样,没有出过国,孩子想出国读书,也没有能力满足。我真不明白,进入太平洋保险以后,你就变了一个人。"此时的柳惠芳非常开心,她借用比尔·盖茨的话说:"世界不会在意你的自尊,人们看到的只是你的成就,在你没有成就以前,切勿过分强调自尊。"那位镇干部点点头,一声不响地离开了。

(二)建立团队,成就命运共同体

柳惠芳常说:"有组织成大事业,无组织唱独角戏。""小成功靠自己,大成功靠团体。"为了发展团队,打造自己的队伍,柳惠芳不辞辛苦,千方百计寻找人才。从此,老朋友也好,新伙伴也好,大家都十分尊敬她,柳惠芳也把下属当亲人,大家有什么事互相帮助。用新人小黄的话说:"我们团结得就像一家人一样,大家心往一处想,劲往一处使,我们的团队就像一个命运共同体。"柳惠芳在晨会上也经常和伙伴们讲:"谁拥有一支团队,谁就会拥有更多的财富。"2008年,团队扩大到80多人,2009年,团队扩大到90多人,2010年,团队扩大到100多人;2011年,柳惠芳的团队扩大到200人。

柳惠芳制定了增员的新方案,她认为一定要打破传统的思维定式,不能按图索骥。她要打造一个全新的榜样团队,开启一扇窗,打开一片天,为太平洋保险公司吸收更多的展业高手。

(三)同舟共济,开辟保险新天地

"火车开得快,全靠车头带"。柳惠芳业务部育成了12个业务室,拥有百人团队,连续两年年缴保费突破1000万元,2010年则超过1700万元。柳惠芳团队的成长、绩优都离不开火车头的作用,是柳惠芳这位敢于拼搏、敢于争先的精英孕育着这支队伍。

有人用三句话总结了她的育人计划,即九字法则:扶上马,送一程,定目标;八字方针:引导、指导、辅导、倡导;六字目标:专业、合规、发展。无论是刚入司的新人还是老营销员,她们都遵守这些法则和目标,制订完整的系统培育新人计划,并且制定新人培养目标。具体采取"三级联动服务"的方法,即经理服务好主任,主任服务好下属,老营销员服务好新人。有的新人有高端客户签大单意向,柳惠芳也会直接协助陪访促成。

事实验证了柳惠芳所取得的成绩,100多人的队伍,个个都是绩优能手。即使有个别新人想打退堂鼓,她总是动之以情、晓之以理、耐心地说服教育、帮助,并和业务主任一起促成他开单,让他有丰厚的收入。俗话说,壶中有酒好留客。柳惠芳采取让伙伴们都富起来的方法,将人心凝聚在一起,形成了一个团结向上的良好团队氛围。

在辛酸中蕴藏着甜美,在拼搏中孕育着成功。柳惠芳终于打造出一支敢于拼搏、敢于上进、共同致富的钢铁营销团队。在2011年"开门红"启动大会上,柳惠芳激动地说:"我伴太保十三年,历尽风雨尝甘甜,眼中彩虹当空舞,占尽风流再开颜。"

十五、"千人三高团队"是如何育成的

(一)"恒信"团队的发展历程与特色

1997年8月,商中选和他的团队主管们加盟中国平安寿险盐城分公司;1999年10月,他晋升业务主任、平安教导员、兼职讲师;2002—2007年,他的团队连续五年全省系统保费第一,荣获"江苏第一部"称号;2006年,他被保险行业协会授予"保险之星"称号;2007年,获华东区"优秀钻石营业部"称号,累计育成8个部,并成为领军1200人的业务总监,坐上江苏平安人寿第一部交椅。商中选已经在寿险行业摔打了20多年,他成功的秘籍是:"恒"+"信"。团队的座右铭:"恒""信"

是做人、做事最基本的原则。团队的经营理念是："恒"即持续成长，坚持积累，锲而不舍；"信"即对客户守信、对自己自信、对公司相信。在商中选看来，"恒信"不光是做寿险的诀窍，更是做人的原则和对事业的执着追求。

"恒信"团队的特色：坚持是成功的金钥匙，团队1200人，为"江苏第一部"；"恒信"团队有30多对"夫妻档"；尊重互信，爱心经营。团队连续五年勇夺全省第一，成为一支"三高"团队。

（二）恒心与诚信：把保险当作事业来做

商中选的"恒信"团队伙伴，多年来一直坚持晨会咏读《世界上最伟大的推销员》"十章羊皮卷"里恒信的励志名言，可见团队对"恒"＋"信"二字所下的功夫。

商中选说："一个人要有所作为，不光要有拼杀的干劲，重要的是坚持、坚持、再坚持，成功就是坚持到最后一刻迎来曙光的！"他认为一个人的力量是有限的，只有发展团队、壮大组织才能有发展的空间，才能把保险爱心和平安送到千家万户。他立下"恒""信"座右铭，以人格魅力吸引很多新人加盟到他的营销团队。

商中选对"信"的理解来自亲身的体验。在拓展业务中，你可能因如实告知客户而输给了同行，但输了一单却赢得了信任。他说："做寿险对客户守信是基本的职业道德，也是共同维护保险行业的基本的道德涵养，大家都能维护寿险行业。行业的形象提高了，大家的地位也就提高了，团队才能做大做强。"在商中选看来，发展组织的关键就是把团队当作大家的事业，让伙伴分享团队发展的成果。

一名姓徐的企业会计曾应聘到商中选的团队，不久一家单位招会计，他暂时离开了"恒信"团队，但他介绍太太到"恒信"团队成为一名代理人。经过几年的奋斗，她太太已成为"恒信"团队的顶尖业务高手，年保费收入30多万元。徐会计走过几个行业，2005年又回到商中选的团队，徐会计和太太分别晋升为主管和业务主任，成了团队的"夫妻档"。他的团队不仅有"夫妻档"，还有夫妻带子女的"全家档"。2001年，商中选的团队人力突破了120人，件均保费列同业之首，并晋升为营业部经理。

（三）自信真诚：把团队当作一个公司来运作

商中选说："寿险是个极具挑战性的行业，当我是一个带10人的业务主任时，便立下了做营业部经理的目标，而当实现这一目标后，我又瞄上1000人团队的总监位置。"他坦言，新人绝大部分来自下岗工人，而他们做寿险的初衷是养家糊口，缺乏长期从事寿险的信心，目标是模糊的。商中选以真诚帮助他们突破自我意识的束缚，树立干一辈子寿险的理念，以成功的典型激励他们。为此，诚信团队设立了激励课堂，邀请残疾人为新人宣讲自立自强的故事，让新人明白了这样一个道理，自信是开启成功的一把金钥匙。

团队经理要具备点石成金的本领，除了树立信心，还需要善于发现每个人的特长，并将其特长发挥到极致。商中选买来《世界上最伟大的推销员》《海尔》等书籍，让属员系统学习,从中汲取营养。

恒信团队对新人的培训不局限于保险知识、营销技巧,还灌输为人处事、社会责任、人生价值等理念,使新人认识到做寿险不是简单的买保单、赚钱,而是为社会保障体系做贡献,对客户、对公司、对社会体现一种责任,从而实现人生价值。

2004年入司的陈汉霞,现在已是团队的业务主任。她做过教师、超市售货员,特别看重"诚信"二字。她认为,寿险营销是个充满爱心的事业,为客户提供保障时不是代表个人,而是代表公司,签下的虽是一纸保险合同,其实是对客户、对社会的一种承诺和责任。很多客户都把陈汉霞当作姊妹,家里有事找她商量,陈汉霞感悟到,寿险真正的功夫在保险之外。

商中选注重团队职业道德的教育,因为树立一辈子干寿险的理念,也是对客户负责。有个同业的大主管找到商中选,承诺带一个小团队和10万保费加盟恒信团队。当商中选问及是否终身从事寿险时,大主管摇头了,商中选立即说那我们免谈吧。

商中选座位背景墙上有大大的"家""和"两字。他把团队当作自己的家,将自己一半的收入投入团队,购买固定资产,组织培训班。

商中选在寿险公司干了10多年,"恒信"团队9次搬家,队伍不断壮大。商中选连续五届成为全省高峰会会员,他的"恒信"团队连续五年为全省系统保费第一。

(四)责任与爱心:打造一支"三高团队"

在"恒信"团队体现的是一种责任、爱心和尊重的文化。商中选重抓基础,建立和谐团队文化,打造了一支高绩效、高素质、高留存的"三高团队","恒信"团队的增员率、活动率、人均产能等多项经营指标均名列公司前茅。

作为千人团队的队长,商中选有其独特的运作模式。统一规划:"恒信"团队结合公司规划,制定一年的发展战略,直辖部和育成部明确自身目标,独立经营,执行行动细则。系统合作:营业部运转多个功能小组,各营业组相互合作,搭建如增员、培训、辅导陪同、钻石会、讲师会等一系列平台。为了扶持新人,团队成立了培训中心,对新人进行职前培训、代理人学习、岗前培训、衔接培训、转正培训、成长步步高培训,为新人搭建成长的平台。

2007年,商中选的团队人力达到1200人,累计育成8个部,专兼职讲师156人,人均业务产能名列同业第一,实现了保费收入4000万元,获得华东区"金牌双百营业部"、全国平安系统"优胜营业部"的最高荣誉,商中选也晋升为公司的营销业务总监。

十六、"四高"团队 厚积薄发

(一)神奇的"四高"特色团队

2007年,在竞争激烈的北京寿险市场上有这样一支特异的队伍——大部分由应届大学毕业生组成,平均年龄23.5岁,主管人均月收入1.2万元。这支神奇的"四高"团队具有五个特色:一是一年内增员200多人,本科以上学历成员达95%,其中,硕士生15%、博士生2%。二是成员平均年龄仅23.5岁。三是2006年上半年完成全年222万元保费任务。四是一年内晋升主管的有76位。五是佣金最高,其主管人均月收入1.2万元。这支队伍的打造者,是一个从事保险业仅仅3年的年轻人——黄万鹏。

2003年,金融系毕业的黄万鹏,毅然放弃了国家事业单位的优厚待遇,投身于保险事业。短短3年时间里,他就凭借自己的毅力和智慧,在保险行业取得了卓越的成就。

作为理想主义者的黄万鹏有一种难以言说的组织魅力,在他的苦心经营下,一大批有志青年先后加盟,上下一心,众志成城。

(二) 增员"四高"人才,厚积薄发

一切从零开始。回想2006年年初,扛着展板奔波于各大招聘会,个中滋味只有黄万鹏自己清楚。这时候,有这样一批年轻人来到了团队——他们都是刚刚毕业的大学生,他们急切需要证实自我,他们向往自由地飞翔。黄万鹏与众不同的地方,就在于大胆起用新人并且委以重任,让他们的潜力最大限度地爆发出来。

当时,大学生是很多寿险公司增员回避的对象,因为他们刚刚走上社会,根本没有什么人脉关系。再加上大学毕业生的变数很多,很多寿险公司在增员时,都不会考虑这个群体。

但黄万鹏恰恰看中这个群体,在人才引进方面,他坚持"高素质、高学历、高绩效、高收入"的"四高"理念。在公司制度的激励下,黄万鹏提倡"以老带新,以新激老"的学习思路,将年轻营销员的创业激情和资深营销员的丰富经验充分整合,最后达到创新的目的。黄万鹏吸纳大学生加入团队,不仅解决了他们的就业问题,还帮助他们实现人生价值,使这些刚从象牙塔中走出来的人,成为自信、有责任感、有远大抱负的职业经理人。

(三) 以职业生涯激励留住人才

增员难,留住人才更难。把这些优秀的大学生汇聚到团队后,如何留住他们呢?

黄万鹏在管理方面也有自己的一套。他知道,很多大学生加入到寿险销售行业,并非看重眼前利益,而是看好寿险行业的发展前景,并想在这个行业中长期做下去,实现自己的价值。所以,仅仅靠提高他们的收入是不能满足其发展需求的,黄万鹏对团队组员的激励更多地体现在以晋升为出发点,为组员做好职涯规划,让他们逐渐从新人晋升为主管。他更注重培养组员的行业价值,例如,鼓励组员考取寿险管理师、理财规划师等资格,提升他们的市场价值。

黄万鹏说,职业生涯激励的效果远远大于物质激励,因为对于高素质人群而言,他们对行业前景、创业机会、职业生涯规划等的在意程度往往高于经济收入。

（四）天道酬勤

黄万鹏经常对大家说的一句话是："在寿险行业，你付出 100% 的努力不见得有 100% 的回报，但只要你敢付出 120% 的努力，一定会让你得到连想都不敢想的回报。"他认为，工作时要 120 分的努力，休息时也要 120 分的放松，适当地给自己放个假，才是真正的营销，才是真正的生活。事业的成功在于平日里点滴汗水的积累，只要能够坚持等待，就会享受到人生的至美。

十七、用心做保险 成功自然来

2008 年 11 月进入公司，从营业部一名最普通的营销员做起，在一个经济落后地区，仅用三年时间就实现个人年保费 700 万元，其中个人直销业务近 400 万元，这不得不让人惊叹，他就是中国人保财险江苏泰州市分公司营业二部客户经理王勇量。

（一）"土学问"的大用处

1999 年，王勇量毕业于扬州一所大专院校，他所学的专业与保险不搭边，他本人更不是营销专业的科班学生。毕业后，他卖过油漆，开过出租车，当过小车司机，在社会实践中，他潜心学习，用心钻研，练就了良好的沟通能力。生活中他积累的一些"土学问"，在营销工作中派上了"大用处"。

泰州三中的毛老师买了一辆标致轿车，不小心发生一起小事故，前保险杠被刮坏，掉了一点漆。到了 4S 店，修理人员开口就让他换掉。王勇量看了看说不用换，原装的保险杠都是电涌漆，永不褪色，如果换新的保险杠，要不了两年肯定褪色，自己花了钱不说，还会对第二年的保险费优惠系数有影响。他告诉毛老师，回家拿支毛笔，找点颜色相近的油漆涂一下就行了。毛老师回家后按照他的说法做，结果真的管用。第二年，毛老师自然而然成了王勇量的客户。

往往这些看似小常识的东西，却蕴含着大道理，客户也都能接受。"买保险，找王勇量，准没错"，大家的口碑效应带给王勇量的是业务规模的不断扩大。从 2008 年进入公司之初的 19 万元，到 2011 年的 700 万元，一路走来，他的卓越成绩使他的营销之路熠熠生辉。

（二）做保险，要有长远合作的思路

王勇量做业务抓大不放小，不光只顾眼前，也用长远合作的眼光来做，他特别注意培育客户。

泰州市有个二级车辆经销商，由于成立之初规模小，常常连续几个星期出不了一单保险业务。很多保险公司都看不上，可王勇量却不这么认为。他本着积沙成塔的想法，照样把服务做得细致周到。车商需要贷款，他陪着一起跑；车商需要扩展门店，他帮着一起选址；成立之初，送修车辆数量有限，他多次找公司领导给予适当照顾。

就这样,他们的友谊不断加深,合作也越来越紧密。在车市逐步转暖的大环境下,经过该店全体员工的不断努力,从当初一年只有10多万元的保费,实现了近200万元的保费。

随着该店销售额的不断攀升,其在泰州的知名度也越来越高。这个时候,许多保险公司都想从中分得一杯羹,三番五次地找上门来谈合作,都被婉言拒绝了。

(三)人勤春早,爱拼才会赢

"一年365天,王勇量要工作360天。真正休息的5天就是每年年初的初一到初五",快言快语的营业二部经理秦灏对自己手下的"爱将"赞赏有加,他非常欣赏王勇量的拼劲。

每天早上,只要你到了王勇量驻点的4S店,就会发现他穿着整洁的工服,与店里的销售顾问一起开晨会,一起座谈售车、保险方面的感受和趣事。孩子的家长会他几乎没有参加过;就是正月初一到初五的5天休息时间,中间还会经常夹杂着客户的电话咨询和通知。王勇量就靠这样的勤奋,收获了成功。

王勇量的勤奋还体现在学习上。别的公司的驻点服务人员空闲时,常常是玩手机、打游戏,而王勇量却在一边,阅读《营销技巧》《人生的12项成功之道》《汽车维修与保养》《演讲与口才》等书籍。就是在这种不断学习、不断实践的过程中,他掌握了针对不同客户群的不同销售技巧。

在泰州地区,教师、公务员或者事业单位的人比较喜欢买"标致"车,王勇量发现,这部分客户群有个共同的特点,比较关注售后服务且讲究承诺服务。王勇量就在服务上做足文章,积极上网帮助查资料,现场指导别人怎么做。诚实的服务态度,专业的技术指导,令客户们非常满意。

泰州的方言很多,王勇量是个有心人,闲暇之余,他也注意潜心学习。王勇量在营销中发现,泰州的客户对本地的营销员非常信任,他就用当地方言和他交流,成功率非常高。

(四)公司强大了,个人才有更大的舞台

有一段时间,王勇量在泰州的海马4S店驻店。当时该店的保险业务是"两低一少"——车险承保率低,单车保费低,效益险种少。几乎每辆车都是"车损、三责、不计免赔"等"老三样"险种。

由于单均保费低,出险率和赔付率都比较高,被上级公司下达了管理提示函,要求控制承保该品牌的车险业务。结果导致该店整体业务的赔付率指标严重超标,被省分公司连续下达了几次"业务发展提示函",要求进行整改。

经过了解,王勇量发现主要原因是4S店考核销售员是按单车计提费用,考核缺乏科学性,加之4S店销售人员车险知识缺乏。针对这种情况,王勇量首先与销售顾问进行沟通,用真情换真心,利用晨会讲解车险知识,传授谈判技巧、话语话术。同时与销售顾问一起上下班,参与现场销售,不断提振他们的信心,激发其工作热情,

共同讨论工作中的难题。功夫不负有心人，经过大半年时间的努力，该店车险各项指标发生了明显改变，车辆承保率由原来的35%提升到90%。承保险种由原来的车损险、三责险、不计免赔险变为主附险五个以上。单车保费也由原来的两三千元增加到四五千元，到当年年底，该4S店的车险保费突破了300万元。

  其实，按照一般人的理解，做保险销售的人只要有保费就行，大可不必为赔付率烦恼。但王勇量说得好："只有保险公司强大了，个人才能有更大的舞台发展。"

主要参考文献

[1] 伍德. 保险推销人 [M]. 北京: 中国城市出版社, 1997.

[2] 陈建祥, 雷明德. 寿险营销管理 [M]. 长沙: 湖南科学技术出版社, 1999.

[3] 姚久荣. 保险市场营销学(第三版)[M]. 北京: 中国经济出版社, 2000.

[4] 关伟, 周景林, 孔佑杰. 现代保险行销: 启动客户市场的开发艺术 [M]. 北京: 中国金融出版社, 2000.

[5] 中国市场总监业务资格培训考试指定教材编委会. 人员推销 [M], 北京: 电子工业出版社, 2001.

[6] 鲍毅. 寿险营销业务员必读 [M]. 延吉: 延边大学出版社, 2001.

[7] 梁林. 产险营销策略与技巧 [M]. 延吉: 延边大学出版社, 2002.

[8] 万峰. 寿险营销管理 [M]. 北京: 中国金融出版社, 2003.

[9] 南希·J. 斯蒂芬斯, 鲍勃·亚当斯. 成功的销售实践 [M]. 张金成译, 北京: 电子工业出版社, 2002.

[10] 刘春长. 保险推销员成功手册 [M]. 西安: 陕西旅游出版社, 2001.

[11] 托马斯·英格拉姆, 雷蒙德·拉福德, 雷蒙·阿维拉, 小查尔斯·施韦普克, 迈克尔·威廉斯. 销售管理: 分析与决策(第4版)[M]. 李桂华译, 北京: 中信出版社, 2003.

[12] 刘子操, 郭颂平. 保险营销学 [M]. 北京: 中国金融出版社, 1998.

[13] 袁辉. 保险营销 [M]. 武汉: 武汉大学出版社, 2004.

[14] 吴建安. 现代推销理论与技巧 [M]. 北京: 高等教育出版社, 2005.

[15] 张洪涛, 时国庆. 保险营销管理 [M]. 北京: 中国人民大学出版社, 2005.

[16] 薛梅. 寿险营销新思维 [M]. 成都: 西南财经大学出版社, 2006.

[17] 石兴. 保险产品设计原理与实务 [M]. 北京: 中国金融出版社, 2006.

[18] 杨书华, 徐平. 保险营销实训 [M]. 北京: 中国劳动社会保障出版社, 2006.

[19] 徐昆. 保险市场营销学 [M]. 北京: 清华大学出版社, 2006.

[20] 粟芳. 保险营销学 [M]. 上海: 上海财经大学出版社, 2006.

[21] 许谨良. 保险产品创新 [M]. 上海: 上海财经大学出版社, 2006.

[22] 魏巧琴. 保险公司经营管理(第三版)[M]. 上海: 上海财经大学出版社, 2009.

[23] 王飞. 保险营销实战 [M], 北京: 中国市场出版社, 2007.

[24] 吴跃. 保险营销技巧 [M]. 北京: 清华大学出版社, 2008.

[25] 唐志刚, 刘建东. 保险营销学 [M]. 北京: 电子工业出版社, 2008.

[26] 肖庆国, 武少源. 会议运营管理 [M]. 北京: 中国商务出版社, 2008.

［27］郑建瑜．会议策划与管理［M］．天津：南开大学出版社，2008．

［28］粟芳．保险营销学（第二版）［M］．上海：上海财经大学出版社，2009．

［29］尹文莉．保险营销技巧［M］．北京：清华大学出版社，2009．

［30］唐金成．论体态语在保险行销中的运用技巧［J］．广西金融研究，2005（8）．

［31］唐金成．论我国保险兼业代理的发展与规范［J］．保险研究，2006（5）．

［32］唐金成．论互联网时代保险营销策略的创新［J］．金融与经济，2006（5）．

［33］唐金成．发达国家保险营销体制的比较研究［J］．河北金融，2006（8）．

［34］唐金成，胡蓉．论高绩效保险营销团队的建设与管理［J］．广西大学学报（哲学社会科学版），2007（2）．

［35］唐金成．保险营销激励艺术浅探［J］．上海保险，2007（8）．

［36］唐金成．无往而不胜的保险魅力行销法［J］．上海保险，2008（6）．

［37］唐金成．现代美国保险业的竞合策略［J］．青海金融，2008（8）．

［38］胡娟．保险销售心理和销售技巧［M］．上海：华东理工大学出版社，2009．

［39］赵守兵，刘俊．中国平安保险：营销模式与品牌管理［M］．深圳：海天出版社，2009．

［40］唐金成．保险营销新人迅速成长的要诀［J］．宁波保险，2009（1）．

［41］霍学喜．市场营销学［M］．北京：中国农业出版社，2010．

［42］崔惠贤．保险中介理论与实务（第2版）［M］．北京：清华大学出版社，2010．

［43］梁来存．寿险公司营销绩效模型的实证研究［M］．北京：中国经济出版社2010．

［44］杨灿荣，朱崇娴．公共关系与商务礼仪［M］．北京：中国财政经济出版社，2010．

［45］中国人寿保险股份有限公司教材编写委员会．寿险营销管理理论与实践［M］．北京：中国金融出版社，2010．

［46］唐金成．现代商业保险论［M］．南宁：广西人民出版社，2010．

［47］杨英梅．商务策划实务［M］．北京：机械工业出版社，2010．

［48］孙颢．保险推销员（必读手册）［M］．北京：中国华侨出版社，2010．

［49］唐金成．加快发展我国网络保险业务之管见［J］．上海保险，2010（8）．

［50］孙颢．保险推销员必备全书［M］．北京：中国时代经济出版社，2011．

［51］周灿，常伟．保险营销实务技能训练［M］．北京：电子工业出版社，2011．

［52］万后芬．金融营销学［M］．北京：中国金融出版社，2010．

［53］唐金成，刘月．保险消费者维权问题及对策研究［J］．中国保险，2012（12）．

［54］唐金成，刘鲁．保险科技时代寿险业的应对策略［J］．西南金融，2019（11）．

［55］唐金成，陈玲玲．论保险客户的潜在价值与差异化营销策略［J］．河北金融，2014（5）．

［56］许晖．服务营销［M］．北京：中国人民大学出版社，2015．

［57］唐金成．现代保险学（第2版）［M］．长沙：中南大学出版社，2015．

［58］唐金成，李亚茹．中国第三方网络保险平台发展研究［J］．西南金融，2015（3）．

［59］唐金成．现代财产保险［M］．北京：清华大学出版社，2012．

［60］唐金成，唐凯．保险名人与名人保险［M］．北京：中国金融出版社，2018．

［61］唐金成，曾斌．保险微信营销及其平台建设研究［J］．西南金融，2016（2）．

［62］《中华人民共和国社会保险法》．

［63］《保险销售从业人员监管办法》（中国保险监督委员会令2013年第2号）．

[64] 唐金成，唐思. 发达国家保险保险中介市场比较及经验借鉴［J］. 西南金融，2017（2）.

[65] 唐金成，张杰. 商业健康保险需求研究分析与对策建议［J］. 西南金融，2017（4）.

[66] 唐金成. 现代保险理论与实践［M］. 北京：中国人民大学出版社，2018.

[67]《人身保险业务基本服务规定》.

[68]《保险专业代理机构监管规定》（中国保险监督管理委员会令2015年第3号）.

[69]《中华人民共和国保险法》.

[70]《保险经纪机构监管规定》（中国保险监督管理委员会令2018年第3号）.

[71]《保险经纪从业人员、保险公估从业人员监管办法》（中国保险监督管理委员会令2013年第3号）.